Jobst
Programmieren in Java

Ihr Plus – digitale Zusatzinhalte!
Auf unserem Download-Portal finden Sie zu diesem Titel kostenloses Zusatzmaterial. Geben Sie dazu einfach diesen Code ein:

```
plus-25rct-B4vaP
```

plus.hanser-fachbuch.de

E-Book inklusive:

Mit folgendem persönlichen Code können Sie die E-Book-Ausgabe dieses Buches downloaden:

```
15249-05p6z-uz100-012d9
```

Registrieren Sie sich unter
www.hanser-fachbuch.de/ebookinside
und nutzen Sie das E-Book auf Ihrem Rechner*, Tablet-PC und E-Book-Reader.

Der Download dieses Buches als E-Book unterliegt gesetzlichen Bestimmungen bzw. steuerrechtlichen Regelungen, die Sie unter **www.hanser-fachbuch.de/ebookinside** nachlesen können.

* Systemvoraussetzungen: Internet-Verbindung und Adobe® Reader®

Bleiben Sie auf dem Laufenden!

Der Hanser Computerbuch-Newsletter informiert Sie regelmäßig über neue Bücher und Termine aus den verschiedenen Bereichen der IT. Profitieren Sie auch von Gewinnspielen und exklusiven Leseproben. Gleich anmelden unter

www.hanser-fachbuch.de/newsletter

Fritz Jobst

Programmieren in Java

Einfach Java lernen

8., vollständig überarbeitete Auflage

HANSER

Der Autor:
Prof. Dr. Fritz Jobst lehrte an der OTH Regensburg und hielt u. a. Vorlesungen zur Programmierung in Java und zur Entwicklung von Software mit der Java Enterprise Edition.

Print-ISBN: 978-3-446-47691-2
E-Book-ISBN: 978-3-446-47834-3
E-Pub-ISBN: 978-3-446-48246-3

Alle in diesem Werk enthaltenen Informationen, Verfahren und Darstellungen wurden zum Zeitpunkt der Veröffentlichung nach bestem Wissen zusammengestellt. Dennoch sind Fehler nicht ganz auszuschließen. Aus diesem Grund sind die im vorliegenden Werk enthaltenen Informationen für Autor:innen, Herausgeber:innen und Verlag mit keiner Verpflichtung oder Garantie irgendeiner Art verbunden. Autor:innen, Herausgeber:innen und Verlag übernehmen infolgedessen keine Verantwortung und werden keine daraus folgende oder sonstige Haftung übernehmen, die auf irgendeine Weise aus der Benutzung dieser Informationen – oder Teilen davon – entsteht. Ebenso wenig übernehmen Autor:innen, Herausgeber:innen und Verlag die Gewähr dafür, dass die beschriebenen Verfahren usw. frei von Schutzrechten Dritter sind. Die Wiedergabe von Gebrauchsnamen, Handelsnamen, Warenbezeichnungen usw. in diesem Werk berechtigt also auch ohne besondere Kennzeichnung nicht zu der Annahme, dass solche Namen im Sinne der Warenzeichen- und Markenschutz-Gesetzgebung als frei zu betrachten wären und daher von jedermann benützt werden dürften.

Die endgültige Entscheidung über die Eignung der Informationen für die vorgesehene Verwendung in einer bestimmten Anwendung liegt in der alleinigen Verantwortung des Nutzers.

Bibliografische Information der Deutschen Nationalbibliothek:
Die Deutsche Nationalbibliothek verzeichnet diese Publikation in der Deutschen Nationalbibliografie; detaillierte bibliografische Daten sind im Internet unter http://dnb.d-nb.de abrufbar.

Dieses Werk ist urheberrechtlich geschützt.
Alle Rechte, auch die der Übersetzung, des Nachdruckes und der Vervielfältigung des Werkes, oder Teilen daraus, vorbehalten. Kein Teil des Werkes darf ohne schriftliche Einwilligung des Verlages in irgendeiner Form (Fotokopie, Mikrofilm oder einem anderen Verfahren), auch nicht für Zwecke der Unterrichtsgestaltung – mit Ausnahme der in den §§ 53, 54 UrhG genannten Sonderfälle –, reproduziert oder unter Verwendung elektronischer Systeme verarbeitet, vervielfältigt oder verbreitet werden.
Wir behalten uns auch eine Nutzung des Werks für Zwecke des Text- und Data Mining nach § 44b UrhG ausdrücklich vor.

© 2024 Carl Hanser Verlag GmbH & Co. KG, München
www.hanser-fachbuch.de
Lektorat: Brigitte Bauer-Schiewek
Copy editing: Petra Kienle, Fürstenfeldbruck
Herstellung: le-tex publishing services GmbH, Leipzig
Covergestaltung: Tom West
Satz: Eberl & Koesel Studio, Kempten
Druck: CPI Books GmbH, Leck
Printed in Germany

Inhalt

Vorwort		XV
1	**Der Einstieg in Java**	**1**
1.1	Erstellung und Ablauf von Programmen in Java	2
1.2	Das erste Java-Programm	4
1.3	Erstellung und Ablauf des ersten Programms	6
1.4	Eine erste Anwendung mit Grafik	11
1.5	Zusammenfassung	14
1.6	Aufgaben	15
2	**Elemente der Programmierung**	**16**
2.1	Daten erklären und verarbeiten	17
	2.1.1 Schreibweisen für Deklarationen und Wertzuweisungen	20
	2.1.2 Beispiel: Elementare Ausdrücke	22
	2.1.3 Beispiel: Bereichsüberschreitungen	25
	2.1.4 Typumwandlungen	26
	2.1.5 Deklarationen mit var	27
	2.1.6 Deklarationen mit dem static-Modifizierer	28
	2.1.7 Namen und ihre Gültigkeit	28
2.2	Kontrollfluss	30
	2.2.1 Verzweigung	30
	2.2.2 Mehrfachverzweigung	36
	2.2.3 Schleifen mit Vorabprüfung	38
	2.2.4 Schleife mit Prüfung am Ende	43

	2.2.5	Verlassen von Schleifen	45
	2.2.6	Programmausnahmen	45
2.3	Methoden		48
	2.3.1	Definitionen	48
	2.3.2	Beispiele zum Einsatz von Methoden	52
	2.3.3	Rekursion	55
		2.3.3.1 Beispiel: Berechnung der Fakultät	56
		2.3.3.2 Beispiel: Die Türme von Hanoi	57
2.4	Felder		61
	2.4.1	Eindimensionale Felder	62
		2.4.1.1 Grundlegende Definitionen	62
		2.4.1.2 Beispiel: Einlesen und Bearbeiten eines Felds	65
		2.4.1.3 Behandlung von Indexfehlern	67
	2.4.2	Suche in Feldern	68
		2.4.2.1 Lineare Suche	68
		2.4.2.2 Halbierungsmethode: binäre Suche in Feldern	69
	2.4.3	Sortieren	71
	2.4.4	Mehrdimensionale Felder	74
2.5	Operatoren in Java		77
2.6	ANSI-Escape-Sequenzen		81
2.7	Aufgaben		82

3 Objektorientierte Programmierung — 86

3.1	Auf dem Weg zu Klassen		86
	3.1.1	Wege zur Objektorientierung	86
	3.1.2	Beziehungen zwischen Klassen	89
	3.1.3	Oberklassen und Unterklassen	91
	3.1.4	Klassen und Objekte	92
	3.1.5	Abstrakte Klassen	93
	3.1.6	Entwurf der Klassen	93
		3.1.6.1 Typ 1: die vorgegebenen Objekte	93
		3.1.6.2 Typ 2: Verwaltungsobjekte oder Sammlungen	94
		3.1.6.3 Typ 3: Umgebungsobjekte	94
		3.1.6.4 Typ 4: übersehene Klassen doch noch finden	94
		3.1.6.5 Gemeinsame Oberklassen finden	94

3.2	Klassen in Java		95
	3.2.1	Eine Klasse zum Verwalten von Mitarbeitern	96
	3.2.2	Erzeugung von Objekten: Konstruktoren	100
	3.2.3	Wertzuweisung und Übergabe als Parameter	101
	3.2.4	Statische Klassenelemente	103
		3.2.4.1 Grundlagen	103
		3.2.4.2 Initialisierung der static-Variablen in einer Klasse	105
	3.2.5	Eingeschachtelte Klassen, innere Klassen	106
	3.2.6	Umwicklertypen	107
	3.2.7	Datensätze mit record	110
3.3	Unterklassen und Polymorphie in Java		111
	3.3.1	Definition von Unterklassen in Java	112
	3.3.2	Methoden der Klasse Object überschreiben	115
	3.3.3	Lebenszyklus von Objekten	116
	3.3.4	Wie funktioniert die Polymorphie?	118
	3.3.5	Wertzuweisung und Cast-Anweisung	120
	3.3.6	Klassen und Ausnahmen	121
	3.3.7	Abstrakte Klassen: Design für Vererbung	124
	3.3.8	Ableitung von Klassen begrenzen	128
3.4	Generische Elemente in Java		131
3.5	Schnittstellen in Java		134
	3.5.1	Vergleich von Objekten	136
	3.5.2	Statische Methoden in Schnittstellen	139
	3.5.3	Default-Methoden in Schnittstellen	139
	3.5.4	Schnittstellen ohne abstrakte Methoden	141
	3.5.5	Funktionale Schnittstellen	143
3.6	Funktionen in Java		144
	3.6.1	Referenzen auf Funktionen in Java	144
	3.6.2	Lambda-Ausdrücke	145
		3.6.2.1 Syntax für Lambda-Ausdrücke	146
		3.6.2.2 Bindung in Lambda-Ausdrücken	147
	3.6.3	Beispiel: Anwendung der Comparator-Schnittstelle	148
	3.6.4	Beispiel: Funktionen als Parameter	149
	3.6.5	Zusammenfassung	150

3.7		Dynamische Erzeugung von Objekten..................................	151
3.8		Aufzählung von Konstanten mit enum	155
3.9		Allgemeine Eigenschaften..	158
	3.9.1	Der final-Modifizierer	158
	3.9.2	Packages mit package, import.................................	159
	3.9.3	Sichtbarkeit von Namen in Java................................	161
	3.9.4	Wiederherstellung des Zustands eines Objekts: Serialisierung	161
	3.9.5	Zusicherungen	163
3.10		Aufgaben...	165

4 Grundlegende Klassen 170

4.1	Nützliche Klassen und Packages			170
	4.1.1	Übersicht der Klassen des Package java.lang		171
	4.1.2	Zeichenketten in Java: String.................................		172
	4.1.3	Die Klasse System..		177
	4.1.4	Die Klasse Math..		178
	4.1.5	Zeit und Datum in Java.......................................		179
	4.1.6	Reflexion von Java-Programmen		182
	4.1.7	Annotationen..		184
	4.1.8	Reguläre Ausdrücke..		187
	4.1.9	Protokollierung von Programmläufen: Logging.................		189
4.2	Verwalten von Objekten mit Sammlungen.............................			192
	4.2.1	Prinzip für die Aufbewahrung von Objekten		193
		4.2.1.1	Schnittstellen für die Sammlungen in Java..............	194
		4.2.1.2	Implementierungen für die Schnittstellen	195
	4.2.2	Sequenzieller Zugriff: List, Set und SortedSet...................		196
		4.2.2.1	Collection und SequencedCollection als Basisschnittstellen......................................	196
		4.2.2.2	Listen	199
		4.2.2.3	Die ListIterator-Schnittstelle..........................	202
		4.2.2.4	Mengen..	204
	4.2.3	Assoziativer Zugriff: Map......................................		208
		4.2.3.1	Map als Basisschnittstelle	210
		4.2.3.2	Die SortedMap-Schnittstelle	213
	4.2.4	Nützliche Klassen und Methoden für Sammlungen		214

		4.2.4.1	Die Klasse Collections	214

		4.2.4.2	Implementierungen von Sammlungen für spezielle Zwecke	215
		4.2.4.3	Sammlungen und Threads	216
		4.2.4.4	Nützliche Klassen und Methoden	217
4.3	Streams in Java			218
	4.3.1	Einstieg in die funktionale Programmierung		219
	4.3.2	Ausgewählte Methoden für Streams		220
	4.3.3	Fallbeispiele – Anwendungsfälle		222
		4.3.3.1	Zeichenketten aneinanderhängen	223
		4.3.3.2	Sortieren	223
		4.3.3.3	Gruppieren von Objekten nach diversen Kriterien	224
		4.3.3.4	Verarbeiten von Daten in Textdateien	226
		4.3.3.5	Berechnungen mit Zwischenergebnissen durchführen	226
4.4	Aufgaben			228

5 Ein-/Ausgabe in Java — 231

5.1	Prinzip der Ein-/Ausgabe in Java			234
	5.1.1	Eingabe in Java		237
		5.1.1.1	InputStream als Basisklasse für Eingaben	237
		5.1.1.2	Reader als Brücke zwischen Bytes und Zeichen	239
	5.1.2	Ausgabe in Java		241
		5.1.2.1	OutputStream als Basisklasse für Ausgaben	241
		5.1.2.2	Die Writer-Klassen in Java	246
5.2	Fallstudien zu Ein-/Ausgabe			247
	5.2.1	Bearbeiten von Textdateien		247
	5.2.2	Durchlaufen aller Dateien in einem Verzeichnis		249
	5.2.3	Zugriff auf die Einträge in einem ZIP-Archiv		251
5.3	Aufgaben			252

6 Nebenläufigkeit in Java — 254

6.1	Einstieg in Threads in Java		255
	6.1.1	Streams parallel bearbeiten	255
	6.1.2	Paralleler Zugriff auf Daten	256
	6.1.3	Explizite Programmierung von Threads	258
	6.1.4	Das Executor-Framework	261

6.2	Grundlagen zu Threads		264
	6.2.1	Nutzen von Threads	265
	6.2.2	Wettrennen	267
	6.2.3	Zustände von Threads	271
6.3	Monitore in Java		273
	6.3.1	Grundlagen des Monitorkonzepts in Java	273
	6.3.2	Anwendung der Monitore in Java	274
	6.3.3	Die passiert-vor-Relation	276
6.4	Anwendungsfälle		277
	6.4.1	Lang laufende Aktivitäten in Benutzungsoberflächen	277
	6.4.2	Erzeuger-Verbraucher-Kopplung	280
	6.4.3	Leser-Schreiber-Problem	283
	6.4.4	Semaphoren	283
	6.4.5	Verklemmungen und die fünf Philosophen	285
	6.4.6	Animationen	287
6.5	Aufgaben		290
7	**Grafikanwendungen in Java**		**293**
7.1	Struktur von GUI-Anwendungen		293
	7.1.1	Ein erstes Programm für Swing	295
	7.1.2	Prinzip der ereignisgesteuerten Programmierung	296
	7.1.3	Ereignissteuerung	297
		7.1.3.1 Das „Delegation Event Model"	299
		7.1.3.2 Listener-Schnittstellen und Adapter	301
	7.1.4	Hierarchie der Swing-Klassen für Steuerelemente	303
	7.1.5	Elementare Steuerelemente	304
	7.1.6	Das Model-View-Controller-Paradigma und Swing	305
7.2	Anordnung der Komponenten		306
	7.2.1	BorderLayout	307
	7.2.2	FlowLayout	308
	7.2.3	GridLayout	309
	7.2.4	CardLayout	310
	7.2.5	GridBagLayout	311
	7.2.6	BoxLayout (nur Swing)	314
	7.2.7	Schachtelung der Layouts	315

7.3	Steuerelemente in Benutzeroberflächen..............................	316
	7.3.1 Schaltflächen: JButton...	316
	7.3.2 Checkboxen und Radiobutton.................................	317
	7.3.3 Statischer Text zur Anzeige von Informationen..................	319
	7.3.4 Listen zur Auswahl	320
	7.3.5 Elementare Auswahl mit der Combobox	321
	7.3.6 Textfelder...	322
	7.3.7 Menüs in Java	324
7.4	Steuerelemente unter der MVC-Architektur	326
	7.4.1 Übersicht: Aufgabenverteilung Swing-Anwender	327
	7.4.2 Vertiefung für JList und JComboBox	328
	7.4.2.1 Eine MVC-Anwendung für JList	329
	7.4.2.2 JComboBox	331
	7.4.3 Tabellen und Baumsteuerelemente.............................	332
	7.4.3.1 Das Steuerelement für Tabellen JTable	332
	7.4.3.2 JTree	337
7.5	Kurs: GUI-Anwendungen	343
	7.5.1 Erstellung einer grafischen Komponente.......................	344
	7.5.2 Reaktion auf Mausklicks......................................	346
	7.5.3 Reaktion auf Mausbewegungen: ein Malprogramm	349
	7.5.4 Turtle-Grafik	351
	7.5.5 Dialoge in Java	355
	7.5.6 Dialog zur Auswahl von Dateinamen	359
	7.5.7 Die Türme von Hanoi	362
7.6	Aufgaben..	366

8	**Programmierung in Netzwerken**	**371**
8.1	Elementare Grundlagen von Netzwerken	371
8.2	Sockets in Java	374
	8.2.1 Verbindungsorientierte Kommunikation mit TCP	374
	8.2.2 Verbindungslose Kommunikation	377
8.3	Der Java-Client für http	378
8.4	Verteilte Anwendungen..	380
	8.4.1 Der Additionsdienst mit TCP	381
	8.4.1.1 Problemanalyse: Datenaustausch	381

		8.4.1.2	Problemanalyse: Aufbau der Anwendung	381
	8.4.2	Beispiel: der Additionsdienst mit UDP		384
		8.4.2.1	Problemanalyse: Datenaustausch	384
		8.4.2.2	Problemanalyse: Aufbau der Anwendung	384
	8.4.3	RMI		386
		8.4.3.1	Problemanalyse: Datenaustausch	386
		8.4.3.2	Problemanalyse: Aufbau der Anwendung	387
	8.4.4	Prinzip von RMI		387
8.5	Aufgaben			391

9 Anbindung von Datenbanken mit JDBC ... 392

9.1	Maven-Projekt in Eclipse anlegen		393
9.2	Grundlagen von JDBC		396
9.3	Grundsätzlicher Ablauf beim Zugriff		397
9.4	Einstieg in relationale Datenbanken und SQL		401
	9.4.1	Grundlagen SQL	401
	9.4.2	Klassen und Schnittstellen im Package java.sql	402
9.5	Erweitertes Beispiel		409
	9.5.1	Programmierung der Verbindung zu den Datenbanken	410
	9.5.2	Vorbereitung: Datenbanken einrichten	411
		9.5.2.1 Die Speisedatenbank	411
		9.5.2.2 Die Speisedatenbank: objektrelationale Zuordnung	412
		9.5.2.3 Die Speisedatenbank: Vermeidung doppelter Einträge	414
9.6	Datentypen in Java und SQL		415
9.7	Metadaten		416
	9.7.1	Metadaten und die Auskunft über die Datenbank	417
	9.7.2	Anwendung	418
9.8	Aufgaben		418

10 Bearbeiten von XML in Java ... 420

10.1	Schreiben und Lesen von XML mittels JAXB		422
	10.1.1	Zusammenhänge: Klasse und Objekt bzw. Schema und XML	423
	10.1.2	Kochrezept: Anleitung zur Benützung von JAXB	424
		10.1.2.1 Schritt: Kennzeichnung eines Objekts zum Speichern	425
		10.1.2.2 Schritt: Programm zum Speichern und Laden	425

10.2	SAX-Parser	426
10.3	Aufgaben	429
11	Literatur	430
Index		431

Vorwort

Liebe Leserin, lieber Leser,

in der objektorientierten Sprache Java programmieren wir seit 1996 für diverse Systeme. Jetzt können wir mit der gereiften Programmiersprache Java 21 für manche Probleme einfachere und prägnantere Lösungen formulieren.

Wir fokussieren auf zentrale Techniken der Programmierung und nutzen dabei den Komfort und die Leistungsfähigkeit der Entwicklungsumgebung Eclipse gleich beim Start ins Java-Land in *Kapitel 1*. In *Kapitel 2* besprechen wir die Grundlagen der Steuerung von Abläufen in Programmen, der sog. prozeduralen Programmierung. Erst wenn wir Verzweigungen, Schleifen und Aufrufe von Funktionen beherrschen, können wir uns in *Kapitel 3* den Herausforderungen der Objektorientierung stellen. Dort lernen wir auch die Lambda-Ausdrücke als Möglichkeiten zur Implementierung funktionaler Schnittstellen kennen.

Ein einzelnes Objekt kommt selten alleine. Zur Verwaltung von Objekten dienen die sog. Collections. Praktiker wissen, dass man mit den sequenziellen und assoziativen Sammlungen die meisten alltäglichen Probleme der Verwaltung von Daten lösen kann, auf die wir uns im Buch konzentrieren. Java unterstützt uns bei der Programmierarbeit auch mit anderen Klassen, von denen wir in *Kapitel 4* eine kleine, praxisorientierte Auswahl vorstellen. Mit Java können wir mit Streams die Iteration über diese Datenbestände dem Laufzeitsystem überlassen, wir spezifizieren nur, was getan werden soll.

Kapitel 5 führt in die Grundlagen der Verarbeitung von Daten auf externen Speichermedien ein. Zum Verständnis der Programmierung von parallelen Streams und grafischen Benutzungsoberflächen machen wir uns in *Kapitel 6* mit den Chancen und Risiken der nebenläufigen Programmierung vertraut.

In *Kapitel 7* führen wir die Grundkonzepte der Programmierung grafischer Benutzungsoberflächen ein. Dabei vertiefen wir schulmäßig die Techniken der Objektorientierung. Wir lernen die Steuerelemente sowie die Möglichkeiten des Aufbaus kennen. Die Anbindung von Programmcode an Benutzungsoberflächen gelingt uns mit den Lambda-Ausdrücken kurz und prägnant.

Java ist als Programmiersprache für Anwendungen im Internet konzipiert. Deswegen können wir in *Kapitel 8* mit relativ geringem Aufwand Programme für verteilte Anwendungen erstellen. Fallstudien stellen verschiedene Ansätze gegenüber und setzen dabei auch virtuelle Threads von Java 21 ein.

In *Kapitel 9* lernen wir den Zugriff auf Datenbanken. Damit können wir unsere Objekte in Datenbanken ablegen und daraus wiedergewinnen. Wir stellen Zugriffe auf SQLite-Datenbanken sowie MariaDB vor. Mit Maven hält sich der Installationsaufwand in Grenzen. Mit den Basistechniken zur Speicherung bzw. des Lesens von Daten im XML-Format in *Kapitel 10* runden wir unseren Streifzug durch das Java-Land ab.

Wie bei Fremdsprachen gilt auch bei Programmiersprachen: Man muss die Sprache sprechen, d. h. selbst programmieren. Deswegen enthält jedes Kapitel kleinere oder größere Aufgaben. Das Spektrum der Aufgaben reicht von elementaren Übungen bis zu kleinen Projektarbeiten. Lösungsvorschläge zu allen Aufgaben finden Sie über das Internetportal des Carl Hanser Verlags. Gehen Sie dazu auf

plus.hanser-fachbuch.de

und geben Sie dort diesen Code ein:

```
plus-25rct-B4vaP
```

Von dort können Sie auch alle Programme im Buch in vollständiger Form herunterladen.

Mein besonderer Dank gilt Frau Brigitte Bauer-Schiewek für die aufmerksame Begleitung bei der Konzeption und Durchführung sowie Frau Irene Weilhart und Frau Kristin Rothe für ihre Präzision und Sorgfalt bei der Herstellung.

Viel Erfolg mit diesem Buch!

Neutraubling, im Mai 2024

Fritz Jobst

1 Der Einstieg in Java

Dieses Buch will Ihnen helfen, einfache Probleme mit Programmen in Java zu lösen und diese Programme ablaufen zu lassen. Dazu führt dieses Kapitel von der Installation der Entwicklungsumgebung Eclipse über die prinzipiellen Möglichkeiten von Java bis zu einem ersten Beispiel einer Anwendung.

Welche Probleme kann man mit Java lösen?

Eines Tages fand ich an der Tür zur Küche eine Mitteilung meines Sohnes mit folgendem Inhalt:

```
if (hunger)
   {
   goto kühlschrank;
   open door;
   eat leberkas;
   }
```

Dieser Zettel besteht aus einzelnen elementaren Anweisungen, die Schritt für Schritt von einem Menschen auszuführen sind: Falls Hunger vorhanden ist, gehe man zum Kühlschrank, öffne die Tür und entnehme und verzehre Lebensmittel.[1] Solche Folgen von Anweisungen nennt man auch Programme. Die Schreibweise von Programmen folgt anscheinend einer gewissen Syntax. Es sind also die Regeln einer Programmiersprache einzuhalten, die sich in obigem Fall an meiner Vorliebe für Java orientierte.

Die Anweisungen in einem Computerprogramm richten sich hingegen an die CPU[2] eines Rechners und müssen deswegen so elementar aufgebaut sein, dass eine einfache Maschine sie ausführen kann. Eine CPU arbeitet mit einem Speicher (sog. RAM[3])

---

[1] Bei genauerer Betrachtung fehlt eine Anweisung zum Schließen der Kühlschranktür.
[2] CPU: Central Processing Unit, Zentrale Verarbeitungseinheit: Sie führt die Anweisungen aus.
[3] RAM: Random Access Memory, Speicher mit wahlfreiem Zugriff.

mit wahlfreiem Zugriff auf einzelne Daten zusammen. Die CPU holt Daten vom Speicher, verarbeitet sie und legt die Ergebnisse wieder im Speicher ab. Die einzelnen CPU-Befehle dienen z. B. dem Laden von Daten, der Verarbeitung sowie dem Abspeichern der Ergebnisse. Auf einem üblichen PC würde man zwei ganze Zahlen, die im Speicher an den Stellen a bzw. b liegen, wie folgt addieren und die Summe im Speicher an der Stelle c ablegen:

```
mov eax,a ; Transportiere Inhalt von a nach Register[4] eax.
add eax,b ; Addiere Inhalt von b auf Register eax.
mov c,eax ; Speichere eax im RAM bei c ab.
```

Diese Anweisungen für eine einfache Addition sind in der maschinennahen Programmierung ebenso umständlich wie fehleranfällig zu schreiben. Auf diese Weise könnten nur Computerartisten größere und lauffähige Programme erstellen. Zur Lösung dieses Problems entwickelte man die sog. höheren Programmiersprachen, bei denen man die Anweisungen in einer für den Menschen akzeptablen Form niederlegt. In einer höheren Programmiersprache wie Java würde man zwei Zahlen wie folgt addieren:

```
c = a + b; // Wertzuweisung: c ergibt sich zu a + b.
```

Diese für Menschen lesbare und verständliche Form eines Programms als Text ist für eine CPU unverständlich, man benötigt einen Übersetzer javac, einen sog. *Compiler*, der aus der Anweisung „c ergibt sich als Summe aus a und b" die entsprechenden Maschinenbefehle erzeugt. Eine solche Übersetzung müsste man für jede CPU durchführen, auf der das Programm laufen soll. Deswegen entschieden sich die Java-Designer für die Konstruktion einer symbolischen universellen Maschinensprache,[5] bei der nach der Übersetzung das längste Stück des Weges schon zurückgelegt ist, die Befehle aber noch für die einzelnen Plattformen mit dem Interpreter java ausführbar sind: *Write once, run everywhere.*

1.1 Erstellung und Ablauf von Programmen in Java

Programme in einer Hochsprache bestehen aus einer Folge von Anweisungen in Form von Text, den man in Textdateien mit dem Zusatz .java als Sequenz der einzelnen Zeilen speichert. Eine solche Textdatei erstellt man nicht mit einem Textverarbeitungssystem wie *Writer* oder *Word*, sondern mit einem vergleichsweise einfachen Werkzeug wie einem Texteditor. Unter Unix/Linux käme im Prinzip *vi*, unter Windows *notepad* in Betracht. Diesen Text übersetzt man dann mit dem Compiler javac in Maschinensprache. Die so erzeugten Befehle für die Maschine bringt man dann zum Ab-

---

[4] Register: Eine CPU hat nur wenige dieser Speicherplätze, die so schnell wie die CPU sind.
[5] der sog. Bytecode, der in Dateien mit der Endung .class liegt

lauf auf einem Rechner. Diese Arbeitsschritte lassen sich in einer IDE[6] zusammenfassen.

Bis zur Version 9 unterstützte Oracle eingebettete Anwendungen. Diese sog. Applets konnten in .html-Dokumente[7] ebenso wie Bilder eingefügt werden, liefen aber stets auf dem Rechner des Anwenders ab.

Eine selbstständig lauffähige Anwendung in Java entspricht eher einem Programm wie z. B. einer Textverarbeitung, ist allerdings nur zusammen mit dem Interpreter java lauffähig. Dieser Interpreter muss die Anweisungen im Java-Bytecode auf dem Rechner des Anwenders Schritt für Schritt ausführen. Solche Anwendungen können ihrerseits im Textmodus im Konsolenfenster ablaufen. Sie können aber auch Grafikfenster aktivieren und dort mit Grafik arbeiten.

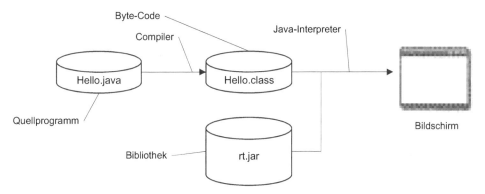

Bild 1.1 Erstellung und Ablauf eines Java-Programms

Der Compiler javac übersetzt in Hochsprache geschriebene Befehle der Textdatei Hello.java in die symbolische Maschinensprache (sog. Bytecode) für die diversen CPUs und legt sie in der Datei Hello.class ab. Zum Ablauf benötigt der Java-Interpreter java noch zahlreiche Hilfsprogramme, die in Bibliotheken wie z. B. rt.jar zusammengefasst zur Verfügung stehen. rt.jar gehört zum JDK[8] ebenso wie zum JRE[9]. Das JRE enthält alle zum Ablauf von Java-Programmen erforderlichen Bestandteile. Das JDK enthält darüber hinaus noch die Entwicklungswerkzeuge wie z. B. den Compiler javac. Deswegen benötigen wir zum Programmieren das JDK und nicht nur das JRE. Wir greifen in diesem Buch nicht auf die o. a. Werkzeuge zurück, sondern benützen die Entwicklungsumgebung Eclipse. Die folgenden beiden Kommandos übersetzen das Programm Listing 1.1 und bringen es zum Ablauf.

---

[6] IDE: integrierte Entwicklungsumgebung, Integrated Development Environment
[7] HTML: Hypertext Markup Language
[8] JDK: Java Development Kit
[9] JRE: Java Runtime Environment

```
javac Hello.java
java Hello
```

1.2 Das erste Java-Programm

Java-Programme sind Textdateien, die man mit einem Texteditor wie *vi*, *emacs* oder *notepad* eingibt. Die Texte sind keineswegs wahlfrei, sondern folgen speziellen Regeln. Das erste Programm soll als Anwendung laufen und den Text „Hello World" ausgeben. Hierzu muss das folgende Programm mit der Klasse Hello in der Datei Hello.java abgelegt werden. Der Dateiname muss aus dem Klassennamen mit dem Zusatz ".java" bestehen. Er sollte nach einer Java-Konvention[10] mit einem Großbuchstaben beginnen. Leerräume sind im Namen in keinem Fall zulässig. Die Schreibweisen Hello.java für den Namen der Datei sowie Hello für den Namen der Klasse müssen eingehalten werden. hello ist ebenso falsch wie HELLO oder hello, denn in Java muss man strikt auf die Unterschiede zwischen Groß- und Kleinschreibung achten.

Listing 1.1 Hello.java zum Einstieg in die Java-Programmierung
```java
// Das erste Programm in der Datei Hello.java
public class Hello {
  public static void main(String[] args) {
    System.out.println("Hello World");
  }
}
```

Ein Java-Programm besteht aus einzelnen Wörtern der Sprache Java. **public** und **class** sind in Java reservierte Namen, Hello ist der Eigenname der definierten Klasse. **public** kennzeichnet einen „öffentlichen" Inhalt, den auch andere Java-Programme benützen dürfen. Mit **class** Hello eröffnet man eine neue Java-Klasse, die innerhalb der geschweiften Klammern {} folgt. In Kapitel 2 sind die reservierten Namen der Sprache Java zusammengestellt. Alle reservierten Namen von Java sind in diesem Buch fett gedruckt.

Ein Wort ist in Java eine Folge von Buchstaben bzw. Ziffern, die mit einem Buchstaben beginnt. Diese Worte werden nacheinander geschrieben. Worte können aus Folgen von Buchstaben und Ziffern bestehen, wobei das erste Zeichen ein Buchstabe sein muss. Es muss stets klar sein, wann ein Wort endet und das nächste folgt. Worte können auch nicht einfach getrennt werden. Die folgenden Zeilen sind deswegen fehlerhaft:

```
publicstaticvoid
pub lic sta tic vo id
publicsta ticvoid
p u b l i c s t a t i c v o i d
```

---

[10] Siehe *https://www.oracle.com/technetwork/java/codeconventions-150003.pdf*

1.2 Das erste Java-Programm

In Java gibt es auch Wörter, die aus nur einem Zeichen bestehen, wie etwa die Zeichen [] () {} , . ; Wenn das Ende eines Worts eindeutig definiert ist, sind keine besonderen Trennzeichen zwischen aufeinanderfolgenden Worten, wie etwa ein Leerraum, erforderlich. Die folgenden unterschiedlichen Zeilen definieren die gleiche Funktionalität.

```
public static void main(String[] args){
public  static  void   main  ( String [ ] args ) {
```

Die Schreibweise ist formatfrei. Zwischen zwei Wörtern können beliebig viele Leerzeichen, neue Zeilen oder Kommentare stehen. Die folgenden Zeilen sind korrekt formuliert, aber nicht gut lesbar und nur zur Abschreckung angegeben:

```
public
static
void
main
(
String
args
[
]
)
{
```

Die Klasse Hello enthält eine Methode namens main. Sie können sich eine Methode[11] als eine in die Zeichen {} eingeschlossene Folge von Anweisungen vorstellen. Diese Folge besteht hier im Beispiel aus genau einer Anweisung. main ist das Hauptprogramm. Das Laufzeitsystem erwartet das Hauptprogramm main und aktiviert es bei Ausführung des Programms: Die Anweisungen in main werden der Reihe nach durchlaufen. Im Beispiel wird eine Methode System.out.println zur Ausgabe eines Textes auf dem Bildschirm aufgerufen. Die Methode println befindet sich in einer der Bibliotheken.

Ein für sich allein ablauffähiges Programm muss die main-Methode in obiger Form enthalten. main hat Zugriff auf die sog. Parameter args der Kommandozeile[12], macht aber in diesem Beispiel keinen Gebrauch davon.

Kommentare können in einer Zeile ab // eingefügt werden. Der Inhalt von Kommentaren unterliegt keiner Einschränkung. Wenn man Kommentare über mehrere Zeilen wünscht, schließt man den Text des Kommentars zwischen /* und */ ein.

---

[11] Methoden heißen in manchen Programmiersprachen auch Funktionen bzw. Prozeduren.
[12] Siehe Abschnitte 2.2.3 und 2.4.1.

1.3 Erstellung und Ablauf des ersten Programms

Eine IDE[13] bietet einen einheitlichen Zugriff auf die Werkzeuge zur Programmerstellung. Der Aufwand bis zur Installation einer IDE scheint zunächst übertrieben, amortisiert sich aber bei der Arbeit mit Java in kürzester Zeit. In diesem Buch arbeiten wir mit der IDE Eclipse, die man unter *www.eclipse.org* findet. Die Eclipse-IDE gibt es in diversen Varianten, für die Entwicklung mit Java reicht das einfachste Paket wie „Eclipse IDE for Java Developers". Diese IDE enthält bereits alle erforderlichen Komponenten, um Java-Programme zu entwickeln und auszuführen. Sie reicht für die Inhalte dieses Buchs aus. Unter Windows installiert man Eclipse mit dem Programm eclipse-inst-jre-win64.exe. Für die Eclipse-Version 2023-12 wird ein Verzeichnis auf dem lokalen Rechner im Bereich der Daten des angemeldeten Benutzers C:\Users\--Benutzer--\eclipse\java-2023-12\eclipse angelegt. Dort finden Sie das Programm eclipse.exe. Starten Sie dann eclipse.exe.

Nach dem Start fragt Eclipse nach dem Ordner für den Arbeitsbereich zum Ablegen aller erstellten Programme. Wenn man bei künftigen Starts von Eclipse Fragen nach der Lage des Arbeitsbereichs vermeiden will, kann man das Häkchen bei der *Use this as default...*-Option anklicken.

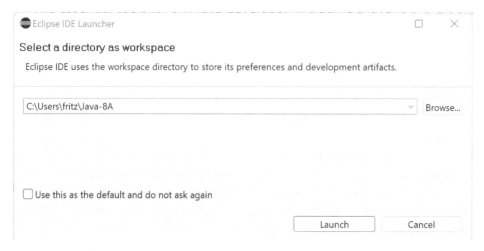

Bild 1.2 Auswahl eines Arbeitsbereichs

---

[13] IDE Integrated Development Environment

Danach meldet sich Eclipse mit seinem Willkommensbildschirm. Sie können jetzt das Eclipse-System erkunden oder gleich weiter zum Arbeitsbereich gehen, indem Sie auf das Pfeil-Symbol am rechten Rand des Bildschirms klicken. Danach sehen Sie die Arbeitsoberfläche von Eclipse aus Bild 1.3. Am linken Rand finden Sie den „Package Explorer", mit dem Sie später die einzelnen Projekte erkunden können.

Bild 1.3 Arbeitsoberfläche von Eclipse

Eclipse organisiert die Arbeiten des Benutzers in sog. Projekten, sodass wir zunächst unter dem Menüpunkt *File/New/Java Project* ein neues Projekt erzeugen müssen. Ein Projekt kann mehrere Java-Programme enthalten. Diese Gliederung in Projekte erfordert einen zusätzlichen Schritt vor der Erstellung eines Java-Programms, ist aber auf die Dauer unerlässlich zum Ordnen der Programme und der dazugehörigen Dateien wie etwa Bilder.

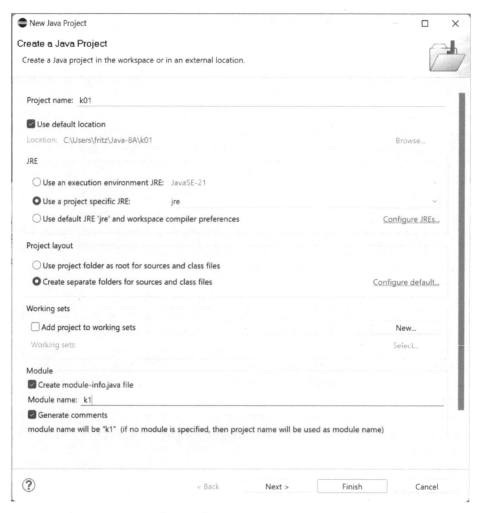

Bild 1.4 Anlegen eines Projekts in Eclipse

1.3 Erstellung und Ablauf des ersten Programms

Unser erstes Projekt ist das Kapitel 1, für das wir das Projekt k01 anlegen wollen. Es empfiehlt sich, einen eigenen Ordner für die vom Compiler erzeugten `class`-Files mit dem Binärcode anzulegen. Deswegen wählen wir unter *Project Layout* die Option *Create separate*. Damit vermeiden wir die Mischung aus Quellprogrammen und den Übersetzungsergebnissen. Achten Sie darauf, die Version JavaSE21 für Java 21 auszuwählen.

Danach kann man den Schalter *Finish* drücken und erhält die Ansicht aus Bild 1.5.

Da unser „Startprojekt" leer ist, fügen wir durch einen Rechtsklick eine neue Klasse hinzu.

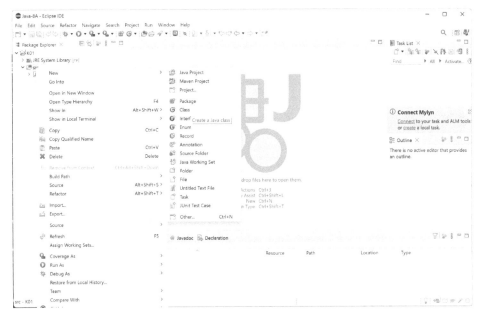

Bild 1.5 Anlegen einer Klasse in Eclipse

New/Class liefert den in Bild 1.6 angegebenen Dialog zur Erstellung einer Java-Klasse. Als Namen für unser erstes Package[14] im ersten Kapitel wählen wir wieder k01. Die Programme zu den einzelnen Kapiteln des Buchs finden Sie in den jeweiligen Projekten mit den entsprechenden Packages kxy unter der Nummer xy des Kapitels. Nach Drücken von *Finish* erhält man in Bild 1.6 den Rahmen für das erste Programm.

---

[14] Ein Package ist eine Zusammenfassung mehrerer Java-Programme in einem Unterverzeichnis.

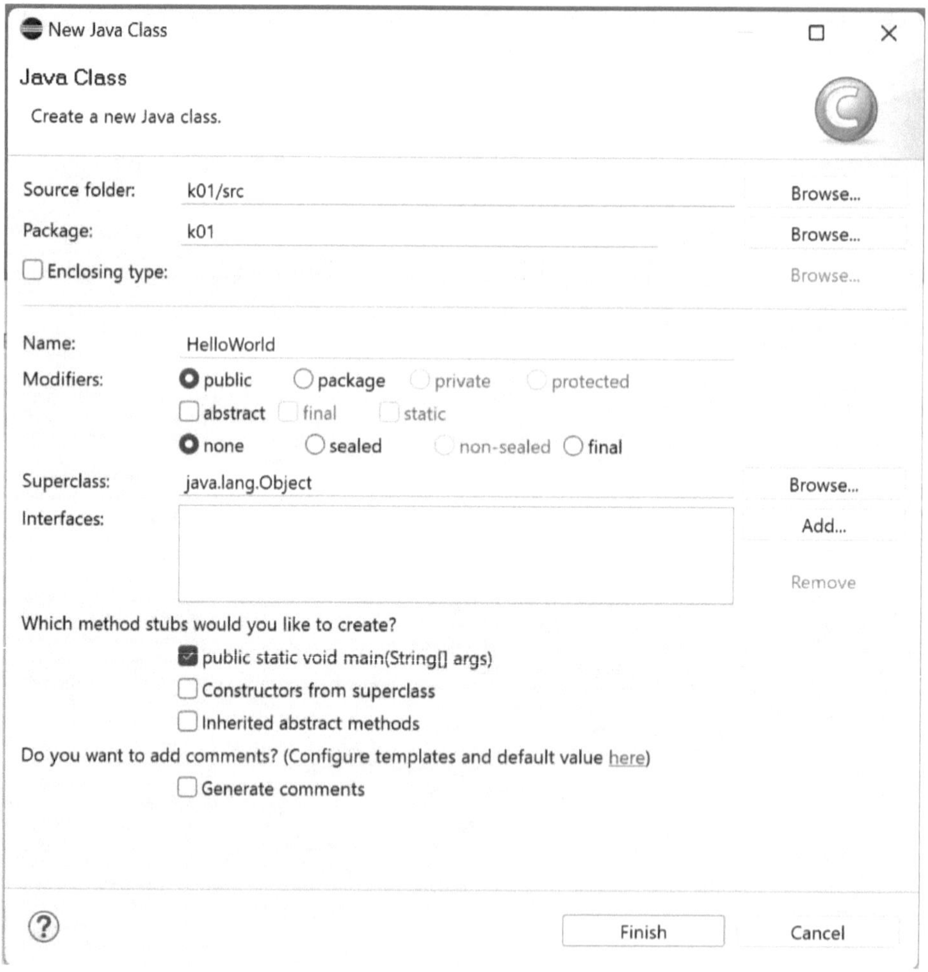

Bild 1.6 Dialog zum Erstellen einer Klasse

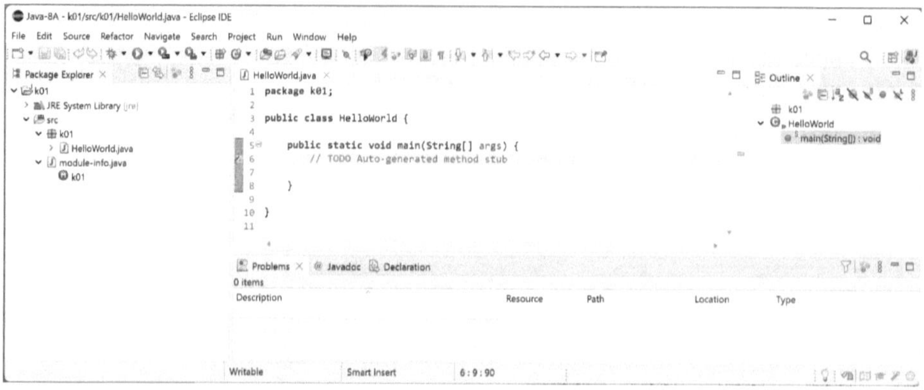

Bild 1.7 Eclipse liefert die erste Klasse im ersten Projekt

Jetzt können Sie die Anweisung `System.out.println ("Text");` in der Methode `main` in der Zeile 6 an der von Eclipse vorsorglich mit TODO markierten Stelle in Bild 1.7 eingeben. Der in runden Klammern angegebene Text ist ein sog. *Parameter* für den `println`-Befehl.

Eclipse übersetzt das Programm ohne besondere Aufforderung durch den Anwender. Nach einer Sicherung des Programms im Arbeitsbereich über das File-Menü oder mit der Tastenkombination **Strg+S** können Sie das Programm mit **Strg+F11** laufen lassen und erhalten im Konsolenfenster unten rechts in Bild 1.8 die Ausgabe des ersten Programms.

Bild 1.8 Das erste Programm mit Eclipse

1.4 Eine erste Anwendung mit Grafik

In Java ist der Schritt zu einer Anwendung für eine grafische Oberfläche kein Sprung mehr wie in anderen Systemen. Allerdings müssen wir die Hilfsmittel `JPanel` und `Graphics` importieren. Damit der Import erfolgreich ist, müssen wir in der in Bild 1.8 gezeigten Datei `module-info` das benötigte Modul `java.desktop` anfordern:

```
module k01 {
  requires java.desktop;
}
```

Das folgende Programm in Listing 1.2 soll in der Mitte des Bildschirms einen Text ausgeben. Der Text muss gezielt in der Mitte des Bildschirms platziert werden.

Statt in der `main(…)`-Methode in Listing 1.1 schreiben wir unsere Befehle in der `paint(Graphics g)`-Methode in Listing 1.2.

Listing 1.2 Die erste Anwendung in Java mit Grafik

```java
package k01;
import javax.swing.JPanel;
import java.awt.Graphics;

// Eine erste Anwendung mit Grafik in Java
public class HelloWorldScreen extends JPanel {

  @Override
  public void paint(Graphics g) {
    // Hier müssen wir die Befehle der Form g.befehl(…); eintragen
    g.drawString("Hello World", getWidth() / 2, getHeight() / 2);
  }

  public static void main(String[] args) {
    MyPanelViewer.startGraphic(new HelloWorldScreen());
  }
}
```

Listing 1.3 Die Klasse MyPanelViewer

```java
package k01;

import java.awt.BorderLayout;
import javax.swing.JFrame;
import javax.swing.JPanel;

//Ein JFrame zur Darstellung eines JPanel
public class MyPanelViewer extends JFrame {

  public MyPanelViewer(JPanel panel) {
    super("Start Grafiksystem");
    setDefaultCloseOperation(EXIT_ON_CLOSE);
    setSize(300, 200);
    add(panel, BorderLayout.CENTER);
    setVisible(true);
  }

  public static void startGraphic(JPanel panel) {
    javax.swing.SwingUtilities.invokeLater(() -> new MyPanelViewer(panel));
  }
}
```

Problemanalyse

Das Programm `MyPanelViewer` in Listing 1.3 soll JPanels am Bildschirm anzeigen. Wir benötigen das Programm zur Anzeige von Grafik und erklären die Prinzipien in Kapitel 7.

`HelloWorldScreen` ist ein JPanel. Diese in Kapitel 3 eingeführte „Ist-ein-Beziehung" formulieren wir so:

```java
class HelloWorldScreen extends JPanel
```

JPanels müssen sich selbst in einer grafischen Umgebung darstellen. Hierzu muss jedes JPanel die Methode paint (Graphics g) definieren. Diese Methode wird vom Laufzeitsystem dann aktiviert, wenn ein Neuzeichnen der zugewiesenen Fläche erforderlich ist, also insbesondere bei Beginn eines Programmlaufs oder bei einer Änderung der Größe der Zeichenfläche, vgl. hierzu auch Kapitel 7. Der Parameter g liefert den Bezug zum grafischen Kontext der Umgebung. Wir benötigen ihn zum Ausgeben des Textes "Hello World". Die Grafik bezieht sich auf den Bildschirm, genauer gesagt auf die dem JPanel zugeteilte Teilfläche des Bildschirms. Diese Teilfläche hat eine Breite und eine Höhe. Das JPanel kann die Anzahl der Pixel der Zeichenfläche für die Breite über die getWidth()- bzw. für die Höhe mit der getHeight()-Methode ermitteln.

g.drawString(Zeichenkette, x, y); sorgt für die Ausgabe der Zeichenkette an der durch x und y definierten Stelle des Bildschirms. Die y-Koordinate definiert dabei die Basislinie, die x-Koordinate den linken Rand für das erste Zeichen des Textes. In obigem Beispiel gilt x = getWidth()/2 und y = getHeight()/2.

Die x-Koordinate läuft von links nach rechts, die y-Koordinate von oben nach unten, wie es bei pixelorientierten Darstellungen üblich ist. Wenn das JPanel eine Zeichenfläche der Breite 200 Pixel und der Höhe 100 Pixel erhält, liegt die Basislinie des ersten Zeichens genau bei den Koordinaten x = 100 und y = 50.

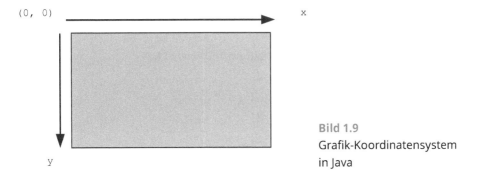

Bild 1.9
Grafik-Koordinatensystem in Java

Das Programm HelloWorldScreen können wir mit der Tastenkombination **Strg+F11** starten. Das Programm läuft in einem Fenster und muss wie jede Anwendung im Betriebssystem beendet werden.

Bild 1.10
Ablauf des Programms
HelloWorldScreen

1.5 Zusammenfassung

- Wir geben Java-Programme als Text ein.
- Der Java-Compiler `javac` übersetzt dieses Programm in einen Bytecode, der unabhängig vom Rechner ist.
- Java-Programme können als selbstständige Anwendungen laufen, wie man es von anderen Programmiersprachen her gewohnt ist. Dazu benötigt man den Interpreter `java`.
- Die Entwicklungsumgebung Eclipse übernimmt das Übersetzen der Programme und sorgt für den Ablauf der selbst erstellten Programme.
- Kapitel 11 beschreibt, wie man die Programme auch ohne die Unterstützung durch Eclipse übersetzen und laufen lassen kann.
- Kommentare schreibt man in der nachstehend angegebenen Form. Der Compiler überliest sie. Für menschliche Leser der Programme sind Kommentare gerade bei komplexen Programmen ohne zusätzliche Informationen nicht nur hilfreich, sondern häufig eine unersetzliche Informationsquelle bezüglich der Arbeitsweise des Programms.

```
// der Rest der Zeile ist Kommentar
/* Der eingeschlossene
   Text ist
   Kommentar */
/** Dieser Kommentar wird vom Generator für die
    Dokumentation ausgewertet.
*/
```

1.6 Aufgaben

Aufgabe 1.1

Installieren Sie Eclipse auf Ihrem Rechner. Importieren Sie die einzelnen Projekte aus der Begleitsoftware zum Buch in Ihren neu erstellten „Workspace" von Eclipse. Für Grafikanwendungen benötigen Sie das Projekt k01 der Begleitsoftware. Damit können Sie die Abschnitte 1.3 und 1.4 nachvollziehen. Diese Aufgabe ist zwar kurz, aber die Basis für den Rest unseres Buchs.

Aufgabe 1.2

In Abschnitt 1.4 benutzten wir den Befehl g.drawString(…) zur Platzierung eines Textes auf einer Grafikfläche. Mit dem Aufruf g.drawRect (x, x, breite, hoehe) kann man ein Rechteck mit der angegebenen Breite und Höhe zeichnen, dessen linke obere Ecke die Koordinaten (x, y) hat. Zeichnen Sie ein Rechteck für den Fall x = 10 und y = 20 in einer Breite von 100 und einer Höhe von 50 Pixeln. Zeichnen Sie danach ein Rechteck, welches jeweils 10 Pixel von den Rändern entfernt ist. Sie sollten dabei die Methoden getWidth() bzw. getHeight() zur Ermittlung der Breite bzw. Höhe der Zeichenfläche benützen.

2 Elemente der Programmierung

Beim Programmieren verarbeiten wir Daten, die im Arbeitsspeicher des Rechners in Form einzelner Bitfolgen liegen. Jedes Bit kann nur entweder den Wert 0 oder den Wert 1 annehmen. Man fasst 8 Bits zu einem Byte zusammen. Einzelne CPUs verarbeiten Gruppen von Bytes, die sog. Worte, die jeweils aus zwei, vier oder acht Bytes bestehen. Wir als Programmierer müssen uns nicht um die Details der Anordnung im Arbeitsspeicher kümmern, ja, wir dürfen es in Java sogar nicht.

Jede Verarbeitung folgt dem Schema aus Bild 2.1. Dabei können die Daten vor der Verarbeitung aus der Peripherie des Rechners, wie Tastatur, Platte oder über ein Netzwerk, über eine sog. Eingabe in das RAM gebracht worden sein. Das RAM verliert seinen Inhalt beim Abschalten des Rechners. Deswegen kann es sinnvoll sein, die Inhalte mithilfe einer sog. Ausgabe auf Platte zu sichern.

1. Übertrage Daten aus dem Arbeitsspeicher (RAM) in einen der wenigen schnellen Speicherplätze in der CPU: sog. Laden in Register.
2. Verarbeite die Daten in der CPU in einem oder mehreren Schritten.
3. Speichere die Ergebnisse im Arbeitsspeicher ab. Dies ist die sog. *Wertzuweisung*.

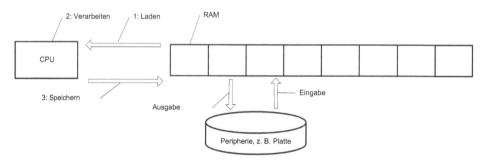

Bild 2.1 Daten verarbeiten

Wir verarbeiten Daten und lernen, wie man Abläufe in Programmen wie etwa Fallunterscheidungen oder Wiederholungen programmiert. Mithilfe der Unterprogrammtechnik zerlegen wir unlösbare große Probleme in kleinere, lösbare Teilprobleme.

2.1 Daten erklären und verarbeiten

Wir erklären Daten als sog. *Variable* im Programm. Diese Variablen erhalten Namen. Der Compiler ordnet die Variablen im Arbeitsspeicher des Computers an. Aus Gründen der Zuverlässigkeit ist in höheren Programmiersprachen nicht jede in der CPU mögliche Verarbeitung mit jedem Datenfeld erlaubt, es gibt die sog. *elementaren Datentypen:* ganze Zahlen, Gleitkommazahlen, Zeichen und boolesche Variablen. Die Verarbeitung der einzelnen Variablen richtet sich nach ihrem Typ. Dieser Typ bestimmt auch die Darstellung der Daten, d. h. die Bitmuster, die einzelnen Werten entsprechen.

Die Bitmuster für die ganze Zahl 1 und die Gleitkommazahl 1.0f sind verschieden, auch wenn die Daten gleich viel Speicher belegen. Die elementaren Datentypen entsprechen auf üblichen CPUs den dort vorhandenen Operationen.

Elementare Datentypen in Java

Die Namen der Datentypen sind reservierte Namen in Java und in der folgenden Auflistung fett gedruckt. Mit diesen Datentypen kann man Variablen im Programm deklarieren. Da Variablen im Arbeitsspeicher liegen, haben sie immer einen Anfangswert: den Wert der zugehörigen Bits im Speicher. Java initialisiert alle Variablen, erwartet aber vom Programmierer, dass er Werte zuweist, bevor er eine Variable benützt.

- Datentypen für ganze Zahlen: vorzeichenbehaftete, ganze Zahlen

    byte   8-Bit-Zahlen von $-128 = -2^7$ bis $+2^7-1 = +127$
    short   16-Bit-Zahlen von $-32768 = -2^{15}$ bis $+2^{15}-1 = +32767$
    int   32-Bit-Zahlen von $-2147483648 = -2^{31}$ bis $+2^{31}-1 = +2147483647$
    long   64-Bit-Zahlen von $-9223372036854775808 = -2^{63}$ bis $+2^{63}-1 = 9223372036854775807$

- Datentypen für Gleitkommazahlen: nach IEEE-754-Standard

    float   Zahlen mit 32 Bit, Beispiel: 1.0f (Zusatz f ist zu beachten)
    double   Zahlen mit 64 Bit, Beispiel: 1.0 oder 1.0d

- Datentyp für Zeichen

    char   UTF-16-Zeichen, Beispiel: 'A', 'a'

- Datentyp für boolesche Werte

    `boolean`   Wahrheitswert, entweder `true` oder `false`

Listing 2.1 Beispiele für Deklarationen
```
int i;                  // Eine ganze Zahl. Ablage im RAM in 32 Bit
int j = 7;              // Eine ganze Zahl mit Anfangswert
long zaehler = 241;     // Die lange ganze Zahl 24 benötigt 64 Bit.
double x;               // Eine Gleitkommazahl doppelter Genauigkeit
float breite = 25.0f;   // Gleitkommazahl einfacher Genauigkeit mit Anfangswert
char c = 'a';           // Variable für Zeichen mit Anfangswert
```

Ablage von Daten für elementare Datentypen im Speicher

Java kennt nur ganze Zahlen der Länge 8, 16, 32 und 64 Bit mit Vorzeichen, die im sog. Zweierkomplement dargestellt sind. Das Bit mit der höchsten Wertigkeit definiert das Vorzeichen: 1 für eine negative Zahl, 0, wenn die Zahl nicht negativ ist. Die Darstellung im Rechner ist so gewählt, dass 1 + (–1) = 0 bezüglich der Addition von Zahlen in dualer Darstellung gilt. Bild 2.2 veranschaulicht diese Darstellung für Zahlen der Länge 3 Bit. Sie können den Zahlenring als geschlossenen Ring für Zahlen der Länge 3 Bit ohne Vorzeichen von 0 bis 7 betrachten, aber auch für Zahlen mit Vorzeichen: –4, –3, –2, –1, 0, 1, 2, 3. Wenn man von der 0 ausgeht und im Uhrzeigersinn fortschreitet, kommt man zur nächsten Zahl, ist aber nach acht Schritten wieder bei der 0. Die jeweils negativen Werte einer Zahl liegen im Zahlenring gegenüber auf der gleichen Höhe.

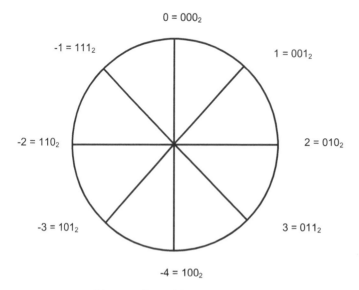

Bild 2.2 Der Zahlenring für Zahlen mit Vorzeichen in 3 Bit

Der Zahlenring zeigt auch das für Einsteiger überraschende Phänomen, dass man durch stete Addition ab einer gewissen Zahl in den Bereich der negativen Zahlen gelangt. So liefert der Ausdruck 2+2 für 3-Bit-Zahlen mit Vorzeichen den Wert –4 (vgl. hierzu auch das Java-Programm in Abschnitt 2.1.3). Wir müssen also beim Programmieren darauf achten, dass die Ergebnisse den Wertebereich nicht verlassen.

Bild 2.3 zeigt eine Gleitkommazahl $\pm m \cdot 2^e$ bei einfacher Genauigkeit. Das höchstwertige Bit v beinhaltet das Vorzeichen, wobei 1 für negative Zahlen steht. Danach folgen der Exponent mit 8 Bit und die Mantisse mit 23 Bit. Gleitkommazahlen schreibt man im Java-Programm mit einem Punkt vor den Nachkommastellen. Gleitkommakonstanten sind automatisch vom Typ **double**, außer man schreibt z. B. 1.0f. Eine Programmiersprache wie Java für das Internet muss Programme ermöglichen, die mit höchster Wahrscheinlichkeit auf allen Plattformen gleich funktionieren. Deswegen verlangt Java für Gleitkommazahlen die Einhaltung des IEEE-754-Standards.

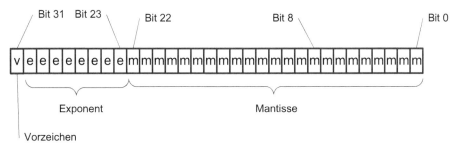

Bild 2.3 Gleitkommazahl mit 32 Bit: 8 Bit für den Exponenten, 23 Bit für die Mantisse

Im World Wide Web gibt es viele Sprachen. Deswegen setzt Java den UTF-16-Code[1] für Zeichen ein. Damit erhält man Zeichen mit der Codierung von '\u0000' bis '\uffff'. Mit Zeichen kann man wie mit 16-Bit-Zahlen rechnen.

Der Datentyp **boolean** dient der Darstellung von Wahrheitswerten: wahr oder falsch. Ein Wahrheitswert entsteht z. B. bei einem Vergleich wie a <= b. Diese Aussage ist entweder wahr oder falsch. Wahrheitswerte kann man mit den sog. logischen Operatoren && (und) sowie || (oder) verknüpfen. Die folgenden Wertetabellen zeigen das Ergebnis der logischen Verknüpfungen für alle Werte beider Operanden: entweder **true** oder **false**.

---

[1] UTF = Unicode Transformation Format

Tabelle 2.1 Wertetabellen für logische Verknüpfungen

logisches Und &&	b = false	b = true
a = false	a && b = false	a && b = false
a = true	a && b = false	a && b = true
logisches Oder ||	**b = false**	**b = true**
a = false	a || b = false	a || b = true
a = true	a || b = true	a || b = true
logisches Nicht !	**b = false**	**b = true**
Ergebnis !a =	true	false

Ergänzung: Zeichenketten

Zeichenketten können Sie in Java mit dem Typ String definieren. Dieser Typ ist nicht elementar, denn String ist ein Objekt erster Klasse wie in Kapitel 3 beschrieben.

```
String Text1 = "Hello ";
String Text2 = "World";
System.out.println (Text1 + Text2);
System.out.println (Text1 + 5555);
```

Bei Zeichenketten bedeutet + das Zusammenfügen der Texte der einzelnen Zeichenketten. Auch der Text für Zahlen lässt sich so an Zeichenketten anhängen.

2.1.1 Schreibweisen für Deklarationen und Wertzuweisungen

Das Beispiel in Listing 2.2 zeigt Beispiele für Deklarationen von Variablen mit Vorbelegung der Werte für die einzelnen elementaren Datentypen.

Listing 2.2 Deklarationen von Daten und Vorbelegung mit Werten

```
public class DemoFuerDeklarationen {

  public static void main(String[] args) {
    char    m_char    = 'c';
    int     _ähemß    = 8;
    byte    m_byte    = 0;
    short   m_short   = 2;
    int     m_int     = 3;
    long    m_long    = 4l;     // Nicht 41, sondern 4l
    float   m_float   = 5.0f;   // (*1)
    double  m_double  = 6.0;
    boolean m_boolean = true;

    System.out.println("Schreibweisen für die Wertzuweisung"); // *2)
```

```
        m_float = 123.0f; // Gleitkommazahlen einfacher Genauigkeit
        System.out.println(m_float);
        m_float = 1.23E2f;
        System.out.println(m_float);

        m_double = 123.0; // Gleitkommazahlen doppelter Genauigkeit
        System.out.println(m_double);
        m_double = 1.23E2;
        System.out.println(m_double);

        // Fehler!!!!        // (*3)
        // m_int = 4l;
        // m_float = 4.0;
    }
}
```

In den Zeilen nach main erklären wir lokale Variablen mit den elementaren Datentypen. Die Variablen heißen lokal, da sie sich innerhalb einer Methode befinden. Die Namen der Variablen können Sie beliebig wählen, solange sie eindeutig sind. Das erste Zeichen muss ein Buchstabe bzw. das Unterstreichungszeichen _ sein. Der Rest kann aus Ziffern oder Buchstaben bestehen. Auch die Umlaute der deutschen Sprache wären hier möglich.

```
int _ähemß = 8;
```

Viele Programmierer verzichten dennoch auf Umlaute in Namen. Dies gilt insbesondere für die Namen von Klassen, da diese mit den Namen von Dateien korrelieren. Hier sind Konflikte mit einzelnen Betriebssystemen zu befürchten. Zeile (*1) ist besonders zu beachten. Sie zeigt, dass Gleitkommakonstanten in Java von Haus aus vom Typ **double** sind. Deswegen verwenden wir hier den Zusatz f für eine **float**-Konstante.

Im Anschluss an die Serie der Deklarationen folgen ab (*2) Beispiele für die Schreibweisen für Gleitkommazahlen, z. B. mit Exponenten.

Der Programmabschnitt ab (*3) ist fehlerhaft und deswegen auskommentiert. Der Fehler besteht darin, die 64-Bit-Konstante 4l (Vorsicht: nicht 41, sondern in Worten: vier, klein L) auf eine 32-Bit-**int**-Variable zuzuweisen. Da der Empfangsbereich kürzer als der Sendebereich ist, könnten Werte verloren gehen. Deswegen gestattet der Compiler diese Wertzuweisung nicht, ebenso wenig wie die Wertzuweisung der nächsten Zeile.

Bei der Wertzuweisung variable = ausdruck; muss auf der linken Seite des Gleichheitszeichens eine Variable stehen. Auf der rechten Seite steht ein Ausdruck. Der Wert des Ausdrucks wird zuerst berechnet und dann der linken Seite zugewiesen.

2.1.2 Beispiel: Elementare Ausdrücke

Ausdrücke treten nicht nur bei der Wertzuweisung auf, sondern auch in Aufrufen von Methoden wie z. B. `println` oder `printf`. Ein Ausdruck besteht aus einem Wert oder aus diversen Teilausdrücken, die wir über Operatoren verknüpfen. Dabei gelten die üblichen Regeln für den Vorrang von Operatoren: „Punkt vor Strich". Der Ausdruck 2+3*4 liefert also den Wert 14, der Ausdruck (2+3)*4 den Wert 20. Die Regeln für den Aufbau von Ausdrücken finden Sie in Abschnitt 2.5. Zur informellen Einführung dient Listing 2.3. Dort sehen Sie Beispiele für Ausdrücke in Java mit ganzen Zahlen, Gleitkommazahlen sowie booleschen Variablen. Die vom Programm ausgegebenen Werte finden Sie in Listing 2.4.

Listing 2.3 Beispiele für Ausdrücke in Java

```java
public class DemoFuerElementareAusdruecke {
  public static void main (String[] args){
    System.out.println ("Elementare Ausdruecke");
    //Elementare Ausdrücke mit + * -
    System.out.printf ("2+3*4 = %d", 2+3*4);        // so oder
    System.out.printf ("(2+3)*4 = %d", (2+3)*4));   // so

    System.out.println ("Rechnen mit sinus und cosinus\n);
    // Rechnen mit sinus und cosinus im Bogenmaß
    // Package java.lang.Math: Mathematik-Bibliothek für Java
    // Zahl pi in Java : Math.PI
    System.out.printf ("Math.cos (Math.PI) = %f\n", Math.cos Math.PI));
    System.out.printf ("Math.sin (Math.PI) = %f\n", Math.sin Math.PI));

    // Division von Zahlen mit Rest
    System.out.println ("Division ganzer Zahlen mit Rest:");
    System.out.printf ("25/3 = %d\n", 25/3);
    System.out.printf ("25%%3 = %d\n", 25%3);

    System.out.printf ("-25/3 = %d\n", -25/3);
    System.out.printf ("-25%%3 = %d\n", -25%3);

    System.out.printf ("-25/-3 = %d\n", -25/-3);
    System.out.printf ("-25%%-3 = %d\n", -25%-3);

    System.out.printf ("25/-3 = %d\n", 25/-3);
    System.out.printf ("25%%-3 = %d\n", 25%-3);

    // Boolesche Algebra: Rechnen mit Wahrheitswerten
    System.out.println ("Boolesche Algebra\n");
    boolean a = true, b = false, c = false;
    System.out.printf("a = %b b = %b c = %b \n", a, b, c);
    System.out.printf ("a && b = %b\n", a && b);
    System.out.printf ("a || b = %b\n", a || b);
    System.out.printf ("c || a && b = %b\n", c || a && b);
    System.out.printf ("!a || b = %b\n", !a || b);
  }
}
```

2.1 Daten erklären und verarbeiten

Listing 2.4 Ergebnis des Probelaufs (mit zusätzlich angebrachter Nummerierung)

```
01    Elementare Ausdruecke
02    2+3*4 = 14
03    (2+3)*4 = 20
04    Rechnen mit sinus und cosinus
05    Math.cos (Math.PI) = -1,000000
06    Math.sin (Math.PI) = 0,000000
07    Division von ganzen Zahlen mit Rest
08    25/3 = 8
09    25%3 = 1
10    -25/3 = -8
11    -25%3 = -1
12    -25/-3 = 8
13    -25%-3 = -1
14    25/-3 = -8
15    25%-3 = 1
16    Boolesche Algebra
17    a = true b = false c = false
18    a && b = false
19    a || b = true
20    c || a && b = false
21    !a || b = false
```

Erläuterung

Der Aufruf printf (Format, Parameter …); dient der formatierten Ausgabe und ist in Abschnitt 5.1.2 beschrieben. Java kennt die Grundrechenarten + - * /. Java-Compiler halten die üblichen Rechenregeln für den Vorrang („Punkt vor Strich") bei der Übersetzung ein. Siehe hierzu die Programmzeilen mit der Ausgabe in Zeile 02 und 03 von Listing 2.4.

Java enthält im Package[2] java.lang.Math die Konstanten Math.PI und Math.E sowie elementare Funktionen der Mathematik. Die Ergebnisse für Aufrufe der trigonometrischen Funktionen *sinus* (in Java Math.sin (x)) und *cosinus* (in Java Math. cos(x)) finden Sie in Zeile 05 und 06 des Probelaufs.

Die Division ganzer Zahlen „Dividend i geteilt durch Divisor j" ist mit dem Ausdruck i/j als Division mit Rest implementiert. Man erhält den Rest der Division i/j mit dem Ausdruck i%j. Dabei gilt in jedem Fall i = (i/j)*j + i%j. Die Zeilen 08–15 zeigen, wie das Vorzeichen des Ergebnisses sowie des Restes bestimmt wird. Die Ergebnisse der Operation sind unabhängig von der verwendeten CPU[3].

Die letzten Zeilen im Programm zeigen das Rechnen mit booleschen Werten. Die Ergebnisse findet man in den Zeilen 17–21 von Listing 2.4.

---

[2] Package = Paket, eine Sammlung von Java-Programmen in einem Verzeichnis mit diesem Namen

[3] Im Gegensatz zur Programmiersprache C

Beispiel

Ein Programm soll zwei Zahlen einlesen und die Summe bzw. das Produkt ausgeben. Das Beispiel stellt die Ein- bzw. Ausgabe in Java vor. Es kann als Ausgangsbasis für Ihre eigenen Programme zum Erkunden von Java dienen.

Listing 2.5 Grundrechenarten mit Java

```java
import java.util.Scanner;

public class GrundRechenarten {
  public static void main(String[] args) {
    System.out.println(
       "Bitte zwei Zahlen in der folgenden Form eingeben: a b");
    Scanner sc = new Scanner (System.in);
    double a = sc.nextDouble();
    double b = sc.nextDouble();
    System.out.printf("a + b = %f\n", a + b);
    System.out.printf("a - b = %f\n", a - b);
    System.out.printf("a * b = %f\n", a * b);
    System.out.printf("a / b = %f\n", a / b);
  }
}
```

In der ersten Zeile wird das Hilfsmittel Scanner zum Einlesen („Scannen" der Eingabe) importiert. Das Programm gibt dann mit der Anweisung printf einen Text aus, der zur Eingabe von zwei Zahlen auffordert. Zum Einlesen muss man einen Scanner sc für die Standard-Eingaberichtung System.in anlegen. Unter System.in ist hier die Systemeingabe, d. h. die Tastatur der Konsole, zu verstehen, vgl. Kapitel 5: Ein-/Ausgabe. Die Zahlen muss man beim Programmlauf an der Tastatur als Gleitkommazahlen in landesspezifischer Schreibweise eingeben. Wenn dies die deutsche Darstellung ist, dann gibt man Zahlen im Format 1,2 3,4 ein, nicht wie beim Programmieren im Texteditor in der US-Schreibweise 1.2 3.4 wie in Listing 2.2 beschrieben. Die Anweisung sc.nextDouble() liest die nächste Zahl von System.in ein. Zunächst wird die erste Zahl nach a eingelesen, dann die zweite Zahl nach b. Die letzte Anweisung ermittelt die Summe a + b und gibt das Ergebnis mit printf aus. Mit der grau gekennzeichneten Formatbeschreibung %f sorgen wir für eine Ausgabe des Ergebnisses als Gleitkommazahl. Die „Formatbeschreibungen" %f müssen exakt zu den nach dem Format-String angegebenen Zahlen passen, siehe Kapitel 5. Dies gilt hinsichtlich Anzahl und Typ. Ganze Zahlen lesen wir mit der Anweisung sc.nextInt() ein und geben sie mit der „Formatbeschreibung" %d aus.

Listing 2.6 Probelauf

```
>java GrundRechenarten
Bitte zwei Zahlen in der folgenden Form eingeben: 3,45 6,789
3,5 7,8
a + b = 11,300000
```

2.1.3 Beispiel: Bereichsüberschreitungen

Eine Variable vom Typ **byte** kann nur ein Byte aufnehmen. Die möglichen Werte für ganze Zahlen mit Vorzeichen bewegen sich dabei von –128 bis +127. Wenn ein Byte den Wert 100 hat und man den Wert 100 dazu addiert, verlässt unser Programm den definierten Wertebereich. Das Ergebnis einer solchen Bereichsüberschreitung kann unerwartet sein.

Listing 2.7 Bereichsüberschreitungen

```
public class DemoFuerBereichsüberschreitungen {
  public static void main(String[] args) {
    byte m_byte = 0;
    System.out.println(
      "Vorsicht: Bereiche nicht leichtfertig ueberschreiten");
    m_byte = 100;
    m_byte += m_byte;
    System.out.println(m_byte);
    m_byte = (byte) 200; // (*)
    System.out.println(m_byte);
  }
}
```

Listing 2.8 Probelauf

```
Vorsicht: Bereiche nicht leichtfertig ueberschreiten
-56
-56
```

Das Programm liefert die Zahl –56. Dieser Wert kommt wie folgt zustande: Vorzeichenbehaftete ganze Zahlen werden im Computer in der sog. Zweierkomplementdarstellung abgespeichert, siehe auch Bild 2.2 in Abschnitt 2.1.1 . Der Bereich **byte** enthält positive Zahlen bis 127 = 0x7F. Danach folgt die Zahl –128 = 0x80, danach –127 = 0x81 usw. Die Addition 100+28 würde also –128 liefern, 100+29 liefert –127, 100+30 liefert –126 und 100+100 liefert eben –56. Sobald bei einer Addition ganzer positiver Zahlen mit Vorzeichen und 8 Bit Länge der gültige Bereich von 0 bis 127 verlassen wird, muss man vom mathematischen Ergebnis ein Vielfaches des Werts 256 subtrahieren, um dasselbe Ergebnis wie der Computer zu erhalten.

Vorsicht bei der Umwandlung von Daten zwischen verschiedenen Typen

Dieser Effekt stellt sich auch ein, wenn man mit 32-Bit-Ganzzahlen rechnet. Dort muss man bei der Umwandlung der 32-Bit-Zahl in eine 8-Bit-Zahl auf die Wertebereiche achten. Der Compiler würde die mit (*) gekennzeichnete Zeile ohne die durch den Zusatz **(byte)** auf der rechten Seite gekennzeichnete Typumwandlung nicht übersetzen, da die Wertzuweisung für den Wert der rechten Seite den Wertebereich der linken Seite verlässt. Dieses Verlassen des Wertebereichs ist offensichtlich eine gefährliche Operation.

2.1.4 Typumwandlungen

```
byte    m_byte   =  0;
short   m_short  =  1;
// Der folgende Type-Cast heißt im Klartext:
// Auf Risiko des Programmierers hin: Umwandlung
m_byte   = (byte)m_short;
// Die folgende Zeile ist problemlos:
int     m_int    = m_short;
```

Im vorigen Abschnitt wurde die Gefahr des Datenverlusts bei der Wertzuweisung von Daten mit 32-Bit-Darstellung auf Daten mit 8-Bit-Darstellung beschrieben. Diese Gefahr tritt allgemein dann auf, wenn man Daten „verkürzt" bzw. den Typ wechselt. Die folgende Tabelle stellt alle Fälle bei Wertzuweisungen elementarer Daten zusammen. In den Spalten wurde die linke Seite der Wertzuweisung aufgetragen, in den Zeilen die rechte Seite.

Bezeichnungen für die Tabelle

ja: Wertzuweisung „linke Seite" = „rechte Seite" problemlos möglich
Cast: Type-Cast erforderlich. **Vorsicht: Risiko des Datenverlusts**
falsch: auch mit Cast in Java nicht erlaubt, da zu fehleranfällig

Tabelle 2.2 Tabelle für Typumwandlungen

Typ der linken Seite	Typ der rechten Seite der Wertzuweisung linke Seite = (Cast oder nicht?) rechte Seite;							
	byte	**short**	**int**	**long**	**float**	**double**	**boolean**	**char**
byte	ja	Cast	Cast	Cast	Cast	Cast	falsch	Cast
short	ja	ja	Cast	Cast	Cast	Cast	falsch	Cast
int	ja	ja	ja	Cast	Cast	Cast	falsch	ja
long	ja	ja	ja	ja	Cast	Cast	falsch	ja
float	ja	ja	ja	ja	ja	Cast	falsch	ja
double	ja	ja	ja	ja	ja	ja	falsch	ja
boolean	falsch	falsch	falsch	falsch	falsch	falsch	ja	falsch
char	Cast	Cast	Cast	Cast	Cast	Cast	falsch	ja

Alle Typumwandlungen sind für Sie im Programm DemoFuerTypumwandlungen.java bei der Begleitsoftware zum Buch zusammengestellt.

Vorsicht bei Cast-Operationen

Setzen Sie Cast-Operationen nur dann ein, wenn es unvermeidlich ist. Vermeiden Sie Bereichsüberschreitungen. Diese führen in der Regel zu Fehlfunktionen der Programme.

2.1.5 Deklarationen mit var

In vielen Fällen ergibt sich der Typ einer Variablen aus dem Kontext, in dem sie erklärt wurde. In diesen Fällen darf man ab Java 10 für lokale Variablen den Datentyp durch **var** ersetzen. Der Compiler ermittelt den Datentyp aus dem Kontext und legt eine Variable des so ermittelten Typs an. Das führt dann zur Schreibweise in folgendem Codeabschnitt innerhalb einer Methode, wie z. B. main.

```
var m_char    = 'c';        // Datentyp = int
var _aehemss  = 8;          // Datentyp = int
var m_byte    = (byte) 0;   // Datentyp = byte **
var m_byte2   = 0;          // Datentyp = int !!
var m_short   = (short) 2;  // Datentyp = short
var m_int     = 3;          // Datentyp = int
var m_long    = 4l;         // bei 4l: Typ = int. Bei 4l: Typ = long
var m_float   = 5.0f;       // Datentyp = float
var m_double  = 6.0;        // Datentyp = double
var m_boolean = true;       // Datentyp = boolean
```

Mit **var** definiert man keine Daten eines variablen Typs. Nach wie vor sind Daten streng an einen Typ gebunden. In der mit (**) gekennzeichneten Zeile ist der Typ der rechten Seite **byte**, also ist der Typ von m_byte auch **byte**. In der darauffolgenden Zeile ist der Typ von m_byte2 dagegen **int**.

Setzen Sie Deklarationen mit **var** mit Bedacht ein. Durch die erzwungene Angabe eines Typs in Java entsteht eine Redundanz im Quellprogramm, die von statischen Tools zur Analyse wie etwa dem Compiler geprüft werden kann. Damit können Programmfehler schon während der Übersetzung gefunden werden. Mit **var** schalten Sie quasi den „Sicherheitsgurt" der Typbindung ab. Deswegen ist **var** auch nicht auf der globalen Ebene einer Klasse erlaubt.

2.1.6 Deklarationen mit dem static-Modifizierer

Der Datentyp einer Variablen bzw. eines Objekts hängt mit den Möglichkeiten der Bearbeitung zusammen. So ist es nicht sinnvoll, boolesche Variablen zu dividieren. **static** legt dagegen fest, dass eine Variable für eine bestimmte Klasse[4] nur einmal vorhanden ist. **static final** würde Konstanten definieren. **static public**-Variablen spricht man wie etwa die Farbe Rot im Beispiel in folgender Form an:

```
Klassenname.Komponentenname  // Schreibweise
java.awt.Color.RED           // Beispiel
```

Wenn man mit **import static** java.awt.Color.*; die **static**-Anteile von java.awt. Color importiert, genügt die Angabe von RED. Auch die beiden Konstanten java.lang. Math.E bzw. java.lang.Math.PI sind **static**.

```
public class Ausgabe {
  static int j = 99;
  public static void main (String[] args) {
    int i = 7;
    double x = 3.14;
    System.out.printf ("i = %d j = %d x = %f\n", i, j, x);
  }
}
```

Da **static**-Methoden nur mit **static**-Daten auf Klassenebene arbeiten können, müssen wir j als **static** erklären. Näheres finden Sie in Abschnitt 3.2.4.

2.1.7 Namen und ihre Gültigkeit

Alle in einem Programm deklarierten Dinge spricht man über ihre Namen an. Da jede Deklaration innerhalb von Klammern der Art {} erfolgt, müssen wir die hierdurch bedingten Regeln für die Gültigkeit von Namen beachten.

```
01    {
02      ..
03      int y;
04      {
05        int x;
06        {
07          int z;
08
09        }
10      }
11    }
```

---

[4] Begriff „Klasse" siehe Kapitel 3.

Der Gültigkeitsbereich der in Zeile 03 definierten Variablen y beginnt nach der Deklaration und endet in Zeile 11. Der Gültigkeitsbereich der in Zeile 05 definierten Variablen x beginnt dort und endet in Zeile 10. Die in Zeile 07 definierte Variable z gilt bis Zeile 09.

Wir können die Variable z nicht in x umbenennen, da für die lokalen Variablen gilt, dass deren Namen nicht die Namen der weiter außen definierten Objekte verdecken dürfen. Der Name einer Variablen in einem {}-Block darf aber den Namen einer Variablen tragen, die auf der Ebene der Klasse erklärt wurde.

Reservierte Namen

Die folgenden 51 Zeichenfolgen sind reserviert und können nicht als Bezeichner benützt werden. **strictfp** ist veraltet und sollte nicht benützt werden. **const** und **goto** sind reserviert. Das Unterstreichungszeichen _ ist reserviert für zukünftige Erweiterungen der Sprache Java.

abstract	continue	for	new	switch
assert	default	if	package	synchronized
boolean	do	goto	private	this
break	double	implements	protected	throw
byte	else	import	public	throws
case	enum	instanceof	return	transient
catch	extends	int	short	try
char	final	interface	static	void
class	finally	long	strictfp	volatile
const	float	native	super	while

_ (Unterstreichung)

Ab Java 9 gibt es neue reservierte Zeichenfolgen. Damit auch Programme aus der Zeit davor übersetzbar bleiben, sind die folgenden 16 Zeichenfolgen nur je nach Kontext reserviert [GJSBBSB23 Abschnitt 3.9]. Sie sollten nicht als Bezeichner benützt werden.

exports	opens	requires	uses	yield
module	permits	sealed	var	
non-sealed	provides	to	when	
open	record	transitive	with	

true und **false** sind keine Schlüsselwörter, sondern Literale für den Typ **boolean**. Auch **null** ist kein Schlüsselwort, sondern ein Literal für die Null-Referenz. Um die Literale hervorzuheben, sind Letztere in unserem Buch ebenfalls fett gedruckt.

Zusammenfassung

In Java können Sie mit elementaren Datentypen wie Zahlen, Zeichen und booleschen Variablen arbeiten. Die Methoden eines Java-Programms können Daten erklären. Auch auf der Ebene einer Klasse lassen sich Daten erklären, die wir in Kapitel 3 in der objektorientierten Programmierung benützen. Außerhalb der Klasse, auf der Ebene des Hauptprogramms, darf man keine Daten erklären. An die Stelle der fehlenden globalen Daten treten die **static**-Variablen von Klassen, die man auch in der main-Methode benützen kann.

Daten sind in Java mit Werten vorbelegt. Dies ist als „Sicherheitsnetz" gedacht. Der Programmierer sollte Daten vorbelegen, denn manche Compiler übersetzen Programme nicht, bei denen Lesezugriffe auf Variablen erfolgen, bevor Schreibzugriffe stattgefunden haben.

2.2 Kontrollfluss

Ein Programm besteht aus einer Folge von Anweisungen, die der Reihe nach ausgeführt werden. Dabei unterscheiden wir Anweisungen zur Verzweigung im Programmlauf für Fallunterscheidungen, Schleifen als Anweisungen zur wiederholten Ausführung anderer Anweisungen sowie Ausnahmen im „normalen" Programmlauf, etwa aufgrund von externen Fehlern.

Die Sprache Java bietet Anweisungen für:

Einfach- und Mehrfachverzweigungen	`if switch`
Schleifen mit Prüfung am Anfang und Ende	`while for do`
Behandlung von Ausnahmen	`try catch throw`

2.2.1 Verzweigung

Die Verzweigung mit `if` dient zum Programmieren von Fallunterscheidungen. Man kann entweder die eine oder die andere Anweisung ausführen lassen oder eine Anweisung nur unter einer bestimmten Bedingung durchführen.

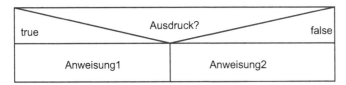

Bild 2.4 Struktogramm für die if-Anweisung

Zum Begriff Struktogramm

Nassi-Shneiderman-Diagramme dienen dem Entwurf von Programmabläufen in strukturierter Form. Sie sind nach ihren Erfindern benannt: Dr. Ike Nassi und Dr. Ben Shneiderman. Da Nassi-Shneiderman-Diagramme Programmstrukturen darstellen, bezeichnet man sie auch als Struktogramme. DIN 66261 normiert diese Diagramme.

Schreibweisen für die Varianten der if-Anweisung

```
// Auswahl einer Anweisung: Entweder Anweisung 1 oder Anweisung 2
if (Ausdruck)
   Anweisung1   // Entweder Anweisung1 (falls Ausdruck wahr)
else
   Anweisung2   // oder Anweisung2, aber niemals beide
// --> Hier wird die Ausführung nach if fortgesetzt

// Bedingte Ausführung einer Anweisung
if (Ausdruck)
   Anweisung1   // Nur falls Ausdruck wahr: ausführen
// Hier wird die Ausführung nach if fortgesetzt
```

Ablauf

Falls der angegebene Ausdruck wahr ist, wird Anweisung1 ausgeführt. Der Programmlauf wird nach der **if**-Anweisung fortgesetzt. Falls der Ausdruck nicht wahr ist, wird Anweisung2 ausgeführt, sofern vorhanden. In jedem Fall wird nach dieser Programmverzweigung die auf die **if**-Anweisung folgende Anweisung ausgeführt.

Listing 2.9 Beispiel für die if-Anweisung

```
if (a == b)  // ist gleich ==
   System.out.println ("a ist gleich b");
else
   System.out.println ("a und b sind verschieden");
// Hier wird die Ausführung nach if fortgesetzt
```

Der Ausdruck nach **if** muss in runden Klammern stehen. Der Ausdruck muss vom Typ **boolean** sein. Ein Programmfragment der folgenden Art ist falsch:

```
int a = Wert;
if (a)  // Fehler in Java: es muss if (a != 0) heißen
   { … }
```

Der **else**-Zweig ist optional. Ein **else** bezieht sich wie in Pascal, C oder C++ immer auf das *letzte* **if**, das ohne zugehöriges **else** im Programm vorkam. Wenn wir statt einer Anweisung mehrere Anweisungen benötigen, müssen wir diese in { } Klammern setzen.

Listing 2.10 Fallunterscheidung bei mehreren Anweisungen

```
if (Ausdruck) {
  Anweisung11
  Anweisung12
  { … }
  Anweisung1n
} else {          // Der else-Zweig ist optional
  Anweisung21
  Anweisung22
  { … }
  Anweisung2m
}
```

Tabelle 2.3 Vergleiche

Bedeutung	Java
Falls a kleiner ist als b	if (a < b)
Falls a kleiner ist als b oder gleich b	if (a <= b)
Falls a gleich b ist	if (a == b)
Falls a ungleich b ist	if (a != b)
Falls a größer ist als b	if (a > b)
Falls a größer ist als b oder gleich b	if (a >= b)

Tabelle 2.4 Logische Verknüpfungen von Ausdrücken

&&	logisches *und*
||	logisches *oder*
!	logisches *nicht*

Tabelle 2.5 Beispiel

Bedeutung	Java
b liegt zwischen a und c	if (a < b && b < c)
b ist kleiner als a oder größer als c	if (b < a || b > c)
i ist nicht kleiner als 5	if (!(i < 5))

Schachteln von if-Anweisungen

Wenn in einer if-Anweisung wieder eine if-Anweisung vorkommt, spricht man von geschachtelten if-Anweisungen. Man kann solche Schachtelungen benutzen, um Ketten von Abfragen zu programmieren. Das folgende Programm soll die drei Fälle $a < 0$, $a = 0$ und $a > 0$ unterscheiden.

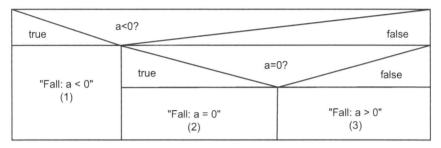

Bild 2.5 Struktogramm für geschachtelte if-Anweisungen

Falls die Relation $a < 0$ gilt, verzweigt das Programm zur Anweisung (1) in Listing 2.11. Danach wird der Programmlauf bei Zeile (4) fortgesetzt, da diese Anweisung auf die if-Anweisung ($a<0$) folgt. Falls die Relation $a < 0$ nicht gilt, springt das Programm nach (*). Dort testen wir, ob $a = 0$ gilt. Wenn dies wahr ist, wird (2) ausgeführt und danach bei (4) fortgefahren. Ansonsten verbleibt nur noch der Fall $a > 0$ und es wird (3) ausgeführt.

Listing 2.11 Programm für eine geschachtelte if-Anweisung

```
if (a < 0)
  System.out.println ("Fall: a < 0"); // (1)
else if (a == 0)                      // (*)
  System.out.println ("Fall: a = 0"); // (2)
else
  System.out.println ("Fall: a > 0"); // (3)
... // (4)
```

Listing 2.12 Vorsicht mit leeren Anweisungen!

```
if (a < 0);
  System.out.println ("Fall: a < 0");
```

In der ersten Zeile von Listing 2.12 steht nach der schließenden Klammer ein Strichpunkt. Dieser definiert eine leere Anweisung. Danach wird das Programm nach der if-Anweisung fortgesetzt. Folglich wird die Ausgabeanweisung in jedem Fall ausgeführt, auch wenn diese Anweisung optisch einen anderen Eindruck erweckt.

Beispiel für Fallunterscheidungen: Lösung für die quadratische Gleichung

Wir wollen die Lösungen der quadratischen Gleichung $ax^2 + bx + c = 0$ in Abhängigkeit von den Koeffizienten a, b und c mit der folgenden klassischen Formel bestimmen.

$$x_{1,2} = \frac{-b \pm \sqrt{b^2 - 4ac}}{2a}$$

Bild 2.6 Formel zur Lösung der quadratischen Gleichung

Dabei müssen wir eine vollständige Fallunterscheidung durchführen, um Fehler des Programms in bestimmten Situationen zu vermeiden. Man darf nicht durch 0 dividieren und auch das Ziehen von Wurzeln aus negativen Zahlen führt zu Laufzeitfehlern.

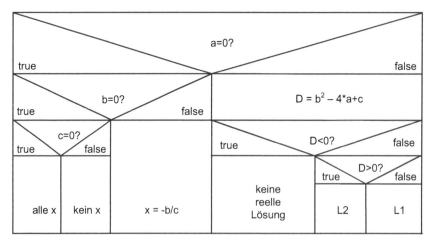

Bild 2.7 Fallunterscheidung zur Lösung der quadratischen Gleichung

Vorüberlegung

Falls $a = 0$ gilt, kann man die Gleichung in Bild 2.6 nicht benutzen, da man durch 0 dividieren würde. Also muss man statt der quadratischen Gleichung als Spezialfall eine lineare Gleichung $bx + c = 0$ untersuchen. Hier ist der Unterfall $b = 0$ gesondert zu betrachten, weil man dann nicht durch b dividieren kann. Dann reduziert sich die Gleichung auf den einfachen Fall $c = 0$. Falls $c = 0$ gilt, sind alle x eine Lösung, während sonst die Gleichung für alle x unerfüllbar ist.

Wenn eine „echte" quadratische Gleichung vorliegt (falls a ungleich 0 ist), muss man die Diskriminante $D = b^2 - 4ac$ untersuchen. Falls diese negativ ist, gibt es keine Lösung im Bereich der reellen Zahlen. Ansonsten prüft man, ob die Diskriminante positiv ist. Wenn ja, gibt es zwei Lösungen gemäß obiger Formel. Wenn nein, gibt es eine Lösung.

2.2 Kontrollfluss

Die Zahlen *a*, *b* und *c* kann man in einer Zeile eingeben. Ein Ablauf des Programms zur Lösung der Gleichung $x^2 + 3x + 2 = 0$ sieht damit wie folgt aus. Die Eingabe ist grau hinterlegt.

```
>java QuadratischeGleichung
Bitte 3 Zahlen in der Form a b c eingeben
1,0 3,0 2,0
a = 1,000000 b = 3,000000 c = 2,000000
Loesung 1: -1,000000
Loesung 2: -2,000000
```

Listing 2.13 Programm zur Berechnung der Lösungen der quadratischen Gleichung

```java
import static java.lang.Math.sqrt;
import java.util.Scanner;

public class QuadratischeGleichung {

  public static void main(String[] args) {
    System.out.printf(
        "Bitte 3 Zahlen in der Form a b c eingeben\n");
    Scanner sc = new Scanner(System.in);
    double a = sc.nextDouble();
    double b = sc.nextDouble();
    double c = sc.nextDouble();
    System.out.printf("a = %f b = %f c = %f\n", a, b, c);
    double l1 = 0.0, l2 = 0.0;
    if (a == 0.0)
      if (b == 0.0)
        if (c == 0.0)
          System.out.printf("Loesungen : alle x\n");
        else
          System.out.printf("keine Loesung\n");
      else
        System.out.printf("Loesung: %f\n", (-c / b));
    else {
        double D = b * b - 4.0 * a * c;
        if (D < 0.0)
          System.out.printf("keine Loesung\n");
        else if (D > 0.0) {
          System.out.printf("Loesung 1: %f\n", ((-b + sqrt(D)) / (2.0 * a)));
          System.out.printf("Loesung 2: %f\n", ((-b - sqrt(D)) / (2.0 * a)));

        } else
          System.out.printf("Loesung 1, 2: %f\n", (-b / (2.0 * a)));    }
  }
}
```

2.2.2 Mehrfachverzweigung

Die Mehrfachverzweigung dient zur Auswahl einer Alternative aus mehreren möglichen Fällen. Sie erfordert besondere Sorgfalt, da sie fehleranfällig ist. Deswegen beschreiben wir zunächst die von der Programmiersprache C her bekannte Variante der **switch**-Anweisung und dann die „**switch**-Expressions"-Variante.

Der Ausdruck nach **switch** in Listing 2.14 muss von einem der Typen **char**, **byte**, **short**, **int**, Character, Byte, Short, Integer, oder String sein. Nach **case** müssen Konstanten stehen, die sich bereits bei der Übersetzung des Programms berechnen lassen. Ab Java 5 kann bei Ausdruck auch ein **enum**-Ausdruck stehen. Bei **switch** dürfen in diesem Fall nur die zu diesem Typ gehörenden Konstanten stehen.

Listing 2.14 Schreibweise für die Mehrfachverzweigung in Java

```
switch (Ausdruck) {
  case konst1: Anweisungen1 break;
  case konst2: Anweisungen2 break;
......... usw.
  default   : Anweisungen
}
```

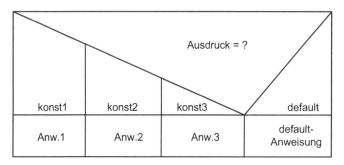

Bild 2.8 Struktogramm für die Mehrfachverzweigung

Der Wert des Ausdrucks wird berechnet. Danach wird das Programm an derjenigen **case**-Anweisung fortgesetzt, deren Konstante dem Wert des Ausdrucks entspricht. Mit **break** kann man **switch** verlassen. Bild 2.8 zeigt den Kontrollfluss nur für den Fall, dass jeder Zweig mit **break** abgeschlossen ist. Nach **case** dürfen mehrere Konstanten stehen, die durch Komma getrennt sind. Bereiche von Konstanten gibt es nicht. Mehrere Konstanten müssen also durch eine vollständige Aufzählung angegeben werden. Wenn es keine passende Konstante gibt, wird der Programmlauf bei der **default**-Anweisung fortgesetzt, falls eine solche vorhanden ist. Die **break**-Anweisung ist von der Syntax her nicht erforderlich.

Listing 2.15 Beispiel für die Mehrfachverzweigung

```java
public class DemoFuerSwitch {
  public static void main (String[] args) {
    Scanner sc = new Scanner(System.in);
    System.out.printf("Bitte eine ganze Zahl eingeben ");
    int i = sc.nextInt();
    switch (i) {
    case 1:
    case 2:
        System.out.println (i + " Fall 1,2");
        // Weiter bei Fall 3
    case 3:
        System.out.println (i + " Fall 3");
        // Weiter bei Fall 7
    case 7:
        System.out.println (i + " Fall 7");
        break;
    default:
        System.out.println (i + " sonst");
    }
  }
}
```

Das Programm in Listing 2.15 liest eine ganze Zahl ein. In Abhängigkeit von dieser Zahl verzweigt das Programm in einer **switch**-Anweisung. Der Programmlauf in Listing 2.16 zeigt, dass die **switch**-Anweisung nur am Ende bzw. nach einem **break** verlassen wird.

Listing 2.16 Ausgaben dieses Programms bei verschiedenen Läufen

```
>java DemoFuerSwitch
Bitte eine ganze Zahl eingeben 1
1 Fall 1,2
1 Fall 3
1 Fall 7

>java DemoFuerSwitch
Bitte eine ganze Zahl eingeben 2
2 Fall 1,2
2 Fall 3
2 Fall 7

>java DemoFuerSwitch
Bitte eine ganze Zahl eingeben 3
3 Fall 3
3 Fall 7

>java DemoFuerSwitch
Bitte eine ganze Zahl eingeben 5
5 sonst

>java DemoFuerSwitch
Bitte eine ganze Zahl eingeben 7
7 Fall 7
```

Vorsicht: Fallstricke bei der switch-Anweisung!

Die **switch**-Anweisung in Java entspricht eher einem berechneten Sprung als der Mehrfachverzweigung in der Intuition oder in einem Struktogramm. Nach Bewertung des Ausdrucks springt das Programm auf die in der **case**-Anweisung bezeichnete Marke. Der so angesprungene Zweig der **switch**-Anweisung wird keineswegs automatisch verlassen!

Ein Struktogramm lässt sich nur für den Fall angeben, dass jeder Zweig mit einem **break** abgeschlossen wurde. Außer bei Auflistung von Konstantenreihen zeugt es von schlechtem Stil, anders zu verfahren. Schließt man einen Zweig ausnahmsweise nicht mit **break** ab, sollte man diese gefährliche Stelle deutlich sichtbar kommentieren. Man sollte auch den letzten Zweig (außer **default**) mit **break** abschließen. Dann kann man das **break** nicht mehr vergessen, wenn man neue Fälle einfügt.

Entschärfung des Problems bei switch

Mit Java 14 wurde eine Variante der **switch**-Anweisung eingeführt, bei der das o. a. Problem des versehentlichen Durchlaufs durch mehrere Zweige nicht mehr auftritt. Abschnitt 14.11 von [GJSBBSB23] beschreibt die möglichen Varianten. „**switch** mit Expressions" erlaubt es auch, das Ergebnis einer Variablen zuzuweisen. Dadurch könnte man auch Parameter in einem Aufruf per **switch** berechnen. Der folgende Programmausschnitt führt zur nachstehend angegebenen Ausgabe. Beachten Sie den Unterschied zum Ablauf in Listing 2.16!

```java
System.out.println("Ergebnis mit switch-Expression");
// Mit switch-Expressions
String ergebnis = switch (i) {
  case 1, 2 -> "1, 2";
  case 3 -> "3";
  case 7 -> "7";
  default -> "sonst";
};
System.out.printf("i = %d Fall = %s\n", i, ergebnis);
```

Ausgabe des o. a. Programmabschnitts, wenn i den Wert 2 hat:

```
Ergebnis mit switch-Expression
i = 2 Fall = 1, 2
```

2.2.3 Schleifen mit Vorabprüfung

Programmschleifen dienen dazu, Anweisungen im sog. Rumpf der Schleife wiederholt auszuführen. Die Anweisungen werden nur so lange wiederholt, wie ein Kriterium für den Weiterlauf erfüllt ist. Hier unterscheidet man Schleifen, bei denen dieses Kriterium am Anfang geprüft wird, und Schleifen, bei denen diese Prüfung am Ende erfolgt.

Schreibweise für die while-Anweisung

```
while (Ausdruck)
  Anweisung
```

Der Rumpf der **while**-Schleife wird ausgeführt, solange der angegebene Ausdruck den Wert **true** hat. Die **while**-Schleife bezeichnet man als „abweisende Schleife". Es kann auch der Fall auftreten, dass der Rumpf der Schleife nie durchlaufen wird. Der Programmierer sollte diesen Fall in sein Testkonzept einbeziehen und nicht darauf vertrauen, dass in der Schleife enthaltene Zuweisungen in jedem Fall mindestens einmal erfolgen. Wenn der angegebene Ausdruck seinen Wert in der Schleife nicht ändert, hat man (eventuell unabsichtlich, im Folgenden aber absichtlich) eine Endlosschleife programmiert:

```
while (true)
  ;
```

Listing 2.17 Beispiel: eine Anweisung elfmal ausführen: i = 0, 1, 2, 3, ..., 10

```
int i = 0;
while (i <= 10) {
  Anweisung
  i = i + 1;
}
```

Schreibweise für die for-Anweisung

```
for (Initialisierer; Bedingung; Ausdruck)
  Anweisung
```

Der mit Initialisierer bezeichnete erste Teil der **for**-Anweisung kann wie in Listing 2.18 auch eine Datenerklärung enthalten. Häufig setzt man eine sog. *Laufvariable* auf einen Anfangswert für die Schleifendurchläufe. Nach der Philosophie „Daten so lokal wie möglich erklären" ist hier der beste Platz zur Erklärung dieser Laufvariablen. Dort erklärte Daten gelten innerhalb der gesamten **for**-Anweisung. Die Bedingung wird vor jeder Ausführung der Anweisung geprüft. Ist sie falsch, werden weder Anweisung noch Ausdruck ausgeführt, sondern das Programm mit der nächsten, auf **for** folgenden Anweisung fortgesetzt. Wie bei der **while**-Schleife kann der Fall eintreten, dass Anweisung nie ausgeführt wird. Wenn doch, wird auch Ausdruck ausgeführt, sofern in Anweisung kein Sprung aus der Schleife enthalten ist. Die Teile Bedingung bzw. Ausdruck müssen nicht angegeben werden. Die **for**-Schleife entspricht (mit Ausnahme des Verhaltens bei **continue**) folgendem Programmabschnitt:

```
{ Initialisierer;
  while (Bedingung) {
    Anweisung
    Ausdruck;
  }
}
```

Listing 2.18 Durchlaufen von Anweisungen

```
// Beispiel: eine Anweisung 11 mal ausführen: i = 0, 1, 2, …, 10
for (int i = 0; i <= 10; i++)    // Die Laufvariable i um 1 weiterschalten
   Anweisung                      // i durchläuft die Werte 0 1 … 10

// Beispiel: eine Anweisung 6 mal ausführen: i=0, i=2, …, i=10
for (int i = 0; i <= 10; i += 2) // i um 2 weiterschalten
   Anweisung
```

Der erste Ausdruck `int i = 0` darf die Deklaration einer Variablen mit Initialisierung enthalten. Diese Variable steht dann in Kopf und Rumpf der **for**-Schleife zur Verfügung.

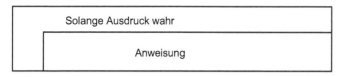

Bild 2.9 Struktogramm für die for-Schleife

Beispiel: Berechnung der Fakultät einer Zahl

Ein Programm soll eine Zahl n einlesen. Dann ist die Fakultät von n, d. h. das Produkt aller Zahlen 1*2*3*…*n, auszugeben.

Ausgabe: Bitte eine Zahl n eingeben.
Eine Zahl n einlesen.
i = 1, produkt = 1
Solange i <= n
produkt = produkt*i   i = i+1
produkt ausgeben.

Bild 2.10 Struktogramm zur Berechnung der Fakultät

Listing 2.19 Programm zur Berechnung der Fakultät

```java
import java.util.Scanner;

public class Fakultaet {
  public static void main(String[] args) {
    System.out.printf("Bitte eine Zahl n eingeben." +
        " Das Programm berechnet dann n!\n");
```

2.2 Kontrollfluss

```
      Scanner sc = new Scanner (System.in);
      int n = sc.nextInt();
      long produkt = 1;
      for (int i = 1; i <= n; i++)
        produkt = produkt*i;   // i hat die Wert 1 2 … n
      System.out.printf("%d ! = %d\n", n, produkt);
  }
}
```

Beispiel für for: Zeichnen von Strahlen

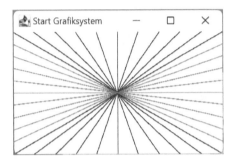

Bild 2.11
Grafikanwendung zum Zeichnen
von Strahlen

Ein Programm soll eine Folge von Linien durch den Mittelpunkt der Fläche zeichnen. Zunächst zeichnen wir für i = 0 bis i = 10 schwarze Linien von oben nach unten. Der Anfangspunkt der i-ten Linie soll bei x = i*breite/10, y = 0, der Endpunkt bei x = breite − i*breite/10, y = hoehe liegen. Dann zeichnen wir für i = 1 bis i = 9 rote Linien von links nach rechts. Der Anfangspunkt soll bei x = 0, y = hoehe/10*i, der Endpunkt bei x = breite, y = hoehe − i*hoehe/10 liegen.

Listing 2.20 Programm zum Zeichnen von Strahlen
```
import javax.swing.JPanel;
import java.awt.Graphics;
import static java.awt.Color.RED;
import k1.MyPanelViewer;
public class DemoFuerFor extends JPanel {
  public void paint (Graphics g) {
    int n = 10;
    int breite = getWidth();   // Breite in Pixeln
    int hoehe  = getHeight();  // Höhe in Pixeln
    int delta_x = breite / n;  // Abstand x für schwarze Linien
    int delta_y = hoehe  / n;  // Abstand y für rote Linien

    // Zeichne schwarze Linien
    for (int i = 0; i <= n; i++)
      g.drawLine (i*delta_x, 0, breite - i*delta_x, hoehe);

    // Setze eine neue Farbe. Hier rot
    g.setColor (RED);
```

```
    // Zeichne rote Linien
    for (int i = 1; i < n; i++)
      g.drawLine (0, i*delta_y, breite, hoehe - i*delta_y);
  }

  public static void main(String[] args) {
    MyPanelViewer.startGraphic(new DemoFuerFor());
  }
}
```

Die getWidth()-Methode liefert die Breite, getHeight() liefert die Höhe der Zeichenfläche des JPanels in Pixeln. drawLine(x1, y1, x2, y2); zeichnet eine Linie vom Punkt mit den Koordinaten (x1, y1) zum Punkt (x2, y2). setColor(Color.RED) setzt die rote Farbe für den Vordergrund. Damit zeichnen wir die Linien rot, bis wir die Farbe wieder mit dem Befehl setColor (…) ändern.

Die erweiterte for-Schleife

Seit Java 5 steht zum Durchlaufen aller Elemente einer Sammlung die **for**-Schleife in der Form „für alle Elemente true" zur Verfügung. Diese Form erspart in vielen Fällen das explizite Weiterschalten der Laufvariablen und ist dadurch sowohl bequemer als auch sicherer in der Anwendung.

```
for (Elementtyp Laufvariable: Sammlung von Elementen) {
  // Diese Anweisung wird für alle Werte der
  // Laufvariablen ausgeführt
}
```

Listing 2.21 Ausgabe aller Parameter der Kommandozeile mit der erweiterten for-Schleife

```
public class DemoFuerParameter {
  public static void main (String[] args) {
    for (String s: args)
      System.out.println (s);
  }
}
```

String[] args ist ein Feld (Array), vgl. hierzu Abschnitt 2.4.1. Die angegebene Schleife durchläuft alle Elemente dieses Felds und gibt sie aus.

Listing 2.22 Ausgabe dieses Programms bei verschiedenen Aufrufen von der Konsole

```
>java DemoFuerParameter

>java DemoFuerParameter a b c d
a
b
c
d

>java DemoFuerParameter Hello World
Hello
World
```

2.2.4 Schleife mit Prüfung am Ende

In der Praxis gibt es manchmal Fälle, bei denen man eine Schleife mit Prüfung am Ende bevorzugen würde: die do-while-Anweisung.

Schreibweise für die do-while-Anweisung

```
do
  Anweisung
while (Ausdruck);
```

Der Ausdruck muss ein Ergebnis vom Typ **boolean** liefern. Die Anweisung wird wiederholt, solange der Ausdruck den Wert **true** hat. Wenn wir mehrere Anweisungen in der Schleife wiederholen wollen, müssen wir diese in { } Klammern setzen. Nach dem Ausdruck muss ein Strichpunkt stehen.

Man wendet die **do-while**-Schleife für schrittweise Berechnungen an, bei denen man die Anzahl der Schritte nicht kennt, aber mindestens ein Schritt erforderlich ist.

Die angegebene Anweisung im Rumpf der Schleife wird in jedem Fall mindestens einmal durchlaufen. Verwechseln Sie dies nicht mit der **while**-Anweisung, bei der es auch vorkommen kann, dass der Rumpf nie durchlaufen wird.

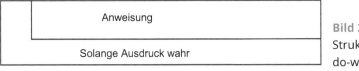

Bild 2.12 Struktogramm für die do-while-Schleife

Beispiel: Berechnung von Quadratwurzeln nach Heron

Mit dem Verfahren nach Heron kann man die Quadratwurzel aus einer positiven Zahl x wie folgt in einzelnen Schritten $n = 0, n = 1, n = 2, \ldots$ näherungsweise berechnen.

Start Setze $x_0 = x$

Schritt von n nach $n+1$ Setze $x_{n+1} = \frac{1}{2}\left(x_n + \frac{x}{x_n}\right)$

Die Folge der Zahlen $x_0, x_1, x_2, \ldots$ konvergiert von oben gegen $\sqrt{x}$.

Im folgenden Programm bezeichnen wir die Glieder dieser Folge mit xn. Da man jeweils nur ein xn (= nächstes x) benötigt, überschreibt man dies in der Schleife.

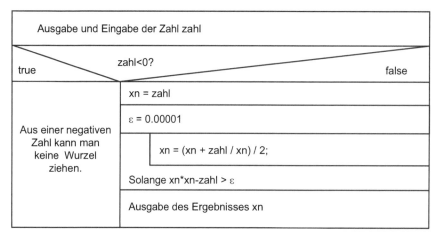

Bild 2.13 Struktogramm zur Berechnung von Quadratwurzeln nach Heron

Listing 2.23 Programm zur Berechnung von Quadratwurzeln nach Heron

```java
import java.util.Scanner;

public class QuadratWurzel {
  private static Scanner eingabe = new Scanner (System.in);

  public static void main (String[] args) {
    System.out.printf(
        "Programm zur Berechnung einer Quadratwurzel\n" +
        "Bitte eine Zahl eingeben\n");
    double zahl = eingabe.nextDouble();
    if (zahl < 0) {
      System.out.printf(
          "Kann keine Wurzel aus einer negativen Zahl ziehen\n");
    } else {
      double xn = zahl;
      int anzahlSchritte = 0;
      double epsilon = 0.00001;
      do {
        xn = (xn + zahl / xn) / 2;
        anzahlSchritte++;
      } while (xn*xn-zahl > epsilon);
      System.out.printf ("Ergebnis: %10.8f\n", xn);
      System.out.printf (" nach %d Schritten\n", anzahlSchritte);
      System.out.printf ("Zum Vergleich:
                java.Math.sqrt(%10.8f) = %10.8f\n", zahl, Math.sqrt (zahl));
    }
  }
}
```

Listing 2.24 Probelauf: Die Eingabe ist grau hinterlegt.

```
Programm zur Berechnung einer Quadratwurzel
Bitte eine Zahl eingeben
2,0
Ergebnis: 1,41421569 nach 3 Schritten
Zum Vergleich: java.Math.sqrt(2,00000000) = 1,41421356
```

2.2.5 Verlassen von Schleifen

Mit **break** verlässt man die **do-while-for-** bzw. die **switch**-Anweisung, in der die Anweisung steht. Bei geschachtelten Anweisungen wird dabei nur eine Schachtelungstiefe verlassen: Die Schachtelungstiefe der Anweisungen verringert sich um eins.

Mit **continue** setzt man die Schleifenausführung fort. Dies erfolgt bei **while**- und **do**-Schleifen beim Bewerten des Ausdrucks. Bei **for**(A1; A2; A3) muss der Ausdruck A3 neu berechnet und danach der Ausdruck A2 bewertet werden.

break mit Namen

In diesem Fall muss bei **break** ein Name angegeben sein, der eine die Schleife umfassende Anweisung bezeichnet. Damit kann man auch geschachtelte Schleifen mit einer einzigen **break**-Anweisung verlassen. Eine mögliche Anwendung sind geschachtelte Suchschleifen. Manche Entwickler sehen in dieser Anweisung eine verkappte Form des **goto**.

Vor- und Nachteile von break, continue

Die Schachtelungstiefe von Kontrollstrukturen lässt sich verringern. Auf der anderen Seite kann die Lesbarkeit von Programmen durch **break**- und **continue**-Anweisungen leiden, wie das folgende Beispiel demonstriert.

Listing 2.25 Beispiel für unvernünftige Anwendung der continue-Anweisung

```java
public class DemofuerContinue {
  public static void main (String[] args) {
    // Division durch 0 mit continue vermeiden
    for (int i =- 10; i <= 10; i++) {
      if (i == 0)
        continue;   // Naechster Durchlauf
      System.out.printf ("Kehrwert von %d = %f\n", i, 1.0/i);
    }
  }
}
```

2.2.6 Programmausnahmen

Wenn Programme nicht auf Ausnahmesituationen reagieren können, führt dies zu den von den Anwendern gefürchteten Abstürzen. Solche Programme sind nicht zumutbar.

Die Behandlung von Ausnahmen mit den Sprachkonstrukten für den Normalfall hat sich nicht bewährt. So könnte man sich eine Behandlung von Ausnahmen im Rahmen von Fallunterscheidungen mit **if** vorstellen. Bei dieser Vorgehensweise erhielt man in der Praxis eine völlig unübersichtliche Programmstruktur: eine tiefe Schachtelung der Fallunterscheidungen bei Eintritt in eine Routine, eine Verquickung von Programmcode für den Ablauf sowie für den Ausnahmefall.

In Java können Sie Ausnahmen als solche behandeln und nach Fehlern „weich landen". Tabelle 2.6 zeigt die Möglichkeiten für eine „weiche" Landung nach Ausnahmesituationen. In Listing 2.26 sehen Sie die möglichen Schreibweisen zum Auffangen von Ausnahmen. Listing 2.27 zeigt ein Beispiel dazu. In Listing 2.28 sehen Sie, dass das Programm tatsächlich nach einer Division durch 0 weiterlaufen kann. In Abschnitt 3.3.6 definieren wir problembezogene Ausnahmen.

Tabelle 2.6 Programmausnahmen

Befehl	Bedeutung
try	*Ausprobieren:* Versuchen wir eine Reihe von Anweisungen ...
catch	*Auffangen:* Es scheint etwas nicht geklappt zu haben, wir müssen den Programmlauf in Gegenwart eines Fehlers in evtl. modifizierter Form fortsetzen.
throw	*Auslösen:* Werfen einer Programmausnahme, da eine Aktion fehlschlägt. Irgendjemand muss sich darum kümmern, dass das Programm trotz dieses Problems weiterläuft, hier können wir nichts mehr dafür tun.
finally	In jedem Fall durchführen

Listing 2.26 Schreibweise für Programmausnahmen

```
try {
  // Folge von Anweisungen
} catch (Exception x e) {
  // Reaktion auf Ausnahmesituation Exceptionx
} catch (Exception y e) {
  // Reaktion auf Ausnahmesituation Exceptiony
} finally{
  // Abschließende Maßnahmen oder andere Ausnahmen
  // Nach try-catch: wird in jedem Fall durchlaufen
  // Also auch dann, wenn keine Ausnahme auftritt
}
```

Listing 2.27 Beispiel für die Behandlung der Programmausnahme „Division durch 0"

```
public class DemoArithmetischeProgrammAusnahme{
  public static void main (String[] args) {
    for (int i = -3; i < 3; i ++)
      try {
        System.out.println (1 / i);
      } catch (ArithmeticException e) {
        System.err.println (e);
      }
  }
}
```

Listing 2.28 Ausgabe des Programms: Das Programm läuft auch nach dem Fehler weiter!

```
0
0
-1
java.lang.ArithmeticException: / by zero
1
0
```

 Zum Ablauf

Der **try-catch**-Mechanismus fängt die Division durch 0 ab. Der Programmlauf wird durch die Ausnahme nicht abgebrochen, sondern kann kontrolliert durch die Software fortgesetzt werden. Dies ist kein Ersatz für Verzweigungen im Programm.

Vorteile der Ausnahmebehandlung mit try-catch

Dieser Mechanismus der Behandlung von Programmausnahmen verunstaltet Programme nicht dadurch, dass überall **if**-Abfragen auf mögliche Fehlerausgänge vorzusehen sind. Außerdem gibt es eine klare Trennung zwischen funktionalem Code (**if** wird für Steuerung eingesetzt) und dem Code zur Fehlerbehandlung (**try-catch** bei Fehlerausgang). Jede sichere Programmierung schließt die Behandlung von Fehlern ein. Damit ist aber doch eine *weiche Landung* nach Fehlern im Programmlauf oder bei Anwenderfehlern möglich.

Funktionsprinzip

Der Mechanismus der Ausnahmebehandlung besteht quasi aus einem Wiederanlauf des Programms. Mit **try** macht man eine Art Momentaufnahme des Zustands der Umgebung des Programms. Dann betritt man den nach **try** in { ... } angegebenen Block. Tritt bei der Abarbeitung dieses Programmteils eine Programmausnahme auf, durchsucht das Laufzeitsystem die Kette der aufrufenden Programme[5] nach **catch**-Routinen so lange, bis es eine passende findet.

Man kann nur auf Stellen zurückspringen, die in noch nicht beendeten aufrufenden Methoden liegen, die auf dem Weg zu **throw** auch durchlaufen und noch nicht verlassen wurden.

Man kann dadurch keine Aktionen des Programms rückgängig machen, wie z. B. das Löschen einer Datei oder das Stornieren einer Bestellung.

---

[5] Zum Begriff „Aufruf": siehe auch Abschnitt 2.3, Methoden.

Zusammenfassung und Übersicht

Java bietet Möglichkeiten zur Steuerung des Ablaufs ähnlich wie die Programmiersprache C: Fallunterscheidungen und Schleifen. Java erzwingt den Datentyp **boolean** für den Ausdruck in **if, do, while** sowie die Bedingung in **for**.

Java integriert die Behandlung von Ausnahmen im Programmlauf von Anfang an und erlaubt die übersichtliche Darstellung von Programmläufen auch dann noch, wenn man alle denkbaren Fehlerquellen berücksichtigen muss.

Anweisungen zur Steuerung von Programmen kann man nur in den Funktionen bzw. Methoden der Klassen benutzen. Dies beleuchten wir im nächsten Abschnitt näher.

Syntax von Anweisungen

Der Aufbau der Sprache Java ist in [GJSBBSB23] beschrieben. Die zwei folgenden Syntaxdiagramme zeigen Ihnen die wesentlichen Zusammenhänge in vereinfachter Darstellung. Syntaxdiagramme sind eine Art von „Fahrplan" zur Eingabe der Bestandteile eines Java-Programms in den Programmeditor. Sie enthalten Symbole in Kästen mit abgerundeten Ecken wie **if**, die im Programm genau in der angegebenen Form auftreten müssen. So beginnt jede **if**-Anweisung mit **if**. Außerdem gibt es Symbole in Rechtecken wie Anweisung oder Ausdruck. Diese müssten in einem eigenen Syntaxdiagramm erklärt werden. Da die Syntaxdiagramme für Ausdrücke in C schwer lesbar sind, benutzen wir zur Beschreibung von Ausdrücken die Vorrangbeziehungen zwischen den Operatoren, wie in Abschnitt 2.5 angegeben.

2.3 Methoden

Ein Programm dient der Lösung eines Problems. Wenn das Problem komplex ist, zerlegt man es nach der Strategie „Teile und herrsche" in Teilprobleme. Diese Teilprobleme lösen wir dann nicht mit Teilprogrammen, sondern mit sog. Unterprogrammen. Dabei unterscheidet man Prozeduren für Abläufe und Funktionen mit Funktionsergebnis in Analogie zur Mathematik. Statt dieser Bezeichnung aus der Terminologie der prozeduralen Programmiersprachen spricht man in der Objektorientierung von sog. *Methoden*.

2.3.1 Definitionen

Methoden enthalten einen ablauffähigen Programmcode, den wir stets vollständig in der Klasse angeben müssen, der sie angehören. Es gibt keine Methoden außerhalb von Klassen. Jede Deklaration einer Methode kann Parameter enthalten. Diese bezeichnet man auch als *formale Parameter*. Die Namen dieser Parameter gelten im ge-

2.2 Kontrollfluss

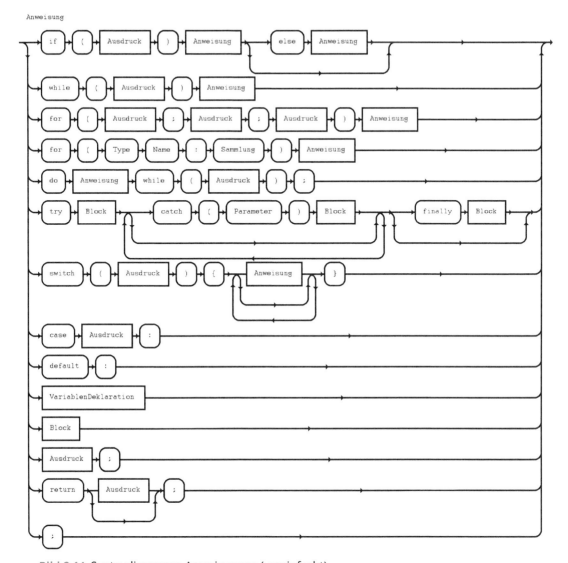

Bild 2.14 Syntaxdiagramm Anweisungen (vereinfacht)

Bild 2.15
Syntaxdiagramm für die Block-Anweisung

samten Rumpf dieser Methode. Jede Methode kann Deklarationen von Variablen enthalten. Methoden dürfen nicht geschachtelt werden. Methoden können Werte liefern. Die Anwendung von Methoden erfolgt durch Aufruf.

In diesem Abschnitt behandeln wir **static**-Methoden, die in der prozeduralen Programmierung den Funktionen bzw. Prozeduren entsprechen.

Listing 2.29 Beispiel zur Deklaration von **static**-Methoden

```
public class DemoFuerMethoden {

  // Ermittle das Maximum zweier ganzer Zahlen
  // Parameter: i und j vom Typ int
  // Ergebnis : vom Typ int
  static int maximum (int i, int j) {
    if (i > j)
      return i;
    else
      return j;
  }

  // Ausgabe eines Textes nach Standardausgabe
  // Parameter: Eine Zeichenfolge vom Typ String
  // Ergebnis : keines  (d.h. void)
  static void print (String text) {
    System.out.println (text);
  }

  public static void main(String[] args) {
    int a = 3, b = 99;
    // Hier folgen Aufrufe der definierten Methoden
    int c = maximum (a, b);
    int d = maximum (1, 888);
    print ("Programmlauf endet mit c = " + c + "\n");
  }

}
```

Parameter in der Deklaration einer Methode: formale Parameter

Methoden können Parameter enthalten. Diese formalen Parameter folgen nach dem Namen der Methode in ()-Klammern. Die Klammern sind auch dann in der Definition der Methode zu schreiben, wenn man keine Parameter definiert. Parameter definiert man wie Variablen: zuerst der Typ, dann der Name. Gibt man mehr als einen Parameter an, so trennt man diese Definitionen durch ein Komma. Die Werte der Parameter der Methode stehen ähnlich wie bei Variablen im Rumpf der Methode zur Verfügung.

Als Typen für Parameter kommen alle elementaren Datentypen aus Abschnitt 2.1, Felder aus 2.4 sowie Klassen in Kapitel 3 infrage. Methoden können nicht als Parameter übergeben werden.

Ergebnis von Methoden

Jede Methode hat einen Typ für das Ergebnis. Wenn die Methode kein Ergebnis liefert, muss der Ergebnistyp **void** sein. Das Ergebnis muss mit der **return**-Anweisung geliefert werden. **return** beendet den Lauf der Methode und sorgt für die Übergabe des Ergebnisses. Alle **return**-Anweisungen einer Methode müssen einen zum Typ der Methode verträglichen Wert liefern. Wenn eine Methode als Typ nicht **void** hat, muss die Methode ein Ergebnis liefern. Die Java-Compiler überprüfen dies und übersetzen eine Methode nicht, wenn eine entsprechende **return**-Anweisung fehlt. Umgekehrt dürfen Methoden vom Typ **void** kein Ergebnis liefern. Bei solchen Methoden beendet die erste durchlaufende **return**-Anweisung den Lauf der Methode.

Syntax für die Deklaration einer Methode

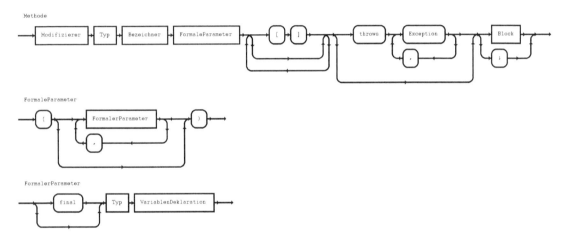

Bild 2.16 Syntaxdiagramm für eine Methodendeklaration

Parameter im Aufruf einer Methode: aktuelle Parameter

Beim Aufruf übergibt man Parameter an die gerufene Funktion. Denken Sie hier z. B. an die *sinus*-Funktion der Mathematik, die als Parameter den Winkel erhält, für den man den Wert der Funktion berechnen will. In Java gibt es nur sog. Wert-Parameter[6]. Dabei werden die Werte für die Parameter an der Aufrufstelle (die sog. *aktuellen Parameter*) berechnet und das Ergebnis wie bei einer Wertzuweisung in die entsprechenden formalen Parameter der Deklaration der Methoden übertragen. Danach verzweigt das Programm zur gerufenen Methode. Dies ist kein Sprung ohne Wiederkehr, da das Java-Laufzeitsystem die Adresse für die Rückkehr notiert. Die Rückkehradresse ist einfach die Adresse des auf den Aufruf folgenden Befehls im Programm. Bei dieser

---

[6] Wert-Parameter: call by value

Rückkehr übermittelt die gerufene Methode den zu liefernden Wert, falls der Typ der Methode nicht **void** ist.

Das folgende Beispiel in Bild 2.17 zeigt den Ablauf eines Aufrufs der Methode maximum aus Listing 2.29. Beim Aufruf ist zunächst der Wert der aktuellen Parameter zu ermitteln. Der Wert für den ersten aktuellen Parameter ist 3 und wird in den formalen Parameter i übertragen. Für den zweiten aktuellen Parameter ergibt sich der Wert 99 und er wird in den formalen Parameter j kopiert. In diesem Aufruf läuft die Methode maximum mit den Werten i = 3 und j = 99 durch. Sie liefert als Ergebnis den Wert 99, der an der Stelle des Aufrufs zur Verfügung steht. Im Beispiel erhält die Variable c den Ergebniswert 99. Die Methode maximum wird danach nochmals, aber mit den aktuellen Parametern 1 und 888 aufgerufen. Dabei erhält der formale Parameter i den Wert 1 und der formale Parameter j den Wert 888. Diesmal läuft die Methode mit den genannten Werten und liefert als Ergebnis die Zahl 888, die in die Variable d kopiert wird. Die Skizze zeigt Aufruf und Rückkehr nur für den ersten Aufruf.

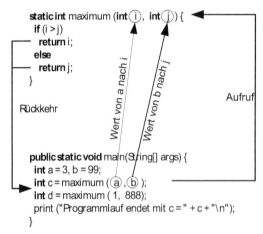

Bild 2.17
Ablauf des Aufrufs einer Methode

2.3.2 Beispiele zum Einsatz von Methoden

Dieser Abschnitt stellt einige Aspekte von Parametern und Methoden anhand einzelner Beispiele vor, die nicht nur die Anwendung zeigen, sondern auch auf Probleme hinweisen.

Beispiel: Umrechnung von Fahrenheit in Celsius

Die Formeln zur Umrechnung von Grad in Fahrenheit nach Grad in Celsius lauten:

$$GradCelsius = (GradFahrenheit - 32.0)/1.8$$

$$GradFahrenheit = GradCelsius * 1.8 + 32.0$$

2.3 Methoden

Listing 2.30 Programm zur Umrechnung von Grad zwischen Fahrenheit und Celsius

```java
public class Formeln {
  public static double gradCelsius (double gradFahrenheit) {
    return (gradFahrenheit - 32.0) / 1.8;
  }

  public static double gradFahrenheit (double gradCelsius) {
    return gradCelsius * 1.8 + 32.0;
  }

  public static void main (String[] args) {
    System.out.println (
      gradCelsius (Double.parseDouble (args[0])));
  }
}
```

Aufruf der Formeln

```java
// Wie viel sind 100 Grad Fahrenheit?
System.out.println (Formeln.gradCelsius (100.0));

// Wie viel sind 20 Grad Celsius?
System.out.println (Formeln.gradFahrenheit (20.0));
```

Beispiel: Berechnung des Body-Mass-Index

Manche Menschen glauben an den Body-Mass-Index als Maßstab für die Leibesfülle. Dieser Index hängt von der Größe einer Person und ihrem Gewicht ab. Man berechnet den Wert nach folgender Formel:

$$BodyMassIndex = \frac{K\ddot{o}rpergewicht}{(Gr\ddot{o}\beta e/100)^2}$$

Das Körpergewicht gibt man dabei in kg, die Größe in cm an.

Listing 2.31 Berechnung des Body-Mass-Index mit einer Java-Methode

```java
public static double bodyMassIndex (
      double koerpergewicht,  // in kg-Einheiten
      double groesse) {       // in cm-Einheiten
  double g = groesse/100.0;
  return koerpergewicht / (g*g);
}
```

Das Programm sollte eine Ausnahme werfen, falls für die Größe unsinnige Werte angegeben werden, vgl. Abschnitt 2.2.6. Auch ein negativer Wert für den Parameter gewicht ergibt keinen Sinn, vgl. hierzu den Abschnitt in Kapitel 3 über Zusicherungen.

Listing 2.32 Beispiel: Übergabe von Parametern als Wert

```java
public class WertUebergabe {

  static void test (int i) {
```

```
    i = 8;
  }

  public static void main (String[] args) {
    int i = 99;
    test (i);
    System.out.println (i);
  }
}
```

Ausgabe

99

Das Hauptprogramm main ruft die Routine test mit dem aktuellen Parameter i auf. Also wird der Wert von i ausgelesen und diese Kopie des Werts an den formalen Parameter i der Routine test übergeben. test verändert die Kopie des Parameters. Diese „Manipulation" der Kopie ändert aber nichts am Original, das in main deklariert wurde. Deswegen arbeitet main mit dem „alten" Wert weiter und gibt ihn aus.

Beispiel: Überladen von Methoden

Das folgende Listing 2.33 zeigt das sog. Überladen von Methoden. Methoden mit gleichem Namen gelten als verschieden, wenn sie sich durch die Typen ihrer formalen Parameter unterscheiden. Die Methoden min berechnen jeweils das Minimum aus Zahlen vom Typ **long** bzw. **int** mit demselben Verfahren.

Listing 2.33 Überladen von Methoden

```
public class ParameterDemo {
  static int min (int i, int j) {
    System.out.print ("int min (int, int): ");
    if (i < j)
      return i;
    return j;
  }

  static long min (long i, long j) {
    System.out.print ("long min (long, long): ");
    if (i < j)
      return i;
    return j;
  }

  public static void main (String[] args) {
    long along = 11, blong = 999991;
    int  aint = 1,  bint = 99999;
    System.out.println (min (along, blong));
    System.out.println (min (aint, bint));
  }
}
```

Ausgabe

```
long min (long, long): 1
int min (int, int): 1
```

Beispiel: Übergabe von Feldern (vgl. Abschnitt 2.4)

Die Wertübergabe erscheint zunächst restriktiver, als sie in der Praxis ist. Da alle Variablen von Feldern und Klassentypen Referenzen sind, wird bei deren Übergabe als Wert der Wert dieser Referenz an eine Methode übergeben.

Listing 2.34 Übergabe von Feldern

```java
public class ParameterDemo {

  static void swap (int[] feld) {
    int a = feld[0];
    feld[0] = feld[1];
    feld[1] = a;
  }

  public static void main (String[] args) {
    int feld[] = {1, 2};
    System.out.println (feld[0] + " " + feld[1]);
    swap (feld);
    System.out.println (feld[0] + " " + feld[1]);
  }
}
```

Ausgabe

```
1 2
2 1
```

Beim Aufruf von swap wird der Wert der Referenz auf das in main erklärte Feld übergeben. Damit hat die Methode swap nicht den Inhalt des Felds, sondern eine Referenz auf dieses Feld erhalten. Deswegen wirken die Änderungen in swap auf den Inhalt des Felds feld von main, siehe hierzu auch Abschnitt 2.4.

2.3.3 Rekursion

Methoden in Java sind ohne Einschränkung auch rekursiv aufrufbar. Dies gilt in gleicher Weise für **static**-Methoden wie auch für andere.

Die Rekursion kann als Strategie zur Lösung eines Problems immer dann eingesetzt werden, wenn ein Teilproblem ähnlich zu lösen ist wie das gesamte Problem. Zur Lösung eines Problems verwendet die Rekursion eine Routine zur Lösung eines Teilproblems, nämlich sich selbst, aber mit anderen Parametern als im „eigenen" Aufruf. Erfolgte der Aufruf stets mit gleichen Parametern, würde man versuchen, das Problem durch sich selbst zu lösen. Dieser Versuch ist natürlich zum Scheitern verurteilt. In Java würde das Programm so lange in einer Schleife laufen, bis kein Speicher zum Abspeichern der Daten für die Aufrufe mehr vorhanden ist. Das Programm wird dann abgebrochen.

2.3.3.1 Beispiel: Berechnung der Fakultät

Die Fakultät $n!$ einer nicht negativen ganzen Zahl n ist wie folgt definiert:

$$n! = \begin{cases} 1 : n \leq 1 \\ n(n-1)! : n > 1 \end{cases}$$

Diese Definition liefert die Werte in der folgenden Wertetabelle:

n	0	1	2	3	4	5	6	7
n!	1	1	2	6	24	120	720	5040

Die Definition zeigt: Zur Lösung des Problems für den Fall n wird eine Lösung des Teilproblems für den Fall $n–1$ benötigt. Zur Lösung des Teilproblems (Fakultät für $n–1$) kann man dann die Methode zur Lösung des Problems (Fakultät) heranziehen, aber nicht mit dem Parameter n, sondern mit $n–1$.

Programm in Java (für nicht negative Zahlen n)

```java
static int fakultaet (int n) {
  if (n <= 1)
    return 1;
  else
    return n* fakultaet (n-1);
}
```

Wenn man obige Definition in Java-Syntax aufschreibt, erhält man das Java-Programm zur Berechnung der Fakultät. Die Definition entspricht insgesamt einer Methode für den Parameter n, welche eine Ganzzahl liefert. Für die Fallunterscheidung benutzt man in Java eine **if**-Anweisung, für das Setzen eines Werts die **return**-Anweisung. Im obigen Beispiel können Sie die **else**-Anweisung weglassen.

Listing 2.35 Probelauf der Fakultät mit Ausgaben

```java
public class Fakultaet {
  // Für eine Zahl: liefere 2*Zahl Blanks
  // Parameter   :   die Zahl vom Typ int
  // Ergebnis    :   eine Zeichenkette der Länge 2*Zahl
  static String blanks (int zahl) {
    StringBuilder b = new StringBuilder (); // Neuer Pufferbereich
    for (int i = 0; i < zahl*2; i++)        // Für i = 0 ... tue:
      b.append (' ');                       // Anhängen Zeichen
    return b.toString ();                   // Liefere den Wert
```

```
    }

    // Die Fakultät mit Testausgaben beim Eintritt in die Routine
    // und bei der Rückkehr
    // Parameter : die Zahl n vom Typ int
    // Ergebnis  : n!
    public static int fakultaet (int n) {
      System.out.printf ("%sAufruf f (%d)\n", blanks(5-n), n);
      int wert;
      if (n == 0)
        wert = 1;
      else
        wert = n * fakultaet (n-1);
      System.out.printf ("%sRueckkehr f (%d) = %d\n",
            blanks(5-n), n, wert);
      return wert;
    }

    public static void main (String[] args){
      System.out.println (fakultaet (5));
    }
}
```

Listing 2.36 Ergebnis des Probelaufs

```
>java Fakultaet
Aufruf f (5)
    Aufruf f (4)
        Aufruf f (3)
            Aufruf f (2)
                Aufruf f (1)
                    Aufruf f (0)
                    Rueckkehr f (0) = 1
                  Rueckkehr f (1) = 1
                Rueckkehr f (2) = 2
            Rueckkehr f (3) = 6
        Rueckkehr f (4) = 24
    Rueckkehr f (5) = 120
120
```

Der Probelauf zeigt die Schachtelung der Aufrufe: Der Aufruf für fakultaet (5) wird in der ersten Zeile protokolliert und erst in der vorletzten Zeile mit dem Wert 120 beendet.

2.3.3.2 Beispiel: Die Türme von Hanoi

Drei senkrechte Stangen sind auf einem Holzbrett befestigt. Auf einer der Stangen befindet sich ein Stapel aus n durchlöcherten Scheiben. Das Problem besteht darin, diesen Stapel von Scheiben auf eine andere Stange zu bringen. Dabei darf jeweils nur eine Scheibe bewegt werden und es darf nie eine größere auf einer kleineren Scheibe zu liegen kommen.

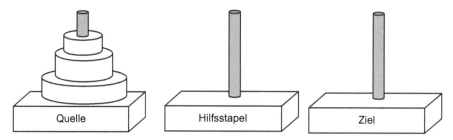

Bild 2.18 Die Türme von Hanoi

Lösung durch Unterteilung in Teilprobleme

Die drei Stapel heißen *Quelle, Hilfsstapel* und *Ziel*. Wir erarbeiten die Lösung durch Fortschreiten nach der Anzahl n der Scheiben. Die Lösung benutzt sich selbst, um ein Teilproblem des vollständigen Problems zu lösen. So benützen wir im n-ten Schritt in I und III die Lösung des einfacheren Problems für ($n-1$)-Scheiben.

n = 1   Transportiere den Stapel von Quelle nach Ziel.

n > 1
- I. Transportiere den oberen Stapel (mit $n-1$ Scheiben) vom Quellstapel auf den Hilfsstapel unter Zuhilfenahme des Zielstapels. Da auf dem Quellstapel die größte Scheibe unten liegen bleibt, kann der Quellstapel uneingeschränkt für das Zwischenlagern von Scheiben genutzt werden, da sie ja alle kleiner als die unten liegende Scheibe sind.
- II. Transportiere die oberste Scheibe von der Quelle zum Ziel.
- III. Transportiere die ($n-1$) Scheiben auf dem Hilfsstapel zum Ziel. Hierbei kann der Quellstapel als Hilfsstapel benutzt werden.

Listing 2.37 Lösungsansatz in Java

```java
public class Hanoi {
 // Bewege eine Scheibe
 public static void bewege1 (int Quelle, int Ziel) {
   System.out.printf ("Bewege %d nach %d\n", Quelle, Ziel);
 }

 // Bewege zwei Scheiben. Benutze die Lösung für 1 Scheibe
 public static void bewege2 (int Quelle, int Hilf, int Ziel) {
   bewege1 (Quelle, Hilf);    // (I)
   bewege1 (Quelle, Ziel);    // (II)
   bewege1 (Hilf, Ziel);      // (III)
 }

 // Bewege drei Scheiben. Benutze die Lösung für 2 Scheiben
 public static void bewege3 (int Quelle, int Hilf, int Ziel) {
   bewege2 (Quelle, Ziel, Hilf); // (I)
   bewege1 (Quelle, Ziel);       // (II)
   bewege2 (Hilf, Quelle, Ziel); // (III)
 }
```

```
    public static void main (String[] args) {
      // Quelle = Stapel 0, Hilf = Stapel 1, Ziel = Stapel 2
      bewege3 (0, 1, 2);
    }
}
```

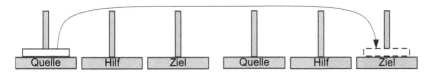

Bild 2.19 Skizze: der Fall n=1

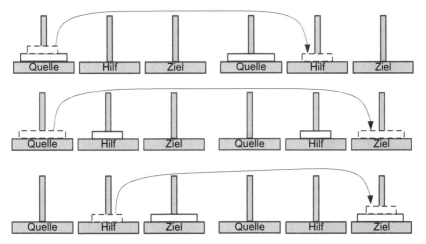

Bild 2.20 Skizze: der Fall n=2, wobei die Lösung für n=1 benutzt wird

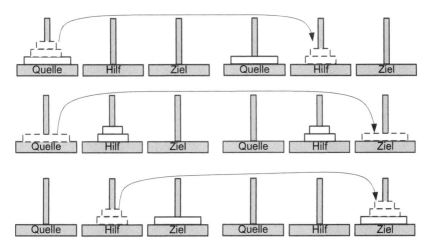

Bild 2.21 Skizze: der Fall n=3, wobei die Lösung für n=2 benutzt wird

Auf dem Weg zu einer besseren Methode

Die Lösung zeigt Routinen für den Fall *n=1* mit einer Scheibe, *n=2* mit zwei Scheiben sowie *n=3* mit drei Scheiben. Dieser Ansatz zur Lösung benutzt Hilfsmittel wie Parameter und Methoden (Unterprogramme, Routinen), ist aber nicht allgemein genug, da sie nur für bis zu drei Türme funktioniert. Die Ähnlichkeit der Routinen bewege2 und bewege3 zeigt, dass man diese Methoden zu einer einzigen Methode bewege zusammenfassen kann, wenn man dann noch die Anzahl der Scheiben als Parameter aufnimmt. Damit kommt man zu der klassischen Lösung für die „Türme von Hanoi" in Listing 2.38.

Anmerkung

Die Routine tower muss man als **static** deklarieren, damit man sie aus der **static**-Methode main heraus aufrufen kann.

Listing 2.38 Lösung in Java

```java
public class TowersOfHanoi {

  static void towers (int Quelle, int Hilf, int Ziel, int n) {
    if (n == 1)
      System.out.printf ("Bewege %d nach %d\n", Quelle, Ziel);
    else {
      towers (Quelle, Ziel, Hilf, n-1);   // (I)
      towers (Quelle, 0, Ziel, 1);        // (II)
      towers (Hilf, Quelle, Ziel, n-1);   // (III)
    }
  }

  public static void main (String[] args) {
    towers (0, 1, 2, 3);
  }
}
```

Ausgabe des Programms

```
Bewege 0 nach 2
Bewege 0 nach 1
Bewege 2 nach 1
Bewege 0 nach 2
Bewege 1 nach 0
Bewege 1 nach 2
Bewege 0 nach 2
```

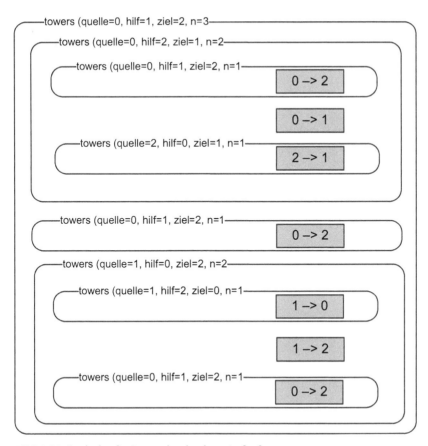

Bild 2.22 Probelauf mit geschachtelten Aufrufen von towers

Zusammenfassung

Methoden sind die aktiven Elemente eines Java-Programms. Man steuert deren Ablauf über Parameter, die grundsätzlich als Wert übergeben werden. Methoden sind rekursiv aufrufbar. Gibt man mehrere Methoden in einer Klasse unter dem gleichen Namen an, so müssen sich diese durch die Typen ihrer Parameter unterscheiden.

2.4 Felder

In einem Feld kann man mehrere Daten eines Typs ablegen. Felder sind elementare Sammlungen von Daten. Java kennt ein- und mehrdimensionale Felder. Dieser Abschnitt führt Felder zusammen mit elementaren Algorithmen wie Suchen oder Sortieren ein.

2.4.1 Eindimensionale Felder

2.4.1.1 Grundlegende Definitionen

Ein Feld oder Array ist eine Anordnung von Elementen gleichen Typs. Die einzelnen Elemente heißen Komponenten und können über Indices angesprochen werden. Felder sind in Java grundsätzlich dynamisch, d. h., die Anzahl der Komponenten wird erst zur Laufzeit des Programms bei der Erstellung eines Felds festgelegt. Nach der Erstellung eines Felds lässt sich die Anzahl der Komponenten nicht mehr ändern. Wir erhalten die Anzahl der Komponenten durch das Element length in jedem Feld.

Bearbeitung eines Felds

Grundsätzlich sind bei der Bearbeitung von Feldern in Java drei Schritte zu unterscheiden:

1. Deklaration der Feldvariablen
2. Zuweisung von Speicher für die Komponenten des Felds
3. Initialisierung der Komponenten

Die folgenden Beispiele zeigen verschiedene Möglichkeiten, ein Feld anzulegen und mit Werten zu versorgen:

```
int[] feld;                                    // 1
feld = new int [8];                            // 2
for (int i = 0; i < feld.length; i++)          // 3
  feld[i] = i*i;
```

oder:

```
int[] feld;                                    // 1
feld = new int[] { 0, 1, 4, 9, 16, 25, 36, 49 };  // 2, 3
```

oder:

```
int[] feld = { 0, 1, 4, 9, 16, 25, 36, 49 };   // 1, 2, 3
```

Wie in C nummeriert man die Komponenten eines Felds ab 0. Die Nummer einer Komponente heißt auch Index. In obigem Beispiel hat die erste Komponente den Index 0, die letzte den Index 7. Man erhält die erste Komponente mit feld[0], die letzte mit feld[7].

Bild 2.23 veranschaulicht die Implementierung von Feldern in Java. Das Bild zeigt, dass man zwischen der Variablen mit dem Namen für das Feld und dem Inhalt des Felds wie zwischen einer *Hausnummer* und einem *Haus* unterscheiden muss. Die Variable x enthält nicht das komplette Feld (= *Haus*), sondern nur einen Zeiger auf das Feld (seine Hauptspeicheradresse für den Inhalt, = *Hausnummer*). Deswegen bezeichnet man Felder auch als *Referenztypen*.

2.4 Felder

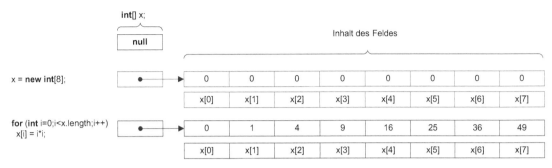

Bild 2.23 Implementierung von Feldern in Java

Die beiden folgenden Beispiele demonstrieren mögliche Probleme bei der Programmierung von Feldern in Java. Das erste Beispiel zeigt einen Zugriff auf ein Feld, bei dem keine **new**-Anweisung zur Allokation von Speicher benutzt wurde. Im zweiten besprechen wir einen Versuch zur Kopie eines Felds.

Problem: Zugriff auf Feldkomponenten ohne vorheriges new

Die Deklaration einer Variablen mit einem Feldtyp reicht noch nicht zur Benutzung als Feld aus. Der Speicher für die Komponenten des Felds muss noch mit **new** geholt werden. Erst dann können wir auf die Komponenten zugreifen.

Listing 2.39 Zugriff auf Komponenten eines Felds ohne vorheriges new

```
public class FehlerInitialisierung {
  public static void main (String[] args) {
    int[] feld;
    feld[0] = 1;
  }
}
```

Listing 2.40 Ablauf des Programms aus Listing 2.39 mit Fehlermeldung

```
java.lang.NullPointerException
      at FehlerInitialisierung .main(FehlerInitialisierung .java:4)
```

Der Programmierer hat die Variable feld nicht initialisiert. Damit wird sie vom Java-Laufzeitsystem mit **null** vorbelegt. Die **null** steht für eine illegale Adresse im Speicher. Das obige Programm versucht also, auf eine Stelle im Speicher zuzugreifen, die ihm nicht zugewiesen wurde. Deshalb wirft das Java-Laufzeitsystem die obige, nicht abgefangene Programmausnahme (java.lang.NullPointerException).

Listing 2.41 Ein Versuch, ein Feld zu kopieren

```
static void copy () {
  int[] x = {1, 2, 3, 4};
  int[] y = feld1; // (*)
  y[1] = 999;
  System.out.println (x[1]);
}
```

Zunächst legen wir eine Variable namens x an. Das Java-Laufzeitsystem besorgt Speicher für das zugehörige Feld aus vier Elementen und initialisiert alle Komponenten. Danach legen wir eine Variable namens y an, der wir den Inhalt der Variablen x zuweisen, d. h., der Wert von x wird in die Variable (= Platzhalter für Hausnummern) y übertragen. Danach setzen wir die Komponente Nr. 1 von x auf 999 und geben die Komponente Nr. 1 von x aus. Das Ergebnis ist der Wert 999. x bzw. y sind also nur Referenzen auf ein Feld. Dies ist keine Überraschung, wenn Sie an die Analogie denken: „Haus" = Feldinhalt und „Hausnummer" = Inhalt der Variablen zur Deklaration eines Felds. Man hat ein und dasselbe Haus. Kopiert wurde lediglich die Hausnummer aus der Variablen x in die Variable y.

Skizze zum Programmablauf

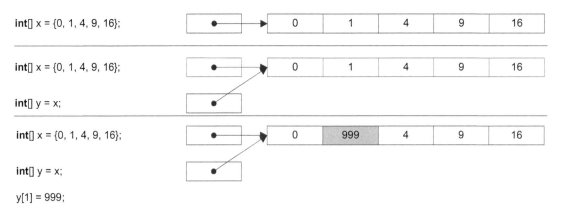

Bild 2.24 Speicherzugriffe nach dem Kopieren der Adresse eines Felds

Anwendung: Übergabe als Parameter

Eine Wertzuweisung wie in der mit (*) gekennzeichneten Stelle in Listing 2.41 kann man also nicht dazu benutzen, Inhalte von Feldern zu kopieren. Wie bei Parametern von Methoden im Programm Listing 2.34 und Listing 2.42 erhält man so einen zweiten Namen zum Zugriff auf die Inhalte des Felds. Das Beispiel im nächsten Abschnitt benutzt Methoden für die einzelnen Teilaufgaben zur Bearbeitung eines Felds. Dabei übergibt man das Feld an die Methode durch Übergabe des Feldnamens. Neben der Übergabe eines Felds als Parameter dient dieses Verfahren auch zur Rückgabe einer Referenz auf ein Feld als Ergebnis einer Methode.

Kopieren eines Felds

Zum „echten" Kopieren eines Felds fordert man für das Zielfeld Speicher an und kopiert dann die Komponenten, mit System.arraycopy wie folgt.

2.4 Felder

```
int[] x = {1, 2, 3, 4, 5};
int[] y = new int[x.length];
System.arraycopy (x, 0, y, 0, x.length);
// Kopiere von x ab Index 0 nach y ab Index 0 x.length Einträge
```

Bei dieser Kopie eines Felds x dupliziert man *nicht* den Inhalt der Feldvariablen x (d. h. die „Hausnummer" des alten Felds), sondern man legt ein *neues Feld* y an (d. h. ein neues „Haus"). Dann kopiert man den Inhalt des alten Felds in dieses neue Feld und die neue Feldvariable y verweist auf dieses neue Feld. Bildlich gesprochen: Es wird das Haus kopiert und eine neue Hausnummer angelegt. Änderungen an diesem neuen Haus betreffen das alte Haus nicht.

Flache Kopie

Diese Methode des Kopierens bezeichnet man auch als flache Kopie, denn die Komponenten könnten ihrerseits wieder Felder sein. Sie würden dann ebenso wenig kopiert wie das Feld im vorausgegangenen Beispiel.

2.4.1.2 Beispiel: Einlesen und Bearbeiten eines Felds

Das Programm soll eine gewisse Anzahl von ganzen Zahlen in ein Feld einlesen. Wir erwarten stets Felder mit mindestens einem Element. Zahlen müssen wir zur Laufzeit in länderspezifischer Schreibweise eingeben, d. h. 1,0 tippen. Im Java-Programm dagegen müssen wir 1.0 schreiben. Danach bestimmen wir das Maximum dieser Zahlen, die Summe sowie den Durchschnitt. Dabei kann man die erweiterte Form der **for**-Schleife für Zugriffe auf die Inhalte einzelner Komponenten benutzen. Das Setzen der Inhalte ist auf diese Weise nicht möglich. Bitte beachten Sie die mit Java 8 möglichen alternativen Formulierungen für die Berechnung von Summe, Maximum und Durchschnitt von Gleitpunktzahlen. Weitere Möglichkeiten ab Java 8 finden Sie in der Java-Dokumentation zur Klasse java.util.stream.DoubleStream.

Listing 2.42 Einlesen und Bearbeiten eines Felds

```java
import java.util.*;

public class DemoFeld_1_Dim {
  // Der Scanner ermittelt die Bestandteile der Eingabe.
  // Die nächste Zahl erhält man mit eingabe.nextDouble ()
  private static final Scanner eingabe = new Scanner (System.in);

  // Der Speicherplatz für das Feld ist schon reserviert,
  // füllen wir nun die einzelnen Komponenten aus der Eingabe
  static void lies(double[] feld) {
    for (int i = 0; i < feld.length; i++)
      feld[i] = eingabe.nextDouble ();
  }

  // Ermitteln des Maximums eines vorhandenen Feldes
  static double maximum(double[] feld) {
    double max = feld[0];
```

```java
      // f durchläuft alle Werte des Feldes
      for (double f: feld)
        if (f > max)
          max = f;

      // Alternative: die "klassische" for-Schleife
      // double max = feld[0];
      // for (int i = 1; i < feld.length; i++)
      //   if (feld[i] > max)
      //     max = feld[i];

      // Alternative ab Java 8: Berechnung des Maximums wie folgt:
      // max = Arrays.stream(feld).max();
      return max;
    }

    // Aufsummieren der Werte aller Komponenten
    static double summe(double[] feld) {
      double summe = 0;
      for (double f : feld) {
        summe += f;
      }
      // Alternative: die "klassische" for-Schleife
      // double summe = feld[0];
      // for (int i = 1; i < feld.length; i++)
      //   summe += feld[i];

      // Alternative ab Java 8:
      // summe = Arrays.stream(feld).sum();
      return summe;
    }

    // Berechnung des durchschnittlichen Wertes
    static double durchschnitt(double[] feld) {
      return summe (feld) / feld.length;
      // Alternative in Java 8
      // return Arrays.stream(feld).average().getAsDouble()
    }

    public static void main(String[] args) {
      System.out.printf (
          "Bitte die Anzahl der Zahlen im Feld eingeben:\n");
      int anzahlKomponenten = eingabe.nextInt();
      double[] feld = new double[anzahlKomponenten];
      System.out.printf ("Bitte die %d Zahlen im Feld eingeben:\n",
          anzahlKomponenten);
      lies (feld);
      System.out.printf ("Maximum %f\n",      maximum (feld));
      System.out.printf ("Summe   %f \n",     summe (feld));
      System.out.printf ("Durchschnitt %f\n", durchschnitt (feld));
    }
  }
```

Probelauf: Eingaben sind fett hinterlegt

```
>java DemoFeld_1_Dim
Bitte die Anzahl der Zahlen im Feld eingeben:
4
Bitte die 4 Zahlen im Feld eingeben:
1 2 3 4
Maximum 4,000000
Summe    10,000000
Durchschnitt 2,500000
```

2.4.1.3 Behandlung von Indexfehlern

Indexunterlauf oder -überlauf beim Zugriff auf Felder gehört zu den am weitesten verbreiteten Fehlern bei der Programmierung. Solche Fehler führen in anderen Programmiersprachen dazu, dass Daten in der Umgebung des Felds überschrieben werden. Der Fehler macht sich dann nicht an der Stelle seines Auftretens bemerkbar, sondern verursacht an anderer Stelle Probleme, für die man dort keine Ursachen finden kann. Damit sind solche Fehler manchmal schwer zu lokalisieren. Deswegen fängt Java sowohl den Indexunterlauf als auch den -überlauf durch die Ausnahme ArrayIndexOutOfBoundsException ab.

Listing 2.43 Programm mit Fehler bei Zugriff über Index

```java
public class DemoFuerIndexUeberlauf {
  public static void main(String[] args) {
    int[] feld;                       // Deklaration eines Feldes
    feld = new int[4];                // 4 Komponenten
    for (int i = 0; i <= feld.length; i++)
      // FEHLER bei <= !!! Ein Durchlauf zu viel !!!
      feld[i] = i;
    for (int i = 0; i < feld.length; i++)
      System.out.printf("%d = feld[%d]\n", i, feld[i]);
  }
}
```

Listing 2.44 Ausgabe des oben angegebenen Programms bei Programmlauf

```
Exception in thread "main" java.lang.ArrayIndexOutOfBoundsException: 4
    at DemoFuerIndexUeberlauf.main(DemoFuerIndexUeberlauf.java:7))
```

Obiges Programm enthält in Zeile 7 den Fehler, dass auf ein Feld mit genau N Komponenten mit dem Index N zugegriffen wird. Da die Indizierung ab 0 beginnt, stehen nur die Indices 0, 1, ..., N-1 zur Verfügung. Die Fehlermeldung des Java-Laufzeitsystems gibt sowohl den benutzten, fehlerhaften Index als auch die Stelle im Quellprogramm an.

2.4.2 Suche in Feldern

In diesem Abschnitt besprechen wir die lineare Suche in Feldern. Dabei müssen die Komponenten des Felds nicht geordnet sein. Falls das Feld geordnet ist, bietet sich auch die sog. Halbierungsmethode in Abschnitt 2.4.2.2 an. Die hier vorgestellten Algorithmen sind als Basiswissen zu verstehen, sie können nicht als Ersatz für spezielle Verfahren der Datenorganisation dienen.

2.4.2.1 Lineare Suche

Unter einer linearen Suche versteht man eine Suche, bei der ein Feld nach einem Eintrag ab einem Index der Reihe nach durchsucht wird. Die Suche wird abgebrochen, sobald man den gewünschten Eintrag gefunden hat. Die lineare Suche ist zwar recht einfach in der Programmierung, erfordert aber eine Laufzeit, die proportional zur Länge des Felds ist.

Schreibweise *O(N)*

Die Laufzeit eines Verfahrens ist von der Ordnung *N*, wenn *N* die Anzahl der Einträge eines Felds bezeichnet. Dabei ist nur die Größenordnung interessant, denn ein linearer Aufwand bedeutet „100-fache Größe, 100-fache Arbeit". Steigt der Aufwand hingegen quadratisch, so hat man einen Bezug „100-fache Größe, 10 000-fache Arbeit". Dies kann bei großen Feldern zu inakzeptablen Laufzeiten der Programme führen.

Listing 2.45 Programm zur linearen Suche mit Testprogramm für die Suche

```java
// Lineare Suche in Feldern. Durchsuche ein Feld der Reihe nach
// auf der Suche nach einem Element.
public class LineareSuche {

  static int suche (int[] feld, int gesuchterEintrag) {
    for (int i = 0; i < feld.length; i++)
      if (feld[i] == gesuchterEintrag)
        return i;
    return -1; // -1 kann kein gueltiger Index sein
  }

  static void test (int[] daten) {
    for (int i = 0; i < daten.length; i++) {
      int index = suche (daten, daten[i]);
      if (index < 0 || (index != i))
        System.out.printf ("Fehler bei index = %d\n", index);
      else
        System.out.printf ("Eintrag Nr. %d gefunden\n", i);
    }

    if (suche (daten, -999999) != -1)
      System.out.println ("Fehler unterhalb der Untergrenze");
    else
      System.out.println ("Suche unterhalb der Untergrenze ok");
    if (suche (daten, 999999) != -1)
```

```
      System.out.println ("Fehler oberhalb der Obergrenze");
    else
      System.out.println ("Suche oberhalb der Obergrenze ok");
  }

  public static void main (String[] args) {
    test (new int[] { 5, 7, 8, 9, 1, 2, -1, 33 });
  }
}
```

Anwendung

Die lineare Suche eignet sich zur Suche in Feldern mit wenigen Einträgen. Sie können sie auf alle Arten von Feldern anwenden und erhalten rasch und sicher zumindest Prototypen.

Zur Laufzeit

Leider gibt es bei der linearen Suche einen Effekt, der zu einer quadratischen Abhängigkeit der Laufzeit von der Anzahl der Datensätze führt. Dieser tritt immer dann ein, wenn Einträge aus Daten herausgezogen und in einem Feld verwaltet werden. In diesem Fall ist die Länge des Felds proportional zur Anzahl der Datensätze. Wenn die Anzahl der Suchvorgänge dann auch zur Anzahl der Einträge proportional ist, hat man eine quadratische Abhängigkeit der Suchzeiten von der Anzahl der Datensätze.

Zum Test

Die Methode test in Listing 2.45 zum Test der Suchroutine kann man als sog. Black-Box-Test bezeichnen. Sie macht keinen Gebrauch von inneren Eigenschaften der zu testenden Routine, sondern untersucht für ein bestimmtes Feld das Verhalten der Routine. Hier benutzt sie ein ungeordnetes Feld. Wir müssen auch das Verhalten der Suchroutine außerhalb des Bereichs untersuchen, bei dem ja ein Überlauf bzw. ein Unterlauf beim Zugriff über Indices auftreten könnte.

Tests der oben angegebenen Art zeigen nur die Abwesenheit gewisser Fehler. Sie können nie als Ersatz für einen Beweis der Korrektheit eines Programms dienen. Wenn dieser Beweis nicht möglich oder zu aufwendig ist, können solche Tests jedoch die Qualität der Software verbessern.

2.4.2.2 Halbierungsmethode: binäre Suche in Feldern

Eine Suche nach der Halbierungsmethode (bzw. binäre Suche) in Feldern mit auf- oder absteigend geordneten Einträgen funktioniert wie die Suche im Telefonbuch. Nach einem Vergleich mit dem mittleren Element steht fest, ob sich das gesuchte Element in der unteren oder oberen Hälfte befindet. Man kann also mit einem Vergleich bereits die Hälfte der Elemente ausschließen. Dies ist wesentlich effizienter als die lineare Suche, bei der sich jeweils nur ein Element von der weiteren Suche ausschließen lässt. Dieses Ausschlussverfahren wiederholt man so lange, bis das gesuchte Element gefunden ist oder feststeht, dass es sich nicht in dem sortierten Feld befinden kann.

Zur Laufzeit

Aufwand (1024)

= *Konstante + Aufwand (512)*

= *Konstante + Konstante + Aufwand (256)*

= *Konstante + Konstante + Konstante + Aufwand (128)*

= *10*Konstante = ld(1024)*Konstante.*

Also: Der Aufwand bei diesem Verfahren wächst nur logarithmisch mit der Anzahl der Elemente (*ld* bezeichnet den Logarithmus zur Basis 2, sog. Logarithmus dualis):

Aufwand = Konstante * ld (Anzahl der Elemente)

Aufwand = O(ld (N))

Listing 2.46 Programm zur binären Suche in Java nach [KeRi90]

```java
public class BinaereSuche {
  static int suche (int[] feld, int gesuchterEintrag) {
    int u = 0, o = feld.length - 1;
    while (u <= o) {
      int m = (u + o) / 2;
      if (gesuchterEintrag < feld[m])
        o = m - 1; // Suche in unterer Hälfte weiter
      else if (gesuchterEintrag > feld[m])
        u = m + 1; // Suche in oberer Hälfte weiter
      else
        return m;
    }
    return -1;    // nicht gefunden
  }

  static void test (int[] testDaten ) { … siehe Listing 2.45

  public static void main (String[] args) {
    test (new int[]{ 5, 7, 8, 9, 12, 20, 29, 33 });
  }
}
```

Anwendung

Die binäre Suche läuft nur bei geordneten Feldern korrekt. Dort wächst der Aufwand nur logarithmisch mit der Anzahl der Komponenten, d.h. für $1\,000\,000 = 10^6$ Komponenten hat man nur ca. den doppelten Aufwand wie bei $1000 = 10^3$ Komponenten, da gilt:

$ld(1000000) = ld(10^6) = 6 \cdot ld(10) = 2 \cdot 3 \cdot ld(10) = 2 \cdot ld(10^3) = 2 \cdot ld(1000)$

Java unterstützt die binäre Suche. Im Package java.util.Arrays gibt es die binary Search(...)-Methoden für die binäre Suche in sortierten Feldern.

2.4.3 Sortieren

Wir sortieren Datensätze mit Bubblesort und Quicksort. Bubblesort ist ein elementares Sortierverfahren. Der Aufwand an Laufzeit liegt in der Größenordnung $O(N^2)$. Quicksort ist nach [Sedg03] ein rekursiver Algorithmus mit einem Aufwand von im Mittel $O(N\ ld\ (N))$.

Bubblesort

Bubblesort arbeitet in mehreren Durchläufen. In jedem dieser Durchläufe bringt er das jeweils kleinste Element des sog. *Restfelds* an die erste Position. Im ersten Durchlauf ist das Restfeld gleich dem ganzen Feld, im zweiten fehlt gegenüber dem ersten Durchlauf das erste Element, weil es schon an der richtigen Stelle liegt, usw. In jedem Durchlauf arbeiten wir das Restfeld vom letzten Element her durch, indem wir jedes Element mit seinem Vorgänger vergleichen. Falls es kleiner als sein Vorgänger ist, steigt es auf wie eine Luftblase im Wasser. Die folgende Skizze zeigt den Verlauf dieser Sortierung anhand eines Beispiels für das Feld {15, 9, 7, 2, 0}.

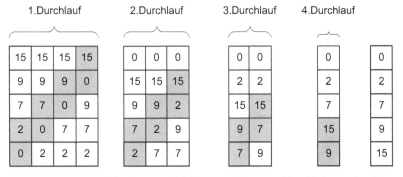

Bild 2.25 Die Durchläufe im Bubblesort: Jeder Durchlauf bringt ein Element nach „oben".

In Bild 2.25 sehen Sie die vier Durchläufe für fünf Elemente im Feld. Das Ergebnis jedes Durchlaufs steht am Anfang des nächsten Durchlaufs. Die jeweils verglichenen Felder sind grau hinterlegt. Leichtere Elemente steigen wie Blasen nach oben. Wir benötigen 4+3+2+1 = 10 Vergleiche.

Listing 2.47 Der Bubblesort in Java für ein Feld mit ganzen Zahlen

```java
void bubble (int[] feld) {
  for (int i = 1; i < feld.length; i++)        // Durchlauf
    for (int j = feld.length-1; j >= i; j--)   // Restfeld ab i
      if (feld[j] < feld[j-1]) {               // Element < Vorgänger
        int temp = feld[j];                    // Aufstieg des Elements
        feld[j] = feld[j-1];
        feld[j-1] = temp;
      }
}
```

Zur Laufzeit

Bubblesort benötigt $(N-1) + (N-2) + \ldots + 2 + 1 = 1 + 2 + (N-1) = \frac{N*(N-1)}{2}$ Operationen und ist damit ein $O(N^2)$-Verfahren. Die Laufzeit hängt also quadratisch von der Anzahl der Elemente in dem Feld ab. Damit ist Bubblesort für große Felder ungeeignet.

Quicksort

Der Quicksort-Algorithmus nach C.A.R. Hoare sortiert laut [Sedg03] Felder im Allgemeinen mit wesentlich weniger Operationen als Bubblesort. Die Grundidee setzt an den Schwachstellen elementarer Sortierverfahren wie etwa des Bubblesort an, wo man ein Feld mit *N*-Elementen durch Aufteilen in ein Feld mit einem und ein restliches Feld mit *(N–1)*-Elementen sortiert. Das Sortieren des Restfelds erfolgt durch einen Austausch benachbarter Elemente, falls diese nicht bereits in der richtigen Reihenfolge angeordnet sind. Diese Methode benutzt die Strategie des „Teilens und Herrschens". Die Probleme liegen beim Aufteilen und beim Austausch der falsch sitzenden Elemente:

- Austausch falsch platzierter Elemente über geringe Entfernung
- Unterteilung in ein Feld mit einem Element und eines mit *(N–1)* Elementen; dadurch nur geringer Fortschritt bei einem Durchlauf

Vorüberlegung: Sortieren und Mischen

Wir könnten ein Feld in zwei etwa gleich große Teile zerlegen und beide jeweils für sich sortieren. Die beiden geordneten Felder mischen wir so zusammen, dass die Sortierreihenfolge hergestellt wird. Der Zeitaufwand berechnet sich dann aus dem Aufwand zum Sortieren der Teile und dem zum Mischen. Wenn jedes Teil die Größe *N/2* hat, ergeben sich mit dem Bubblesort Sortierzeiten für jedes der Teile in der Größenordnung von $(N/2)^2 = N^2/4$. Damit hätte man die Gesamtzeit für das Sortieren auf etwa *const.* N^2/2 + Zeit für das Mischen* reduziert. Der Zeitaufwand für das Mischen ist aber gering, der Aufwand wächst linear. Wendet man diese Sortiermethode ihrerseits wieder auf die Teile an, reduziert sich der Aufwand dort erneut usw. Mit dieser Strategie des Aufteilens, Sortierens und Mischens kann man also den quadratisch wachsenden Aufwand stark reduzieren.

2.4 Felder

Der Nachteil dieses Verfahrens liegt in den Mischvorgängen. Hierfür benötigt man nochmals Speicher in der Größenordnung des ganzen Felds.

Algorithmus Quicksort

C. A. R. Hoare geht mit Quicksort noch einen Schritt weiter. Er versucht, das Feld so zu unterteilen, dass die beiden Teile nicht mehr gemischt werden müssen. Danach wendet er Quicksort auf die beiden Teile an. Dabei spielt es keine Rolle, ob die Unterteilung des Felds jedes Mal in der Mitte gelingt, denn dies bedingt jeweils nur einen weiteren Versuch. Zur Unterteilung wählt man ein Element aus einem Feld. C.A.R. Hoare benutzt das Element, das in der Mitte des Felds liegt, als Vergleichsobjekt. Er sucht dann von unten her ein größeres und von oben her ein kleineres Element. Wenn man solche Elemente findet, sind sie falsch platziert und man tauscht sie gegeneinander aus. Dieser Austausch erfolgt dann über eine große Entfernung. Diesen Prozess wiederholen wir so lange, bis sich die Suche aus beiden Richtungen trifft. Dann gibt es im unteren Teil nur kleinere Elemente, im oberen nur größere Komponenten. Damit haben wir die beiden Teile gewonnen, die wir dann noch einzeln sortieren müssen.

Listing 2.48 Quicksort in Java formuliert nach [Wirt79]

```
void quick (int[] feld, int l, int r) {
  int i = l, j = r, vergleichsElement;

  vergleichsElement = feld[(l+r) >> 1];
  do {
    while (feld[i] < vergleichsElement)
      i++;
    while (vergleichsElement < feld[j])
      j--;
    if (i <= j) {
      int temp = feld[j];
      feld[j] = feld[i];
      feld[i] = temp;
      i++;
      j--;
    }
  } while (i <= j);
  if (l < j)
    quick (feld, l, j);
  if (i < r)
    quick (feld, i, r);
}
```

Analyse des Quicksort

Quicksort benötigt nach [Sedg03] im Mittel einen Aufwand in der Größenordnung von $O(N*ld(N))$. Im denkbar schlechtesten Fall braucht Quicksort eine Rechenzeit in der Größenordnung von $O(N^2)$ und aufgrund der Rekursion außerdem Speicher in einer Größenordnung, die proportional zur Größe des zu sortierenden Felds ist.

Dieser Fall kann auftreten, wenn die Unterteilung des Felds bei Quicksort immer nur einen Fortschritt um einen Eintrag bringt. Deswegen ist der Einsatz von Quicksort immer dann problematisch, wenn man harte obere Schranken für Laufzeit und Speicherbedarf hat.

Unterstützung in Java zum Suchen und Sortieren

Die Klasse java.util.Arrays enthält die sort-Methode zum Sortieren für Felder aus **byte**, **char**, **short**, **int**, **long**, **float** bzw. **double**-Komponenten sowie aus Objekten. In Kapitel 4 finden Sie die Möglichkeiten, die Java zum Sortieren von Sammlungen aus Objekten bietet.

2.4.4 Mehrdimensionale Felder

Java stellt mehrdimensionale Felder oder Matrizen durch Felder aus Feldern dar. Wie bei eindimensionalen Feldern unterscheidet man in Java zwischen der reinen Deklaration und der Initialisierung.

Mögliche Schreibweisen

```
int matrix1[][];    // Matrix1 = new int [N][M];
int[] matrix2[];    // Matrix2 = new int [N][M];
int[][] matrix3;    // Matrix3 = new int [N][M];
int[][] m = {{1, 2}, {3, 4}, {5, 6}};
// Zugriff
  … m[zeile][spalte] …
```

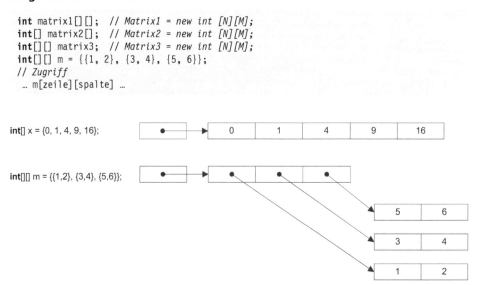

Bild 2.26 Ein- und zweidimensionale Felder

Feld x in Bild 2.26 ist eindimensional mit fünf Elementen bzw. einer Zeile mit fünf Spalten. Feld m ist zweidimensional mit drei Zeilen zu jeweils zwei Spalten. Der erste Index bei m ist der Zeilenindex, der zweite der Spaltenindex.

Listing 2.49 Arbeiten mit ein- und zweidimensionalen Feldern

```java
// Demo fuer 1- und 2-dimensionale Felder
public class DemoFeld_2_Dim {

  // Ausgabe eines 1-dim-Feldes
  static void print1Dim (int[] feld) {
    for (int fi : feld)
      System.out.printf ("%4d", fi);
    System.out.println ();
  }

  // Ausgabe eines 2-dim-Feldes
  static void print2Dim (int[][] feld) {
    for (int[] fi : feld) {
      for (int fij : fi)
        System.out.printf ("%4d", fij);
      System.out.println ();
    }
  }

  // Arbeiten mit 1-dimensionalen-Feldern
  static void test1Dim() {
    // a) Deklaration eines Feldes
    int[] feld;
    // Speicher holen
    feld = new int[4];
    // Zuweisen der Inhalte der Werte der Komponenten
    for (int i = 0; i < feld.length; i++)
      feld [i] = i;
    print1Dim (feld);

    // b) Direktes Auflisten aller Elemente
    print1Dim (new int [] {0, 1, 2, 3});
  }

  // Arbeiten mit 2-dimensionalen-Feldern
  static void test2Dim() {
    // a) Deklaration eines Feldes
    int[][] feld;
    // Speicher holen
    feld = new int[2][2];
    // Zuweisen der Inhalte der Werte der Komponenten
    for (int i = 0; i < feld.length; i++)
      for (int j = 0; j < feld[i].length; j++)
        feld[i][j] = i*10 + j;
    print2Dim (feld);

    // b) Direktes Auflisten aller Elemente
    print2Dim (new int[][] {{0, 1}, {10, 11, 12}});
  }
    public static void main (String[] args) {
    test1Dim ();
    test2Dim ();
  }
}
```

Felder mit Komponenten aus Feldern variabler Länge

Die Methode test2Dim in Listing 2.49 zeigt unter b) ein Feld, dessen erste Komponente ein Feld mit zwei Elementen und dessen zweite Komponente ein Feld mit drei Elementen ist. Dies ist in Java problemlos möglich, denn ein zweidimensionales Feld ist ein Feld aus Feldern, deren Teile man jeweils separat in einer bestimmten Länge anlegen kann.

Listing 2.50 Mehrdimensionale Felder mit Komponenten variabler Länge

```java
public class DemoArray {
  public static void main (String[] args) {
    int[][] feld;        // Deklaration einer nxn-Matrix
    feld = new int[4][]; // Speicher holen : 1. Teil

    // Fuer jede Komponente wird separat Speicher angefordert
    for (int i = 0; i < feld.length; i++)
      feld[i] = new int [i+1];

    // Belege die Komponenten des 2-dim. Feldes
    for (int i = 0; i < feld.length; i++)
      for (int j = 0; j < feld[i].length; j++)
        feld[i][j] = i*10 + j;

    // Ausgabe des 2-dim. Feldes
    for (int i = 0; i < feld.length; i++)
      for (int j = 0; j < feld[i].length; j++) {
        System.out.printf ("feld[%2d, %2d] = %3d\n",
                            i,  j,   feld[i][j]);
      }
  }
}
```

Listing 2.51 Probelauf für mehrdimensionale Felder mit Komponenten variabler Länge

```
feld[ 0,  0] =   0
feld[ 1,  0] =  10
feld[ 1,  1] =  11
feld[ 2,  0] =  20
feld[ 2,  1] =  21
feld[ 2,  2] =  22
feld[ 3,  0] =  30
feld[ 3,  1] =  31
feld[ 3,  2] =  32
feld[ 3,  3] =  33
```

2.5 Operatoren in Java

Vereinfachte Übersicht und Definition

Für Ausdrücke gibt es in Java 8 nach [GJSBBSB23] insgesamt 16 Vorrangstufen, die den Vorrang der Operatoren festlegen. So wird in Java a+b*c wie (a+(b*c)) geklammert, d. h. genauso, wie man es erwartet. Bei Operatoren gleichen Vorrangs muss man auf die Reihenfolge der Auswertung achten. So klammert man Ausdrücke der Art a+a+a wie ((a+a)+a) (Linksassoziativität), aber die mehrfache Zuweisung a=b=c=d von rechts her wie a=(b=(c=d))(Rechtsassoziativität). An diese Vorgaben sind alle Java-Compiler gebunden. In Tabelle 2.7 bezeichnet 15 den höchsten Vorrang, 0 den niedrigsten. Lambda-Ausdrücke dienen der Definition von Funktionen ab Java 8, siehe Abschnitt 3.6.

Tabelle 2.7 Operatoren in Java, geordnet nach Vorrang

	Operatoren	Auswertung
15	() [] . ::	
14	! ~ **new** (type) expr++ expr--	
13	-unär +unär	
12	* / %	links nach rechts
11	+ -	links nach rechts
10	<< >> >>>	links nach rechts
9	< <= > >= **instanceof**	links nach rechts
8	== !=	links nach rechts
7	& (bitweises Und)	links nach rechts
6	^ (bitweises exklusives Oder)	links nach rechts
5	| (bitweises Oder)	links nach rechts
4	&& (logisches Und)	links nach rechts
3	|| (logisches Oder)	links nach rechts
2	?: Bedingter Ausdruck	rechts nach links
1	= += -= *= /= %= ^= &= |= <<= >>= >>>=	rechts nach links
0	-> Lambda-Ausdruck	

Arithmetische Operatoren

Die binären arithmetischen Operatoren sind +, -, *, / sowie die Modulo-Operation % für ganze und Gleitkommazahlen. Das Vorzeichen des Ergebnisses der Modulo-Operation ganzer Zahlen ist unabhängig von der Hardware. Es gilt

```
(a / b ) * b + (a % b) = a
```

Das Vorzeichen des Ergebnisses a % b entspricht dem des Dividenden a. Der Betrag von a % b ist in jedem Fall kleiner als der von b.

Vergleiche und logische Verknüpfungen

Vergleichsoperatoren liefern grundsätzlich Ergebnisse vom Typ **boolean**. Dies ist anders als in der Sprache C bzw. C++ und schließt eine Reihe von Fehlern bei der Programmierung a priori aus. So ist der Fehler

```
if (a = b)
```

nur noch dann möglich, wenn a und b vom Typ **boolean** sind.

Die Vergleichsoperatoren > >= < <= haben den gleichen Vorrang. Die Vergleiche auf Gleichheit oder Ungleichheit == bzw. != haben geringeren Vorrang. Vergleiche haben geringeren Vorrang als arithmetische Operatoren, damit man Ausdrücke der Form

```
a < b + c
```

ohne Klammern so schreiben kann, wie sie gemeint sind.

Das logische *und* wird mit &&, das logische *oder* mit || und die logische *Negation* mit !Argument bezeichnet. Letztere liefert **true** für alle Argumente, die gleich **false** sind, und **false** für alle Argumente, die **true** sind (vgl. Abschnitt 2.1.2).

Reihenfolge der Auswertung bei logischen Ausdrücken

Die Auswertung logischer Ausdrücke ist in Java genau festgelegt. Sie erfolgt von links nach rechts und zwar nur so lange, bis das Ergebnis des Ausdrucks feststeht. Nach diesem sog. Kurzschlussverfahren lassen sich manche Formulierungen einfach und dennoch präzise treffen:

```
Lies so lange, wie nicht Ende der Datei
    und Satzinhalt ungleich "XXX".
```

Würde hier die zweite Bedingung ausgeführt, obwohl bereits die erste falsch ist, könnte es zu undefinierten Ergebnissen kommen.

Inkrement und Dekrement

Java bietet zum Inkrementieren von Variablen den Operator ++, zum Dekrementieren den Operator -- an. Diese Operatoren können nur auf Variablen (L-Value, Left-Value) wirken, nicht auf beliebige Ausdrücke (R-Value, Right-Value).

Es gibt die Schreibweisen ++x sowie x++. Diese Operatoren wirken unterschiedlich. Angenommen, die Variable i hat den Wert 10. Dann erhält j durch j = i++; den Wert 10, aber durch j = ++i; den Wert 11. Im ersten Fall wird i erst benutzt und dann inkrementiert, im zweiten Fall erst inkrementiert und dann benutzt.

```
int i = 7;
k = i++; // Lesen + Schalten : k erhält den Wert 7
```

Aber:

```
int i = 7;
k = ++i; // Schalten + Lesen: k erhält den Wert 8
```

Bitverarbeitung

Java ist auch als Sprache für systemnahe Programmierung konzipiert. Aus diesem Grunde überrascht es nicht, dass ähnlich wie in C alle gängigen Möglichkeiten der bitweisen Verarbeitung von Daten vorhanden sind. Die Operationen sind nur für die ganzzahligen Datentypen verfügbar.

Bei Schiebe-Operationen wird der linke Operand um die Anzahl der Stellen, die der rechte Operand angibt, verschoben. Für **int**-Operanden kann um 0 bis 31 Stellen geschoben werden, für **long**-Operanden um 0 bis 63 Stellen.

Tabelle 2.8 Bitverarbeitung in Java

&	bitweise Und-Verknüpfung
|	bitweise Oder-Verknüpfung
^	bitweise exklusive Oder-Verknüpfung
~	bitweises Komplement (1-Komplement)
<<	bitweise links schieben
>>	bitweise rechts schieben, von links das Vorzeichenbit nachziehen
>>>	bitweise rechts schieben, von links 0 nachziehen

Beispiel: Gewinn an Sicherheit durch boolean

Der folgende Ausdruck stellt höchstwahrscheinlich ein Missverständnis des Programmierers dar.

```
a & 1 != 0
```

Er wäre in C bzw. C++ korrekt im Sinne der Syntax. In Java ist dieser Ausdruck nicht korrekt, denn der Term 1 != 0 wird zuerst ausgewertet. Er liefert den Typ **boolean**, der mit ganzen Zahlen nicht mit dem &-Operator verknüpft werden kann.

Tabelle 2.9 Beispiele für Bitoperationen

Operation	Ergebnis
1 << 2	4
9 >> 1	4
1 | 2	3
1 || 2	Fehler bei Übersetzung
1 && 2	Fehler bei Übersetzung
1 & 2	0
x |= 4;	Das dritte Bit von rechts soll auf 1 gesetzt werden.
x |= 1 << i;	Das i-te Bit von rechts soll auf 1 gesetzt werden.
x &= ~4;	Das dritte Bit von rechts soll auf 0 gesetzt werden.
x &= ~(1 << i);	Das i-te Bit von rechts soll auf 0 gesetzt werden.

Vorsicht bei Bit-Operationen!

Komplizierte Bit-Operationen sollten stets geklammert werden, denn bei diesen Operatoren besteht leicht die Möglichkeit, dass man einen Vorrang verwechselt.

Bedingter Ausdruck

```
expr1 ? expr2 : expr3
```

Zur Berechnung dieses Ausdrucks wird zunächst expr1 ausgewertet. Wenn das Ergebnis wahr ist, bestimmt der Wert von expr2 den Wert des gesamten Ausdrucks. Ansonsten definiert expr3 das Resultat.

Listing 2.52 Beispiel für bedingte Ausdrücke

```
int i = 0;
int j, k;
j = (i==0)?5:7;
k = (i == 99)?1:2;
```

In diesem Fall wird der Wert der Variablen j auf 5 gesetzt. k erhält den Wert 2.

Vorsicht bei bedingten Ausdrücken

Bedingte Ausdrücke können die Lesbarkeit eines Programms deutlich erschweren, da eine Programmverzweigung in vielen Fällen leichter zu verstehen ist.

2.6 ANSI-Escape-Sequenzen

Strings können beliebige Zeichen des Unicodes enthalten. Nicht darstellbare Zeichen lassen sich über sog. Escape-Sequenzen eingeben. Diese beginnen mit dem Zeichen \.

Tabelle 2.10 Escape-Sequenzen

\b	Backspace	\u0008
\n	Linefeed	\u000a
\r	Carriage Return	\u000d
\t	Horizontaler Tabulator	\u0009
\f	Formfeed	\u000c
\\	\	\u005c
\'	'	\u0027
\"	"	\u0022
\ooo	1 bis 3 Oktalziffern	\u0000 bis \u00ff

Zusammenfassung und Ausblick

Java bietet Datentypen für Zahlen und Zeichen, wie sie in vielen Computern direkt vorkommen. Daten dieser Typen lassen sich effizient verarbeiten. Die Verwendung des Typs **boolean** wird restriktiv gehandhabt, um möglichst viele Programmierfehler gleich bei der Übersetzung eines Programms zu finden.

Aus elementaren Daten können wir Felder aufbauen. Java überprüft bei Zugriffen auf Felder grundsätzlich den Index, es darf in einer sicheren Sprache keine Zugriffe außerhalb des Speichers der Variablen geben. Jedes Feld enthält eine Komponente length, die die Anzahl der Elemente enthält.

Wir bearbeiten die Daten mit Methoden bzw. Funktionen. Methoden sind rekursiv aufrufbar. Java kann Methoden überladen. Die Java-Compiler führen strikte Überprüfungen der Datentypen durch und verweigern die Übersetzung von Programmen mit unpassenden Parametern. Das gilt auch für die Rückgabewerte der Methoden.

Java bietet, ähnlich wie C, Operatoren für die bitweise Verarbeitung der Daten. Um portable Anwendungen zu erreichen, definiert Java im Gegensatz zu C die Wirkungsweise der Operatoren präzise.

2.7 Aufgaben

Aufgabe 2.1: Methoden und Parameter

Eine Methode erhält als Parameter eine Zahl n und ein Zeichen c. Sie soll das übergebene Zeichen c insgesamt n-mal ausgeben.

Aufgabe 2.2: Gleitkommazahlen, ganze Zahlen

Ein Programm soll einen Automaten zur Geldrückgabe simulieren. Das Programm liest einen Betrag in Form einer Gleitkommazahl ein. Dann soll das Programm den Betrag mit möglichst wenig Münzen ausgeben. Wir gehen davon aus, dass wir beliebig viele Münzen haben.

Aufgabe 2.3: Felder

Ein Programm soll die Ziehung der Lottozahlen „6 aus 49 mit Zusatzzahl" simulieren. Das Programm soll die gezogenen Zahlen sowie die Zusatzzahl ausgeben. Sie können folgenden Programmabschnitt benützen.

```
Random random = new Random();
System.out.println(random.nextInt(49) + 1); // Zahlen 1, 2, 3, …, 48, 49
```

Aufgabe 2.4: Felder, Rekursion

Das Pascalsche Zahlendreieck aus Bild 2.27 stellt Binomialkoeffizienten $\binom{n}{k}$ anschaulich dar. Die einzelnen Zeilen n sind so angeordnet, dass jeder Koeffizient die Summe der darüber liegenden ist. Ein Programm soll diese Zahlen berechnen und ausgeben.

```
0. Zeile                    1
1. Zeile                 1     1
2. Zeile              1     2     1
3. Zeile           1     3     3     1
4. Zeile        1     4     6     3     1
5. Zeile
```

Bild 2.27
Das Pascalsche Zahlendreieck

Aufgabe 2.5: Verzweigung

Gegeben ist das Programm zur Berechnung der Lösungen der quadratischen Gleichung aus Abschnitt 2.2.1. Gesucht ist eine Variante dieses Programms ohne Schachtelung der **if**-Anweisungen.

Aufgabe 2.6: Zufallszahlen

Man kann den Wert der Zahl π mit der sog. Monte-Carlo-Methode berechnen. Hierzu berechnet man mit der Methode `Math.random()` Paare *(x, y)* von Zufallszahlen mit $-1 \leq x \leq +1$ und $-1 \leq y \leq +1$. Die Zahl π kann man dann über das Verhältnis der Flächen des Einheitskreises (=π) zur Fläche des Einheitsquadrats berechnen, denn für große Anzahlen von verschiedenen Werten *(x, y)* werden sich die Anzahlen für die „Treffer" im Kreis bzw. im Quadrat wie die entsprechenden Flächen verhalten.

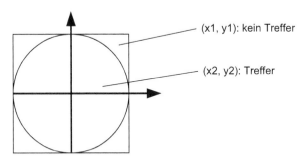

Bild 2.28 Monte-Carlo-Methode zur Berechnung der Kreiszahl π

Aufgabe 2.7: Sieb des Eratosthenes

Mit dem Sieb des Eratosthenes kann man alle Primzahlen bis zu einer Zahl N berechnen. Man schreibt alle Zahlen von 2 bis N in ein Feld. Danach „streicht" man alle Vielfachen von 2, 3, 5 usw. in dem Feld durch. Die übrig gebliebenen Zahlen sind Primzahlen.

Aufgabe 2.8: Felder rekursiv bearbeiten

Geben Sie eine Methode an, die alle N Zahlen eines Felds rekursiv aufsummiert.

```
public static int summe (int feld[]) { ... }
```

Hinweis: Man kann Teilsummen Summe (i) für i = 0, 1, …, N–1 wie folgt definieren:

$$Summe(i) = \begin{cases} i = 0 : Feld[0] \\ sonst : Feld[i] + Summe(i-1) \end{cases}$$

Aufgabe 2.9: Fibonacci-Zahlen

Gesucht ist ein Programm zur Berechnung der Fibonacci-Zahlen.

$$fib(n) = \begin{cases} i = 0, 1 : 1 \\ sonst : fib(n-1) + fib(n-2) \end{cases}$$

Hinweis: Es gibt rekursive und nichtrekursive Lösungen.

Aufgabe 2.10: Größter gemeinsamer Teiler ganzer Zahlen

Berechnen Sie mit dem Verfahren von Euklid den größten gemeinsamen Teiler zweier Zahlen a und b.

Hinweis:

$$\left.\begin{array}{l} a|b \\ a|c \end{array}\right\} \Rightarrow a|(b-c)$$

Damit gilt:

Falls $b > c$: berechne $(b-c)$. Weiter mit dem Paar $((b-c), c)$.

Sonst: Weiter mit dem Paar $(b, (c-b))$

Wiederhole dies, bis $b = c$

Aufgabe 2.11: Sortieren von Feldern

Geben Sie ein Programm an, das die folgenden Daten nach dem Vornamen sortiert.

```
String[][]  personen = {
  // Name      Vorname   Wohnort
  {"Meier",   "Sepp",   "Mannheim"},
  {"Huber",   "Anton",  "Regensburg"},
  {"Berger",  "Franz",  "Passau"},
  {"Winkler", "Hans",   "Regensburg"},
  {"Maler",   "Horst",  "Passau"}
};
```

Aufgabe 2.12: Austauschen von Zeichenfolgen

```
public static String umsetzen (String text, String muster, String ersatz) {…}
```

Die Methode umsetzen (...) erhält bei Aufruf einen Text, ein Muster sowie eine Zeichenfolge als Ersatz für das Muster. Es soll eine neue Zeichenfolge liefern, bei der jedes Auftreten von muster durch den in ersatz angegebenen Text besteht. Zur Vereinfachung können Sie annehmen, dass das Muster höchstens einmal auftritt.

Aufgabe 2.13: Grafik mit Rekursion

Geben Sie ein Grafikprogramm an, das rekursiv ein Lineal zeichnet.

```
void lineal(Graphics g, double links, double rechts, int hoehe)
```

Diese Methode wird aus der paint(...)-Methode mit der Breite des Bildschirms aufgerufen. Dann zeichnet sie in der Mitte einen senkrechten Strich in der angegebenen Höhe. Danach ruft sich die Methode für die linke und rechte Hälfte mit der halben Höhe auf. Die Rekursion soll abgebrochen werden, wenn die Höhe zu klein ist (z. B. kleiner als 1 Pixel).

2.7 Aufgaben

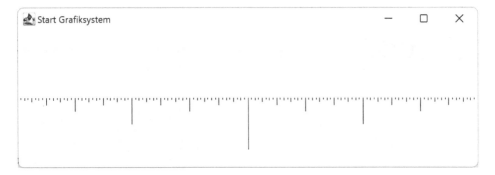

Bild 2.29 Lineal mit rekursiver Unterteilung

Hinweis

Gehen Sie dabei analog zu Abschnitt 1.2 aus Kapitel 1 vor. Starten Sie z. B. mit dem folgenden Programm.

```
public class Lineal extends JPanel {

  public void lineal(Graphics g, double links, double rechts, int hoehe) { … }

    @Override
  public void paint(Graphics g) {
    lineal(g, 0, getWidth(), 64); // So breit wie der Bildschirm, 64 Pixel hoch
  }

  public static void main(String[] args) {
    MyPanelViewer.startGraphic(new Lineal());
  }
}
```

Verwenden Sie dabei das Hilfsprogramm MyPanelViewer.java zur Grafikprogrammierung aus Kapitel 1.

Aufgabe 2.14

Berechnen Sie das Datum von Ostern für ein bestimmtes Jahr mithilfe der Gaußschen Osterformel. Geben Sie dazu eine statische Methode einer Klasse an.

Hinweis: Sie finden die Gaußsche Osterformel mithilfe gängiger Suchmaschinen.

3 Objektorientierte Programmierung

Wir beginnen dieses Kapitel mit einem Streifzug durch die Welt der Ideen und Strategien der Objektorientierung. Mit diesem begrifflichen Rüstzeug führen wir Objekte und Klassen sowie die spezifischen Verfahren der Objektorientierung in Java ein.

3.1 Auf dem Weg zu Klassen

Wozu braucht man die Objektorientierung, wenn der programmierende Teil der Menschheit jahrzehntelang ohne sie auskam und große Systeme immer noch ohne sie geschrieben sind? Mit diesem Abschnitt arbeiten wir die wesentlichen Merkmale der Objektorientierung und die Vorteile bei der Entwicklung von Software heraus.

3.1.1 Wege zur Objektorientierung

Das Konzept der Objektorientierung kann man von drei Seiten her betrachten.

- Wiederverwendung und Anpassung in der prozeduralen Programmierung.
- Erkennungsprozess: Programmieren heißt, die Welt im Rechner abbilden.
- Abstrakte Datentypen: Variable, Methoden und Zugriffsprotokolle.

Wiederverwendung und Anpassung in der prozeduralen Programmierung

In der Praxis geht man häufig von einem vorhandenen Software-System aus. Dieses will man um eine neue Funktionalität erweitern, um einen neuen Einsatzfall abzudecken. Bei einer Analyse der neuen Aufgabe gibt es in vielen Fällen Gemeinsamkeiten mit bereits gelösten Problemen. Also *kopiert* man die vorhandene Software, *modifi-*

ziert sie auf den neuen Einsatzfall hin, wobei man ggfs. gemeinsame Teile in Form von Routinen oder Daten nutzt. Besonders häufig benutzte man diese Technik in der Frühphase der Programmierung von Benutzeroberflächen. Man startete von einer Art „Hello World"-Programm aus. Dieses diente als „Blaupause" für diverse Erweiterungen durch Schalter, Ereignisse usw.

Vor- und Nachteile dieser Strategie

Mit dieser Methode erhält man relativ schnell ein neues System. Sie ist auch bei großen Systemen anwendbar. Dort liefert sie bald riesige Software-Berge, denn die Technik des *Kopierens/Modifizierens* vervielfacht Teile von Quellprogrammen.

Der Test der Software muss allerdings für die neuen Kopien vollständig durchgeführt werden, auch für die übernommenen Teile. Diese könnten beim Kopieren bzw. Modifizieren verändert worden sein oder sich in der neuen Umgebung anders verhalten.

Eine weitere Problematik liegt im Änderungsgeschehen. Wenn man in einem Software-Modul einen Fehler findet, muss man auch alle Kopien dieser Software nach dem Fehler durchsuchen. Das Modul lässt sich nicht austauschen, denn es wurde kopiert und die Kopien wurden verändert. Durch die Redundanzen im Quellcode muss man bei einer Änderung alle neuen Kopien ändern, neu übersetzen und testen. Kurz gesagt: Mit dieser Strategie verstößt man massiv gegen das sog. DRY-Prinzip: Don't repeat yourself [HuTh05].

Betrachtung aus Sicht der Objektorientierung

Die Redundanzen im Quellcode erschweren das Änderungsgeschehen. Man bräuchte eine Art von „Ausklammern von gemeinsamem Code" und Techniken zur Integration von Änderungen in den einzelnen Spezialfällen. Kann die Objektorientierung dies leisten?

Objektorientierung als Erkennungsprozess

In der objektorientierten Programmierung bilden wir die Welt oder Teile derselben mit Programmen ab. Von daher ist das Programmieren ein Erkennungsprozess. Hierzu kann man die Strategie der Wissenschaften nach erfolgreichen Strategien durchforsten, da sie ja von jeher mit dem Erkennen der Zusammenhänge der Welt beschäftigt waren.

In den Wissenschaften hat sich das hierarchische Ordnungsprinzip bewährt. Das bekannteste Beispiel ist die Biologie. Hier hat man an die Klassifikation der Lebewesen nach Linné zu denken: Tiere und Pflanzen, Wirbeltiere, Säugetiere, Fische. In der Mathematik werden algebraische Strukturen aufgestellt: Gruppen, Ringe, Vektorräume, Körper etc.

Der Erfolg dieser Strategie liegt darin, dass man die Flut der Informationen nicht durch ein simples Aufzählen der Objekte bewältigt, sondern allgemeine Eigenschaften findet, die für größere oder größte Mengen von Objekten gelten. Gehört ein Objekt zu einer Klasse, gelten alle Eigenschaften der Klasse.

Die so entstandenen Klassen müssen ebenfalls geordnet werden. Alle Säugetiere sind auch Wirbeltiere, es gelten also die Eigenschaften der Wirbeltiere. Man bezeichnet die Wirbeltiere in diesem Zusammenhang als Oberklasse, die Säugetiere als Unterklasse. Gesetzmäßigkeiten für die generalisierten Klassen gelten automatisch für die spezialisierten. Einmal für die Oberklasse (hier die Wirbeltiere) geschriebene Software läuft damit auch für die Spezialfälle (hier die Säugetiere). Gesetzmäßigkeiten für Gruppen gelten auch in Ringen und brauchen dort nicht neu bewiesen zu werden.

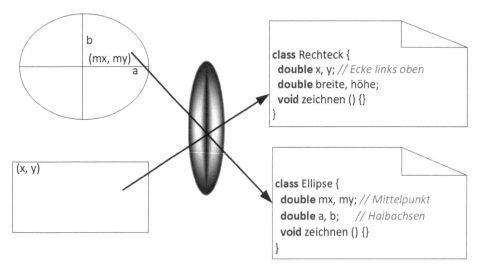

Bild 3.1 Der Prozess der Modellierung in der Objektorientierung

In der objektorientierten Programmierung klassifizieren wir Situationen. Der Schwerpunkt der prozeduralen Programmierung ist die Beherrschung der Aktionen. Dies tritt bei der Objektorientierung in den Hintergrund.

Das Hauptproblem bei der Objektorientierung ist die Suche nach den *richtigen* Kategorien. Wir benötigen Kategorien, die einen Beitrag zur Lösung der Probleme leisten. So ist eine Klassifikation aller Tiere nach der Farbe oder nach dem Anfangsbuchstaben zwar praktisch durchführbar, bringt aber wegen des Fehlens des Bezugs auf „innere Werte" ein geringes Potenzial zur Problemlösung: Wir müssen dann wieder viele Probleme in jeder dieser Kategorien für sich, statt gemeinsam lösen.

Neben der Klassifizierung einzelner Objekte spielen die Beziehungen zwischen einzelnen Objekten eine Rolle. Mit der sog. Modellierung versuchen wir, das Abbild der Außenwelt im Computer so zu gestalten, dass es die Beziehungen zwischen den Objekten wiedergibt. Die dabei benutzte Sprache ist häufig UML: Unified Modeling Language. Dieses Buch bezieht sich auf „UML 2 glasklar" [JRHZQ04].

Abstrakte Datentypen

Programmiersprachen stellen in der Regel einfache Datentypen von Computern zur Programmierung zur Verfügung bereit: Zahlen und Zeichen. Die angebotenen Zahlen reichen z. B. in der Mathematik nicht aus: Man hat komplexe Zahlen, Matrizen, Mengen usw. Zur Bearbeitung konstruiert man sog. abstrakte Datentypen (Abstract Data Types oder kurz ADT), die wie folgt aufgebaut sind:

- Daten (für eine komplexe Zahl etwa Real- und Imaginärteil)
- Methoden zur Bearbeitung der o. a. Daten (Addition, Subtraktion usw.)
- Festlegung des Zugriffs in einem Protokoll: Anwender dürfen …/dürfen … nicht

Die Daten dienen der Darstellung von Objekten im Rechner. Im Prinzip sollten Anwender nur die Eigenschaften benutzen, denn wenn im Beispiel der komplexen Zahlen etwa eine Darstellung in kartesischen Koordinaten und in Polarkoordinaten benutzt wird, der Anwender aber nur die Darstellung der kartesischen Koordinaten ändert, führt ein lesender Zugriff auf die Polarkoordinaten zu einem Fehler, weil die Daten nicht konsistent sind.

Die Probleme bei prozeduralen Sprachen liegen in der fehlenden Unterstützung dieses Stils durch die Compiler. Zum Beispiel kann man das Zugriffsprotokoll auf die Daten unterlaufen.

Betrachtung aus Sicht der Objektorientierung

Im Lichte des vorstehenden Abschnitts besehen, sind die abstrakten Datentypen Klassen. Die o. a. Bestandteile eines ADT definieren den Aufbau von Klassen in den objektorientierten Programmiersprachen.

3.1.2 Beziehungen zwischen Klassen

Wenn man die Beziehungen zwischen den Klassen beschreiben will, kann man diese erfragen. Dabei sind nach Bjarne Stroustrup [Stro98] insbesondere drei elementare Typen von Beziehungen zu unterscheiden.

a)	*Ist* x ein y?	Ist y ein Spezialfall von x? Ein Flugzeug ist ein Mittel zur Fortbewegung.
b)	*Hat* x ein y?	Hat x ein Objekt vom Typ y? Ein Flugzeug hat ein Bugrad. Ein Flugzeug ist aber kein Bugrad.
c)	*Benutzt* x ein y?	Benutzt x ein Objekt vom Typ y? Ein Flugzeug benutzt Landebahnen. Ein Flugzeug ist keine Landebahn. Ein Flugzeug hat keine Landebahn.

Die Beziehungen b) und c) bildet man mit prozeduralen Sprachen durch „Mitglied in Struktur" bzw. „Referenz auf" ab. Die „Ist ein"-Beziehung lässt sich in prozeduralen Sprachen nicht formulieren. Somit fehlt diesen Sprachen ein Hilfsmittel zur Modellierung der wichtigen Generalisierungsbeziehung im Rechner.

 Ein Flugzeug entsteht nicht aus einem Bugrad durch Hinzufügen weiterer Eigenschaften, denn ein Flugzeug ist kein Bugrad.

Beispiel: Geometrische Objekte

Darstellung als Aufzählung

- Eine Gerade ist ein geometrisches Objekt.
- Ein Punkt ist ein geometrisches Objekt.
- Eine Ellipse ist ein geometrisches Objekt.
- Ein Rechteck ist ein geometrisches Objekt.

Darstellung als Mengendiagramm

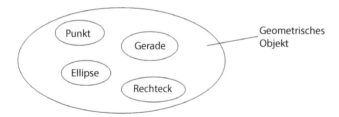

Bild 3.2 Punkt, Geraden ... sind geometrische Objekte

Man sollte vorsichtig mit den Begriffen umgehen. Eine Strecke ist kein Punkt mit zusätzlichem Endpunkt, sondern hat Anfangs- und Endpunkt. Ein Viereck ist keine Strecke.

Darstellung in UML

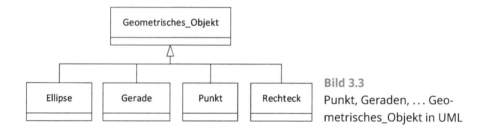

Bild 3.3
Punkt, Geraden, ... Geometrisches_Objekt in UML

Klassendiagramme in der Unified Modeling Language UML dienen der Darstellung von statischen Beziehungen zwischen den Objekten. Sie finden in [JRHZQ04] eine ausführliche Darstellung dieses Themas.

3.1.3 Oberklassen und Unterklassen

Wie erfasst man mit diesem Schema spezielle Eigenschaften? Die Antwort sind die spezialisierten Klassen oder Unterklassen. So sind alle Säugetiere auch Wirbeltiere. Für die Klasse der Säugetiere gelten auch die Gesetze für Wirbeltiere. Es kommen aber weitere Eigenschaften hinzu. Bei den Säugetieren gibt es wieder Unterklassen, wie etwa Huftiere usw.

Dieses Prinzip der Unterklassen heißt in der Sprache der Programmierer *Vererbung*: Unterklassen erben die Eigenschaften von Oberklassen. Da eine Unterklasse (= Säugetier) zu einer Oberklasse (= Wirbeltier) gehört, gelten alle Eigenschaften der Oberklasse, d. h. die Software für die Oberklasse gilt natürlich auch für die Unterklasse.

Spezielle Eigenschaften können neue Formen allgemeiner Methoden erfordern. So ist die Fortbewegung eines Huftieres als Säugetier sicher unvollständig modelliert bzw. in dieser Allgemeinheit nicht möglich. Die Unterklassen müssen also in die Lage versetzt werden, Methoden der Oberklasse bei Bedarf zu spezialisieren. Dies bezeichnet man auch als *Polymorphie* oder *späte Bindung*. Damit können wir die Objekte artgerecht behandeln. Dieser Schritt verlagert die Zuständigkeit von der Verwaltung in die einzelnen Objekte hinein und verringert damit die Abhängigkeit der einzelnen Programmteile.

Beispiel: Anwendung in der Programmierung geometrischer Objekte

Ein Programm soll diverse geometrische Objekte verwalten: z. B. Darstellen der Objekte am Bildschirm.

Professioneller prozeduraler Lösungsansatz

Hier würde man die diversen grafischen Objekte in einer oder mehreren Datenstrukturen beschreiben. Die einzelnen Objekte würde man in einem Array, einer linearen Liste oder einem anderen Verwaltungsbereich aufbewahren. Zur Bearbeitung würde man eine Routine angeben. `paint(...)` würde dann den Verwaltungsbereich in einer Schleife abarbeiten und für jedes Objekt anhand der Daten in einer großen `switch`-Anweisung die Objekte auf dem Bildschirm ausgeben.

Objektorientierter Lösungsansatz

Im objektorientierten Lösungsansatz würde man eine Klasse „geometrische Objekte" einführen. Diese Klasse erhält eine Methode `paint` zur Selbstdarstellung. Details würde man dann in den Unterklassen wie Gerade, Rechteck usw. spezifizieren. Alle Objekte könnte man nun in einer sog. Sammlung zur Aufbewahrung der Objekte ablegen. In dieser Sammlung gibt man dann die Objekte der Reihe nach aus, indem man ihre paint(...)-Methoden zur Selbstdarstellung aktiviert. Jedes Objekt kennt sich selbst und wählt dann über den Mechanismus der späten Bindung die richtige Methode zur „richtigen" Ausgabe.

Konkrete Implementierung in Java

In Java gibt es eine Klasse Object. Diese Klasse enthält eine Methode String toString() zur Darstellung des jeweiligen Objekts als Zeichenkette. Die Methode **boolean** (Object other) vergleicht ein Objekt mit einem anderen Objekt other. **int** hashCode() liefert einen sog. Hash-Wert, d. h. eine möglichst eindeutige numerische Repräsentation des Inhalts des Objekts zur Beschleunigung von Zugriffen. In den Sammlungen für Objekte kann man nun die Objekte der Reihe nach ausgeben. Ein Aufruf System.out.println(objekt) führt für jedes Objekt zu einer textuellen Darstellung.

Vergleich

Im objektorientierten Ansatz ist jedes Objekt für sich selbst zuständig. Wenn wir neue Objekte hinzufügen, müssen wir die allgemeine Verwaltung in der ursprünglichen Form nicht ändern, da sie ohnehin nur mit geometrischen Objekten zu tun hatte. So können wir die schon längst geschriebene Verwaltung für JPanels in Java für gerade neu entwickelte JPanels benutzen. Die jetzt frisch geschriebenen Grafikanwendungen laufen mit der alten Verwaltung, denn die Verwaltung ruft die paint (...)-Methode des JPanels auf. Über die späte Bindung wird aber die paint(...)-Methode der aktuellen Grafikanwendung aktiviert, wie in Abschnitt 1.4 eingeführt und in Abschnitt 3.1.5 im Detail beschrieben. Mit der Objektorientierung verringern wir also nicht nur die Abhängigkeit der einzelnen Teile des Software-Systems voneinander. Wir können einzelne Teile, wie z. B. die Verwaltung, auch wiederverwenden, wenn neue Teile hinzukommen. Dies ist die Basis für die sog. Frameworks, wie etwa Swing für grafische Anwendungen in Java.

3.1.4 Klassen und Objekte

Klassen und Objekte verhalten sich zueinander wie Datentypen und Variablen. Klassen beschreiben die Struktur von Objekten. Objekte sind Exemplare von Klassen. Jedes einzelne Objekt hat konkrete Werte. So legt die Klasse Rechteck fest, dass ein Rechteck aus einer linken oberen Ecke sowie Höhe und Breite besteht. Ein Exemplar der Klasse Rechteck hat konkrete Werte für diese Attribute. Ein Exemplar der Klasse Punkt hat seine Koordinaten. Ein Exemplar der Klasse Bankkonto hat einen speziellen Stand. Die einzelnen Konten unterscheiden sich sehr wohl in dieser Beziehung.

3.1.5 Abstrakte Klassen

Nicht für jede Klasse gibt es Exemplare. Dieses seltsame Phänomen rührt daher, dass man künstliche Oberklassen schafft, die gemeinsame Dinge zusammenfassen. Auch für den Begriff „Tier" gibt es keine Exemplare, es gibt keine abstrakten Tiere, es gibt nur die Katze Minka oder den Hund Mephisto. Es gibt keine abstrakte Grafik, da man sie nicht implementieren kann. Es gibt nur konkrete Grafiksysteme für macOS, Windows oder X-Windows. Es gibt keine abstrakte Eingabe, es gibt nur eine Eingabe von Tastatur, von Datei, aus einer Pipe, über das Internet usw.

Dennoch sind Abstraktionen für eine Eingabe, eine Grafik etc. sinnvoll, um gemeinsame Eigenschaften zusammenzufassen und ein einheitliches Verhalten festzulegen. Wir schreiben unsere Programme für diese Abstraktionen. Zur Laufzeit benutzen wir dann über die späte Bindung die konkrete Grafik, die konkrete Eingabe etc.

Solche Grundklassen heißen auch *abstrakte Klassen*. Sie zeichnen sich dadurch aus, dass sie bestimmte Methoden nicht implementieren. Diese müssen dann in den davon abgeleiteten konkreten Klassen beschrieben werden. Die späte Bindung besorgt dann die Aktivierung der passenden Methode: Ein Objekt „kennt" sich selbst.

3.1.6 Entwurf der Klassen

Wie findet man nun die Klassen bei einem Problem? Dies ist ein Problem der Wahrnehmung, es lassen sich keine einfachen, algorithmischen Antworten geben, man kann nur Leitlinien aufstellen. Auch mit Java ist das Problem des Verstehens der Welt und der Suche nach den „richtigen" Abstraktionen nicht gelöst. Es gibt aber dennoch einige nützliche „Bauernregeln", wie man die Klassen aufspürt.

3.1.6.1 Typ 1: die vorgegebenen Objekte

Dies wären bei einem Malprogramm die geometrischen Grundfiguren wie Punkt, Linie, Kreis, Ellipse, Polygonzüge usw. Bei der Verwaltung von Personen fasst man die Daten zu einem Datensatz zusammen: Name, Vorname usw. Unveränderliche Datensätze unterstützt Java ab der Version 16 mit dem **record**-Begriff. Bei einem Compiler könnten die Objekte die verschiedenen Anweisungen, die verschiedenen Deklarationen und die verschiedenen Ausdrücke sein. Hier zeigt sich auch eine Klassenhierarchie: Die **if**-Anweisung ist eine spezielle Anweisung, ein Integer-Objekt ist eine spezielle Deklaration, a+b ist ein spezieller Ausdruck.

Diese Objekte findet man bei der Problemanalyse, indem das Problem einfach beschrieben wird. Es handelt sich durchweg um Objekte der „äußeren Welt".

3.1.6.2 Typ 2: Verwaltungsobjekte oder Sammlungen

Der Programmierer verwaltet Objekte auf diese Weise ermittelter Klassen. Er muss Routinen zum Aufbewahren und Suchen der Objekte schreiben. In Java gibt es die *Collection-Klassen*. Solche Sammlungen sind in Kapitel 4 beschrieben. Sie enthalten Objekte von Klassen, die zum Zeitpunkt der Erstellung der Sammlung noch nicht bekannt waren. Das Thema „Aufbewahren und Suchen" von Objekten ist damit abgehandelt, es muss nicht mehr jeder Programmierer das Rad neu erfinden.

3.1.6.3 Typ 3: Umgebungsobjekte

Darunter kann man eine Speicherverwaltung, die Verwaltung des Bildschirms oder sonstiger Betriebsmittel verstehen. Man könnte hier auch eine komplette Schnittstelle zum API (Application Programmers Interface) einordnen. Objekte dieser Art sind oft unabhängig von der Anwendung, doch nicht immer.

3.1.6.4 Typ 4: übersehene Klassen doch noch finden

Auf B. Meyer, den Entwickler der Sprache Eiffel, scheint die folgende Methode zurückzugehen [Meye90]. Man nehme eine Anzahl von Routinen mit ähnlichen oder gleichen Parametern. Hinter diesen Routinen steckt eine bisher nicht entdeckte Klasse.

Beispiel

Ein Malprogramm verwendet immer wieder Parameter wie Pinsel, Farbe, Schrift, Füllmuster, Hintergrundfarbe usw. Man kann diese Parameter zu einem sog. Grafikkontext zusammenfassen. Dann entwirft man Routinen, die auf diesem aufsetzen. Die Übergabe von Parametern reduziert sich jetzt auf die unvermeidlichen, wie etwa Anfangs- bzw. Endpunkt einer Linie.

Diese Methode von B. Meyer sollte man als Anstoß eines Denkprozesses verstehen. Man kann sie gut dazu benutzen, im Entwurfsprozess vergessene Klassen anhand ihrer Spuren in der Struktur der Software doch noch zu finden.

3.1.6.5 Gemeinsame Oberklassen finden

Hat man bereits Klassen gefunden, entdeckt man manchmal gemeinsame Eigenschaften in verschiedenen Klassen. Diese Eigenschaften müsste man dann in jeder Klasse ausprogrammieren. In der objektorientierten Programmierung können wir Oberklassen einführen. Dort programmieren wir die gemeinsamen Eigenschaften. Die vorher bestehenden Klassen erben dann via Spezialisierung den gemeinsamen Programmcode. In diesem „Ausklammern" von Programmcode steckt natürlich viel Leistung, die gemeinsamen Eigenschaften sind manchmal schwer zu finden. Für manche Anwendungen existieren ganze Klassenhierarchien, wie z. B. für die Ein-/Ausgabe in Kapitel 5 oder für grafische Benutzeroberflächen in Kapitel 7 dargestellt.

Zusammenfassung

In der objektorientierten Programmierung versucht man, die Welt im Computer abzubilden. Jede Klasse besteht aus den Attributen zur Beschreibung der Objekte, den Methoden zur Bearbeitung dieser Daten oder zur Realisierung der Dienste sowie einschränkenden Regeln für die Verwendung dieser Teile.

3.2 Klassen in Java

Jedes Programm in Java hat die Form einer Klasse. Zunächst definieren wir den Begriff der Klasse in Java. Dann erzeugen wir Exemplare dieser Klasse, die sog. Objekte. Zur Verwendung der Objekte gehören die Wertzuweisung sowie die Übergabe als Parameter. Der Begriff der Oberklasse führt uns zur Vererbung und zur Polymorphie.

Definition von Klassen

In Java kann man Klassen sowohl auf der Ebene des Hauptprogramms als auch innerhalb von anderen Klassen als geschachtelte Klassen definieren. Die Definition einer Klasse besteht aus verschiedenen Komponenten:

Attribute	Datenfelder bzw. Variable für die Eigenschaften
Methoden	Bearbeitung der Attribute, Bereitstellen von Diensten
Konstruktoren	Spezielle Methoden zur Initialisierung der Attribute bei der Erzeugung eines Exemplars

Attribute beschreiben die Eigenschaften einzelner Objekte (bzw. Exemplare oder Instanzen), sofern sie nicht mit **static** gekennzeichnet sind. In letzterem Fall handelt es sich um Eigenschaften der Klasse, die für alle Exemplare dieser Klasse gleich sind. Auch bei den Methoden unterscheidet man zwischen denjenigen Methoden, die auf einzelne Exemplare wirken, und den klassenbezogenen **static**-Methoden. Wir besprechen die klassenbezogenen **static**-Elemente in Abschnitt 3.2.4. Die folgenden Ausführungen beziehen sich auf Elemente ohne **static**. Java ruft bei der Entstehung eines Objekts in jedem Fall einen Konstruktor dafür auf, damit keine Zugriffe vor der Einrichtung möglich sind.

Erzeugen von Exemplaren von Klassen: die Entstehung von Objekten

```
Rechteck r = new Rechteck (argument1, usw.);
String s = r.toString ();
String t = s.trim();
```

Mit der ersten Anweisung legen wir ein neues Exemplar der Klasse Rechteck an. Dieses Objekt heißt r. Java sorgt für den Aufruf eines durch die Typen der Argumente bestimmten Konstruktors, der die Einrichtung des Objekts r vornehmen soll. Die zweite Anweisung aktiviert die toString()-Methode für das Objekt r, welche eine Darstellung des Objekts als Text liefern soll. String ist eine Klasse des Java-API und s dann ein spezielles Exemplar der String-Klasse. Auf dieses Objekt wenden wir die trim()-Methode der Klasse String an, welche im Objekt t eine Kopie des Textes von s ohne führende und abschließende Leerzeichen liefert. s bleibt dabei unverändert.

Der Zugriff auf die Komponenten erfolgt innerhalb einer Klasse über den Namen der Komponente. Außerhalb der Klassen spricht man Komponenten in der folgenden Form an:

```
objekt.name_der_Komponente
```

Dies kann man auch innerhalb der Klasse in der Form **this**.name_der_Komponente schreiben. **this** bedeutet hier so viel wie „dieses Objekt".

Lebensdauer von Objekten

Die Speicherbereinigung (sog. Garbage-Collection) übernimmt die Freigabe des von einem Objekt belegten Speichers. Dies ist natürlich nicht möglich, solange ein Objekt irgendwo im Programm benützt wird.

Zugriffsrechte

Wenn wir anderen Klassen den Zugriff auf ein Attribut, eine Methode oder einen Konstruktor erlauben wollen, schreiben wir den Modifizierer **public** vor den jeweiligen Eintrag. Mit **private** verbietet man den Zugriff für alle anderen. **protected** erlaubt den Zugriff für Unterklassen (siehe Abschnitt 3.3).

3.2.1 Eine Klasse zum Verwalten von Mitarbeitern

Ein Java-Programm soll Mitarbeiter verwalten. Dazu entwerfen wir eine Klasse namens Mitarbeiter und fügen Methoden sowie einen Konstruktor hinzu. In der Methode main erzeugen wir Objekte dieser Klasse.

Objektorientierte Modellierung

Wie beschreiben wir einen Mitarbeiter? Ein Mitarbeiter *hat* einen Namen vom Typ String, er *hat* eine Personalnummer vom Typ **int** und er *hat* ein Gehalt vom Typ **double**. Die Mitarbeiter stellen sich mit der Methode ausgabe selbst dar. Die Methode erhöheGehalt besorgt Gehaltsanpassungen. Dieses Prinzip der Selbstverwaltung ist zentral für die objektorientierte Programmierung: Es gibt keine „allwissende" Verwaltung, die die Details jedes Objekts kennt.

3.2 Klassen in Java

Die einzelnen Methoden können Zugriffe auf die Attribute enthalten. Der Zugriff bezieht sich immer auf das aktuelle Objekt, welches in Java mit **this** bezeichnet wird. Damit müsste jeder Zugriff in der Form **this.**komponente geschrieben werden. Wenn der Name einer Komponente nicht mit dem Namen einer lokalen Variablen bzw. Methode kollidiert, kann man sich den Vorsatz **this.** sparen. Die Attribute name und personalNummer erhalten bei der Entstehung eines Objekts ihre Werte, die sich im weiteren Ablauf des Programms nicht mehr verändern. Deswegen können wir diese Werte als „endgültig" mit **final** kennzeichnen. Im Gegensatz dazu kann das Gehalt im Lauf der Zeit erhöht werden.

Listing 3.1 Die Klasse Mitarbeiter (mit Nummerierung der Zeilen)

```
01 public class Mitarbeiter {
02   // Attribute
03   private final String name;
04   private final int personalNummer;
05   private double gehalt;
06
07   // Ein Konstruktor
08   public Mitarbeiter(String name, int personalNummer, double gehalt) {
09     this.name = name;
10     this.personalNummer = personalNummer;
11     this.gehalt = gehalt;
12   }
13
14   // Methoden
15   public void ausgabe() {
16     System.out.printf("Name %-20s", name);
17     System.out.printf("Personalnummer %3d ", personalNummer);
18     System.out.printf("Gehalt : %10.2f\n", gehalt);
19   }
20
21   public void erhöheGehalt(double betrag) {
22     gehalt += betrag;
23   }
24
25   public static void main(String[] args) {
26     Mitarbeiter alfred   = new Mitarbeiter("Hitchcock", 0, 1000.0);
27     Mitarbeiter james    = new Mitarbeiter("Bond", 7, 2000.0);
28     Mitarbeiter harrison = new Mitarbeiter("Ford", 99, 3000.0);
29
30     alfred.ausgabe();
31     james.ausgabe();
32     harrison.ausgabe();
33
34     alfred.erhöheGehalt(4000.0);
35     alfred.ausgabe();
36
37     new Mitarbeiter("Streep", 10, 5000.0).ausgabe();
38   }
39
40 }
```

Listing 3.2 Ausgabe des main-Programms der Klasse Mitarbeiter

```
Name Hitchcock        Personalnummer   0 Gehalt :   1000,00
Name Bond             Personalnummer   7 Gehalt :   2000,00
Name Ford             Personalnummer  99 Gehalt :   3000,00
Name Hitchcock        Personalnummer   0 Gehalt :   5000,00
Name Streep           Personalnummer  10 Gehalt :   5000,00
```

Die Attribute und ihre Initialisierung im Konstruktor

Die Zeilen 03–05 in Listing 3.1 enthalten die Attribute der individuellen Mitarbeiter. Diese Attribute werden im Konstruktor in Zeile 09-11 initialisiert. Das Java-Laufzeitsystem ruft den Konstruktor bei der Erzeugung eines Objekts auf. Mit dem Modifizierer **public** erlaubt man den Zugriff auf die entsprechende Komponente auch für Java-Programme in anderen Packages (vgl. Abschnitt 3.9.3). Mit **private** verbietet man den Zugriff (außer bei inneren Klassen, siehe Abschnitt 3.2.5).

Um hässliche Kunstnamen wie etwa name1, personalNummer1 usw. für Parameter zu vermeiden, kann man wie in Zeile 09, 10 und 11 den jeweiligen Parameter wie das entsprechende Attribut bezeichnen. Die linke Seite in Zeile 09 ist das Attribut **this**. name des aktuellen Objekts, die rechte Seite der Parameter name im Konstruktor.

Methoden

Die Zeilen 15–19 enthalten die Methode ausgabe. Diese Methode gibt die Werte der Attribute für ein spezielles Exemplar der Klasse Mitarbeiter aus. In den Zeilen 21–23 befindet sich die Methode erhöheGehalt(**double**). Sie kann z. B. vom Arbeitgeber aufgerufen werden, um das Gehalt eines individuellen Mitarbeiters zu erhöhen. Die Attribute beziehen sich dabei auf das aktuelle Exemplar, für das die Methode gerade aktiviert wird. Erhöht man z. B. für den Mitarbeiter alfred in Zeile 34 das Gehalt, bleibt das Gehalt der anderen Exemplare der Klasse Mitarbeiter davon unberührt.

Test der Klasse

main(...) erzeugt in Zeile 26 ein neues Exemplar der Klasse Mitarbeiter. Im Konstruktor legt man die Attribute fest: Der Name ist "Hitchcock", die Personalnummer ist 0 und als Gehalt setzen wir den Wert 1000.0 fest. Mit diesen Werten wird der in den Zeilen 08–12 definierte Konstruktor für dieses Exemplar aufgerufen. Dieser trägt die Werte in die Variablen für die entsprechenden Attribute ein. Das soeben angelegte Exemplar ist unter dem Namen alfred ansprechbar. Es gilt:

```
alfred.gehalt              hat den Wert           1000.0
alfred.name                hat den Wert           "Hitchcock"
alfred.personalNummer      hat den Wert           0
```

3.2 Klassen in Java

In Zeile 27 erzeugen wir ein zweites Exemplar der Klasse Mitarbeiter. Auch diese Zeile führt zu einem Aufruf des Konstruktors aus den Zeilen 08–12. In Zeile 28 folgt ein drittes Exemplar. Das folgende Bild veranschaulicht das Ergebnis.

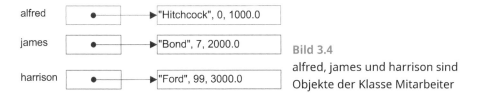

Bild 3.4
alfred, james und harrison sind Objekte der Klasse Mitarbeiter

In Zeile 30 rufen wir die Methode ausgabe() für das Exemplar alfred der Klasse Mitarbeiter. Das Programm verzweigt zur Zeile 15. Das in Zeile 16 angesprochene Attribut name ist der Name des Exemplars alfred, nämlich "Hitchcock". Entsprechend sieht die Ausgabe in Zeile 17 aus: Der Wert ist 0. In Zeile 18 ist der Wert 1000.0.

Analog zu Zeile 30 arbeitet die Zeile 31 mit dem Exemplar james. Die Methode ausgabe() wird, angewandt auf dieses Exemplar, den Namen "Bond", die Personalnummer 7 sowie das Gehalt 2000.0 ausgeben. Zeile 32 liefert als Ergebnis den Namen "Ford", die Personalnummer 99 und das Gehalt 3000.0.

In Zeile 34 wenden wir die Methode erhöheGehalt (**double** betrag) auf das Exemplar alfred an. Das Programm verzweigt zur Zeile 21. Der angegebene Betrag 4000.0 wird auf das Attribut alfred.gehalt addiert und führt zu dem neuen Wert von 5000.0. Die Attribute der anderen Exemplare james und harrison spüren von dieser Änderung nichts.

Zeile 37 legt ein neues Exemplar der Klasse Mitarbeiter an und ruft dessen Methode ausgabe() auf. Da das Programm keine Referenz auf dieses Exemplar enthält, kann man dieses Exemplar nicht mehr erreichen. Die Garbage-Collection könnte das anonyme Exemplar also sofort nach Ablauf der Anweisung auf dieser Zeile „entsorgen".

Allgemeines zur main()-Methode

main() hat als **static**-Methode den Charakter einer globalen Funktion. Diese globale Funktion „existiert" unabhängig von irgendwelchen Exemplaren der Klasse; sie kann dann Exemplare z. B. dieser Klasse anlegen. Wenn es die **static**-Methoden nicht gäbe, hätte man ein „Henne-Ei"-Problem: Man bräuchte ein Exemplar der Klasse, um Methoden aufzurufen. Um also z. B. ein Exemplar einer Klasse anzulegen, bräuchte man schon ein Exemplar der Klasse, vgl. Abschnitt 3.2.4.

Visualisierung in UML

Mithilfe der Unified Modeling Language, UML [JRHZQ04] kann man u. a. Klassen und statische Bezüge zwischen den Klassen modellieren. Das nächste Bild zeigt eine mögliche Darstellung für die Klasse Mitarbeiter mit ihren Attributen (alle **private**, daher mit – gekennzeichnet) und Methoden (alle **public**, daher mit + markiert).

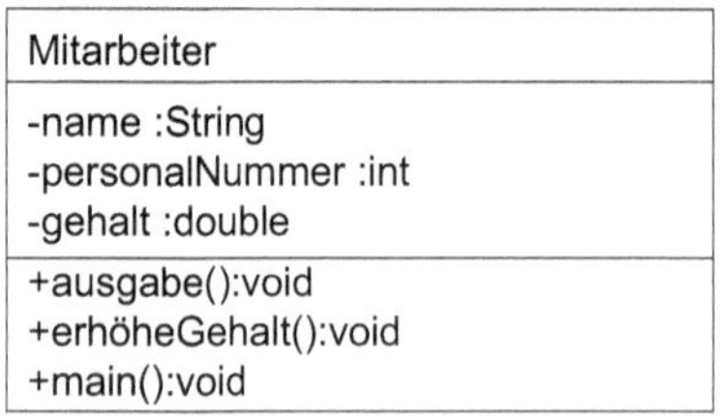

```
┌─────────────────────────────┐
│ Mitarbeiter                 │
├─────────────────────────────┤
│ -name :String               │
│ -personalNummer :int        │
│ -gehalt :double             │
├─────────────────────────────┤
│ +ausgabe():void             │
│ +erhöheGehalt():void        │
│ +main():void                │
└─────────────────────────────┘
```

Bild 3.5
UML für die Mitarbeiter-Klasse

get- und set-Methoden

Attribute bestimmen das Verhalten einer Klasse. Wenn sich ein Attribut ändert, können sich in der Folge auch andere Attribute ändern, sofern sie davon abhängen. Deswegen sollte man sie in der Regel mit dem Modifizierer **private** versehen. Dann können die Attribute außerhalb der Klasse (d. h. von „Fremden") weder gelesen noch „unbeobachtet" geschrieben werden. Will man den Lesezugriff trotzdem gestatten, programmiert man sog. get-Methoden. Für Schreibzugriffe benutzt man set-Methoden. So kann man bei der Veränderung eines Attributs über eine set-Methode sicherstellen, dass auch abhängige Attribute angepasst werden. Für das Attribut name des Mitarbeiters würde dies wie folgt aussehen. Es ist eine Konvention, den ersten Buchstaben des Namens des Attributs bei get/set-Methoden in Großbuchstaben zu schreiben.

```java
public double getName() {
  return name;
}
public void setName (String name) {
  this.name = name;
}
```

Eclipse hilft uns bei der Programmerstellung

Eclipse erzeugt unter dem Menüpunkt /Source/Generate Getters and Setters die get-/und set-Methoden. Ebenso erhalten Sie Konstruktoren zur Vorbelegung der Attribute unter /Source/Generate Constructor using Fields. Denken Sie auch an den Einsatz von **record**.

3.2.2 Erzeugung von Objekten: Konstruktoren

Konstruktoren sind spezielle Methoden. Sie haben keinen Ergebnistyp, ihre Aufgabe besteht nur in der Initialisierung eines Objekts. Deswegen muss das Java-Laufzeitsystem dafür sorgen, dass vor jedem sonstigen Zugriff auf ein Objekt ein entsprechender Konstruktor aktiviert wird: Zugriffe auf nicht initialisierte Variablen unterbleiben. Konstruktoren kann man wie Methoden auch überladen.

Konstruktoren mit einem Parameter dienen auch der Konvertierung von Daten. Der Parameter definiert das Ausgangsformat. Die Klasse, zu der der Konstruktor gehört, stellt das Zielformat dar.

Von besonderer Bedeutung ist der parameterlose Konstruktor, der sog. *Default-Konstruktor*. Er ist eine Art universelle „Ersteinrichtungsroutine", zu deren Benutzung keinerlei Kenntnisse über die Parameter erforderlich sind. Falls wir in einer Klasse Xyz keinen einzigen Konstruktor angeben, erzeugt Java einen parameterlosen Konstruktor, mit dem wir Objekte in der folgenden Form anlegen können.

```
Xyz test = new Xyz ();
```

Falls aber irgendein Konstruktor in der Klasse Xyz definiert ist, müssen wir in Java explizit einen parameterlosen Konstruktor angeben, wenn wir obige Programmzeile zum Anlegen eines Exemplars von Xyz verwenden wollen.

3.2.3 Wertzuweisung und Übergabe als Parameter

Eine Wertzuweisung von Exemplaren einer Klasse der folgenden Form ersetzt die Variable auf der linken Seite durch die auf der rechten Seite.

```
linkeSeite = rechteSeite;
```

Präziser: Jede Variable in einem Java-Programm, die ein Exemplar einer Klasse bezeichnet, ist eine Referenz auf ein Exemplar der Klasse. Bei einer Wertzuweisung wird diese Referenz überschrieben. Auch die Übergabe als Parameter erfolgt als Wertzuweisung. Die gerufene Methode erhält also eine Referenz auf das Exemplar. Sie könnten damit Attribute des übergebenen Objekts ändern.

Beispiel

```
Mitarbeiter alfred = new Person ("Hitchcock", 0, 1000.0);
Mitarbeiter spion = alfred;
spion.setName ("Cooper");
```

Welchen Namen hat alfred nun?

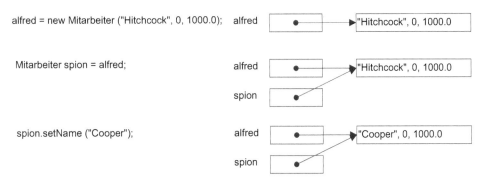

Bild 3.6 Objektreferenzen (=Hausnummern) und Objekte (=Häuser)

Antwort

`alfred` hat nun den Namen "Cooper". Objekte sind in Java als Referenzen dargestellt, sie werden stets als Referenzen übergeben oder bei einer Wertzuweisung benutzt. Also wird bei `spion.setName(...)` der Name des Objekts geändert, d. h. der Name des ursprünglich mit `alfred` bezeichneten Objekts.

Referenzsemantik

Obiges Beispiel zeigt, dass Objekte in Java eine Referenzsemantik besitzen. Jedes Objekt wird über seine Referenz angesprochen. All diese Referenzen sind auf einem Computer gleich lang.

Kopieren von Werten von Objekten

Die Wertzuweisung `a = b` kopiert keine Objekte, sie kopiert lediglich die Referenzen darauf. Wenn man eine Kopie des Objekts `b` zur weiteren Verarbeitung braucht, muss man eigene Konstruktoren einführen oder mit sog. Clones arbeiten, vgl. Abschnitt 3.5.4. Die Referenz auf ein Haus entspricht quasi einer „Hausnummer". Das Kopieren der „Hausnummer" ist leicht möglich, führt aber zu keiner Kopie des „Hauses" an sich. Auch eine Übergabe der „Hausnummer" als Parameter ist leicht möglich.

Vergleich von Exemplaren

Wenn wir ein Exemplar `alt` kopieren, erhalten wir ein neues Objekt `neu`. Dieses neue Objekt hat eine andere Referenz als das alte, d. h., es gilt `alt != neu`. Abschnitt 3.5.4 zeigt, dass wir Objekte grundsätzlich mit der `equals()`-Methode vergleichen müssen, nicht mit dem Operator `==` für den Vergleich der Referenzen auf die Objekte.

Referenztypen

Weil man Objekte nur über ihre Referenz erreicht, bezeichnet man Klassen auch als Referenztypen. Dies ist als Gegensatz zu den elementaren Datentypen `int`, `float` usw. zu sehen. Variablen dieser Datentypen sind stets als Wert abgelegt.

Wie lange existiert ein Objekt?

Jedes Objekt existiert in Java mindestens so lange, wie es benötigt wird, d. h. solange irgendwo eine Referenz auf dieses Objekt existiert, siehe hierzu auch Abschnitt 3.3.3.

3.2.4 Statische Klassenelemente

Funktionen wie sin(x) aus der Mathematik sind nicht an bestimmte Objekte gebunden. Zur Umsetzung solcher „global" benutzbaren Methoden gibt es die statischen Klassenelemente. Dies können sowohl Attribute als auch Methoden sein. Statische Attribute entstehen vor allen Objekten einer Klasse und können in allen Methoden, also auch den Konstruktoren, benutzt werden.

3.2.4.1 Grundlagen

Statische Komponenten kennzeichnet man in Java mit dem Modifizierer **static**. Man spricht dann auch von Klassenmethoden im Gegensatz zu den nicht als **static** gekennzeichneten Methoden, die sich immer auf einzelne Objekte beziehen. Der Zugriff auf diese **static**-Komponenten wird dann nicht als objektname.komponentenname, sondern in der Form klassenname.Komponentenname geschrieben, weil statische Komponenten zur Klasse gehören. Innerhalb der Klasse kann der Klassenname auch entfallen.

Eigenschaften von static-Komponenten

- Nur einmal pro Klasse vorhanden
- Initialisierung vor allen Exemplaren der Klasse
- Zugriff von jedem Objekt der Klasse aus möglich

Folgerungen

- **static**-Komponenten können ähnlich wie globale Funktionen bzw. Daten in anderen Programmiersprachen allgemeine Dienste anbieten, wie z. B. die Ausgaberichtung System.out. Auch die Mathematik-Bibliothek java.lang.Math macht Gebrauch von **static**-Komponenten. Die main (String[] args)-Methode lässt sich auch nur als **static**-Mitglied realisieren.
- **static**-Methoden einer Klasse haben nur Zugriff auf **static**-Komponenten der Klasse, außer wenn sie ein Objekt als Parameter erhalten.
- **static**-Variablen entsprechen globalen Variablen, verursachen aber nicht deren Probleme durch „Verunreinigung der Namensräume". Ihre Namen gehören zu den Namensräumen der jeweiligen Klassen, sie werden nicht in einem großen, unübersichtlichen Topf der globalen Namen vermengt.

Beispiel: Objekte einer Klasse durchnummerieren

Zur Vergabe einer laufenden Nummer für Objekte einer Klasse benutzen wir einen **static**-Zähler. Im Konstruktor für ein Objekt liest man den Wert dieses Zählers aus, notiert den aktuellen Wert in dem Objekt und schaltet den Zähler weiter.

Listing 3.3 Programm zum Nummerieren aller Objekte von TestKlasse

```java
class TestKlasse {
  // static: einmal pro Klasse für alle Objekte der Klasse
  private static int zaehler = 0;

  // Jedes Objekt hat seine private Nummer
  private int nummer;

  public TestKlasse () {
    nummer = zaehler++; // Zähler auf Klassenebene auslesen, schalten
  }

  public void print () {
    System.out.printf ("Ich bin die Nummer %d\n" , nummer);
  }
}

public class ZaehlenDerObjekte {
  public static void main (String[] args ) {
    TestKlasse[] alleObjekte = new TestKlasse[5];
    for (int i = 0; i < alleObjekte.length; i++)
      alleObjekte[i] = new TestKlasse ();

    // Ausgabe aller Objekte
    for (TestKlasse k : alleObjekte)
      k.print ();
  }
}
```

Ausgabe

```
Ich bin die Nummer 0
Ich bin die Nummer 1
Ich bin die Nummer 2
Ich bin die Nummer 3
Ich bin die Nummer 4
```

Import statischer Komponenten

Man spricht das statische Mitglied sin der Klasse Math mit der Bezeichnung Math.sin an. Entsprechendes gilt für alle **static**-Mitglieder. Wem das zu aufwendig ist, der kann ab Java 5 den statischen Import benutzen:

```java
import static java.lang.Math.*;   // Alle Math-Funktionen auf einmal
import static java.lang.Math.sin; // Gezielter Import
```

3.2.4.2 Initialisierung der static-Variablen in einer Klasse

Sie können **static**-Variablen durch eine Wertzuweisung bei ihrer Erklärung oder in einem eigens anzugebenden **static**-Block initialisieren:

Listing 3.4 Initialisierung statischer Variablen

```java
public class StaticInitTest {
  static int a = 1;
  static double b;

  static {
    a++;
//  c = 7; Nur für vorher definierte Attribute!!
  }

  static int c = 2;

  static {
    b = Math.cos (Math.PI/4.0);
  }

  public static void main (String[] args) {
    System.out.printf ("a= %d %f %d\n", a, b, c);
  }
}
```

Probelauf

```
a= 2 b= 0.707107 c= 2
```

Erläuterung

Java führt statische Initialisierungen in der Reihenfolge aus, in der sie im Java-Quellprogramm erscheinen. Bei mehreren Wertzuweisungen gilt der Wert der letzten. Bezüge auf im Programm weiter hinten definierte Attribute sind bei statischen Elementen nicht möglich. Der Aufruf statischer Methoden ist möglich.

Zusammenfassung

Programme in Java sind nur in Form von Klassen möglich. Klassen bestehen aus Attributen und Methoden zur Bearbeitung der Daten. Methoden können überladen werden. Gleichnamige Methoden müssen sich durch die Typen der Parameter unterscheiden: Ein Unterschied im Rückgabewert allein reicht nicht aus. Konstruktoren sind spezielle Methoden zur Vorbelegung der Datenfelder mit Werten. Sie vermeiden Zugriffe auf nicht initialisierte Daten.

Für globale Variablen bzw. Funktionen gibt es **static**-Komponenten. **static**-Variablen sind vor allen Objekten einer Klasse mit Werten belegt. Für komplexe Initialisierungen solcher Variablen gibt es eine **static**-Routine.

Einzelne Objekte als Exemplare von Klassen entstehen grundsätzlich durch **new**. **this** verweist auf das aktuelle Objekt und ist deswegen in **static**-Methoden sinnlos.

Java übergibt bei Wertzuweisungen und Parameterübergaben für Objekte stets die Referenz auf das Objekt, keine Kopie des Objekts und auch nicht den Wert des Objekts.

3.2.5 Eingeschachtelte Klassen, innere Klassen

Wenn man bestimmte Klassen nur innerhalb einer Klasse benötigt, wie dies z. B. bei einer Teile-Ganzes-Beziehung der Fall ist, kann man die Teil-Klassen innerhalb der für das Ganze zuständigen Klasse definieren. Wenn die eingeschachtelte Klasse als **static** definiert ist, können Exemplare der Teil-Klasse unabhängig von der Ganzes-Klasse existieren, wie in Listing 3.5 gezeigt.

Listing 3.5 Eingeschachtelte Klassen

```java
public class TeileGanzes {
  static class Teil {
    @Override
    public String toString() {
      return "bin Teil";
    }
  }
  public static void main(String[] args) {
    Teil teil = new Teil ();
    System.out.println(teil.toString());
  }
}
```

Wozu benötigt man eine derartige Einschachtelung? Man könnte damit eine Beschränkung der Sichtbarkeit auf bestimmte Klassen erreichen. Außerdem kann man eine größere Menge zusammengehöriger Klassen in einer einzigen Datei abspeichern, wie etwa bei der XML-Anbindung von Daten für Java JAXB in Kapitel 10 dieses Buchs.

Im Gegensatz dazu stehen innere Klassen. Bei einer inneren Klasse wie in Listing 3.6 kann ein Objekt einer eingeschachtelten Klasse nur im Kontext eines Objekts der äußeren Klasse existieren. In der inneren Klasse können wir Namen der sie umfassenden Klasse benutzen, auch wenn sie verdeckt sind.

Das folgende Beispiel illustriert diesen Zugriff. Es zeigt auch, wie man den **this**-Zeiger der äußeren Klasse erhält, siehe hierzu auch Abschnitt 3.6.2.2. Abschnitt 3.3.5 zeigt eine anonyme innere Klasse, die die Schnittstelle Comparator implementiert.

Listing 3.6 Programm: eine innere Klasse und Zugriffe auf Variablen

```java
public class Aussen {
  // Variablen der Klasse Aussen
  int a = 7;
  int b = 99;

  // Definition einer inneren Klasse
  class Innen {
    // Variablen der Klasse Innen
    int a = 9;

    public void innenDemo() {
      System.out.printf("%d\n", a); // (1)
      System.out.printf("%d\n", b); // (2)
      System.out.printf("%d\n", Aussen.this.a); // (3)
    }
  }

  public void aussenDemo() {
    new Innen().innenDemo();
  }

  public static void main(String[] args) {
    new Aussen().new Innen().innenDemo();
    new Aussen().aussenDemo();
  }
}
```

Ausgabe mit Anmerkungen

```
9     Zugriff auf die Variable a von Innen
99    Zugriff auf die Variable b von Aussen
7     Zugriff auf die Variable a von Aussen
9     Zugriff auf die Variable a von Innen
99    Zugriff auf die Variable b von Aussen
7     Zugriff auf die Variable a von Aussen
```

3.2.6 Umwicklertypen

In Java gibt es die elementaren Datentypen wie **int**, **float**, **char** usw.[1] Daten dieser Typen sind als Wert abgelegt. Im Gegensatz dazu gibt es die Klassen. Daten dieser Typen sind Objekte, die man nur über die Referenz erreicht, wie in Abschnitt 3.2.3 beschrieben. Man kann von einem zweiteiligen Typsystem sprechen: Werttypen und Referenztypen.

Die Referenztypen profitieren von den Vorteilen der Objektorientierung. Die Werttypen lassen sich effizient implementieren, sie entsprechen mehr oder minder direkt

---

[1] Siehe Kapitel 2.

den Datentypen der CPUs. Diese beiden Typsysteme existieren nebeneinander. Manchmal ist ein Wechsel der Darstellung der Daten sinnvoll. Dieser Übergang von einem Typsystem zum anderen sieht für eine ganze Zahl mit dem Wert 20 wie folgt aus:

```
Integer i1 = new Integer (20); // Boxing:   Werttyp -> Referenztyp
int i      = i1. intValue();   // Unboxing: Referenztyp -> Werttyp
```

Bild 3.7
Übergänge zwischen Basisdatentypen und Umwicklertypen

Daten werden in eine Schachtel eingepackt (Boxing) oder ausgepackt (Unboxing). Die Schachteln sind Klassen im Package java.lang wie Integer, Double, Float usw.

Tabelle 3.1 Zuordnung der umwickelnden Klassen

Klasse		Elementarer Datentyp
Boolean	←→	**boolean**
Byte	←→	**byte**
Character	←→	**char**
Short	←→	**short**
Integer	←→	**int**
Long	←→	**long**
Float	←→	**float**
Double	←→	**double**

Wenn der Compiler dieses Ein- und Auspacken besorgt, spricht man von Autoboxing:

```
Integer i1 = 20; // Autoboxing: Werttyp -> Referenztyp
int i      = i1; // Autoboxing: Referenztyp -> Werttyp
```

Autoboxing erleichtert den Übergang zwischen dem Wert- und dem Referenztypsystem, es schafft die Typsysteme aber nicht ab. Der Programmierer sollte sich dieser Tatsache bewusst sein, wie das folgende Programm zeigt.

3.2 Klassen in Java

Kann man zum Vergleich von Inhalten die Schachteln vergleichen?

Das folgende Programm vergleicht für eine Reihe von Zahlen die Referenzen auf die Schachteln, nicht die Inhalte der Schachteln, von deren Gleichheit man ausgehen kann. Man würde vielleicht erwarten, keine Ausgabe des Programms zu sehen.

Listing 3.7 Vorsicht mit dem Vergleich der Referenzen

```java
public class Autoboxing {

  public static void main(String[] args) {
    Integer i1 = null;
    Integer i2 = null;
    for (int i = 0; i < 200; i++) {
      i1 = i; // Einmal Autoboxing
      i2 = i; // Nochmal Autoboxing. Ist das die gleiche Schachtel?
      if (i1 != i2) { // *
        System.out.printf("%d != %d ?? Aber %d equals %d ist %b\n",
                          i1, i2, i1, i2, i1.equals(i2));
      }
    }
  }
}
```

Listing 3.8 Tatsächliche Ausgabe

```
128 != 128 ?? Aber 128 equals 128 ist true
129 != 129 ?? Aber 129 equals 129 ist true
130 != 130 ?? Aber 130 equals 130 ist true
... weitere Werte
197 != 197 ?? Aber 197 equals 197 ist true
198 != 198 ?? Aber 198 equals 198 ist true
199 != 199 ?? Aber 199 equals 199 ist true
```

Ursache für die Ausgabe

Die Java-Spezifikation legt in [GJSBB14] fest, dass der Vergleich (*) für Zahlen von –128 bis einschl. +127 den Wert **true** liefern muss. Außerhalb dieses Bereichs sind die Ergebnisse undefiniert. Also: Auch in Gegenwart von Autoboxing erfordert der Vergleich von Objekten durch Vergleich der Referenzen höchste Sorgfalt.

Nützliche Anwendung von Autoboxing: variable Anzahl von Argumenten

In manchen Methoden kennt man die Anzahl der übergebenen Parameter nicht. Natürlich kann man die Parameter in einem Feld aus Objekten zusammenfassen und dieses Feld als Parameter übergeben, doch ist die Formulierung für die printf-Methode ebenso elegant wie bequem in der Anwendung.

```java
// Definition ...
public PrintStream printf (String format, Object ... arguments);
// Aufruf ...
int a, b, c; ... //Werte zuweisen
System.out.printf ("Die Summe aus %d und %d ist %d\n", a, b, c);
```

Die Schreibweise für `printf` könnte ohne Autoboxing nicht so einfach sein, denn dann müsste etwa a in der Form **new** `Integer (a)` übergeben werden.

Wenn man eigene Methoden mit einer variablen Anzahl von Argumenten schreiben möchte, muss man darauf achten, dass die Aufrufe klar von ggfs. vorhandenen überladenen Aufrufen unterschieden sind.

Übrigens ist die Klasse `Number` die abstrakte Oberklasse der oben angegebenen Zahlenklassen `Byte`, `Double`, `Float`, `Integer`, `Long` und `Short`. Die Klasse `Number` fasst das gemeinsame Verhalten der angeführten speziellen Klassen in einer allgemeineren Klasse zusammen.

3.2.7 Datensätze mit record

Datensätze fassen Daten zusammen. So kann man einen Datensatz für Mitarbeiter wie im folgenden Ausschnitt aus Listing 3.1 aus Abschnitt 3.2.1 mit den Eigenschaften der Personen wie Name usw. erstellen. Um die Zugriffe zu kapseln, deklariert man diese Eigenschaften als **private**. Entwicklungssysteme wie Eclipse unterstützten solche Datensätze, indem sie aus den Attributen get- und set-Methoden für die Zugriffe sowie Konstruktoren und die `toString()`-, `equals(...)` und `hashCode(...)`-Methoden generieren. Siehe hierzu Abschnitte 3.2.2 und 3.5.4.

```
public class Mitarbeiter {
  // Attribute
  private final String name;
  private final int    personalNummer;
  private double gehalt;
```

Der Mitarbeiter hat unveränderliche Attribute wie `name` und `personalNummer`. Wäre auch noch das Attribut `gehalt` konstant, hätten wir einen Datensatz, dessen Inhalte für die gesamte Lebensdauer konstant sind. Solche Daten können während der Laufzeit keine inkonsistenten Inhalte annehmen, da keines der Attribute geändert werden kann. Dieser Typ von Objekten wurde im flapsigen Jargon der Programmierer als POJO, d. h. als „plain old Java-Object" bezeichnet und so häufig verwendet, dass Java seit Version 16 mit **record** eine spezielle Konstruktion von Objekten mit unveränderlichen Attributen unterstützt. Eine als **record** deklarierte Klasse hat folgende Eigenschaften:

- Alle Attribute sind **final**. Setzen von Werten *nur* im Konstruktor
- Zugriffe auf Attribute: `objekt.attribut();` *ohne* get...!
- Nur lesender Zugriff auf Attribute
- `toString()`, `equals(...)`; `hashCode()` werden erzeugt.

Listing 3.9 Mitarbeiter als **record**

```java
public record MitarbeiterRecord (String name, int personalNummer, double gehalt) {

  public MitarbeiterRecord erhöheGehalt(double betrag) {
    return new MitarbeiterRecord (name, personalNummer, gehalt+betrag);
  }

  public static void main(String[] args) {
    MitarbeiterRecord alfred = new MitarbeiterRecord("Hitchcock", 0, 1000.0);
    MitarbeiterRecord james = new MitarbeiterRecord("Bond", 7, 2000.0);
    MitarbeiterRecord harrison = new MitarbeiterRecord("Ford", 99, 3000.0);

    System.out.println (alfred);    // (*)
    System.out.println (james);     // (*)
    System.out.println (harrison);  // (*)

    var alfredAlt = alfred;
    alfred = alfred.erhöheGehalt(4000.0);  // (**)
    // Achtung: alfred ist ein neues Objekt
    System.out.println (alfredAlt);
    System.out.println (alfred);
    // Zugriff auf Attribute über den Namen
    System.out.println (alfred.name());
  }
}
```

Hinweise

Ein **record** in Java enthält nur unveränderliche Attribute. Eine Gehaltserhöhung (**) ist nur möglich, wenn wir einen neuen Mitarbeiter mit den geänderten Daten anlegen. Dies erscheint auf den ersten Blick als umständlich und aufwendig. Beachten Sie hierzu auch die in Kapitel 6 dargestellten Probleme mit der Nebenläufigkeit in Java und der Komplexität der Lösungen zum Erhalt der Konsistenz der Daten.

Zum Beispiel zeigt Listing 3.9, dass man auch statische Methoden im Datensatz angeben kann.

3.3 Unterklassen und Polymorphie in Java

Dieser Abschnitt zeigt, wie man Unterklassen in Java definiert und die Technik der Polymorphie zum Lösen von Problemen einsetzt.

3.3.1 Definition von Unterklassen in Java

```
class Speziell extends Allgemein { ...
}

class Unterklasse extends Oberklasse { ...
}

class Double extends Number { ...
}
```

Die Klasse Speziell erbt von der Klasse Allgemein, ebenso wie die Klasse Unterklasse von der Klasse Oberklasse. Die Klasse Speziell erbt alle Attribute und Methoden von der Klasse Allgemein. Eine Klasse kann nur von genau einer anderen Klasse erben, denn in Java gibt es keine Mehrfachvererbung. Jedes Objekt der Klasse Speziell ist auch ein Objekt der Klasse Allgemein. Man kann die Klasse Speziell um neue Attribute und Methoden erweitern. Man sagt auch, Speziell ist eine Unterklasse der Ober- bzw. Superklasse Allgemein. Wenn eine Komponente abc der Oberklasse nicht mit dem Modifizierer **private** versehen ist, erreicht man sie aus der speziellen Klasse über **super**.abc. Dies gilt auch für den Aufruf von Konstruktoren der Oberklasse: **super** (...parameter).

Wenn in einer Unterklasse eine Methode eine andere Bedeutung wie in der Oberklasse erhalten soll, schreibt man die Methode in der Unterklasse neu. Man bezeichnet dies auch als *Überschreiben*. Das Java-Laufzeitsystem wählt bei einem Aufruf einer Methode die zum konkreten Objekt passende Methode.

Klassen ohne extends

Wenn wir eine Klasse ohne **extends** schreiben, ergänzt der Compiler automatisch ein **extends** Object. Die Klasse Object ist damit direkt oder indirekt Oberklasse jeder Klasse in Java.

Bild 3.8
Vererbung als Erweiterung einer Klasse: Ein Chef ist ein spezieller Mitarbeiter.

Beispiel: Chefs sind auch Mitarbeiter

Listing 3.1 beschreibt die Klasse Mitarbeiter durch ihren Namen, die Personalnummer sowie das Gehalt. Die Klasse Personalabteilung verwaltet alle Mitarbeiter in einem Feld personal. Chefs sind auch Mitarbeiter, d. h., ein Chef ist ein spezieller Mitarbeiter:

```
class Chef extends Mitarbeiter ...
```

Wir erweitern die Klasse Mitarbeiter um ein zusätzliches Attribut, nämlich die Abteilung, und erhalten die Klasse Chef in Listing 3.10. Die Klasse Chef hat einen Konstruktor, in dem gemäß Abschnitt 3.3.3 der Konstruktor der Superklasse Person aufgerufen wird. Die Selbstdarstellung von Chefs kann sich natürlich nicht auf die eines gewöhnlichen Mitarbeiters reduzieren. In jedem Fall müssen wir auch die Eigenschaft der Leitung einer Abteilung zum Ausdruck bringen. Also überschreiben wir die Methode ausgabe(), d. h., wir geben sie in der Klasse Chef neu an. Mit der optionalen Annotation @Override zeigen wir dem Compiler an, dass wir eine Methode überschreiben wollen. Diese Annotation ist nicht erforderlich, schützt uns aber vor den Konsequenzen von Schreibfehlern, falls wir eine Methode versehentlich falsch buchstabieren und dadurch eventuell nicht überschreiben.

Listing 3.10 Erweiterung des Mitarbeiters zu Chef

```java
public class Chef extends Mitarbeiter {

  private final String abteilung; // Zusaetzliches Attribut der Klasse Chef

  public Chef(String name, int personalNummer, double gehalt,
          String abteilung) {
    // Zuerst die Oberklasse initialisieren. Siehe Abschnitt 3.3.3
    super(name, personalNummer, gehalt);
    // Dann die zusätzlichen Attribute setzen
    this.abteilung = abteilung;
  }

  // Methode ausgabe überschreiben, d.h. neu definieren
  @Override
  public void ausgabe() {
    super.ausgabe(); // Darstellung der Oberklasse rufen
    System.out.printf (" Leitung Abteilung %s\n", abteilung);
  }
}
```

Die Verwaltung und die Polymorphie

Die Eigenschaft, „Chef" zu sein, ist mit der Abspeicherung im Feld personal keinesfalls verschwunden. Die main()-Routine ruft in einer Schleife alle von der „Personalabteilung" im Feld personal verwalteten Objekte zur Selbstdarstellung auf. *Eine Personalabteilung verwaltet 0..* Mitarbeiter.*

Listing 3.11 Beispiel für den Einsatz der Polymorphie zur rationellen Verwaltung von Mitarbeitern

```java
public class PersonalAbteilung {
  private Mitarbeiter personal[] = {
      new Mitarbeiter("Hitchcock", 0, 1000.0),
      new Mitarbeiter("Bond", 7, 2000.0),
```

```
      new Mitarbeiter("Ford", 99, 3000.0),
      new Chef("McNealy", 1, 9000.0, "Sun") };

  public void verwalte() {
    for (Mitarbeiter p : personal)
      p.ausgabe();          // 1

    for (Mitarbeiter p : personal)
      p.erhöheGehalt(100);  // 2

    for (Mitarbeiter p : personal)
      p.ausgabe();          // 3
  }

  public static void main(String[] args) {
    PersonalAbteilung pa = new PersonalAbteilung();
    pa.verwalte();
  }
}
```

Die Anweisungen // 1 und // 3 bedeuten jeweils: „Rufe die ausgabe()-Methode des entsprechenden Objekts auf." Wenn ein Mitarbeiter-Objekt vorliegt, wird die ausgabe()-Methode der Klasse Mitarbeiter aufgerufen. Handelt es sich hingegen um ein Chef-Objekt, wird die ausgabe()-Methode der Klasse Chef aufgerufen. Dies bezeichnet man auch als „späte Bindung" bzw. „Polymorphie".

In der Klasse Chef ist die Methode **void** erhöheGehalt(**double** Betrag) der Basisklasse Mitarbeiter nicht überschrieben. Damit wirkt diese Methode in unveränderter Form in // 2 auch für Chefs, die ebenfalls in den Genuss einer Gehaltserhöhung kommen können.

Ausgabe des Programms

```
Name Hitchcock         Personalnummer   0 Gehalt :    1000,00
Name Bond              Personalnummer   7 Gehalt :    2000,00
Name Ford              Personalnummer  99 Gehalt :    3000,00
Name McNealy           Personalnummer   1 Gehalt :    9000,00
  Leitung Abteilung Sun
Name Hitchcock         Personalnummer   0 Gehalt :    1100,00
Name Bond              Personalnummer   7 Gehalt :    2100,00
Name Ford              Personalnummer  99 Gehalt :    3100,00
Name McNealy           Personalnummer   1 Gehalt :    9100,00
  Leitung Abteilung Sun
```

Auch wenn Chef eine Unterklasse von Mitarbeiter ist, so hat Chef keinen Zugriff auf private Daten von Mitarbeiter. Wenn der Zugriff auf Daten für Unterklassen erlaubt, aber für andere verboten sein soll, kann man als Attribut **protected** wählen.

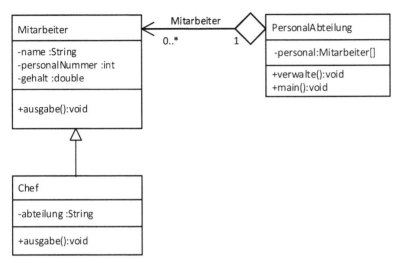

Bild 3.9 UML für die Verwaltung aller Mitarbeiter, auch der Chefs

Beziehungen zwischen den Klassen

In Bild 3.9 sehen Sie die Spezialisierung eines Mitarbeiters als Chef. Die Personal Abteilung enthält Referenzen auf beliebig viele Mitarbeiter-Objekte. Dies ist eine Assoziation im UML-Sinne und wie in Abschnitt 3.4.7 von [JRHZQ04] beschrieben dargestellt. Mitarbeiter sind dabei auch ohne die PersonalAbteilung existenzfähig.

3.3.2 Methoden der Klasse Object überschreiben

Die Klasse Object enthält u. a. folgende Methoden.

```
public String toString ();
public int hashCode();
public boolean equals(Object obj);
```

Ausgabe zu Testzwecken

Java ruft die Methode toString() in println-Anweisungen für Objekte auf. Wenn man in einer abgeleiteten Klasse diese Methode überschreibt, ruft println die in der Klasse definierte Methode auf, nicht die in Object definierte Methode. Dies kann insbesondere zum Test mit der klassischen Strategie „if in doubt, print it out" nützlich sein.

Gleichheit von Objekten feststellen

equals vergleicht ein Objekt mit einem anderen und liefert genau dann **true**, wenn beide Objekte logisch gleich sind, d. h. in allen Attributen übereinstimmen. Dieser Fall kann z. B. beim Kopieren von Objekten oder beim Wiederherstellen von Objekten aus Datenbanken auftreten.

hashCode liefert einen sog. Hash Code zurück. Dies ist eine ganze Zahl, die aus den Attributen eines Objekts berechnet wird. Er soll nach Möglichkeit ein Objekt identifizieren. Java erwartet (natürlich), dass die hashCode-Methode für logisch gleiche Objekte den gleichen Wert liefert. In der Konsequenz gilt: Wenn eine Klasse eine der beiden Methoden equals bzw. hashCode überschreibt, dann muss auch die andere Methode überschrieben werden.

Hinweis zu Eclipse

Eclipse generiert die oben angegebenen Methoden aus den Attributen der Klasse. Ein Beispiel finden Sie in Abschnitt 3.5.1.

Hinweis zu record

Wenn Sie einen **record** in Java benützen, stehen Ihnen neben equals und hashCode auch noch Konstruktoren und Zugriffsmethoden ohne zusätzliches Programm zur Verfügung.

3.3.3 Lebenszyklus von Objekten

Wie entsteht ein Objekt? Zunächst besorgt das Java-Laufzeitsystem einen Bereich im Freispeicher zur Ablage der Daten für das Objekt. Falls die Klasse noch nicht geladen war, muss sie zunächst geladen und initialisiert werden. Ist dies geschehen, beginnt die Initialisierung des Objekts. Zunächst belegt das Java-Laufzeitsystem den Speicher für das Objekt mit Default-Werten. Danach laufen die vom Programmierer geschriebenen Wertzuweisungen in der Reihenfolge wie im Programm ab, die bei der Deklaration der Attribute stehen. In dieser Phase können wir also nur Werte von Variablen benützen, die weiter vorne im Programm stehen. Dann läuft der gewählte Konstruktor für das Objekt an. Details sind in Abschnitt 12.4 von [GJSBB14] beschrieben.

Die Konstruktoren von Oberklassen müssen vor den Konstruktoren der Unterklassen ablaufen, damit man bei der Belegung der zusätzlichen Attribute der Unterklasse von einer „funktionierenden" Oberklasse ausgehen kann. Bild 3.8 zeigt, dass ein Chef eine Unterklasse der Klasse Mitarbeiter ist. Damit muss der Konstruktor für Mitarbeiter zuerst ablaufen.

Wenn wir in einer Klasse keinen Konstruktor angeben, erzeugt der Compiler einen parameterlosen Konstruktor, den sog. Default-Konstruktor. Wenn wir in einem Konstruktor in der ersten Anweisung keinen Konstruktor der Oberklasse aufrufen, wie etwa im Konstruktor der Klasse Oberklasse in Listing 3.12, setzt der Compiler den Aufruf des Default-Konstruktors der Oberklasse ein. Im Default-Konstruktor von Oberklasse wäre dies der Aufruf **super**() für den Konstruktor von Object, denn

3.3 Unterklassen und Polymorphie in Java

Oberklasse ist eine Unterklasse von Object. Beachten Sie bitte, dass beim Aufruf des Konstruktors für Oberklasse aus Unterklasse heraus tatsächlich ein Unterklasse-Objekt vorliegt, wie die vierte Zeile der Ausgabe in Listing 3.12 zeigt.

Vorsicht beim Aufruf von Methoden in einem Konstruktor

Wenn wir in einem Konstruktor eine Methode aufrufen, dann läuft über die späte Bindung diejenige Methode, die zum Objekt gehört. In einem der Konstruktoren von Oberklasse wäre dies eine Methode aus Unterklasse, wenn diese überschrieben wäre. Dieser Methodenaufruf würde dann die Daten der Unterklasse in einem Zustand vor Ablauf des Konstruktors der Unterklasse antreffen. Dies könnte zu unerwarteten Ergebnissen führen.

Listing 3.12 Welcher Konstruktor läuft zuerst?

```java
class Oberklasse {
  public Oberklasse() {
    System.out.println("Kon. Oberklasse");
  }

  public Oberklasse(int a) {
    System.out.printf("Kon. Oberklasse: %3d. Bin %s\n", a, getClass().getName());
  }
}

class Unterklasse extends Oberklasse {
  public Unterklasse() {
    System.out.println("Kon. Unterklasse");
  }

  public Unterklasse(int a) {
    super(a);
    System.out.printf("Kon. Unterklasse: %3d. Bin %s\n", a, getClass().getName());
  }
}

public class WelcherKonstruktorLaeuft {
  @SuppressWarnings("unused")
  public static void main(String[] args) {
    Unterklasse k1 = new Unterklasse();
    Unterklasse k2 = new Unterklasse(100);
  }
}
```

Ausgabe

```
Kon. Oberklasse
Kon. Unterklasse
Kon. Oberklasse: 100. Bin Unterklasse
Kon. Unterklasse: 100. Bin Unterklasse
```

Vorsicht Falle: mögliche scheinbar seltsame Fehler beim Übersetzen
Wenn eine Oberklasse keinen Default-Konstruktor hat und wir im Konstruktor einer Unterklasse keinen Aufruf eines Konstruktors der Oberklasse schreiben, erzeugt der Compiler einen Aufruf des Default-Konstruktors der Oberklasse. Da diese keinen Default-Konstruktor hat, meldet der Compiler einen Fehler.

Lebensdauer von Objekten

Ein Objekt kann nicht einfach gelöscht werden, es existiert so lange, bis die letzte gültige Referenz erlischt. Danach ist es quasi „herrenlos" und kann von der Speicherbereinigung entsorgt werden. Das Laufzeitsystem aktiviert diese Garbage-Collection zu einem als günstig erachteten Zeitpunkt; sie kann auch vom Anwender initiiert werden:

```
System.gc ()
```

Es gibt keine Garantien, ob bzw. wann die Bereinigung durchgeführt wird, noch hinsichtlich der Effizienz. Gültige Referenzen werden auf den Stacks aller aktiven Threads[2] sowie im Bereich der statischen Daten aller geladenen Klassen gesucht. Dazu kommen die direkt oder indirekt von solchen Referenzen aus über darin enthaltene Referenzen erreichbaren Objekte. Die „herrenlosen" Objekte liegen bei denjenigen Objekten, die man nicht erreicht.

Entsorgung von Objekten

Wir können in einer Java-Klasse die `finalize()`-Methode von `Object` überschreiben. Dann stößt das Java-Laufzeitsystem diese Methode an, bevor es den Speicher für das Objekt freigibt. Es sind keine Aussagen darüber möglich, wann dies erfolgt. Auch ein expliziter Aufruf der `finalize()`-Methode aus anderen Klassen heraus ist nur für abgeleitete Klassen möglich, denn `finalize()` ist **protected**.

3.3.4 Wie funktioniert die Polymorphie?

Die Klasse `Personalabteilung` in Listing 3.11 kann Mitarbeiter deswegen so einfach verwalten, weil sie in der Lage ist, Methoden *unabhängig* vom Typ der Mitarbeiter aufzurufen: Man schreibt einfach `objekt.ausgabe()`. Die späte Bindung besorgt dann den Aufruf der Methode der zum tatsächlichen Objekt gehörigen Klasse. Deswegen muss jedes Objekt eine Information über die Klasse enthalten, zu der es gehört. Java muss die passende Methode zur Laufzeit eines Programms anhand der Identifikation der Methode sowie der Klasse finden. Diese Zuordnung lässt sich über Tabellen her-

---

[2] Siehe Kapitel 6.

stellen, die für jede vorhandene Kombination aus Klasse und Methode den Bezug zum Code enthalten. Als besonders effizient gelten die sog. „Virtuelle Methoden-Tabellen" (VMT, manchmal auch als vtable bezeichnet). Die folgende schematische Darstellung bezieht sich auf das Beispiel der Klassen Mitarbeiter aus Listing 3.1 und Chef aus Listing 3.10.

Man kann sich eine Klasse als Datensatz vorstellen, der alle **static**-Daten der Klasse enthält. Dazu kommt noch eine Tabelle mit den Adressen aller Methoden[3] der Klasse. Auch das Objekt ist als Datensatz abgelegt. Dort finden sich die Attribute sowie ein Verweis auf den Datensatz der zugehörigen Klasse. Bild 3.10 zeigt den Zusammenhang zwischen den Referenzen, den Objekten und den Klassen.

```
Mitarbeiter alfred = new Mitarbeiter("Hitchcock", 0, 1000.0);
Mitarbeiter scott  = new Chef("McNealy", 1, 9000.0, "Sun");
```

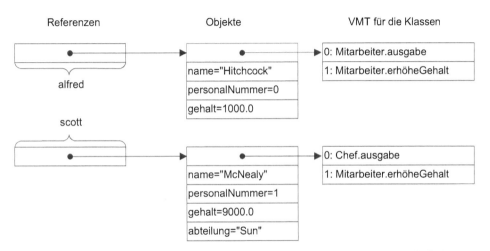

Bild 3.10 Aufbau von Objekten und die VMT für die Klassen Mitarbeiter und Chef

Zum Aufruf einer Methode braucht man nur die Nummer der Methode in der VMT. Man ruft also die Methode nicht *direkt*, sondern *indirekt* über die Tabelle mit den Adressen der Methoden auf. Die ausgabe()-Methode hat in diesem Fall die Nummer 0, die erhöheGehalt()-Methode die Nummer 1 usw. Ein Aufruf könnte dann wie folgt aussehen:

```
call Methode [i] aus der VMT der zum Objekt gehörigen Klasse
```

Diese Tabelle für die Klasse Chef kann man aus der Tabelle für die Klasse Mitarbeiter aufbauen, indem man die Tabelle von Mitarbeiter zunächst übernimmt. Dann überschreibt man die Einträge für die „überschriebenen" Methoden im wahrsten Sinne des Wortes und fügt die Einträge für die neuen Methoden hinzu.

---
[3] Keine **static**-Komponenten

3.3.5 Wertzuweisung und Cast-Anweisung

Listing 3.13 Wertzuweisung für Objekte verschiedener Klassen

```
01: Klasse1 objekt1 = new Klasse1 (...);
02: Klasse2 objekt2 = new Klasse2 (...);
03: Object  objekt;
04: objekt1 = objekt2;   // Vorsicht
05: objekt  = objekt1;   // IMMER möglich. Alles ist Object
```

Die Wertzuweisung in Zeile 04 aus Listing 3.13 für Objekte verschiedener Klassen ist nicht ohne Weiteres möglich. Dabei sind drei Fälle zu unterscheiden:

1. Klasse1 ist Oberklasse von Klasse2 (siehe Listing 3.14).

2. Klasse2 ist Oberklasse von Klasse1 (siehe Listing 3.15).

3. Keine Klasse ist Oberklasse der anderen Klasse.

Listing 3.14 Fall 1: Klasse1 (hier Mitarbeiter) ist Oberklasse von Klasse2 (hier Chef)

```
01: Mitarbeiter objekt1 = new Mitarbeiter (...);// Klasse1
02: Chef        objekt2 = new Chef (...);       // Klasse2
03: Object objekt;
04: objekt1 = objekt2;   // mitarbeiter = chef;
                         OK! Denn jeder Chef ist Mitarbeiter
05: objekt  = objekt1;   // immer möglich: Jede Klasse ist Object
```

Klasse1 (hier Mitarbeiter) ist eine Oberklasse von Klasse2 (hier Chef). Die Wertzuweisung in Zeile 04 ist problemlos möglich, denn jedes Chef-Objekt ist ein Mitarbeiter-Objekt. Da objekt1 ein Mitarbeiter-Objekt ist, hat es keine Abteilung, man könnte sie also nicht ansprechen, selbst wenn diese **public** wäre.

Zeile 05 ist in Java für alle Objekte möglich: Jede Klasse ist direkt oder indirekt von Object abgeleitet.

Listing 3.15 Fall 2: Klasse2 (hier Mitarbeiter) ist Oberklasse von Klasse1 (hier Chef)

```
01: Chef        objekt1 = new Chef (...);   // Klasse1
02: Mitarbeiter objekt2 = new ...           // Klasse1 oder Klasse2
03: Object objekt;
04: objekt1 = objekt2;   // FALSCH, nicht jeder Mitarbeiter ist Chef
05: objekt  = objekt1;   // immer möglich: Jede Klasse ist Object
```

Klasse2 (hier Mitarbeiter) ist eine Oberklasse von Klasse1 (hier Chef). In diesem Fall erweitert Klasse1 die Klasse Klasse2, die Wertzuweisung in Zeile 04 ist in der einfachen Form ein Fehler, den der Compiler entdeckt. Dennoch könnte das Klasse2-Objekt ein Chef sein, der in Zeile 02 nur als Mitarbeiter auftritt, wenn in Zeile 02 objekt2 = **new** Chef(...) stünde. Wie kann man in diesem Fall die Chef-Eigenschaften wieder ansprechen? Es ist eine Umwandlung von Typen (Cast[4]) erforderlich:

---

[4] Cast: Typumwandlung, Guss, Rollenbesetzung

3.3 Unterklassen und Polymorphie in Java

```
objekt1 = (Klasse1)objekt2;     // Zuweisung mit Cast
// Aber nur, falls objekt2 wirklich Klasse1 ist!!!!!

// Wenn objekt2 ein Objekt der Klasse1 ist:
if (objekt2 instanceof Klasse1)   // sichere Variante des Cast
    objekt1 = (Klasse1)objekt2;
```

Falls objekt2 kein Objekt der Klasse1 ist, wird in der ungesicherten Variante (grau hinterlegt) in obigem Beispiel eine ClassCastException geworfen, denn so wäre über objekt2 (z. B. Person) der Zugriff auf Attribute oder Methoden möglich, die nicht zu Klasse2 (z. B. Abteilung in der Klasse Chef) gehören, wie in Bild 3.8 dargestellt. Dann hätte man einen undefinierten Zugriff auf Speicher hinter den definierten Variablen und man wäre mit einem Loch im Sicherheitsnetz von Java konfrontiert.

Fall 3

Falls keine der Klassen Oberklasse der anderen ist und die Klassen nicht gleich sind, ist Zeile 04 immer falsch. Auch ein Cast hilft nicht weiter.

Anwendung

Java definiert eine Reihe von Methoden mit Object als Typ für einen Parameter. Damit können Sie an dieser Stelle jedes Objekt einer beliebigen Klasse als Parameter übergeben.

Cast auf Objekte ist unsicher!

Eine sichere Lösung für das Problem der Typermittlung und Umwandlung finden Sie in Abschnitt 3.3.8.

3.3.6 Klassen und Ausnahmen

Programme müssen auf jede Situation gefasst sein, auch auf Ausnahmesituationen. Gerade bei einer Programmierung für das Internet sind Abstürze von Programmen nicht akzeptabel. Wenn ein Programm nur in einer „friendly atmosphere" läuft, ist dies zu wenig.[5] Auch die Programmausnahmen sind Objekte und lassen sich klassifizieren. Die Behandlung der Ausnahmen erfolgt dann wieder hierarchisch. Im folgenden Beispiel benützen wir eine Oberklasse Exception1, die ihrerseits eine Unterklasse von Exception ist. Die Klasse Exception2 ist eine Unterklasse von Exception1. Die Methode demo() hat die Aufgabe, verschiedene Programmausnahmen auszulösen.

---

[5] Siehe auch Kapitel 2, Ausnahmen

Listing 3.16 Hierarchische Ausnahmen und deren Behandlung

```java
class Exception1 extends Exception {
  Exception1(String text) {
    super(text);
  }
}

class Exception2 extends Exception1 {
  Exception2(String text) {
    super(text);
  }
}

public class Ausnahmebehandlung {
  void demo(int i) throws Exception1, Exception2, Exception {
    if (i == 1)
      throw new Exception1("Ausnahme 1");
    else if (i == 2)
      throw new Exception2("Ausnahme 2");
    else if (i == 3)
      throw new Exception("Ausnahme 3");
  }

  public static void main(String[] args) throws Exception {
    Ausnahmebehandlung e = new Ausnahmebehandlung();
    for (int i = 1; i <= 4; i++)
      try {
        e.demo(i);
      } catch (Exception2 ex) {
        System.out.printf("Aufgefangen an Stelle a: %s\n", ex);
      } catch (Exception1 ex) {
        System.out.printf("Aufgefangen an Stelle b: %s\n", ex);
      } catch (Exception ex) {
        System.out.printf("Aufgefangen an Stelle c: %s\n", ex);
      } finally {
        System.out.printf ("Abschlussbehandlung für Fall %d\n", i);
      }
  }
}
```

Ausgabe (mit nachträglich eingefügter Nummerierung)

```
01: Aufgefangen an Stelle b: Exception1: Ausnahme 1
02: Abschlussbehandlung für Fall 1
03: Aufgefangen an Stelle a: Exception2: Ausnahme 2
04: Abschlussbehandlung für Fall 2
05: Aufgefangen an Stelle c: java.lang.Exception: Ausnahme 3
06: Abschlussbehandlung für Fall 3
07: Abschlussbehandlung für Fall 4
```

Erläuterung

Beachten Sie bitte, dass die **for**-Schleife im Programm trotz der Programmausnahmen viermal durchlaufen wird. Dies ist nur möglich, da die Ausnahmen aufgefangen wurden.

Zeile 01 zeigt, dass die Ausnahme Exception1 von der richtigen Stelle (b) im Programm aufgefangen wird. In Zeile 02 sieht man die Ausgabe der Abschlussbehandlung für die Programmausnahmen mit **finally**. Mit dieser Anweisung kann man gemeinsamen Programmcode in verschiedenen **catch**-Zweigen der Ausnahmebehandlungen schreiben, der aber auch dann durchlaufen wird, wenn keine Ausnahme vorliegt, wie in Zeile 04 gezeigt.

Zeile 03 zeigt die Behandlung der zweiten Ausnahme analog zur ersten. Exception2 ist ein Spezialfall von Exception1. Wird eine Exception2 geworfen, wird sie als Exception1 behandelt. Zeile 4 enthält die Abschlussbehandlung.

Wenn die Blöcke (a) und (b) im Quellprogramm vertauscht wären, ergäbe sich folgende Situation:

```
catch (Exception1 ex) {
  System.out.printf ...;
}
catch (Exception2 ex) {
  System.out.printf ...;
}
```

Java-Compiler übersetzen das dermaßen geänderte Programm nicht, da die Behandlung von Exception1 die von Exception2 verdecken würde, weil immer die erste passende Ausnahmebehandlung zum Auffangen gewählt wird.

Die Zeilen 02, 04, 06 und 07 der Ausgabe des Programms zeigen, dass **finally** keine Behandlung einer Ausnahme durchführt, sondern lediglich der abschließenden Ausnahmebehandlung dient. Wenn eine pauschale Behandlung von Ausnahmen gewünscht wird, fängt man die Oberklasse der Ausnahmen Exception auf. Dadurch würde man aber auf eine differenzierte Reaktion auf die Fehlersituation verzichten.

try mit Ressourcen

Eine Ressource ist ein Betriebsmittel, das nach Benützung geschlossen werden muss. Beispiele hierfür sind Dateien aus Kapitel 5. Das folgende Programmlisting nach [GJSBBSB23] öffnet eine Ressource in den runden Klammern der **try**-Anweisung. Diese Ressource steht dann innerhalb der geschweiften Klammern zur Verfügung und wird automatisch geschlossen. Mit diesem neuen Sprachmerkmal von Java 7 vereinfacht sich die Bearbeitung von Ressourcen, sofern sie die AutoCloseable-Schnittstelle implementieren. Schnittstellen behandeln wir in Abschnitt 3.5.

```
// try für Java bis einschl. Java 6: Schließen in finally
static String readFirstLineFromFile(String path) throws IOException {
  BufferedReader br = new BufferedReader(new FileReader(path));
  try {
    return br.readLine();
  } finally {
    br.close();
  }
}

// try mit Ressourcen ab Java 7
static String readFirstLineFromFile(String path) throws IOException {
  try (BufferedReader br = new BufferedReader(new FileReader(path)) {
    return br.readLine();
  }
}
```

Checked Exceptions und unchecked Exceptions

Die Unterklasse `RuntimeException` der Klasse `Exception` ist die Basisklasse für Laufzeitausnahmen wie `ArithmeticException`, `NullpointerException` oder andere. Solche Laufzeitausnahmen können in jedem Programm auftreten und müssen nicht explizit von den einzelnen Methoden geworfen werden. Der Compiler überprüft die Methoden nicht hierauf. Dies steht im Gegensatz zu anderen Ausnahmen, siehe Listing 3.16.

3.3.7 Abstrakte Klassen: Design für Vererbung

Durch Vererbung können Programme einer bestimmten Aufgabe angepasst werden. Wenn man nun mehrere ähnlich gelagerte Probleme hat, kann man versuchen, gemeinsame Teile „auszuklammern", um auf diese Weise Redundanzen in den Quellprogrammen zu vermeiden. Das Ergebnis dieses „Ausklammerns" bzw. dieser gedanklichen Abstraktion kann eine Klasse sein, für die es keine Objekte gibt. Es gibt kein abstraktes Verkehrsmittel, es gibt nur konkret: ein Fahrrad, ein Auto oder ein Flugzeug. Es gibt kein abstraktes „geometrisches Objekt", es gibt nur einen Punkt, eine Gerade usw. Es gibt keine allgemeine Eingabe, es gibt nur die Eingabe von einer Datei, über das Internet etc. Es gibt keinen allgemeinen Grafikkontext, es gibt nur einen Grafikkontext für Windows, für Solaris etc.

Solche Klassen wie etwa „geometrisches Objekt" können dennoch konkrete Funktionalität enthalten, die dann in allen abgeleiteten Klassen zur Verfügung steht. Manche allgemeine Aufgaben wie *bewegen* für Verkehrsmittel oder *einlesen* für Eingabesysteme kann man in den allgemeinen Klassen nicht angeben. Man müsste sie für das Fahrrad oder den Supertanker separat programmieren. Eine Anwendung für Verkehrsmittel benötigt aber die Methode *bewegen*, auch wenn sie sich so abstrakt nicht formulieren lässt. Deswegen stellt Java spezielle Methoden ohne Funktionalität zur Verfügung, die sog. abstrakten Methoden. Bei solchen Methoden schreibt man nur den Rumpf der Methode ohne den im allgemeinen Fall nicht machbaren Programmcode. Gleichzeitig müssen konkrete Klassen gezwungen werden, den Programmcode anzugeben, sonst gehen Aufrufe an die Methoden bei den konkreten Objekten wie einem Fahrrad-Objekt ins Leere. Die abstrakten Methoden ziehen folgerichtig abstrakte Klassen nach sich. In Java formuliert man dies so:

```
abstract class Verkehrsmittel {
  ... konkrete Daten wie z.B. zurückgelegte km
  abstract void bewege ();
  ... usw. ...
}
```

Jetzt haben wir abstrakte Verkehrsmittel, für die wir ein einheitliches Verkehrssystem erstellen können. Der entscheidende Fortschritt: Wenn später ein neues Verkehrsmittel auftaucht, müssen wir unser Verkehrssystem nicht mehr ändern und rufen einfach dessen bewege()-Methode auf. Wir können nun allgemeine Rahmenanwendungen programmieren, wie z.B. eine Datenverarbeitung, und müssen wegen neuer Eingabequellen für Daten unsere Anwendung nicht mehr ändern. Das Ein-/Ausgabesystem von Java wendet dieses Prinzip konsequent an. Sie müssen Ihre Datenverarbeitung nicht mehr umstellen, nur weil die Daten jetzt statt von Hintergrundspeicher über das Internet geholt werden. Die Bilder 5.2, 5.3, 5.4 und 5.5 zeigen in Kapitel 5 Beispiele für diese Technik der abstrakten Basisklassen.

Beispiel: Geometrische Objekte in Aufgabe 3.7

Ein JPanel namens GeometrischeObjekte soll verschiedene geometrische Objekte verwalten: Kreise und Rechtecke. Unser System soll auch offen für neue Formen, wie Ellipsen oder Vielecke, sein. Die Objekte sollen sich jeweils selbst zeichnen. Sie sollen selbst berechnen, ob ein Klick mit der Maus innerhalb ihrer Fläche erfolgt ist.

Unsere Grafikanwendung verwaltet solche Objekte. Dazu ruft es die Methoden zeichnen zur grafischen Darstellung sowie liegtInnerhalb zur Lokalisierung eines Mausklicks auf. Falls Letztere **true** zurückliefert, geben wir den Namen des betroffenen geometrischen Objekts sowie die Koordinaten der Maus beim Klick aus.

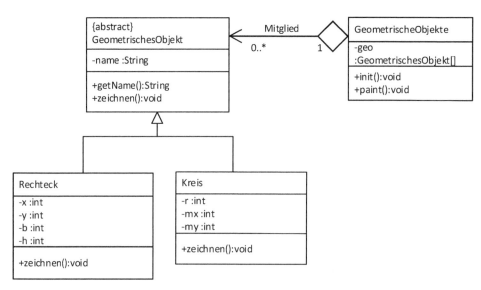

Bild 3.11 Die Klasse GeometrischeObjekte verwaltet geometrische Objekte

Hinweis zur Realisierung des Systems

Sie finden den Programmcode als Ausgangslage für die Übung 3.7 bei der Begleitsoftware im Unterordner ausgangslage.

Wir schreiben eine abstrakte Klasse GeometrischesObjekt. Diese hat als Attribut seinen Namen und eine get-Methode zum Auslesen des Namens. Da sich das allgemeine Objekt nicht zeichnen kann, formulieren wir die zeichnen()-Methode als **abstract**.

1. Als Anwendung dieser Klasse schreiben wir die Klassen Kreis und Rechteck. Dort überschreiben wir jeweils die abstrakte Methode zeichnen() zur Ausgabe. Dies ist in den konkreten Klassen möglich, denn ein Rechteck „kennt" seine Position sowie seine Breite b bzw. Höhe h.

2. Das Hauptprogramm GeometrischeObjekte läuft als JPanel. In seinem Konstruktor initialisiert es die geometrischen Objekte. Die paint()-Methode[6] ruft die zeichnen()-Methode der geometrischen Objekte auf. Zur Laufzeit wird die passende Methode ermittelt und aufgerufen.

 Vorteile dieser Konstruktion
Wir lösen die Probleme dort, wo sie anfallen. Die Verwaltung muss nicht „wissen", wie die einzelnen Objekte aufgebaut sind. Dadurch entkoppeln wir die Verwaltung von den einzelnen Formen und können leicht neue Formen hinzufügen.

---

[6] Der Name dieser Methode ist obligatorisch, da ihn das – wie unser Beispiel aufgebaute – Java-Grafik-System vorschreibt.

Listing 3.17 Einsatz von abstrakten Klassen zum Entwurf flexibler Verwaltungen

```java
// Die Verwaltung arbeitet mit allen von dieser Basisklasse abgeleiteten Klassen
abstract class GeometrischesObjekt {
  private final String name;
  public GeometrischesObjekt(String name) { this.name = name; }
  public String getName() { return name; }
  abstract public void zeichnen(Graphics g);
}

class Kreis extends GeometrischesObjekt {
  private final int r; // r = Radius

  private final int mx, my; // mx = x Mittelpunkt, my = y Mittelpunkt

  public Kreis(int r, int mx, int my) {
    super("Kreis");
    this.r = r; this.mx = mx; this.my = my;
  }

  @Override
  public void zeichnen(Graphics g) {
    g.drawArc(mx - r, my - r, 2 * r, 2 * r, 0, 360);
  }
}

class Rechteck extends GeometrischesObjekt {
  private final int x, y, breite, hoehe;

  public Rechteck(int x, int y, int b, int h) {
    super("Rechteck");
    this.x = x;
    this.y = y;
    this.breite = b;
    this.hoehe = h;
  }

  @Override
  public void zeichnen(Graphics g) {
    g.drawRect(x, y, breite, hoehe);
  }
}

public class GeometrischeObjekte extends JPanel {
  private final GeometrischesObjekt[] formen = new GeometrischesObjekt[5];

public GeometrischeObjekte() {
    formen[0] = new Kreis(30, 50, 70);
    for (int i = 1; i < formen.length; i++)
      formen[i] = new Rechteck(20 + i *10, 10 + i *10, 100, 15);
  }

  @Override
  public void paint(Graphics g) {
    for (GeometrischesObjekt objekt: formen)
```

```
        objekt.zeichnen(g);
    }
}
```

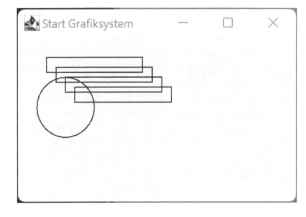

Bild 3.12
Kreise und Rechtecke als
geometrische Objekte

3.3.8 Ableitung von Klassen begrenzen

Listing 3.17 zeigt die Basisklasse GeometrischesObjekt sowie diverse Ableitungen wie Rechteck. In manchen Fällen kann es erwünscht sein, die Ableitung auf schon bei der Definition einer Klasse benannte andere Klassen zu beschränken. Damit könnte man z. B. das unerwünschte Überschreiben von Methoden der Basisklasse durch neue, beim Design unbekannte Klassen unterbinden. Java unterstützt diese Restriktion durch **sealed** und **final**:

- **final**: die Klasse gestattet keinerlei Ableitungen mehr.
- **sealed**: die Klasse gestattet mit **permits** nur definierte Ableitungen.

Fallstudie: Resultate verarbeiten

Ein Programm erteilt Aufträge. Diese werden von einem Auftragnehmer verarbeitet, der Ergebnisse als Objekte der Klasse Erfolg liefert. Dabei können Fehler auftreten, die als Objekte der Klasse Fehler zurückgemeldet werden müssen. Die Rückmeldung soll einheitlich in Form der Instanz der Klasse Ergebnis erfolgen. Die Klassen Fehler und Erfolg haben nichts gemeinsam, außer dass Objekte ihrer Klassen als Ergebnis vom Auftragnehmer geliefert werden. Die Lösung soll auch dann funktionieren, wenn Auftraggeber und Auftragnehmer nicht über Aufrufe von Methoden, sondern über Warteschlangen für Aufträge bzw. Rückmeldungen kommunizieren.

Wir modellieren die Situation mithilfe der Klasse Ergebnis. Ergebnis erlaubt als Ableitungen nur die Klassen Fehler und Erfolg. Diese beiden Klassen lassen keine weiteren Ableitungen zu. Der Auftraggeber erhält Rückmeldungen stets als Objekte der Klasse Ergebnis. Dabei können zwei Fälle auftreten:

- Fehler: Ein Objekt der Klasse Fehler wird geliefert.
- Erfolg: Ein Objekt der Klasse Resultat wird geliefert.

Der Auftraggeber muss bei der Bearbeitung beide Fälle unterscheiden. Die in der main()-Funktion benutzte **switch**-Anweisung verzweigt aufgrund der Klasse des Ergebnisses. Diese sog. „Pattern matching of instanceof" genannte Form der **switch**-Anweisung erspart dem Anwender die für Fehler anfälligen Typumwandlungen. In den einzelnen Zweigen der **switch**-Anweisung steht jeweils ein Objekt der entsprechenden Klasse zur Verfügung.

```
Ergebnis r = berechne(...);
switch (r) {
  case Erfolg e -> { e.(...)...} // Sicher!
  case Fehler f -> { f.(...)...} // Sicher!
}
```

switch mit sealed-Klassen

Wenn wir bei **switch** aufgrund einer **sealed**-Basisklasse verzweigen, überprüft der Compiler die Vollständigkeit der Alternativen bei der Verzweigung.

Überdeckung von Alternativen

Würde bei der Verzweigung der allgemeinere Fall zuerst aufgeführt, so würde er den spezielleren Fall überdecken, wie der Fehler im folgenden Programmabschnitt zeigt. Der allgemeinste Fall wäre die Klasse Object als letztendliche Basisklasse aller Klassen.

```
switch (r) {
case Object o -> {...} // Fehler ! Müsste als letzter Zweig folgen
case Erfolg e -> {...}
```

Listing 3.18 Klassen mit **sealed**, **switch** aufgrund von Klassen

```
abstract sealed class Ergebnis permits Fehler, Resultat { }

final class Fehler extends Ergebnis {
  private final String msg;

  public Fehler(String msg) {
    this.msg = msg;
  }

  public String getMsg() {
    return msg;
  }
}
```

```java
final class Erfolg extends Ergebnis {
  private final double resultat;

  public double getResultat() {
    return resultat;
  }

  public Erfolg(double resultat) {
    this.resultat = resultat;
  }
}
public class Rueckmeldung {

  // Ein Auftragnehmer bearbeitet die Aufträge.
  // Bei bestimmten Daten treten Fehler auf, die gemeldet werden
  static Ergebnis berechne(double d) {
    if (d < 0)
      return new Fehler("Kann keine Wurzel aus negativen Zahlen ziehen");
    else
      return new Erfolg(Math.sqrt(d));
  }

  public static void main(String[] args) {
    // Der Auftraggeber lässt math. Funktionen berechnen
    for (int i = 0; i < 5; i++) {
      Ergebnis r = berechne(i %2==0?i:-i);
      switch (r) {
      case Erfolg e -> {
        double d = e.getResultat();
        System.out.printf("Ergebnis: sqrt (%d) =   %f\n", i, d);
      }
      case Fehler f -> {
        String text = f.getMsg();
        System.out.printf("Fehler : %s\n", text);
      }
      }
    }
  }
}
```

Zusammenfassung

Klassen können Attribute, Methoden und Konstruktoren enthalten. Die einzelnen Objekte unterscheiden sich durch die Werte der Attribute. Mit **public**, **private** und **protected** regelt der Programmierer die Sichtbarkeit. Jede Klasse in Java ist direkt oder indirekt von der Klasse Object abgeleitet: Object ist die Wurzel in der Klassenhierarchie. Diese ist baumstrukturiert, denn Java kennt *keine Mehrfachvererbung!* Sie können jede Methode überschreiben, sofern sie nicht **final** deklariert ist: Polymorphie ist in Java von Anfang an eingebaut. Mit **sealed** begrenzt man Ableitungen von Klassen.

3.4 Generische Elemente in Java

Das Verfahren zur Bestimmung des Maximums zweier Zahlen ist unabhängig vom Typ. Für ganze Zahlen benötigt man andere Maschinenbefehle als für Gleitkommazahlen. Deswegen versucht man in diversen Programmiersprachen, Code für solche generischen Operationen nur einmal zu schreiben. Man parametrisiert den Typ, entwickelt einmal – *und nur einmal* – den Code und benutzt ihn mit Daten der verschiedenen Typen.

Java unterstützt generische Typen nur für Referenztypen, d.h. für Klassen, Schnittstellen (siehe Abschnitt 3.5) und Arrays, nicht jedoch für die Werttypen wie **int**, **float**, ... Diese Unterstützung ist insbesondere dann nützlich, wenn man Objekte aufbewahrt. Das folgende Beispiel zeigt die Klasse Pair für beliebige Referenztypen.

Listing 3.19 Generische Paar-Klasse

```
class Pair<T> {
  public Pair (T first, T second) {
    this.first= first;
    this.second = second;
  }
  public T first;
  public T second;
}
```

Diese Klasse enthält ein Paar von Elementen, das erste Element first und das zweite second. Um den Zugriff zu erleichtern, wählen wir die Attribute für die Elemente als **public**. Wir bezeichnen den Namen für den Typ der Elemente mit T (in Listing 3.19 fett hinterlegt). Den Namen des Typs muss man in der Definition der Klasse an den Klassennamen in spitzen Klammern anhängen. Bei der Definition eines Paars muss man den Typ angeben und ist dann genauso weit, wie wenn man vorher die Klasse Pair für diesen speziellen Typ geschrieben hätte.

Listing 3.20 Beispiele für Paare aus ...

```
// Ein neues Paar von Mitarbeitern:
Pair <Mitarbeiter> p = new Pair<> ( // Typ auf rechter Seite kann man weglassen
    new Mitarbeiter ("a", 1, 1000.0),
    new Mitarbeiter ("b", 2, 2000.0));
Mitarbeiter xx = a.first;

// Ein Chef ist ein Mitarbeiter, also ist auch dies ein Paar von Mitarbeitern:
Pair <Mitarbeiter>  q = new Pair<> (
    new Mitarbeiter ("c", 3, 1000.0),
    new Chef        ("d", 4, 2000.0, "a1"));

// Natürlich gibt es auch ein Paar von Chefs:
Pair <Chef>   c = new Pair<> (
    new Chef   ("e", 5, 1000.0, "a2"),
    new Chef   ("f", 6, 2000.0, "a3"));
```

```
// Einzelne Elemente können auch nachträglich gesetzt werden:
Pair <Mitarbeiter>  q2 = new Pair<> (
    new Mitarbeiter ("g", 7, 1000.0),
    null);
q2.second = new Chef   ("h", 8, 2000.0, "a4");

Pair <Integer> i = new Pair<Integer>(1, 2);
int ii = i.first;

Pair <Double>  d = new Pair<> (2.0, 5.7);
```

Vorteile der Parametrisierbarkeit

Wir müssen die Klasse Pair nur einmal schreiben und können sie für beliebige Referenztypen benutzen. Dabei überprüft der Compiler bei der Übersetzung des Programms, ob die Typen des ersten und des zweiten Elements des Paars gleich dem gewählten Typ sind. Dies ist ein großer Schritt in Richtung Typsicherheit.

Um die Vorteile der generischen Klassen zu verdeutlichen, kann man eine Lösung für das Problem der Paarbildung ohne die Hilfsmittel der generischen Programmierung betrachten. Man kann eine Klasse schreiben, die Elemente vom Typ Object aufnimmt.

Listing 3.21 Paar-Klassen für Object

```
class Pair {

  public Pair (Object first, Object second) {
    this.first= first;
    this.second = second;
  }

  public Object first;
  public Object second;
}
// ... Anwendung
Pair   p = new Pair (
    new Mitarbeiter ("a", 1, 1000.0),
    new Double (1.0));
Mitarbeiter xx = (Mitarbeiter)p.first; // Vorsicht !!
```

Die Übergabe von Objekten an das Pair-Objekt klappt für Objekte aller Klassen problemlos. Man kann Objekte verschiedener Klassen für das erste bzw. zweite Element übergeben, bereits in der Phase der Übergabe von Objekten an den „Behälter" können keine Typen überprüft werden. Beim Zugriff auf Objekte im „Behälter" p muss auf den Typ gecastet werden, von dem man glaubt, dass er zur Laufzeit vorliegen wird. Diese Annahme kann u. U. nicht zutreffen, sodass die oben markierte Anweisung fehlschlagen könnte.

Eigenschaften generischer Elemente in Java

Es gibt keinen erhöhten Laufzeitaufwand durch generische Elemente. Außerdem sind die aus Programmen mit generischen Sprachelementen erzeugten .class-Dateien kompatibel zu vorhandenen Anwendungen, die diese Hilfsmittel nicht benutzt haben. Dieses Verhalten der „Löschung" der Typinformation wird auch als „Type Erasure" bezeichnet. Damit gilt die Typsicherheit nur während der Übersetzung des Programms.

Methoden für Paare aller Typen

Wenn man eine Methode schreiben möchte, die für alle mit obiger Definition gebildeten Paare verwendbar ist, benötigt man das sog. *Jokerzeichen* ?. Es steht für beliebige Typen, die bei der Konstruktion von Paaren möglich sind.

```java
public static void printPair (Pair<?> pair) {
  System.out.println ("1: " + pair.first +
                      " 2 : " + pair.second);
}
//
printPair (i); // Zahlen ausgeben
printPair (p); // Personen ausgeben
```

Ein Chef ist ein Mitarbeiter. Ist ein Paar von Chefs auch ein Paar von Mitarbeitern?

Die emotionale Antwort auf diese Frage ist ein klares *Ja*. Die Antwort des Compilers auf diese Frage ist ein klares *Nein*, er übersetzt eine Wertzuweisung der folgenden Art nicht.

```java
Pair<Mitarbeiter> p = new Pair<Chef> (..., ...); // Fehlerhaft !!!!
```

Die generischen Elemente von Java sind also nicht kovariant. Zur Erklärung dieses Phänomens muss man sich die Folgen überlegen, die eintreten könnten, wenn ein Compiler die obige Anweisung übersetzen würde.

```java
Pair<Mitarbeiter> p = c; // Ein Paar von Chefs = ein Paar Mitarbeitern? FALSCH!
p.first = new Mitarbeiter (...);
```

Da p.first = c.first, wäre im Paar c von Chefs das erste Element ein Mitarbeiter, das zweite Element ein Chef. Damit wäre das Konzept der Typsicherheit ausgehebelt, denn der „Behälter" hatte zugesichert, dass er nur Chefs aufnimmt, und ein Mitarbeiter ist eben a priori kein Chef.

Wie soll man einen allgemeinen Behälter schreiben?

Dazu muss man die Anforderung an die Elemente lockern. Wenn der „Behälter" nur zusichert, dass seine Inhalte aus Personen oder Chefs bestehen, sollte einer Wertzuweisung der folgenden Form nichts mehr im Wege stehen. Die Formel hierfür lautet: irgendeine Klasse, die von Mitarbeiter abgeleitet ist. Das Symbol für „irgendeine Klasse" ist das Jokerzeichen ?. Die Klasse Mitarbeiter dient hier als *obere Schranke* in der Klassenhierarchie. „Höher" geht es nicht in die Klassenhierarchie hinauf, z. B. ist Object hier falsch wie im folgenden Beispiel. Das Gegenteil einer oberen Schranke ist eine untere Schranke. Anstelle des Jokerzeichens sind hier nur Basisklassen zugelassen.

```
// FALSCH: Object ist kein Mitarbeiter
Pair<? extends Mitarbeiter > p1 = new Pair<Object> (null, null);
// Richtig: Ein Chef ist Mitarbeiter, Mitarbeiter ist Object
Pair<? super Chef> p2 = new Pair <Object>(null, null);
Pair<? super Chef> p3 = new Pair <Mitarbeiter >(null, null);
// FALSCH: Nur für Mitarbeiter und Object wäre dies in Ordnung
Pair<? super Mitarbeiter> p4 = new Pair <Chef>(null, null);
```

Tabelle 3.2 Obere und untere Schranken für Typen setzen

<? extends Mitarbeiter>	Mitarbeiter, Chef, von Mitarbeiter abgeleitete Klassen
<? extends Chef>	Chef, von Chef abgeleitete Klassen
<? super Mitarbeiter>	Object, Mitarbeiter
<? super Chef>	Object, Mitarbeiter, Chef

3.5 Schnittstellen in Java

Bei der Vererbung mit **extends** erbt eine Klasse bei einer Erweiterung einer anderen deren komplette Implementierung. Das Beispiel des Ein-/Ausgabesystems für Java illustriert eine andere Verwendung der Vererbung: das Design für die spätere Verwendung. Eine „Basisklasse" wie z. B. Reader in Bild 5.3 oder GeometrischesObjekt in Listing 3.17 definiert Code für die Verwendung sowie Methodenrümpfe, die erst von konkreten Implementierungen mit Leben gefüllt werden können. Damit kann man Verwaltungssysteme für diese Basisklassen schreiben und davon abgeleitete Klassen problemlos integrieren. Wenn man diesen Weg konsequent weitergeht, kommt man zu den Schnittstellen in Java: **interface**. Sie enthalten bis einschließlich Java 7 *keinen Code* für die Verwendung, sondern *nur Methodenköpfe* mit Vorschriften für eine Implementierung. Listing 3.22 zeigt die Definition als Schnittstelle als Alternative zu Listing 3.17. Dieses Prinzip bezeichnet man auch als die Definition von Schnittstellen und ist in der Technik weit verbreitet: Teile, die die Vorgaben einhalten, lassen sich leicht verbauen. Klassen können die Funktionalität implementieren. Das Schlüsselwort **implements** drückt diesen Umstand treffend aus. Das folgende Programm in Listing 3.22 zeigt die Umsetzung dieser Idee in Java.

Listing 3.22 Formulierung der Idee der Schnittstellenvererbung in Java

```
interface GeometrischesObjekt {
  // Keine Daten möglich, nur Konstante
  String getName();
  void zeichnen(Graphics g);
}
```

Wir definieren das Verhalten geometrischer Objekte wie zeichnen() oder getName(). Der allgemeine Verwaltungsdienst funktioniert dann für alle Objekte, die sich wie ein GeometrischesObjekt verhalten, sprich: diese Schnittstelle implementieren. Bild 3.13 zeigt ein Rechteck als Beispiel. In Aufgabe 3.7 können Sie ein entsprechendes Beispiel schreiben, um sich mit dieser zentralen Technik vertraut zu machen.

Darstellung der Gesamtlösung in UML

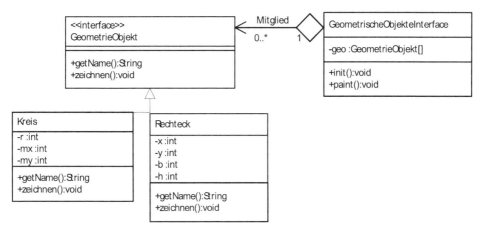

Bild 3.13 Geometrische Objekte über Schnittstellen verwalten

Listing 3.23 Ein Rechteck ist ein geometrisches Objekt.

```
// Das Rechteck muss alle Methoden der Schnittstelle implementieren.
// Es verhält sich wie ein geometrisches Objekt!
class RechtEck implements GeometrieObjekt {
  private final int x, y, b, h; // Linke obere Ecke, Breite, Höhe

  public RechtEck (int x, int y, int b, int h) {
    this.x = x; this.y = y;
    this.b = b; this.h = h;
  }
```

```java
  public void zeichnen (Graphics g) {
    g.drawRect (x, y, b, h);
  }

  public boolean liegtInnerhalb (int x, int y) {
    return this.x <= x && x <= this.x+b &&
           this.y <= y && y <= this.y+h;
  }

  public String getName () {
    return "Rechteck";
  }
}
```

3.5.1 Vergleich von Objekten

Nicht alle Objekte sind vergleichbar, nur die vergleichbaren Objekte, d. h. Objekte von Klassen, welche die Comparable-Schnittstelle für den Typ T implementieren.

```java
public interface Comparable<T> {
  public int compareTo(T other);
}
```

Diese Schnittstelle fordert nur die Implementierung der compareTo-Methode. Sie muss mit folgender Bedeutung implementiert werden.

Ergebnis von a.compareTo(b)	Bedeutung
< 0	a kleiner als b
= 0	a gleich b. Dies sollte genau dann der Fall sein, wenn die Objekte auch bei equals als gleich gelten.
> 0	a größer als b

Bestimmte Java-Klassen implementieren die Comparable-Schnittstelle. Die folgende Tabelle enthält eine Aufstellung einiger Klassen zusammen mit der Bedeutung des Vergleichskriteriums.

Klasse	Vergleichskriterium
Character	Zahlen ohne Vorzeichen
Byte, Long, Integer, Short, Double, Float, BigInteger, BigDecimal	vorzeichenbehaftete Zahlen
Boolean	Boolean.FALSE < Boolean.TRUE

Klasse	Vergleichskriterium
File	systemabhängige lexikografische Ordnung für Pfadnamen
String	lexikografisch
Date	chronologisch

Konventionen für vergleichbare Objekte

- Unveränderlich: Während Objekte in einer Menge oder als Schlüssel aufbewahrt werden, dürfen sie ihre Eigenschaften, die die Gleichheit oder Vergleichbarkeit definieren, nicht ändern. Sonst würde sich eventuell die Ordnung ändern oder eine Menge enthielte plötzlich zwei gleiche Elemente. Siehe dazu auch Kapitel 4.
- Konsistent: Wenn Objekte bzgl. equals gleich sind, müssen sie auch bzgl. compareTo gleich sein und umgekehrt. Siehe Abschnitt 3.3.2.
- compareTo muss transitiv sein: aus (x.compareTo(y)>0 und y.compareTo(z)>0) muss x.compareTo(z)>0 folgen.

Beispiel: Eine Namensklasse

Die Namensklasse liefert Objekte mit zwei Bestandteilen: dem Vor- und Nachnamen; beide sind für den Vergleich und die Anordnung wichtig. Bei der compareTo()-Methode werden zunächst die Nachnamen verglichen. Nur bei Gleichheit entscheidet der Vorname über die Reihenfolge. Dies ist eine sog. *natürliche Ordnung*, wie sie der Anwender erwarten darf.

Listing 3.24 Eine Klasse für Namen nach [API14]

```java
public final class Name implements Comparable<Name> {
  private final String vorName, nachName;

  public Name(String vorName, String nachName) {
    if (vorName == null || nachName == null)
      throw new NullPointerException();
    this.vorName = vorName;
    this.nachName = nachName;
  }

  @Override
  public int compareTo(Name anderer) {
    int vgl = nachName.compareTo(anderer.nachName);
    if (vgl == 0)
      vgl = vorName.compareTo(anderer.vorName);
    return vgl;
  }
}
```

```java
  // Von Eclipse generiert und angepasst
  @Override
  public int hashCode() {
    final int prime = 31;
    int r = 1;
    r = prime * r + nachName.hashCode();
    r = prime * r + vorName.hashCode();
    return r;
  }

  // Von Eclipse generiert und angepasst
  @Override
  public boolean equals(Object obj) {
    if (this == obj)
      return true;
    if (obj == null)
      return false;
    if (getClass() != obj.getClass())
      return false;
    Name anderer = (Name) obj;
    if (!nachName.equals(anderer.nachName))
      return false;
    if (!vorName.equals(anderer.vorName))
      return false;
    return true;
  }

  @Override
  public String toString() {
    return nachName + " " + vorName;
  }
}
```

Listing 3.25 Sortierte Ausgabe der Namen

```java
public class NameTest {
  public static void main(String[] args) {
    Name namen[] = {
        new Name("John",    "Lennon"),
        new Name("Karl",    "Marx"),
        new Name("Groucho", "Marx"),
        new Name("Oscar",   "Grouch") };

    Arrays.sort(namen);

for (Name name : namen)
      System.out.printf("%s ", name);
  }
}
```

Ausgabe

```
Grouch Oscar Lennon John Marx Groucho Marx Karl
```

Sortieren nach verschiedenen Kriterien

Die natürliche Anordnung von Objekten über Klassen, welche die Comparable-Schnittstelle implementieren, reicht nicht aus, wenn man die Objekte in einer anderen Reihenfolge sortieren will. So kann man z.B. alle Vertriebsbeauftragten nicht nach ihren Namen, sondern nach den von ihnen erzielten Umsätzen sortieren. Dazu sind Vergleichsfunktionen nützlich, die nicht fest in den Klassen verankert sind: die Comparator-Schnittstelle.

Listing 3.26 Die abstrakten Methoden der Schnittstelle Comparator
```
public interface Comparator<T> {
  int compare(T o1, T o2);   // Vergleich zweier Objekte
  boolean equals (Object o); // Methode wie in Klasse Object
}
```

Diese Methode erhält die beiden zu vergleichenden Elemente o1 und o2 als Parameter und liefert einen negativen Wert, wenn o1 vor o2 angeordnet werden soll, 0 bei gleicher Anordnung, und einen positiven Wert, wenn o1 nach o2 angeordnet werden soll. Wenn eines der beiden übergebenen Objekte einen falschen Typ aufweist, wird eine ClassCastException geworfen. Die equals-Methode ist zwar in der Schnittstelle vorhanden, muss aber nicht überschrieben werden, da sie zu den Methoden der Klasse Object gehört und jede Klasse direkt oder indirekt von Object abgeleitet ist.

Comparator gehört damit zu den sog. funktionalen Schnittstellen, die wir in Abschnitt 3.5.5 besprechen. Beispiele zur Anwendung finden Sie auch im Abschnitt 3.6.3.

3.5.2 Statische Methoden in Schnittstellen

Ab Java 8 ist die Definition statischer Methoden in Schnittstellen erlaubt. Statische Methoden gehören zur definierenden Schnittstelle und können nicht vererbt werden. Genauso wie bei Klassen gibt es keine Polymorphie für statische Methoden. Insbesondere können statische Methoden in erweiterten Schnittstellen keine statischen Methoden aus den Basis-Schnittstellen verdecken. ([GJSBB14], 9.4.1).

3.5.3 Default-Methoden in Schnittstellen

Bis Java 7 enthielten Schnittstellen nur abstrakte Methoden, man konnte keinen Programmcode angeben. Wenn eine Klasse eine Schnittstelle implementiert, musste sie alle Methoden der Schnittstelle implementieren oder sie wird eine abstrakte Klasse. Dies verursachte beim Übergang zu Java 8 ein Problem, da einige Schnittstellen um zusätzliche Methoden erweitert wurden. Wenn eine Klasse in einem vorhandenen Java-Programm eine solche unter Java 8 geänderte Schnittstelle implementiert hätte, wäre diese Klasse nicht mehr übersetzbar gewesen.

Die Entwickler von Java 8 führten zur Lösung dieses Problems nichtabstrakte Methoden in Form sog. default-Methoden in Schnittstellen ein. default-Methoden wie in der Schnittstelle A in Listing 3.27 müssen eine Implementierung anbieten. In den abgeleiteten Schnittstellen B1 bzw. B2 bzw. implementierenden Klassen können wir diese Methoden überschreiben. In der Schnittstelle B1 gilt die Methode print aus der Schnittstelle B1. Die implementierende Klasse C erbt die default-Implementierungen von print aus den Schnittstellen B1 und B2. Wenn wie in diesem Beispiel bei der Diamantvererbung nicht klar ist, welche Implementierung verwendet wird, so muss der Programmierer die gewünschte Implementierung schreiben. Der Java-Compiler würde die Klasse C nicht übersetzen, sofern die Methode print nicht in der Klasse C implementiert würde.

 Damit bieten Schnittstellen in Java eine Alternative zu abstrakten Klassen, sofern die Klassen keine Attribute enthalten.

Listing 3.27 Beispiele für default-Methoden
```java
public interface A {
  public default void print (int i) {
    System.out.printf ("A: i = %d\n", i);
  }
}

public interface B1 extends A {
  @Override
  public default void print(int i) {
    System.out.printf("B1: i = %d\n", i);
  }
}

public interface B2 extends A {
  @Override
  public default void print(int i) {
    System.out.printf("B2: i = %d\n", i);
  }
}

public class C implements B1, B2 {
  @Override
  public void print(int i) {
    B1.super.print (i);
    B2.super.print(i);
    System.out.printf("C: i = %d\n", i);
  }

  public static void main(String[] args) {
    C c = new C ();
    c.print (10);
  }
}
```

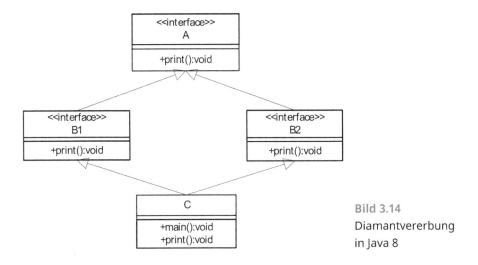

Bild 3.14
Diamantvererbung
in Java 8

3.5.4 Schnittstellen ohne abstrakte Methoden

Schnittstellen ohne abstrakte Methoden dienen der Markierung von Klassen. Wenn eine Klasse eine solche Schnittstelle implementiert, so definiert sie ein bestimmtes Verhalten der Klasse. Die Schnittstelle gibt keine zu überschreibende Methode vor.

Beispiele

- `java.lang.Cloneable`: Eine Klasse zeigt an, dass sie den Aufruf der `clone()`-Methode unterstützt. Diese Methode sollte alle Attribute der Klasse kopieren.
- `java.io.Serializable`: Eine Klasse zeigt an, dass Objekte dieser Klasse serialisiert werden können.

In Abschnitt 3.2.3 haben wir die Kopie einer Referenz auf ein Objekt besprochen. Bei der Kopie eines Objekts müssen wir hingegen die Inhalte kopieren, also alle Attribute. Wenn alle Attribute Werte sind, haben wir das Objekt kopiert. Diese Art der Kopie bezeichnet man auch als flache Kopie eines Objekts. Sie reicht in vielen Fällen aus, denn die Basisdatentypen wie **boolean**, **char** etc. sind keine Objekte, sondern Werte. Auch für Zeichenfolgen reicht die Kopie der Referenz aus, denn Objekte der Klasse `String` sind unveränderlich. Zeichenketten verhalten sich ähnlich wie Werte, obwohl sie wie alle Objekte durch Referenzen gegeben sind.

Weil die Kopie von Objekten in der Anwendung so wichtig ist, wird sie von Java unterstützt. Wenn wir in einer Klasse flache Kopien von Objekten dieser Klasse zulassen wollen, müssen wir die `Cloneable`-Schnittstelle implementieren. Wir erwarten vom `clone()`-Aufruf der Klasse `Object`, dass er alle Attribute der Klasse `Object` kopiert. Darüber hinaus kopiert er auch alle Werte der Attribute unserer Klasse. Wenn wir eine Kopie der Werte für die Attribute erwarten, sprechen wir von einer tiefen Kopie. Diese müssen wir selbst implementieren.

Listing 3.28 Programm zum Klonen von Objekten

```java
class Test implements Cloneable {
  static int anzahlElemente = 1;

  int      x              = 0;
  String   name           = null;
  String   info           = null;
  public Test() {
    x = anzahlElemente++;
    info = "Default-Konstruktor";
  }

  public Test(String name) {
    x = anzahlElemente++;
    info = "Konstruktor";
    this.name = name;
  }

  // Die clone-Methode kopiert die Werte: flache Kopie
  public Object clone() {
    try {
      Test c = (Test) super.clone();
      c.info = "clone-Methode";
      // Kopieren der Werte nicht erforderlich
      // Wenn es Attribute mit Referenzen auf veränderbare Objekte gäbe,
      // müssten wir diese Attribute ihrerseits clonen: tiefe Kopie
      return c;
    } catch (CloneNotSupportedException e) {
      // In diesem Beispiel nicht zu erwarten
      throw new InternalError();
    }
  }

  @Override
  public String toString() {
    return "name = " + name + " x= " + x + " Entstehung: " + info;
  }

  @Override
  public int hashCode() {... von Eclipse generiert  }

  @Override
  public boolean equals(Object obj) { ... von Eclipse generiert  }
}

public class CloneableDemo {
  public static void main(String[] args) {
    Test objekt1 = new Test("objekt1");
    Test objekt2 = new Test(objekt2);
    System.out.printf("%-30s, Hashcode =%x\n",
        objekt1.toString(), objekt1.hashCode());
    System.out.printf("%-30s, Hashcode =%x\n",
        objekt2.toString(), objekt2.hashCode());
  }
}
```

Listing 3.29 Ablauf des Klonens von Objekten

```
>java CloneableDemo
name = objekt1 x= 1 Entstehung: Konstruktor, Hashcode =19821f
name = objekt1 x= 1 Entstehung: clone-Methode, Hashcode =69b332
```

Gleichheit von Objekten

Listing 3.27 zeigt den Ablauf des Klonens. Dort sehen wir, dass sich das Objekt und das geklonte Objekt im sog. Hashcode unterscheiden. Die Objekte objekt1 und objekt2 haben die identischen Attribute, sind aber in Java verschieden. Diesem Missstand sollten wir wie in Abschnitt 3.3.2 besprochen, durch Überschreiben der equals() und der hashCode()-Methoden abhelfen. Eclipse generiert sie unter Source/Generate hash Code() and equals()..., deswegen sind die Methoden hier nicht angegeben.

3.5.5 Funktionale Schnittstellen

Im Java-API gibt es zahlreiche Schnittstellen, die genau eine zu überschreibende Methode enthalten: Runnable, Comparator, AWTEventListener, ActionListener usw. Comparator enthält zwar zwei Methoden, aber die equals-Methode gehört zu den Methoden der Klasse Object und muss in einer implementierenden Klasse nicht aus rein syntaktischen Gründen überschrieben werden. Manchmal benützt man diese Schnittstellen nur dazu, eine Funktion zu übergeben. Das klassische Beispiel ist die Methode Arrays.sort in Listing 3.30, an die man ein Exemplar einer Klasse übergibt, die die Comparator-Schnittstelle implementiert.

Wenn wir in Java eine Schnittstelle mit der Annotation FunctionalInterface aus Abschnitt 4.1.7 auszeichnen, erkennt der Leser unseres Programms sofort unsere Intention. Der Compiler kann überprüfen, ob wir tatsächlich eine funktionale Schnittstelle geschrieben haben. Keine unserer Schnittstellen aus Listing 3.27 erfüllt die Anforderungen für funktionale Schnittstellen, denn es kommen keine abstrakten Methoden vor.

Tabelle 3.3 Funktionale Schnittstellen in java.util.function

Schnittstelle	Funktionale Methode	T	R
Supplier<R>	R get ()	-	R
Consumer<T>	**void** accept(T t)	T	**void**
Function<T,R>	R apply (T t)	T	R
Predicate<T>	**boolean** test(T t)	T	**boolean**
UnaryOperator<T>	T identity (T t)	T	T
BinaryOperator<T>	T apply (T, T)	T, T	T

Ein Supplier liefert ein Objekt, ein Consumer verbraucht ein Objekt und eine Funktion formt ein Objekt um. Dabei bezeichnet T den Typ im Aufruf und R den Typ in der Rückgabe.

Für die Basisdatentypen **int**, **long** und **double** gibt es entsprechende funktionale Schnittstellen, um das Konvertieren zwischen den elementaren Daten und ihren Umwicklertypen einzusparen. Zum Beispiel hat die Schnittstelle DoubleFunction<R> die funktionale Methode R apply(**double**), akzeptiert also Gleitkommazahlen und liefert einen beliebigen Referenztyp.

Funktionale Schnittstellen spielen in Java eine große Rolle, weil wir zu ihrer Implementierung einfach Funktionen übergeben können. Abschnitt 3.6 beschreibt Funktionen und zeigt die Beispiele zur Anwendung.

3.6 Funktionen in Java

In Java kann man vorhandene Funktionen wie die Math.sin-Funktion direkt in Aufrufen benützen, sofern dort eine Schnittstelle Function<Double, Double> bzw. Double Function <Double> auftritt, siehe hierzu auch Tabelle 3.3. Man kann auch über Lambda-Ausdrücke Funktionen ad hoc definieren, die man in Aufrufen an Methoden bei funktionalen Schnittstellen als Parameter übergeben kann.

3.6.1 Referenzen auf Funktionen in Java

Bis einschließlich Java 7 konnte man Funktionen nicht benennen, man kann sie dann auch nicht direkt als Parameter in Aufrufen von Methoden übergeben. Zur Übergabe einer Funktion als Parameter geht man wie folgt vor:

- Man erstellt eine funktionale Schnittstelle mit einer Methode, die die Signatur der gewünschten Funktion hat.
- Man schreibt eine Klasse, die diese Schnittstelle implementiert, d.h. die gewünschte Funktion enthält.
- Man übergibt ein Exemplar dieser Klasse im Aufruf der Funktion.

In Listing 3.30 zeigt der Aufruf der sort()-Methode, wie beschwerlich es ist, Funktionalität an Algorithmen zu übergeben. Ab Java 8 konnte man vorhandene Funktionen benennen. Die in der Tabelle 3.4 zusammengestellten Referenzen lösen das Problem der Übergabe von Funktionen für bereits vorhandene Funktionen. Mit den im folgenden Abschnitt eingeführten Lambda-Ausdrücken kann man ad hoc Funktionen definieren und als Parameter in Aufrufen von Methoden übergeben.

Tabelle 3.4 Referenzen auf Methoden ab Java 8

Anwendungsfall	Schreibweise bzw. Beispiel
Statische Methoden	`Math::sin`
Methoden für bestimmte Instanzen	Objektname::Methodenname `Arrays.sort(array, Person::vergleich);` array: Array aus Person
Methoden für allgemeine Objekte einer bestimmten Klasse	Klassenname::Methodenname `Arrays.sort(array,String::compareToIgnoreCase);` array: Array aus String
Referenz zu einem Konstruktor	Klassenname::new

3.6.2 Lambda-Ausdrücke

Warum brauchen wir Lambda-Ausdrücke? Wir wollen ein Feld aus Zahlen absteigend sortieren. Als Beispiel zu Abschnitt 3.6.1 behandeln wir die Sortierroutine Arrays.sort. Im Aufruf wollen wir ein Vergleichskriterium übergeben, um zwei Objekte zu vergleichen, und –1, 0, +1 liefern, je nachdem, ob das erste Element größer, gleich oder kleiner als das zweite Element ist. Dazu übergeben wir in Listing 3.30 ein Exemplar einer anonymen inneren Klasse, welche die funktionale Schnittstelle Comparable<T> aus Abschnitt 3.5.1 implementiert. Der Programmcode enthält in sechs Zeilen Quellprogramm als einzigen problemspezifischen Anteil eine Anweisung zum Vergleich.

Lambda-Ausdrücke reduzieren diesen Aufwand auf den tatsächlich erforderlichen Programmcode (a, b) -> b.compareTo(a), der auf diese Weise an eine Methode übergeben werden kann.

Listing 3.30 Sortieren mit der Arrays.sort-Methode

```java
public class Sortieren {

  private static void print(Integer[] feld) {
    for (int i : feld)
      System.out.printf("%d ", i);
    System.out.println();
  }

  public static void main(String[] args) {
    Integer[] daten = {20, 3, 2, 5, 6, 4, 7, 0};
    // Lösung mit Java 7 in 6 Zeilen:
    Arrays.sort(daten, new Comparator<Integer>() {
      @Override
      public int compare(Integer a, Integer b) {
```

```
            return b.compareTo(a);
        }
    });

    // Lösung mit einem Lambda-Ausdruck für Java 8 in einer Zeile:
    Arrays.sort(daten, (a, b) -> b.compareTo(a));
    }
}
```

3.6.2.1 Syntax für Lambda-Ausdrücke

Die Schreibweise für Lambda-Ausdrücke ist der Schreibweise für Funktionen in der Mathematik nachempfunden. Man gibt die Namen der Parameter an und formuliert eine Zuordnung.

- $x \to f(x)$

Schreibweisen für Lambda-Ausdrücke

- `(Parameterliste) -> Ausdruck bzw. Anweisung`
- `(name1, name2, usw.) -> Ausdruck bzw. Anweisung`
- `(Typ1 name1, usw.) -> { Anweisungen }`
- Kein Parameter (z. B. Runnable-Schnittstelle mit `run()`-Methode)
  `() -> Ausdruck bzw. Anweisung`
- Nur ein Parameter in der Funktion: Klammern evtl. weglassen
  `name -> Ausdruck`
- Nur ein Parameter, der im Ausdruck nicht benützt wird
  `Typ -> Ausdruck`

Ein Lambda-Ausdruck sieht ähnlich wie eine Deklaration einer Methode ohne Name und Ergebnistyp aus. Das Beispiel `(a, b) -> b.compareTo(a)` in Listing 3.30 zeigt den allgemeinen Aufbau eines Lambda-Ausdrucks. Er beginnt mit den formalen Parametern in runden Klammern. Im Beispiel ergeben sich die Typen der Parameter aus dem Kontext und können deswegen weggelassen werden. Vergleichen Sie dazu auch die Funktionen `plus` bzw. `plusV1` in Listing 3.31. Wenn es nur einen Parameter gibt, kann man auch die runden Klammern weglassen. Nach den Parametern folgt in jedem Fall der Pfeil. Nach dem Pfeil schreiben wir die Zuweisung der Funktion. Wenn diese aus mehreren Java-Anweisungen besteht, müssen wir sie wie üblich klammern. Ergebnisse sind mit **return** zurückzugeben.

Listing 3.31 Lambda-Ausdrücke und ihre Anwendung
```
BinaryOperator<Integer> plusV1 = (Integer a, Integer b) -> a + b;
BinaryOperator<Integer> plus = (a, b) -> a + b;
int j = plus.apply(3, 1);    // Ergebnis: j = 4

Comparator<Integer> comp = (a, b) -> b.compareTo(a);
```

```
int i = comp.compare(2, 3); // Liefert -1
String arg = "hello";       // arg muss final oder effektiv final sein
Runnable runnable = () -> System.out.println(arg); // *1
runnable.run();             // Ausgabe: hello
```

3.6.2.2 Bindung in Lambda-Ausdrücken

Der Programmcode von nichtstatischen inneren Klassen konnte auch in Vorversionen von Java 8 Bezüge zu Attributen aus seiner Umgebung herstellen, sofern diese final waren. Listing 3.31 zeigt in der Definition des Lambda-Ausdrucks Runnable einen Bezug zur Variablen arg. Diese Variable ist in Listing 3.31 *effektiv* **final**, d. h., es gibt keine Zuweisung, die arg ändern würde. Der Wert von arg steht nach der Wertzuweisung fest. Deswegen können wir den Wert von arg an der mit // *1 markierten Stelle benützen.

Listing 3.32 demonstriert die Regeln in Java für die Sichtbarkeit. **this** bedeutet in einem Lambda-Ausdruck den **this**-Zeiger der umschließenden Klasse, in anonymen inneren Klassen den **this**-Zeiger der inneren Klasse. Will man in einer inneren Klasse auf den **this**-Zeiger bzw. auf Attribute der umschließenden Klasse zugreifen, so muss man wie in den mit *2 bzw. *3 markierten Stellen in Listing 3.32 den Namen der umschließenden Klasse benützen.

Listing 3.32 Bezug zu **this** in Lambda-Ausdrücken

```
class HelloJava8 {
  int x = 1;

  public Runnable r = () -> {
    int x = 2;
    System.out.println(HelloJava8.this); // *2
    System.out.println(this);
  };

  @Override
  public String toString() {
    return "HelloJava8.x = " + x;
  }
}

class HelloJava7 {
  int x = 1;

  public Runnable r = new Runnable() {
    int x = 2;
    @Override
    public void run() {
      System.out.println(HelloJava7.this); // *3
      System.out.println(this);
    }
```

```
    @Override
    public String toString() {
      return "HelloJava7.x = " + x;
    }
  };

  @Override
  public String toString() {
    return "HelloJava7.x = " + x;
  }
}
  // Aufruf z.B. aus einem main heraus:
  new HelloJava7().r.run();
  new HelloJava8().r.run();
```

Ausgabe: Die ersten beiden Zeilen: Java 7, danach ab Java 8

```
HelloJava7.x = 1
HelloJava7.x = 2
HelloJava8.x = 1
HelloJava8.x = 1
```

3.6.3 Beispiel: Anwendung der Comparator-Schnittstelle

Listing 3.25 zeigt eine sortierte Ausgabe von Namen. Wir legen das Sortierkriterium in der Klasse Name fest. Der Programmcode für den Vergleich liegt damit innerhalb der Klasse. Dies hat zwei Nachteile:

a) Der Vergleich findet u. U. an einer anderen Stelle statt, nimmt aber indirekt Bezug zum Programmcode der Klasse. Wenn wir einen anderen Vergleich implementieren würden, wäre das Änderungsgeschehen nicht lokal.

b) Wir überfrachten eine einfache Klasse wie Name mit einem relativ komplexen Programmcode zum Vergleich.

Java 8 führt mithilfe statischer sowie default-Methoden externe Vergleichskriterien in der neu gefassten Schnittstelle Comparator ein. Dabei können wir auch komplexe, zusammengesetzte Vergleichsoperationen formulieren. Dazu betrachten wir Auszüge aus der Definition der funktionalen Schnittstelle Comparator in Listing 3.33 und eine Anwendung in Listing 3.34.

Listing 3.33 Ausgewählte Methoden der Schnittstelle Comparator

```
public interface Comparator<T> {
  int compare(T o1, T o2);      // Vergleich zweier Objekte
  boolean equals (Object o);    // Methode wie in Klasse Object

  static <T,U extends Comparable<? super U>> Comparator<T> comparing(Function<?
super T,? extends U> keyExtractor);
```

```
  // Für zusammengesetzte Vergleichsoperationen
  default Comparator<T> thenComparing(Comparator<? super T> other);
}
```

Listing 3.34 Vergleich von Namen mit der Comparator-Schnittstelle in Java 8

```
// Sortieren anhand der Nachnamen:
Comparator<Name> comparator = Comparator.comparing(Name::getNachName);
Arrays.sort (namen, comparator);
// Sortieren anhand von Nachnamen, dann nach Vornamen:
comparator = Comparator.comparing(Name::getNachName).thenComparing(Name::getVorName);
Arrays.sort (namen, comparator);
```

3.6.4 Beispiel: Funktionen als Parameter

In Listing 3.30 übergeben wir eine Funktion als Parameter an eine Sortierroutine. Als weiteres Beispiel für die Übergabe von Funktionen als Parameter mit Java 8 besprechen wir ein Programm zur numerischen Integration. In der Mathematik kann man das Integral einer Funktion als Summe der Fläche von Rechtecken berechnen. Dieser Algorithmus ist unabhängig von der Funktion, er arbeitet für jede in diesem Sinne integrierbare Funktion. Eine solche Funktion wie z. B. $y = sin(x)$ erwartet einen Gleitkommawert x und liefert einen Gleitkommawert y. Deswegen denken wir hier an die bei Tabelle 3.3 angesprochene funktionale Schnittstelle DoubleFunction<Double>. Sie hat als einzige abstrakte Methode Double apply (**double** value). Wir können also in Java an unseren Algorithmus in Listing 3.1 zur Integration eine mathematische Funktion in Form einer Funktionsreferenz wie Math::sin oder als Lambda-Ausdruck wie x -> Math.sin(x) übergeben. Natürlich könnten wir eine Funktion auch durch Implementierung der Schnittstelle DoubleFunction<Double> übergeben, aber warum sollten wir das tun?

Listing 3.35 Berechnen des Integrals für Funktionen

```
// Die Klasse Integral implementiert ein Riemannsches Integral

// Ausnahmen für falsche Parameter
class MathException extends Exception {
  MathException(String info) {
    super (info);
  }
}

// Berechnung des Integrals
public class Integral {
  static double riemann(
      double xUnten,    // Untergrenze für die Integration
      double xOben,     // Obergrenze für die Integration
      int schritte,     // Die Anzahl der Rechtecke
      DoubleFunction<Double> f) // Die Funktion f wird integriert
      throws MathException {
```

```java
    // Preconditions: xOben > xUnten, schritte > 0
    if (schritte <= 0)
      throw new MathException("Fehler: Schritte < 0");
    if (xOben < xUnten)
      throw new MathException("Fehler: Obergrenze < Untergrenze");
    double result = 0.0;
    double delta = (xOben - xUnten) / schritte;
    // Besser der Wert f( x(i) + delta/2 ) als f( xi )
    double xi = xUnten + delta / 2.0;
    for (int i = 0; i < schritte; i++) {
      result += f.apply(xi);
      xi += delta;
    }
    return delta * result;
  }

  // Der Testtreiber
  public static void main(String[] args) {
    try {
      // sin als Referenz auf Funktion gerufen
      double result = riemann(0, PI, 10000, Math::sin);
      System.out.printf("Integral sin 0..pi = %f\n", result);
      // sin als Lambda-Ausdruck gerufen
      result = riemann(0, PI, 10000, x->Math.sin(x));
      System.out.printf("Integral sin 0..pi = %f\n", result);
      // sin über Impl. einer Schnittstelle gerufen
      result = riemann(0, PI, 10000, new Double Function<Double>() {
          @Override
          public Double apply (double x) {
              return Math.sin(x);
          }
      });
      System.out.printf("Integral sin 0..pi = %f\n", result);
    } catch (MathException e) {
      System.err.println(e);
    }
  }
}
```

3.6.5 Zusammenfassung

Tabelle 3.5 Gemeinsamkeiten und Unterschiede zwischen Klassen und Schnittstellen

	Klassen	Schnittstellen
Definition	class	interface
Ableitung	extends	extends
Implementiert	implements	*Nicht möglich*

	Klassen	Schnittstellen
Wurzel	`Object`	Kein gemeinsames Superinterface
Erweiterung	Nur von einer Klasse. Aber beliebig viele Schnittstellen können implementiert werden.	Von beliebig vielen Schnittstellen
Funktionalität	Voll implementiert, außer bei **abstract**-Methoden	Funktionalität nur in **static** bzw. **default**-Methoden
Attribute	Vorhanden	Alle Attribute sind automatisch **public static final**, d. h. konstant.
static	Methoden vorhanden, Daten vorhanden	Methoden vorhanden, Daten siehe vorige Zeile.
Konstante	Vorhanden	Vorhanden. Alle Daten sind automatisch Konstanten.

3.7 Dynamische Erzeugung von Objekten

In Java kann man Objekte von Klassen mit einem parameterlosen Konstruktor erzeugen, wenn nur der Name der Klasse als Text vorliegt. Damit lässt sich die Auswahl der konkreten Funktionalität bis zur Laufzeit verschieben. Java nutzt dieses Merkmal z. B. zur Anbindung von Datenbanken an Java-Programme und definiert für solche Treiber die Schnittstelle `java.sql.Driver`. Jeder Treiber muss diese Schnittstelle implementieren. Zur Laufzeit erzeugt man dann mit dem Namen der Treiberklasse ein Objekt einer speziellen Klasse, z. B. einen Treiber für Oracle, MySQL usw. Damit kann man mit diesen unbekannten Klassen arbeiten. Java-Programme gewinnen somit ein hohes Maß an Flexibilität. Dieser Abschnitt benützt zum Teil die in Abschnitt 3.4 eingeführten Sprachmittel für generische Programme.

Wie erzeugt man Objekte dynamisch?

Die Klasse `java.lang.Class` sowie `Constructor` enthalten wichtige Methoden.

```
static Class<?> forName (String);        // gehört zur Klasse Class
Constructor<T> getDeclaredConstructor (); // gehört zur Klasse Class
Typ newInstance ();                       // Aus der Klasse Constructor
```

`forName(String)` liefert den Laufzeit-Klassendeskriptor der Sprache Java zurück. Dies gehört zur sog. Reflection-Technik, die wir in Kapitel 4 näher beschreiben. Der Name muss die Klasse eindeutig bezeichnen. Mit dem so erstellten Deskriptor liefert der Aufruf `getDeclaredConstructor ()` den Default-Konstruktor. Dieser liefert über newInstance() ein Objekt der Klasse. Dabei muss ein Konstruktor aufgerufen werden. Da keine Parameter vorliegen, wird der parameterlose Default-Konstruktor[7] gerufen.

Beispiel aus meiner Praxis: Rechnungen drucken

Ein Softwarehaus hat als Kunden einzelne Firmen. Für diese Firmen entwickelt es einmal ein Programm zum Drucken von Rechnungen. Das Programm besteht aus einem allgemeinen Verwaltungsteil sowie dem Erstellen der einzelnen Rechnungen. Da das Softwarehaus kundenorientiert arbeitet, bietet es jeder Firma die Möglichkeit an, ihre Formulare firmenspezifisch zu bedrucken. Dabei darf aber das Verwaltungsprogramm *nicht geändert* werden, wenn eine neue Firma das Programm benutzt. Dies würde hohe Kosten verursachen, da die neue Software wieder getestet werden müsste.

Diese einfach klingende Problemstellung ist in Programmiersprachen wie C++ schwer zu lösen. Java dagegen kann das Problem lösen, ohne die Programmiersprache zu verlassen. Zur Lösung benutzen wir die oben erwähnte Methode der dynamischen Erzeugung eines Objekts einer Klasse. Wir gehen in drei Schritten vor:

- Wir definieren eine Schnittstelle für Rechnungsformulare: Listing 3.36.
- Wir schreiben ein allgemeines Verwaltungssystem für o. a. Schnittstelle: Listing 3.37.
- Wir erstellen firmenspezifische Formular-Klassen: Listing 3.38 und Listing 3.39.

Das allgemeine Verwaltungssystem erledigt die vom jeweiligen Kunden unabhängigen Standardaufgaben. Zum Ausdrucken lädt es dann über den Kundennamen mithilfe der Methode neuesObjekt die firmenspezifische Formular-Klasse. Diese muss der allgemeinen Schnittstelle genügen. Also kann das Verwaltungssystem mit dieser Schnittstelle arbeiten.

Listing 3.36 IRechnung: die Schnittstelle für Rechnungen

```
// Dies ist die allgemeine Schnittstelle,
// die von allen Klassen implementiert werden muss,
// die zum Rechnungsdrucken benützt werden.
public interface IRechnung {
  void druckeKopf ();
  void druckeInhalt (String text);
  void druckeFuss ();
}
```

---

[7] Der parameterlose Konstruktor

3.7 Dynamische Erzeugung von Objekten

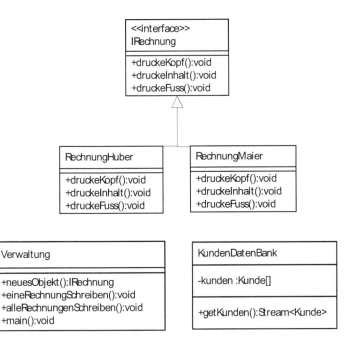

Bild 3.15 Konstruktion in UML

Listing 3.37 Verwaltung: Drucken der Rechnungen

```java
// Die Verwaltung darf nicht geändert werden, nur weil ein neuer
// Kunde ein spezifisches Formular für seine Rechnungen wünscht.
public class Verwaltung {

  // Anfordern von Exemplaren von Klassen
  // NUR ÜBER DEN NAMEN DER KLASSE!!
  public IRechnung neuesObjekt (String name) {
    Class<?> newObject = null; // Eine beliebige Klasse
    try {
      newObject = Class.forName(name);
      return (IRechnung) newObject.getDeclaredConstructor().newInstance();
    } catch (Exception e) {
      e.printStackTrace (System.err);
      return null;
    }
  }

  // Das allgemeine Programm zum Schreiben einer Rechnung
  public void eineRechnungSchreiben
      (String name, String inhalt) {
    // Über den Namen wird zur Laufzeit des Programms
    // die zuständige Klasse geladen.
    // Damit können ohne Änderung dieses Programms
    // neue kundenspezifische Formulare bedruckt werden.
    IRechnung schreiber = neuesObjekt (getClass().getPackage().getName()+
        ".Rechnung"+name);
```

```java
    if (schreiber != null) {
      schreiber.druckeKopf ();
      schreiber.druckeInhalt (inhalt);
      schreiber.druckeFuss ();
    }
    System.out.println();
  }

  // Auslesen der Kundendaten aus einem Datenbestand
  // Aufrufen der o.a. Methode zum Drucken von Rechnungen
  public void alleRechnungenSchreiben () {
    KundenDatenBank
      .getKunden()
      .forEach(k->eineRechnungSchreiben (k));   }

public static void main (String[] args) {
   Verwaltung v = new Verwaltung ();
   v.alleRechnungenSchreiben ();
  }
}
```

Listing 3.38 Rechnungsformular der Firma Maier

```java
public class RechnungMaier implements IRechnung {
  public void druckeKopf () {
    System.out.println ("+++++++++++++++++++++++++++++++++++++");
    System.out.println ("+     RECHNUNG Fa. Maier           +");
    System.out.println ("+++++++++++++++++++++++++++++++++++++");
    System.out.println (); System.out.println ();
  }

  public void druckeInhalt (String text) {
    System.out.println (text);
  }

  public void druckeFuss () {
    System.out.println ("Wir danken fuer Ihren Auftrag");
    System.out.println ("Konto 456 Hypo-Bank");
  }
}
```

Listing 3.39 Rechnungsformular der Firma Huber

```java
// Diese Klasse erstellt Rechnungen der Firma Huber an ihre Kunden.
public class RechnungHuber implements IRechnung {
  public void druckeKopf () {
    System.out.println ("-------Rechnung Fa. Huber ---------");
    System.out.println ();
  }

  public void druckeInhalt (String text) {
    System.out.println (text);
  }

  public void druckeFuss () {
    System.out.println ("Wir danken fuer Ihren Auftrag");
```

```
    System.out.println ("Konto 123 Sparkasse");
  }
}
```

Listing 3.40 Daten für die Kunden

```java
//Der Name wird dazu benutzt, zur Laufzeit fuer jeden Kunden
//eine eigene Klasse zum Drucken von Rechnungen zu laden.
public class KundenDatenBank {
  public static record Kunde (String name, String produkt) {}

  private static final Kunde[] kunden = {
    new Kunde("Huber", "Kohlen"),
    new Kunde("Maier", "Oel")
  };

  // Die Kunden als Stream zur Verarbeitung liefern
  public static Stream<Kunde> getKunden() {
    return Arrays.asList(kunden).stream();
  }
}
```

Listing 3.41 Probelauf

```
>java Verwaltung Huber
-------Rechnung Fa. Huber ---------

Kohlen
Wir danken fuer Ihren Auftrag
Konto 123 Sparkasse


+++++++++++++++++++++++++++++++++++
+      RECHNUNG Fa. Maier         +
+++++++++++++++++++++++++++++++++++

Oel
Wir danken fuer Ihren Auftrag
Konto 456 Hypo-Bank
```

3.8 Aufzählung von Konstanten mit enum

In Java kann man Konstanten in der folgenden Form definieren:

```java
public static final int ROT   = 0;
public static final int GRUEN = 1;
public static final int GELB  = 2;
public static final int MONTAG = 1;
int farbe = ROT;    // Zuweisung ist sinnvoll
farbe = MONTAG;     // Hier handelt es sich um ein Missverständnis
                    // Für den Compiler ist das kein Problem!
```

Die fett hinterlegte zweite Wertzuweisung in obigem Programmabschnitt illustriert das Problem: Konstanten dieser Art sind nicht typgebunden. Durch dieses Loch im Sicherheitsnetz der Typüberprüfung können Fehler schlüpfen, die erst zur Laufzeit des Programms sichtbar werden.

Eine Testhilfe kann mit reinen **int**-Daten auch nicht auf die vom Programmierer gedachte Bedeutung einer Konstante schließen. Java bietet eine Lösung für dieses Problem in Form der **enum**-Klassen. Die im folgenden Programm fett hinterlegte Zeile führt zu einem Fehler während der Übersetzung. Die in den **enum**-Klassen definierten Konstanten können in **switch**-Anweisungen zur Definition von **case**-Alternativen benutzt werden.

```
enum Farben {
  ROT, GRUEN, GELB
};

enum Tage {
  MONTAG, DIENSTAG, MITTWOCH, DONNERSTAG, FREITAG,
  SAMSTAG, SONNTAG
};
```

... in einer Methode:

```
Farben farbe = Farben.ROT;    // In Ordnung
farbe        = Tage.MONTAG;   // So nicht: Fehler beim Übersetzen
switch (farbe) {
  case ROT:
    ...
    break;
  case GRUEN:
    ...
    break;
}
```

Methoden der enum-Klassen

Eine **enum**-Klasse ist von java.lang.Enum<T> abgeleitet. Von dieser Klasse erbt sie die Methode **static** <T **extends** Enum<T>> valueOf(String name), die den **enum**-Wert zur angegebenen Konstanten liefert.

```
Farben farbeRot = Farben.valueOf("ROT");
for (Farben farbe: Farben.values())
  System.out.println (farbe);
```

Die Methode values() liefert einen Array mit den erklärten **enum**-Werten. Die Werte erscheinen in der im **enum** angegebenen Reihenfolge.

Bereiche von Konstanten und Bitflags: EnumSet

In C kann man mit Bitketten mehrere Schalter auf einmal übergeben. Mit EnumSet stehen solche Bitketten auch in Java zur Verfügung. Die Implementierungen von

3.8 Aufzählung von Konstanten mit enum

EnumSet sind effizient. Wenn ein EnumSet weniger als 64 Mitglieder hat, kann ein EnumSet in einem einzigen **long**-Wert untergebracht werden. Die Anwesenheit des i-ten Werts wird durch Setzen des i-ten Bits auf 1 codiert. Weil die Implementierungen von EnumSet so effizient sind, empfiehlt Java die Verwendung von EnumSets, soweit möglich.

Listing 3.42 Programmabschnitt für den „Nachbau" von Bitflags mit EnumSet

```
// Alle Tage ausgeben
for (Tage tag: Tage.values())
  System.out.printf("%s ", tag);
System.out.println();

// Die Tage von Montag bis Freitag ausgeben
for (Tage tag: EnumSet.range(Tage.MONTAG, Tage.FREITAG))
  System.out.printf ("%s ", tag);
System.out.println();

// Spezielle Farben
EnumSet<Farben> farben =
    EnumSet.of(Farben.ROT, Farben.GRUEN);
for (Farben f: farben)
  System.out.printf("%s ", f);
System.out.println();

// Spezielle Tage
EnumSet<Tage> mySet =
    EnumSet.of(Tage.MONTAG, Tage.MITTWOCH, Tage.FREITAG);
for (Tage f: mySet)
  System.out.printf("%s ", f);
System.out.println();
```

Ausgabe

```
MONTAG DIENSTAG MITTWOCH DONNERSTAG FREITAG SAMSTAG SONNTAG
MONTAG DIENSTAG MITTWOCH DONNERSTAG FREITAG
ROT GRUEN
MONTAG MITTWOCH FREITAG
```

Zum Entwurf der enum-Klassen

Die **enum**-Klassen in Java sind nach dem in [Bloc05] beschriebenen **enum**-Konstrukt aufgebaut. Eine vereinfachte Lösung für das Drei-Farben-Problem könnte wie folgt aussehen: Die angegebene Klasse hat nur einen **private**-Konstruktor. Sie sorgt auf diese Weise dafür, dass es nur die in der Klasse definierten Exemplare ROT, GRUEN und GELB gibt.

```
public class Farben {
  private final String name;
  private Farben (String name) {
    this.name = name;
```

```
  }
  public static final Farben ROT   = new Farben ("ROT");
  public static final Farben GRUEN = new Farben ("GRUEN");
  public static final Farben GELB  = new Farben ("GELB");
}
```

Intelligente Funktionen in enum einbauen

Da man mit **enum** in Java nicht einfach Konstanten definiert, sondern Klassen, kann man zusätzliche Intelligenz in die **enum**-Klassen einbauen. Man könnte z. B. in die Klasse mit den Ampelfarben die bei der jeweiligen Farbe durchzuführenden Aktionen integrieren; was natürlich nur sinnvoll ist, wenn diese Aktion bereits bei der Programmierung der Klasse feststeht.

```
private enum AmpelFarben2 {
  ROT ("halten"), GRUEN ("fahren"), GELB ("achtung: halten");

  private final String aktion;

  private AmpelFarben2 (String aktion) {
    this.aktion = aktion;
  }

  public String zuTun () {
    return aktion;
  }
}
```

Listing 3.43 Anwendung und Ausgabe für Ampelfarben

```
for (AmpelFarben2 farbe: AmpelFarben2.values())
  System.out.println (farbe + " " + farbe.zuTun());
... Ausgabe
ROT halten
GRUEN fahren
GELB achtung: halten
```

3.9 Allgemeine Eigenschaften

3.9.1 Der final-Modifizierer

Der **final**-Modifizierer für Variablen erlaubt genau eine Wertzuweisung zur Initialisierung. Für Methoden verhindert er ein Überschreiben in abgeleiteten Klassen. Wenn man für einzelne Klassen das Überschreiben vollständig verhindern will, erklärt man die Klasse als **final**. Damit lässt sich die Funktionalität einer Klasse sicherstellen. Kein Anwender kann anstelle des Originals eine Klasse mit überschriebenen Methoden benutzen. Java schützt sich so z. B. gegen eine Manipulation der Funktionalität von Methoden der String-Klasse.

Wenn Sie Objekte mit unveränderlichen Eigenschaften einsetzen wollen, können Sie die Attribute als **final** kennzeichnen. Wenn etwa ein Objekt nur unveränderliche Attribute hat, kann es keine Probleme mit dem Überschreiben von Werten im Zusammenhang mit Threads geben, siehe hierzu auch Kapitel 6.

In **record**-Objekten gibt es nur **final**-Variablen, die im erzeugten Konstruktor initialisiert werden.

3.9.2 Packages mit package, import

Mit **class** oder **interface** definieren wir einzelne Java-Programme. Nicht alle Probleme lassen sich mit einem einzelnen Java-Programm lösen. Für ernsthafte Anwendungen benötigen wir mehr als eines. Diese Programme legt man in Verzeichnissen und Unterverzeichnissen an. Alle Java-Programme in einem Verzeichnis heißen dann **package**. Dieses Package muss man auch in der jeweiligen Java-Klasse angeben. Damit sind nicht alle Unterverzeichnisse rekursiv eingeschlossen, sondern nur die Programme in einem bestimmten Verzeichnis. In einem Java-Programm können wir mit einer **import**-Anweisung einzelne Klassen (wie etwa Button) oder komplette Packages (wie etwa javax.swing.*) zur Verwendung „importieren".

Listing 3.44 Beispiele für import-Anweisungen

```
import java.lang.*;          // Sprache java. Überflüssig
import java.util.*;          // Allgemeine Basisroutinen
import javax.swing.*;        // Grafik + Benutzeroberflächen
import javax.swing.JButton;  // Der Schalter in java
import java.io.*;            // Ein-/Ausgabe
import java.net.*;           // Netzwerk
```

Hinweis

Das **package** java.lang.* ist automatisch importiert, es beinhaltet alle Klassen, die „nahe" an der Sprache sind: String, System, Math etc. Statt java.lang.String kann man auch kurz String schreiben.

Organisieren der import-Anweisungen mit Eclipse

Die **import**-Anweisung in einem Programm veranlasst den Compiler, die angegebenen Programmteile der .class-Dateien bei der Übersetzung des Programms einzubeziehen. Dies verursacht bei großen Programmsystemen einen erheblichen Aufwand, den wir mithilfe von Eclipse reduzieren können. Eclipse analysiert die **import**-Anweisungen eines Java-Programms unter dem Menüpunkt */Source/Organize Imports*. Eclipse trägt dann benötigte **import**-Anweisungen ein *UND* entfernt die nicht benötigten.

Eclipse und maven

Wenn wir ein maven-Projekt unter Eclipse bearbeiten, können wir im .pom-File zusätzliche Abhängigkeiten definieren: *dependency*. Siehe hierzu die Beispiele in Kapitel 9. In diesem Fall lädt maven die benötigten Java-Packages herunter und fügt sie im Java-Projekt unter *Maven Dependencies* ein. Die entsprechenden **import**-Anweisungen erhalten Sie wie oben beschrieben.

Eclipse und Packages

Sie erstellen ein neues Package mit einem Rechtsklick auf das src-Verzeichnis eines vorhandenen Eclipse-Projekts. Dann wählt man unter new/... package aus und benennt das Package z. B. mit mypackage. Eclipse legt auch gleich ein neues Unterverzeichnis mit dem Namen des Package an. Nach der Java-Namenskonvention [JCode11] sollte man Packages nur mit Kleinbuchstaben benennen. In diesem Package legen wir eine neue Klasse MyFirstClass an. Eclipse fügt dann die korrekte **package**-Anweisung in die Klasse ein. Im src-Verzeichnis legen wir nun eine Klasse MyPackageDemo an.

Listing 3.45 Programm MyFirstClass.java im Package mypackage

```java
package mypackage;

public class MyFirstClass {
  private String Name;
  public MyFirstClass(String Name) { this.Name = Name; }
  public void print() { System.out.println(Name); }
}
```

Listing 3.46 Anwendung von MyFirstClass im Programm MyPackageDemo.java

```java
import mypackage.MyFirstClass;

public class MyPackageDemo {
  public static void main (String[] args) {
    MyFirstClass mfc = new MyFirstClass ("Hello Package");
    mfc.print();
  }
}
```

Probleme bei Packages

In der Klasse MyFirstClass gibt es Probleme, wenn man auf Namen in der Klasse MyPackageDemo zugreifen will, weil diese Datei in keinem Package steht. Deswegen sollte man bei größeren Systemen nur Programme in Packages verwenden, wie es Eclipse bei der Erstellung von Klassen vorschlägt.

3.9.3 Sichtbarkeit von Namen in Java

Sie können die Sichtbarkeit jeder Komponente separat festlegen. Eine als **private** gekennzeichnete Komponente ist nach folgender Tabelle nur in der Klasse sichtbar, in der sie definiert wurde. Sie ist auch in keiner abgeleiteten Klasse sichtbar und auch nicht in Klassen im gleichen Package. Wenn Sie bei einer Komponente den Zugriff nicht regeln, ist sie dennoch im gleichen Package sichtbar.

Modifizierer	in gleicher Klasse	in Unterklasse via Vererbung	in gleichem Package	überall
`private`	sichtbar	–	–	–
`protected`	sichtbar	sichtbar	–	–
`public`	sichtbar	sichtbar	sichtbar	sichtbar
nichts angegeben	sichtbar	–	sichtbar	–

3.9.4 Wiederherstellung des Zustands eines Objekts: Serialisierung

Instanzen von Klassen können sich „keine Werte merken". Wenn ein Objekt entsteht, dann versorgt Java die Attribute mit neuen Werten. Dies gilt entsprechend auch für **static**-Variablen. In einer Reihe von Anwendungsfällen wie etwa Systemzuständen wollen wir aber auf dem letzten Zustand eines Objekts aufsetzen. Außerdem können wir diese Daten auf ein anderes System übertragen und dort wiederherstellen und weiterverarbeiten.

Dazu müssen wir die Serializable-Schnittstelle implementieren. Weil diese Schnittstelle keine Methode enthält, genügt die Angabe der Eigenschaft **implements** Serializable zur Durchführung der Programmierarbeit. Hiermit können wir Objekte abspeichern, auch wenn das Objekt seinerseits andere Objekte enthält, sofern auch diese serialisierbar sind.

Das Java-Laufzeitsystem stellt die Inhalte der Komponenten nach der Einrichtung eines Objekts wieder her. Dabei überschreibt es die evtl. durch Konstruktoren gesetzten Werte, außer man hat ein Attribut als **transient** spezifiziert.

Das Programm TestSerialisierung besorgt die Speicherung von diversen Exemplaren der Klasse Test sowie die Wiederherstellung. Die Ablage der Daten in einer Datei erfolgt mithilfe von Routinen aus dem Package java.io, welches in Kapitel 5 beschrieben ist. Zum Schreiben eines Objekts dient die Methode writeObject() der Klasse ObjectInputStream. Das Wiederherstellen eines Objekts besorgt die Methode readObject() der Klasse ObjectOutputStream.

Listing 3.47 Programm für eine Klasse mit serialisierbaren Objekten

```java
package serialisierung;

import java.io.Serializable;

public class Test implements Serializable{
  private static final long serialVersionUID = 1L;

private int x;
  private transient int y;

  public Test () { x = y = 9999; }
  public Test (int x, int y) { this.x = x; this.y = y; }

  public String toString () { return  "x = " + x + " y = " + y; }
}
```

Listing 3.48 Test der Serialisierung

```java
package serialisierung;

import ...

public class TestSerialisierung {

  public static void write(String name) {
    try (ObjectOutputStream s = new ObjectOutputStream(
                                new FileOutputStream (name))){
      s.writeObject(new Test(1000, 1));
      s.writeObject(new Test(1001, 2));
      s.writeObject(new Test(1002, 3));
      s.writeObject(new Test());
    } catch (IOException e) {
      System.err.println (e.getStackTrace());
    }
  }

  public static void read(String name) {
    try (ObjectInputStream s = new ObjectInputStream(
                               new FileInputStream(name))) {
      for (int i = 0; i < 4; i++) {
        Object m = s.readObject(); // oder anders:
        System.out.println(m);
      }
    } catch (Exception e) {
    }
  }

  public static void main(String[] args) {
    write("test.ser");
    read("test.ser");
  }
}
```

Listing 3.49 Ausgaben des Testprogramms

```
x = 1000 y = 0
x = 1001 y = 0
x = 1002 y = 0
x = 9999 y = 0
```

Zur Funktion

Die Routine readObject() liefert „nur" Object zurück, in keinem Fall Test. Wenn mit den speziellen Eigenschaften von Test gearbeitet werden soll, muss man das Objekt auf Test hochcasten. Dabei sollte allerdings klar sein, dass das auf diese Weise erhaltene Objekt wirklich eine Instanz von Test ist (bzw. sein wird), vgl. hierzu Abschnitt 3.3.5.

Anwendung

Sie können Objekte nicht nur auf Hintergrundspeicher ablegen, sondern auch zwischen verschiedenen Prozessen, ja sogar zwischen verschiedenen Rechnern austauschen. Sie können ein komplettes Dokument durch Serialisierung des Objekts über ein Netzwerk „verschicken". Der Austausch mit anderen Sprachen wie C# ist auf diese Weise nicht möglich.

3.9.5 Zusicherungen

Eine Zusicherung (Assertion) ist ein mit dem Schlüsselwort **assert** eingeleiteter boolescher Ausdruck, den der Programmierer als wahr erwartet, wenn die weitere Arbeit des Programms sinnvoll sein soll. Zum Beispiel könnte eine Methode zum Aufsummieren von Komponenten eines Felds voraussetzen, dass die Referenz auf das Feld nicht **null** ist.

Listing 3.50 Zusicherungen und ihre Anwendung

```java
public class ZusicherungsDemo {
  public static int summiere(int[] feld) {
    assert feld != null;
    int summe = 0;
    for (int i : feld)
      summe += i;
    return summe;
  }

  public static void main(String[] args) {
    int[] f1 = { 1, 2, 3 };
    int[] f2 = null;
    System.out.println(summiere(f1));
    System.out.println(summiere(f2));
  }
}
```

Aktivierung der Zusicherungen

Zum Ablauf müssen Sie Zusicherungen explizit aktivieren, sonst bleiben sie ohne jede Wirkung. Sie können die Zusicherungen generell oder nur für einzelne Packages oder Klassen aktivieren. Der erste Ablauf erfolgte *ohne*, der zweite *mit* aktivierten Zusicherungen. Der erste Ablauf zeigt einen gewöhnlichen Absturz an irgendeiner Stelle, der zweite eine kontrolliert abgefangene Verletzung des Vertrags zwischen den Programmteilen, wie er nachstehend beschrieben wird.

```
>java ZusicherungsDemo
6
Exception in thread "main" java.lang.NullPointerException
        at ZusicherungsDemo.summiere(ZusicherungsDemo.java:5)
        at ZusicherungsDemo.main(ZusicherungsDemo.java:14)

>java -ea ZusicherungsDemo
6
Exception in thread "main" java.lang.AssertionError
        at ZusicherungsDemo.summiere(ZusicherungsDemo.java:3)
        at ZusicherungsDemo.main(ZusicherungsDemo.java:14)
```

Bedeutung von Zusicherungen

Im Client/Server-Umfeld und bei Software aus Komponenten bearbeiten einzelne Programmierer verschiedene Module. Für einen reibungslosen Ablauf sind Absprachen über Schnittstellen, die wie „Verträge" funktionieren, nötig. Alle Beteiligten müssen sie einhalten. Diese Argumentation gewinnt mit steigender Größe der Software-Systeme und der Anforderungen an die Korrektheit von Abläufen an Bedeutung.

Design by Contract (B. Meyer)

Größere Software-Systeme müssen modular entstehen. Die einzelnen Module wirken zusammen. Deswegen muss die Wirkungsbreite einzelner Fehler verringert und die Vertrauenswürdigkeit der Module erhöht werden. Beides beabsichtigt B. Meyer mit seinem Begriff *Design by Contract* [Meye90].

Invariante

Die *Invariante* einer Klasse ist eine Eigenschaft, die immer erfüllt sein muss. Sie muss vor und nach der Ausführung einer beliebigen Mitgliedsfunktion gelten. Dies könnten z. B. die Gültigkeit von Referenzen oder Indices oder ein positiver Kontostand sein.

Vorbedingungen (Precondition)

Preconditions sind Vorbedingungen für einen Auftrag. Dies sind in der Regel vernünftige Parameter für einen Auftrag oder plausible Zustände der Daten (vgl. Invarianten). Wenn alle Vorbedingungen erfüllt sind, muss ein Software-Modul (z. B. eine Mitgliedsfunktion einer Klasse) eine korrekte Durchführung garantieren.

Nachbedingungen (Postcondition)

Postconditions sind Bedingungen an Daten nach Erfüllung des Auftrags. So könnte etwa für eine Konkatenation zweier Strings a und b die folgende Postcondition gelten:

```
Länge von a + Länge von b = Länge des Ergebnisses
```

Eine Wurzelfunktion könnte testen, ob das Quadrat ihres Ergebnisses gleich der Zahl ist, aus der die Wurzel gezogen werden soll. Nachbedingungen dienen der Qualitätssicherung (= Nachweis der Funktionsfähigkeit) der Aufträge.

Zu einem *Design by Contract* gehören nach B. Meyer noch die Rollen von Auftraggeber (Client) und Auftragnehmer (Server). Client und Server arbeiten auf der Basis von Verträgen zusammen. Jeder Server muss dafür garantieren, dass er bei korrekten Vorbedingungen wieder korrekte Nachbedingungen liefert. Dieses Entwurfsprinzip hilft, sowohl Fehler im Entwurf der Schnittstellen zu finden als auch die Qualität zu gewährleisten.

3.10 Aufgaben

Aufgabe 3.1: Autos in einem Fuhrpark

Geben Sie eine Klasse Auto an. Jedes Auto soll einen Tank (Anfangswert 0.0) haben, der die Anzahl der Liter Kraftstoff anzeigt. Jedes Auto hat einen Namen, der im Konstruktor gesetzt wird (z. B. „Pkw"), sowie Kilometerzähler (Anfangswert 0.0) sowie einen Zähler für den insgesamt verbrauchten Kraftstoff. Außerdem hat jedes Auto einen spezifischen Verbrauch bei langsamer bzw. bei schneller Fahrt, der in Liter pro 100 km gegeben ist. Diese Verbrauchswerte sind unveränderlich und werden im Konstruktor gesetzt. Jedes Auto bietet folgende Operationen:

void fahren (km)	Fährt die gegebene Anzahl km bei langsamer Fahrt.
void schnellFahren (km)	Fährt die gegebene Anzahl km bei schneller Fahrt.
void tanken(liter)	Erhöht den Tankinhalt um die angegebene Menge.
double kmZaehler()	Erhöht den Tankinhalt um die angegebene Menge.
double tankUhr()	Liefert den Stand des Tanks.
double verbrauchPro100km()	Liefert den Verbrauch pro 100 km.
String getName()	Liefert den Namen.

Geben Sie die Klasse Auto mit ihren Attributen (alle **private**), einen Konstruktor sowie die geforderten Zugriffsmethoden an. Damit kann man diverse Auto-Objekte anlegen wie

```
Auto pkw = new Auto ("PKW", 6.0, 8.0);
Auto lkw = new Auto ("LKW", 8.0, 14.0);
Auto eAuto = new Auto ("PKW", 2.0, 2.5);
```

Legen Sie einige Testexemplare an und lassen Sie diese einige Teststrecken fahren. Ermitteln Sie nach Ablauf des „Testzyklus" die gefahrenen km und den Verbrauch. Gegebenenfalls müssen Sie „nachtanken".

Legen Sie Ihren Fuhrpark in einem Array aus Autos an und lassen Sie die Autos einen selbst gewählten Testzyklus fahren. Ermitteln Sie nach Ablauf des „Testzyklus" die gefahrenen km und den Verbrauch. Gegebenenfalls müssen Sie „nachtanken".

Aufgabe 3.2: Fahrzeuge ordnen

Ein Landfahrzeug ist ein Fahrzeug, das sich nur oder überwiegend zu Land fortbewegt. Geben Sie eine Klasse Landfahrzeug an. Jedes Landfahrzeug hat als **private**-Attribute einen Namen sowie einen Kilometerzähler (Anfangswert 0.0). Jedes Landfahrzeug hat einen Konstruktor für den Namen und bietet folgende **public**-Operationen:

void fahren (**double** km)	Kilometerzähler um die angegebenen km erhöhen.
double getKmZaehler()	Liefert den Stand des Kilometerzählers.
String getName()	Liefert den Namen.

Geben Sie eine Klasse Fahrrad an, die von Landfahrzeug abgeleitet ist. Geben Sie einen Konstruktor mit einem Parameter für den Namen an. Das Fahrrad hat zwei Räder: Vorderrad und Hinterrad. Jedes Rad ist ein Exemplar der Klasse Rad. Ein Rad hat als Attribut seinen Umfang, der im Konstruktor gesetzt wird. Im Beispiel wählen wir 2,155 m sowohl für das Vorderrad als auch das Hinterrad.

Die Klasse Fahrrad bietet eine Operation treten (anzahlUmdrehungen). Dabei bewegt sich das Fahrrad bei jeder Umdrehung ungefähr um einen Radumfang des Hinterrads.

Geben Sie eine Klasse PKW an, die von Landfahrzeug abgeleitet ist. Geben Sie einen Konstruktor mit einem Parameter für den Namen an. Die Klasse PKW bietet eine Operation fahren (anzahlMinuten, geschwindigkeit). Die Geschwindigkeit ist in km/h angegeben.

Eine Klasse LandfahrzeugVerwaltung hat als Attribute je zwei Fahrräder und Pkws. Eine Methode test() soll die Fahrräder eine einzulesende Anzahl Umdrehungen bewegen und die Pkws jeweils eine Anzahl Minuten (einzulesen) mit 60 km/h bzw. 80 km/h fahren. Geben Sie danach die gefahrenen Strecken aus.

Aufgabe 3.3: Primzahlen berechnen

Ein Java-Programm Primzahl soll eine gegebene Anzahl von Primzahlen ermitteln und in einem eindimensionalen Feld ablegen.

Die zu ermittelnde Anzahl soll als Kommandozeilenparameter übergeben werden, d.h., der folgende Aufruf soll die ersten 100 Primzahlen liefern. Die erste Primzahl ist 2.

```
java Primzahl 100
```

1. Erstellen Sie eine Methode istPrim, welche nach Übergabe einer Zahl prüft, ob es sich bei dieser Zahl um eine Primzahl handelt.
2. Erstellen Sie eine Methode allePrimzahlenErmitteln, welche unter Benutzung von istPrim die geforderte Anzahl Primzahlen ermittelt und im Feld ablegt.
3. Erstellen Sie einen Konstruktor Primzahl, welcher Initialisierungen vornimmt und die Methode allePrimzahlenErmitteln aufruft.
4. Erstellen Sie eine Methode, damit man durch den Aufruf System.out.println(p) alle im Feld abgelegten Primzahlen für ein Objekt p ausgeben kann.

Aufgabe 3.4: Polynome in Java

Geben Sie eine Klasse Polynom an.

```java
public class Polynom {
  // Konstruktor mit den Koeffizienten des Polynoms
  public Polynom (double[] Koeffizienten) { ... }
  public Polynom(Object ... args) { ... } // (*)
  // Berechne den Wert an der Stelle x
  public void wert (double x) { ... }
  // Alle Koeffizienten als String
  public String toString () { ... }
  ....... Die benötigten Attribute .......
}
```

Testen Sie Ihre Klasse Polynom von einer main(..)-Methode aus. Diese Methode kann auch in Ihrer Klasse Polygon stehen.

wert(x) soll den Wert eines Polynoms an der Stelle x berechnen. Für die Koeffizienten {2, 3, 5} ist das Polynom $F(x) = 2 + 3*x + 5*x^2$ definiert. Klammern Sie x von rechts her aus (Horner-Schema)!

Zusatz: Lösen Sie die Aufgabe auch mit einer variablen Argumentliste im mit (*) bezeichneten Konstruktor bei Polynom.

Aufgabe 3.5: Ein Stack für ganze Zahlen in Java

Geben Sie eine Klasse Stack zur Implementierung eines Stapels aus ganzen Zahlen an. Stack soll n=20 Einträge verwalten. Stack soll die Operationen **void** push(**int**), **int** pop() und **int** peek() anbieten. push(Zahl) soll eine Zahl auf den Stapel legen. pop() soll das zuletzt auf den Stapel gelegte Element zurückliefern und dieses vom Stack entfernen. peek() soll das zuletzt auf den Stapel gelegte Element liefern, ohne den Stapel zu verändern.

Achten Sie darauf, dass ein Zugriff auf einen leeren Stapel nicht möglich ist. Auch ein push() auf einen vollen Stapel ist nicht erlaubt.

Aufgabe 3.6: Simulation eines HP-Taschenrechners

(*) Geben Sie ein Programm für einen Taschenrechner mit RPN (Reverse Polish Notation bzw. Postfix)-Eingabe-Syntax an. In der RPN gibt man zuerst die Operanden, danach die Operatoren an. Der Taschenrechner legt Operanden auf einen Stapel. Er wendet eine Operation auf die beiden zuoberst auf dem Stapel liegenden Operanden an. Diese Notation ist von Taschenrechnern der Firma HP bekannt. Sie ermöglicht eine klammerfreie Eingabe für beliebig komplexe Terme.

Eingabe	Ausgabe
2 3 +	5
3 4 5 * +	23
3 4 5 + *	27

Aufgabe 3.7: Eine neue Form

Grundlage ist das Programm GeometrischeObjekte.java aus der Begleitsoftware zu diesem Buch im Unterordner k03. Fügen Sie als neues „Geometrisches Objekt" die Klasse Ellipse hinzu. Im Konstruktor fügen wir eine Instanz der Klasse Ellipse in den Array formen ein. Welche Änderungen sind am Steuerrahmen erforderlich?

Hinweis: Die Punkte einer Ellipse erfüllen die unten angegebene Gleichung. Dabei sind a bzw. b die Hauptachsen, x und y die Koordinaten eines Punkts in Bezug auf den Mittelpunkt der Ellipse.

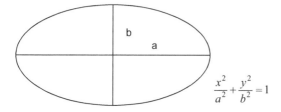

$$\frac{x^2}{a^2} + \frac{y^2}{b^2} = 1$$

Bild 3.16 Eine Ellipse mit den Hauptachsen a und b

Aufgabe 3.8: Welche Werte gibt das folgende Programm aus?

```java
public class StaticDemo {

  static int sNummer = 0;
  int iNummer;
  static StaticDemo[] Instanzen;

  // Ein Konstruktor
  public StaticDemo () {
    iNummer = sNummer++;
  }

  // Zur Ausgabe per System.out.println (Instanzenname);
  public String toString () {
    return "sNummer= " + sNummer + " iNummer = " + iNummer;
  }

  // Abläufe
  public static void main (String[] args) {
    Instanzen = new StaticDemo [5];
    for (int i = 0; i < Instanzen.length; i++)
      Instanzen[i] = new StaticDemo ();
    for (int i = 0; i < Instanzen.length; i++)
      System.out.println (Instanzen[i]);
  }
}
```

Aufgabe 3.9: Rechnungen für eine neue Firma drucken

Fügen Sie im Beispiel „Rechnungen drucken" aus Abschnitt 3.7 eine neue Firma mit einem neuen Formular hinzu.

4 Grundlegende Klassen

Das API für Java enthält Tausende von Klassen und zig-Tausende von Methoden und Attributen [API23]. Was davon „wirklich wichtig" ist, hängt von Ihren individuellen Zielen ab. In diesem Buch finden Sie in Abschnitt 4.1 eine praxisorientierte Auswahl an nützlichen, aber auch interessanten Techniken: Zeichenketten, Zahlen, Zeit und Datum, reguläre Ausdrücke, Protokollierung, Reflexion, Annotationen.

Mit den Collections in Abschnitt 4.2 können wir Objekte verwalten, suchen und sortieren. Wir unterscheiden im Wesentlichen zwischen der sequenziellen Aufreihung analog zu Feldern (List), Mengen unterschiedlicher Objekte (Set) sowie dem assoziativen Zugriff über Schlüssel (Map).

Die Streams in Abschnitt 4.2 bieten ab Java 8 neue Möglichkeiten, Informationen aus Sammlungen und anderen Datenbeständen zu gewinnen und diese zu verarbeiten. Mit Streams geben wir die Operationen vor, überlassen aber dem Java-Laufzeitsystem die Planung und Ausführung. Deswegen bezeichnet man diese Art der Bearbeitung auch als interne Iteration, im Gegensatz zur sog. externen Iteration, die wir im Abschnitt 4.2 besprechen. Diesen Ansatz im funktionalen Stil illustrieren wir mit Beispielen und vertiefen ihn durch Übungsaufgaben.

4.1 Nützliche Klassen und Packages

java.io, java.nio	Ein-/Ausgabe in Java (Kapitel 5)
java.lang	Zentrale Bestandteile der Sprache Java wie z. B. String (Abschnitt 4.1.2)
java.net	Sockets in Java (Kapitel 8)
java.rmi	Remote Method Invocation (Kapitel 8)

java.sql	Datenbanken von Java aus ansprechen (Kapitel 9)
java.util.regex	Reguläre Ausdrücke in Java (Abschnitt 4.1.8)
java.time.*	Zeit und Datum in Java 8 (siehe Abschnitt 4.1.5)
java.util.*	Collections (Sammlungen) zum Verwalten von Daten (Abschnitt 4.2)
java.util.stream	Streams in Java 8 (Abschnitt 4.3)
javax.swing	Grafik in Java (Kapitel 7) erfordert Datei module-info.java mit requires transitive java.desktop

4.1.1 Übersicht der Klassen des Package java.lang

Die Klassen aus dem Package java.lang gehören quasi zur Sprache Java. Diese Klassen müssen in kein Programm mit **import** ...; eingebunden werden, sondern werden automatisch mit übersetzt. Die folgenden Tabellen zeigen häufig benützte Definitionen.

Tabelle 4.1 Ausgewählte Klassen im Package lava.lang

Class	Exemplare dieser Klasse repräsentieren Klassen und Schnittstellen in einer laufenden Java-Anwendung.
Object	Die Wurzel der Klassenhierarchie mit wichtigen Methoden für die Java-Monitore (siehe Kapitel 6). Enthält toString(), equals(...) und hashCode()-Methoden.
String	Die String-Klasse stellt Zeichenketten dar.
StringBuilder	Klasse zum Aufbau von Zeichenketten
System	Die System-Klasse enthält nützliche Attribute (wie out, in, err) und Methoden (wie exit(...)).
Thread	Ein Thread ist ein Ausführungskontext in Java (siehe Kapitel 6).
Void	Umwicklerklasse für den einfachen Datentyp **void**. Es gibt keine Exemplare dieser Klasse.

4.1.2 Zeichenketten in Java: String

```
String s = "abc"; // Der Inhalt von s ist unveränderlich
```

Jedes Objekt der String-Klasse enthält eine *unveränderliche* Zeichenfolge. Weil man ihre Inhalte nicht überschreiben kann, können gleichzeitig mehrere Threads problemlos dieselbe Zeichenfolge benützen, siehe auch Kapitel 6. Auch die Übergabe von Referenzen auf String-Objekte in der Form a = b; ist problemlos, denn der Inhalt der durch b angesprochenen Zeichenkette kann sich nicht durch Wertzuweisungen über die Referenz a ändern.

Für Objekte der String-Klasse gibt es den Operator + in Java. Mit diesem Operator lassen sich die Inhalte zweier Zeichenketten zu einer anderen Zeichenkette zusammenfügen (vgl. Abschnitt 2.1).

```
String s = "abc"; // (1) Der Inhalt von s ist unveränderlich
s = s + "def";    // (2)
```

In Zeile (2) wird ein neues String-Objekt angelegt. Der Inhalt ergibt sich zu "abcdef". Die Referenz s aus (1) auf "abc" wird ersetzt durch die Referenz auf "abcdef". Für String-Objekte stehen leistungsfähige Methoden zur Bearbeitung zur Verfügung: Zusammenfügen, Vergleichen, Suchen von Zeichen und Zeichenketten, Umwandeln. Jede der folgenden Methoden wird auf einen vorhandenen String wie z. B. a angewandt. Dieser String a hat einen unveränderlichen Inhalt.

Tabelle 4.2 Übersicht: ausgewählte Methoden der Klasse String

`char charAt (int i);`	Liefert das Zeichen an Position i.
`int compareTo (String b);`	Lexikografischer Vergleich der Unicode-Werte der Zeichenfolgen. Für einen Vergleich a.compareTo(b) liefert diese Methode die folgenden Ergebnisse: < 0: falls a vor b kommt = 0: falls a.equals(b) > 0: falls a nach b kommt
`int compareToIgnoreCase (String b);`	Wie compareTo(), aber Groß-/Kleinschreibung wird nicht berücksichtigt.
`boolean endsWith (String b);`	Testet, ob der String mit b endet.
`boolean equals (String b);`	a.equals(b) ist genau dann wahr, wenn a und b den gleichen Inhalt haben.
`boolean equalsIgnoreCase (String b);`	Wie equals(…), aber Groß-/Kleinschreibung wird nicht berücksichtigt.

`String format` `(String formatString, Object…);`	Die Formatierung ist in Abschnitt 5.1.2.1 bei `printf` erläutert.
`byte[] getBytes();`	Auslesen der Bytes im String gemäß der lokalen Codierung
`int indexOf(int ch);`	Suche den Index des Zeichens `ch`. Diese Methode gibt es auch für Strings statt Zeichen `ch` sowie mit einem zusätzlichen Startindex für die Suche.
`int lastIndexOf(int ch);`	Suche den Index des letzten Auftretens von `ch`. Diese Methode gibt es auch für Strings statt Zeichen `ch` sowie mit einem zusätzlichen Startindex für die Suche.
`int length();`	Auslesen der Länge. Zur Beachtung: Dies ist eine Methode, kein Attribut wie bei Feldern.
`String replace (char alt, char neu);`	Neuer String, in dem alle Vorkommen des Zeichens `alt` durch das Zeichen `neu` ersetzt sind.
`boolean startsWith` `(String b);`	Testet, ob der String mit der Zeichenfolge `b` beginnt.
`String substring (int Beginn, int Ende);`	Liefert eine Zeichenfolge, deren Beginn und Ende durch die angegebenen Indices definiert sind.
`char[] toCharArray();`	Liefert den Inhalt als Feld aus Zeichen.
`String toLowerCase();`	Neuer String mit dem Inhalt in Kleinschreibung
`String toUpperCase();`	Neuer String mit dem Inhalt in Großschreibung
`String[] split (String regulärer Ausdruck);`	Liefert die Teile eines Strings, die durch einen regulären Ausdruck (siehe Abschnitt 4.1.8) getrennt sind.
`String strip();`	Neuer String mit dem Inhalt ohne führende und abschließende Leerzeichen
`String stripLeading();` `String stripTrailing();`	Neuer String mit dem Inhalt ohne führende bzw. abschließende Leerzeichen
`public <R> R transform(Function<? super String, ? extends R> f);`	`transform (…)` erhält eine Funktion, die ihrerseits einen String-Parameter in ein Objekt umwandelt und dies liefert. Ein Beispiel finden Sie in Abschnitt 5.2.1, wo aus einer .csv-Datei eine Folge von Mitarbeitern ermittelt wird.
`static String valueOf` `(Typ b);`	Textdarstellung für den angegebenen Basistyp: **boolean**, **char**, **int**, **long**, **float**, **double** und `Object`

String-Objekte sollte man niemals mit dem Operator == vergleichen. Dadurch vergleicht man die Referenzen auf die Zeichenketten, nicht aber die Inhalte der Zeichenketten. Die Inhalte können gleich sein, obwohl die Referenzen verschieden sind (vgl. Kapitel 3). Vergleichen Sie Strings stets mit `equals(…)` bzw. `compareTo(…)`.

Wichtige Operationen für Zeichenketten

```
String s = "  Dies ist eine Zeichenkette   ";
s = s.toLowerCase ();  // (1): "  dies ist eine zeichenkette   "
s = s.trim();          // (2): "dies ist eine zeichenkette"
```

Die Anweisungen (1) bzw. (2) wandeln den Inhalt der Zeichenkette s nicht um, sondern ersetzen s jeweils durch Referenzen auf neue Zeichenketten. `s.toLowerCase ()` liefert eine Zeichenkette, bei der jeder Großbuchstabe von s durch den entsprechenden Kleinbuchstaben ersetzt wurde. `s.trim()` liefert eine neue Zeichenkette, bei der führende und abschließende Leerräume in s nicht übernommen wurden. Die folgende Tabelle zeigt die Möglichkeiten der Aufspaltung von Zeichenketten. Dabei gilt für jede Zeile der Tabelle: `String[] teile = string.split (regex)`.

Tabelle 4.3 Zerlegung von Zeichenketten in Teile

string	regex	teile[0]	teile[1]	teile[2]
"dies ist eine"	" "	"dies"	"ist"	"eine"
"1 ,2, 3"	","	"1 "	"2"	" 3"
"1 ,2, 3"	"\\s*,\\s*"	"1"	"2"	"3"

Der reguläre Ausdruck `"\\s*,\\s*"` in Zeile 3 bedeutet „beliebige Folge von Leerräumen, Komma, beliebige Folge von Leerräumen" und ist in Abschnitt 4.1.8 beschrieben. Beachten Sie den Unterschied des Ergebnisses in Zeile 3 im Vergleich zu einem einfachen Komma in Zeile 2 der o. a. Tabelle 4.3.

Textblöcke und spezielle Operationen dafür

Ein Textblock definiert eine Folge von Zeilen, die man auch in dieser Form ausgeben kann. Klassisches Beispiel ist die Erzeugung von html-Code aus Programmen heraus. Innerhalb des Textblocks können Hochkommata vorkommen, die bei Strings in Java in der Form \" codiert werden könnten. Auch werden die einzelnen Zeilen getrennt durch Zeilentrenner \n im Speicher abgelegt.

```
String html = """
        <html>
            <body>
                <p>Hello, world</p>
```

```
        </body>
    </html>""";
```

Jede Zeile beginnt mit acht Leerraumzeichen. Diese Einrückung ist nur im Quellprogramm sinnvoll und wird in den Daten des Java-Programms nicht übernommen. Außerdem wird jede Zeile außer der letzten mit einem Zeilentrenner \n abgeschlossen. Als Ergebnis erhält man die Zeichenfolge:

```
<html>\n
    <body>\n
        <p>Hello, world</p>\n
    </body>\n
</html>
```

Zeilentrenner sind hier mit \n bezeichnet, können aber auf einzelnen Plattformen unterschiedlich codiert sein. Die Textblöcke können ab Java 11 als Folgen von Zeilen effizienter behandelt werden: Einrücken einer Reihe von Zeilen im String und Entfernen einer gemeinsamen Einrückung ist mit je einem Aufruf möglich. Auch führende und/oder abschließende Leerzeichen (sog. Whitespace) entfernt man mit neuen Methoden.

Tabelle 4.4 Operationen und Schreibweisen für Textblöcke

`String farben = """`
`  rot`
`  grün`
`  blau`
`""";`
	Äquivalent zu
	`String farben2 = "rot\ngelb\ngrün\n";`

`String farben2 = """`
`  rot`
`  grün`
`  blau""";`
	Äquivalent zu
	`String farben2 = "rot\ngelb\ngrün";`

`String indent(int einrückung);`	Liefert für einen String einen Textblock, bei dem jede Zeile um genau einrückung Leerzeichen eingerückt ist. Zum Entfernen von Einrückungen kann einrückung auch negativ sein.
`String farben3 =farben.indent(4);`	Ergebnis: farben3 = `"  rot\n gelb\n grün\n";`
`String text.stripIndent(int i);`	Liefert einen neuen String mit dem Inhalt der einzelnen Zeilen ohne eine gemeinsame Einrückung

Hinweis

Beim Umgang mit Textblöcken gibt es viele Spezialfälle, die man unter der folgenden URL nachlesen kann:

https://docs.oracle.com/en/java/javase/15/text-blocks/index.html

Aufbau von Zeichenketten aus einzelnen Teilen

Strings sind in Java unveränderlich. Wie soll man damit längere Zeichenketten aus einzelnen Teilen aufbauen, wenn man weder anhängen noch einfügen kann? Dazu gibt es die Klasse `StringBuilder`. Sie enthält effiziente Methoden zum Aneinanderreihen und Einfügen von Folgen von Zeichen. Auch die Basisdatentypen kann man auf diese Weise in Textdarstellung an eine im Aufbau befindliche Zeichenkette anhängen bzw. einfügen. Die Länge eines solchen Textpuffers beträgt 16 Zeichen, falls nichts anderes im Konstruktor angegeben ist, und verlängert sich bei Bedarf dynamisch. Wenn der Text fertig aufgebaut ist, kann man mit der `toString()`-Methode ein `String`-Objekt erzeugen.

Tabelle 4.5 Übersicht: ausgewählte Methoden der Klasse `StringBuilder`

`StringBuilder();`	Konstruiert ein `StringBuilder`-Objekt mit 16 Zeichen.
`int capacity();`	Liefert die Größe des Puffers.
`StringBuilder append (Typ b);`	Hängt die Zeichendarstellung des Basisdatentyps **boolean, char, int, long, float, double** bzw. `Object` an den Puffer an und liefert eine Referenz auf diesen Puffer.
`char charAt(int i);`	Liefert das Zeichen an der Position i.
`StringBuilder delete(int start, int end);`	Löscht die Zeichen ab dem Index start bis zum Index end-1 im Puffer.
`StringBuilder insert (int offset, Typ b);`	Fügt die Zeichendarstellung des Basisdatentyps **boolean, char, int, long, float, double** bzw. `Object` in den Puffer an der Position offset ein und liefert eine Referenz auf diesen Puffer.
`int length();`	Liefert die Anzahl der Zeichen im Puffer.
`void setCharAt(int index, char ch);`	Das Zeichen ch wird an die Position index gesetzt.
`String substring(int start, int end);`	Liefert die ausgewählte Zeichenfolge als `String`.
`String toString();`	Liefert den Inhalt des Puffers als `String`.

Beispiel: rechtsbündige Darstellung von Zahlen

Die angegebene Zahl zahl wird mit anzahlZiffern dargestellt.

```
static String z2T (int zahl, int anzahlZiffern) {
  StringBuilder b = new StringBuilder ();
  b.append (zahl);
  while (b.length() < anzahlZiffern)
    b.insert (0, ' ');
  return b.toString (); // Zeichenkette fertig. Liefern als String
}
```

StringBuffer

Die Klasse StringBuffer ist eine Thread-sichere Variante der Klasse String Builder, allerdings mit erhöhtem Laufzeitbedarf. Obiges Beispiel ist auch sicher, da der StringBuilder eine lokale Variable ist und nicht weitergegeben wird. Zum Thema Threads siehe Kapitel 6.

Die Schnittstelle CharSequence

In manchen Fällen benötigt man keine Strings mit all ihrem Ballast, sondern nur einen einheitlichen Zugriff auf Zeichenfolgen, wie er in der Schnittstelle CharSequence definiert wird. String, StringBuffer und StringBuilder implementieren diese Schnittstelle, d. h., Objekte dieser Klassen sind als Parameter in diversen Methoden möglich.

Tabelle 4.6 Methoden der CharSequence-Schnittstelle

char charAt (int index);	Zeichen an Position index auslesen
int length ();	Länge der Zeichenfolge ermitteln
String toString ();	In einen String umwandeln
CharSequence subSequence(int start, int end);	Teilzeichenfolge liefern

4.1.3 Die Klasse System

Die Klasse java.lang.System enthält Attribute und Methoden zum Zugriff auf Systemeigenschaften aus Java-Programmen. Alle in der folgenden Tabelle angegebenen Methoden bzw. Attribute sind **static** und deswegen in der Form System.name anzusprechen, wie z. B. System.out.

Tabelle 4.7 Ausgewählte Attribute bzw. Methoden der Klasse `System`

`PrintStream err`	Standardfehlerausgaberichtung
`InputStream in`	Standardeingaberichtung
`PrintStream out`	Standardausgaberichtung
`long currentTimeMillis();`	Auslesen der Systemzeit
`void exit(int status);`	Verlassen der virtuellen Java-Maschine
`void gc();`	Start der Garbage Collection (Speicherbereinigung)
`String getProperty (String key);`	Auslesen einer Umgebungsvariablen
`String setProperty (String key, String value);`	Setzen einer Umgebungsvariablen
`void setErr (PrintStream err);`	Setzen der Standardfehlerausgaberichtung. Analog können auch die beiden Richtungen `System.in` und `System.out` gesetzt werden.

4.1.4 Die Klasse Math

Alle in der folgenden Tabelle angegebenen Methoden bzw. Attribute sind **static**.

Tabelle 4.8 Ausgewählte Attribute bzw. Methoden der Klasse `Math`

`<typ> abs(<typ> x)`	Betrag von x
`double acos(double x);`	acos-Funktion
`double asin(double x);`	asin-Funktion
`double atan(double x);`	atan-Funktion
`double atan2(double x, double y);`	Liefert den Winkel für den Punkt (x, y) zur Darstellung in Polarkoordinaten.
`double cos(double x);`	cos-Funktion
`double ceil(double x);`	Liefert zu x die nächste ganze größere Zahl.
`double exp(double x);`	e-Funktion e^x
`double floor(double x;)`	Liefert zu x die nächste ganze kleinere Zahl.
`double sin(double x);`	sin-Funktion
`double log(double x);`	Logarithmus ln x
`<typ> max(<typ> x>, <typ> y);`	Maximum von x, y

`<typ> min(<typ> x, <typ> y);`	Minimum von x, y
`double pow(double x, double y);`	x hoch y
`double random();`	Zufallszahl zwischen 0.0 und 1.0
`double rint(double x);`	Liefert die nächste ganze Zahl.
`long round(double x)` `int round(float x);`	Rundet zur nächsten ganzen Zahl.
`double sqrt(double x);`	Wurzel von x
`double tan(double x);`	tan-Funktion
`double toDegrees(double x);`	Konvertiert von Bogenmaß in Grad.
`double toRadians(double x);`	Konvertiert von Grad in Bogenmaß.
`E`	Liefert die Konstante e.
`PI`	Liefert die Konstante π.

Bezeichnung: `<typ>`

Die Funktionen `abs(...)`, `min(...)` und `max(...)` stehen in Varianten jeweils für die Typen **int**, **long**, **float** und **double** zur Verfügung.

4.1.5 Zeit und Datum in Java

Java liefert zur Bearbeitung von Zeit und Datum in den Packages `java.time` und seinen Unterpackages Dutzende von Klassen. Dieser Abschnitt soll dem Leser zur Orientierung in dem umfangreichen System dienen. Wir behandeln die Prinzipien, ausgewählte Beispiele, Schreibweisen für die Methoden und ausgewählte Klassen.

Objekte der meisten dieser Klassen wie `LocalDate` für das Datum, `LocalTime` für Zeitangaben sowie `LocalDateTime` sind unveränderlich, d. h., kein Attribut eines solchen Objekts kann verändert werden. Damit sind solche Objekte automatisch Thread-sicher. Das API für Zeit und Datum in Java unterstützt durch sog. *fluent Interfaces* einen *flüssigen* Programmierstil.

Als Beispiel berechnen wir in Listing 4.1 das Datum des ersten Montags im laufenden Jahr. Zunächst holen wir uns das aktuelle Datum, dann mittels `TemporalAdjusters.firstDayOfYear()` das Datum für den ersten Tag in dem entsprechenden Jahr und dann mit `TemporalAdjusters.dayOfWeekInMonth(1, DayOfWeek.MONDAY)` das Datum für den ersten Montag der Woche. Die Ausgabe für dieses Datum gestalten wir in deutscher Schreibweise. Im Jahr 2014 ist dieser Tag der 06.01.2014. Im letzten Beispiel benützen wir die `parse`-Methode, um ein Datum in deutscher Schreibweise von Text in ein `LocalDate`-Objekt umzuwandeln.

Listing 4.1 Beispiel zum Datum

```
LocalDate ersterMontag = LocalDate
  .now()
  .with(TemporalAdjusters.firstDayOfYear())
  .with(TemporalAdjusters.dayOfWeekInMonth(1, DayOfWeek.MONDAY));
System.out.printf ("Erster Montag= %s\n",
  ersterMontag.format(DateTimeFormatter.ofPattern("dd.MM.yyyy")));
LocalDate ersterMontag2 = LocalDate
  .parse("06.01.2014", DateTimeFormatter.ofPattern("dd.MM.yyyy"));
```

Tabelle 4.9 enthält nur eine kleine Auswahl an Methoden, zeigt aber den prinzipiellen Aufbau. Listing 4.1 erläutert die Bedeutung der einzelnen Methoden. Damit können Sie die Zeit- und Datumsklassen mithilfe der Befehlsvervollständigung der einzelnen Entwicklungsumgebungen beherrschen.

Tabelle 4.9 Namenskonventionen für Methoden

Präfix	Typ der Methode	Bedeutung
of	Statische Fabrikmethode	Erzeugt ein neues Objekt ohne Verlust an Genauigkeit.
from	Statische Fabrikmethode	Erzeugt ein neues Objekt, möglicherweise Verlust an Genauigkeit.
parse	Statische Fabrikmethode	Erzeugt ein neues Objekt aus einem Text.
format	Objekt	Formatierte Darstellung als Text
get	Objekt	Liefert einen Teil des Zustands, z. B. den Wert eines Attributs.
is	Objekt	Fragt den Zustand ab.
with	Objekt	Erzeugt ein neues Objekt aus einem vorhandenen Objekt mit einem neuen Attribut. Entspricht einer set...()-Methode.
plus	Objekt	Erzeugt ein neues Objekt, wobei die angegebene Zeiteinheit addiert wird.
minus	Objekt	Erzeugt ein neues Objekt, wobei die angegebene Zeiteinheit subtrahiert wird.
to	Objekt	Konvertiert das Objekt in einen anderen Typ.
at	Objekt	Kombiniert das Objekt mit einem anderen Objekt.

Tabelle 4.10 Wichtige Klassen des API für Zeit und Datum

LocalDate	Datumsverwaltung. Objekte konstruieren mit
	`LocalDate.of (jahr, monat, tag);`
	`LocalDate.now ();`
	`LocalDate.parse (text, DateTimeFormatter (…));`
	Konstruktion neuer Objekte mit anderen Eigenschaften: siehe Tabelle 4.9

LocalTime	Zeitverwaltung. Objekte konstruieren mit
	`LocalTime.of (stunde, minute, sekunde);`
	`LocalTime.now ();`
	`LocalTime.parse (text, DateTimeFormatter (…));`
	Konstruktion neuer Objekte mit anderen Eigenschaften: siehe Tabelle 4.9

LocalDateTime	Zeit- und Datumsverwaltung. Objekte konstruieren mit
	`LocalDateTime.of (jahr, monat, tag, stunde, minute, sekunde);`
	`LocalDateTime.now ();`
	`LocalDateTime.parse (text, DateTimeFormatter (…));`
	Konstruktion neuer Objekte mit anderen Eigenschaften: siehe Tabelle 4.9

Instant	Zeitstempel. Neuer Zeitstempel mit momentaner Zeit: `Instant.now ();`
TemporalAdjusters	Statische Methoden dieser Klasse ermitteln, z. B. `firstDayOfMonth()`: Datum des ersten Tags im Monat `firstInMonth(DayOfWeek tag)`: Datum des ersten Wochentags
Duration	Zeitdauer in Sekunden und Nanosekunden: `Duration.ofSeconds (10)`
Period	Zeitdauer in Kalendereinheiten wie Jahr, Monat und Tag: `Period.of (jahre, monate, tage)`
DayOfWeek Month	enum-Definitionen für Tage bzw. Monate: z. B. `DayOfWeek.MONDAY` für Montag usw. `Month.JANUARY` für Januar usw.

Beispiel: Berechnung der beweglichen Feiertage

Mit der Gaußschen Osterformel aus Aufgabe 2.14 können wir für ein gegebenes Jahr das Datum von Ostern berechnen. Hieraus leiten sich die Termine für die beweglichen Feiertage ab. Zum Beispiel liegt der Aschermittwoch 46 Tage vor Ostern. Wir wollen diese Termine mithilfe der Zeit- und Datumsklassen für Java berechnen.

Listing 4.2 Bewegliche Feiertage des laufenden Jahrs berechnen

```java
public class Ostertagsberechnung {
  static final LocalDate osterSonntag = datumOsterSonntag();
  static final LocalDate ascherMittwoch = osterSonntag.minusDays(46);
  static final LocalDate pfingstSonntag = osterSonntag.plusDays(49);
  static final LocalDate christiHimmelfahrt = osterSonntag.plusDays(39);
  static final LocalDate fronleichnam = osterSonntag.plusDays(60);

  static final LocalDate[] beweglFeiertage = {
    ascherMittwoch,
    osterSonntag,
    christiHimmelfahrt,
    pfingstSonntag,
    fronleichnam
    };

  public static LocalDate datumOsterSonntag (); // Kapitel 2, Aufgabe 14

  public static void main(String[] args) {
    for (LocalDate feiertag : beweglFeiertage)
      System.out.printf("%s\n",feiertag.format(DateTimeFormatter.
        ofPattern("dd.MM.yyyy")));
  }
}
```

4.1.6 Reflexion von Java-Programmen

Mit Reflexion bzw. Introspektion bezeichnet man die Möglichkeit einer Programmiersprache, Informationen über Programmteile zu erhalten. Mit den Klassen im Package java.lang.reflect kann man Informationen z. B. über die Attribute, Methoden und ihre Parameter eines Java-Programms auslesen. Diese Informationen dienen Debuggern, Compilern, Interpretern, Klassenbrowsern sowie der Serialisierung von Objekten als Quelle von Informationen über eine Klasse in Java. Dieses Package ist für das Verständnis von Java sehr wichtig. Wie sollte man sonst z. B. die Serialisierung verstehen können? Es genügt, eine Klasse als Serializable zu kennzeichnen. Dann kann Java alle Attribute ermitteln, speichern und wieder laden.

Das folgende Programm zeigt die Grundidee der Reflexion. Das Programm lädt eine Klasse und ermittelt Informationen über den Namen, die Konstruktoren, Attribute und Methoden. Außerdem untersucht es die Parameter der einzelnen Methoden.

Listing 4.3 Die Reflexion liefert Informationen über ein Programm.

```java
// Test des "Auskunftssystems" java.lang.reflect.*;
// Welche Informationen lassen sich aus der Klasse auslesen?
public class ReflectionDemo {
  // Diese Klasse wird untersucht
  private Class<?> clazz = null;

  public ReflectionDemo () {}
```

```java
// Lade die angegebene Klasse
public ReflectionDemo (String className) {
  try {
    clazz = Class.forName(className);
  } catch (ClassNotFoundException e) {
    e.printStackTrace (System.err);
    System.exit (1);
  }
}

// Ausgabe des Namens der Klasse
public void printClassName() {
  System.out.println ("printClassName :");
  System.out.println(clazz.getName());
  System.out.println ();
}

// Ausgabe aller Felder
public void printFields () {
  Field[] fields = clazz.getDeclaredFields();
  System.out.println ("printFields :");
  for (Field field: fields)
    System.out.println (field);
  System.out.println ();
}

// Ausgabe aller Konstruktoren
public void printConstructors () {
  Constructor<?>[] constructors = clazz.getDeclaredConstructors();
  System.out.println ("printConstructors :");
  for (Constructor<?> con : constructors)
    System.out.println (con);
  System.out.println ();
}

// Ausgabe aller Parameter einer Methode
public static void printParameter (Method m) {
  StringBuilder sb = new StringBuilder ();
  sb.append (m.getReturnType ().toString ());
  sb.append (' ').append(m.getName ()).append ('(');
  Parameter[] parameters = m.getParameters();
  for (Parameter p : parameters)
    sb.append(p.getType().getName()).append(" ").append(p.getName());
  sb.append (')');
  System.out.println (sb.toString ());
}

// Ausgabe aller Methoden
public void printMethods (boolean withParams) {
  Method[] methods = clazz.getDeclaredMethods();
  System.out.println ("printMethods :");
  for (Method m : methods) {
    if (m.isAnnotationPresent(Test.class))
      System.out.print ("Annotation Test vorhanden bei: ");
    if (withParams) {
      printParameter (m);
```

```
        } else
          System.out.println (m);
      }
      System.out.println ();
    }

    public static void main (String[] args) {
      if (args.length == 0) {
        System.err.println ("Aufruf java ReflectionDemo klassenname");
        System.exit (1);
      }
      ReflectionDemo cit = new  ReflectionDemo (args[0]);
      cit.printClassName ();
      cit.printFields ();
      cit.printConstructors ();
      cit.printMethods (true);
    }
  }
```

Listing 4.4 Probelauf: Das Programm analysiert sich selbst.

```
printClassName :
ReflectionDemo

printFields :
private java.lang.Class ReflectionDemo.clazz

printConstructors :
public ReflectionDemo()
public ReflectionDemo(java.lang.String)

printMethods :
void main([Ljava.lang.String; arg0)
void printConstructors()
void printFields()
void printClassName()
void printParameter(java.lang.reflect.Method arg0)
void printMethods(boolean arg0)
```

4.1.7 Annotationen

Mit den sog. *Annotationen* kann man Metadaten in die Java-Programme einbringen. Die Annotationen stehen vor den zu markierenden Programmteilen und beginnen mit @. Sie „kleben" wie die bekannten gelben Zettel am Programm bzw. am Binärcode. Es gibt Annotationen, die nur für den Compiler gelten, und solche, die bis zur Laufzeit des Programms im Code verbleiben. Das folgende Beispiel zeigt die Anwendung der Annotation @Override, die wir schon öfter benutzten. Danach folgt eine Aufstellung wichtiger Annotationen.

```
@Override
public String toString () { … }
```

java.lang.Override

```
@Target(ElementType.METHOD)
@Retention(RetentionPolicy.SOURCE)
public @interface Override { }
```

Beim Überschreiben einer Methode sind Tippfehler wie z. B. ToString() nicht auszuschließen. Wenn man aber eine Methode mit @Override kennzeichnet, kann der Compiler feststellen, ob die Signatur der Methode tatsächlich einer Methode der Oberklasse entspricht. Damit kann man den Fehler sofort erkennen und korrigieren.

java.lang.FunctionalInterface

```
@Documented
@Retention(value=RUNTIME)
@Target(value=TYPE)
public @interface FunctionalInterface
```

Eine funktionale Schnittstelle hat genau eine abstrakte Methode. Solche Schnittstellen können in Java besonders einfach implementiert werden, siehe Abschnitt 3.5.5. bzw. Abschnitt 4.3.1.

java.lang.annotation.Documented

```
@Documented
@Target(ElementType.ANNOTATION_TYPE)
public @interface Documented { }
```

Diese Anmerkung sollte Dokumentationswerkzeuge wie JavaDoc o. Ä. dazu veranlassen, das entsprechende Programmteil in die Dokumentation aufzunehmen. Die Empfehlung ist unverbindlich.

java.lang.annotation.Deprecated

```
@Documented
@Retention(RetentionPolicy.SOURCE)
public @interface Deprecated { }
```

Bitte nutzen Sie so gekennzeichnete Programmteile nicht mehr, sie könnten in naher Zukunft geändert oder abgeschafft werden.

java.lang.annotation.Retention

```
@Documented
@Retention(RetentionPolicy.RUNTIME)
@Target(ElementType.ANNOTATION_TYPE)
public @interface Retention {
  RetentionPolicy value();
}
```

Hiermit steuern Sie die Aufbewahrung der Annotation im Programm. Bestimmte Metadaten sind nur während der Übersetzung sinnvoll, warum sollten sie bis in die .class-Datei erhalten bleiben?

Kennzeichen	Die Annotation wird ...
RetentionPolicy.SOURCE	vom Compiler ausgewertet und entfernt.
RetentionPolicy.CLASS	in das .class-File aufgenommen.
RetentionPolicy.RUNTIME	in das .class-File aufgenommen und steht für die Reflection zur Verfügung.

java.lang.annotation.Target

```
@Documented
@Retention(RetentionPolicy.RUNTIME)
@Target(ElementType.ANNOTATION_TYPE)
public @interface Target {
  ElementType[] value();
}
```

Tabelle 4.11 Programmelemente für Annotationen

ElementType	Typ des Elements
CONSTRUCTOR	Konstruktor
FIELD	Feld (einschl. **enum**-Konstanten)
LOCAL_VARIABLE	Lokale Variable
METHOD	Methode
PACKAGE	Package
PARAMETER	Parameter
TYPE	**class**, **interface** (einschl. Annotation) oder **enum**

Listing 4.5 Beispiel für eine Annotation

```
//Die Annotation Test soll bis zur Laufzeit „an Methoden kleben".
import java.lang.annotation.*;
@Retention(RetentionPolicy.RUNTIME)
@Target(ElementType.METHOD)
public @interface Test { }
```

Die Abfrage könnte in die Methode printMethods des vorigen Abschnitts eingebaut werden. Damit kann man die Markierung erkennen und etwaige Maßnahmen ergreifen.

```
for (Method m: methods) {
  if (m.isAnnotationPresent(Test.class))
    System.out.print ("Annotation Test vorhanden bei: ");
```

4.1.8 Reguläre Ausdrücke

Wenn man Zeichenketten programmiert, stößt man immer wieder auf das Problem der Suche nach bestimmten Mustern. Sie können solche Muster mit der Klasse Pattern aus dem Package java.util.regex auch in Java definieren. Sie akzeptiert die klassische von lex[1] her bekannte Schreibweise ebenso wie die erweiterten perl[2]-Notationen. Die Methode matcher() dieser Klasse liefert für eine Zeichenfolge einen sog. Matcher. Als Beispiel wollen wir Zeichenfolgen untersuchen, die aus einer beliebigen (evtl. auch leeren) Folge aus "a" und genau einem abschließenden "b" bestehen: "ab", "aab", "aaab" usw.

```
Pattern p = Pattern.compile("a*b"); // Suchmuster für ab aab aaab usw.
Matcher m = p.matcher("aaaaab");    // Matcher für eine Zeichenfolge
// Ist diese Zeichenfolge gemäß dem Muster ("a*b") aufgebaut?
boolean b = m.matches();            // Ja !
```

Tabelle 4.12 Anwendung eines sog. Matcher

boolean matches();	Entspricht die gesamte Zeichenfolge dem Muster?
boolean lookingAt();	Beginnt die Zeichenfolge mit dem Muster?
boolean find();	Durchsuchen der Zeichenfolge nach dem nächsten Auftreten des Musters

Matcher gibt es nicht nur für Zeichenketten, sondern allgemeiner für Klassen, die die CharSequence-Schnittstelle implementieren.

Tabelle 4.13 Eine kleine Auswahl an Möglichkeiten zur Definition regulärer Ausdrücke in der Klasse java.utilregex.Pattern

Definition	Bedeutung
[abc]	Zeichenklasse, a, b oder c (Menge)
[^abc]	Keines der Zeichen a, b bzw. c (Negation)
[a-zA-Z]	Eines der Zeichen a...z bzw. A...Z (Bereich)

---

[1] lex = lexical Analyzer, ein Werkzeug unter Unix

[2] perl: freie, plattformunabhängige und interpretierte Programmiersprache

Tabelle 4.13 Eine kleine Auswahl an Möglichkeiten zur Definition regulärer Ausdrücke in der Klasse `java.util.regex.Pattern` *(Fortsetzung)*

Definition	Bedeutung
[a-d[m-p]]	Eines der Zeichen a...d oder m...p (Vereinigung)
[a-z&&[def]]	d, e, oder f (Durchschnitt)
[a-z&&[^bc]]	a bis z, aber nicht b oder c
\d	Vordefinierte Zeichenklasse [0-9]
\D	Keine Ziffer [^0-9]
\s	„White Space" [\t\n\x0B\f\r]
\w	Wort [a-zA-Z_0-9]
\W	Kein Wort [^a-zA-Z_0-9]
X?	0..1 Vorkommen von X
X*	0..∞ Vorkommen von X
X+	1..∞ Vorkommen von X
X(n)	Genau n Vorkommen von X
XY	Aneinanderreihung von X und Y
X|Y	Entweder X oder Y
(X)	Gruppierung

Beispiel: Suchen und Ersetzen

Das folgende Programm sucht in einer Zeichenfolge nach einem Muster. Jedes Auftreten des Musters wird durch einen anderen Text ersetzt. Dabei wird dieser Prozess des Ersetzens auf zwei verschiedene Arten durchgeführt. Zum einen wird der Text iterativ durchsucht. Jedes Auftreten des Suchmusters lässt sich dann separat behandeln. Zum anderen wird die Methode `String replaceAll(String ersatz)` benutzt. Sie ersetzt jedes Auftreten des Suchmusters durch den identischen Text `ersatz`.

Listing 4.6 Suchen und Ersetzen mit regulären Ausdrücken

```
public class RegulaererAusdruck {
  private static final String test = "gruen, gruen, gruen sind alle meine kleider";

  // test
  public static void test(String text, String muster, String ersatz) {
    Pattern p = Pattern.compile(muster);
    Matcher m = p.matcher(text);

    // Suchen und Ersetzen:
    // Der Reihe nach Durchsuchen
```

```
    StringBuffer sb = new StringBuffer();
    boolean result = m.find();
    int i = 1;
    while (result) {
      m.appendReplacement(sb, ersatz + i++);
      result = m.find();
    }
    m.appendTail(sb);
    System.out.println(sb.toString());

    // Suchen und Ersetzen:
    // Mit einem Methodenaufruf
    System.out.println(m.replaceAll(ersatz));
  }

  public static void main(String[] args) {
    test(test, "gruen", "gelb");
    test(test, "[a-zA-Zue]+", "rot");
    System.out.println();
  }
}
```

Ausgabe

```
gelb1, gelb2, gelb3 sind alle meine kleider
gelb, gelb, gelb sind alle meine kleider
rot1, rot2, rot3 rot4 rot5 rot6 rot7
rot, rot, rot rot rot rot rot
```

4.1.9 Protokollierung von Programmläufen: Logging

Die Protokollierung von Abläufen kann sinnvoll sein, um bestimmte Aktionen nachzuweisen. Im Fehlerfall dient ein Ablaufprotokoll der Eingrenzung der Ursache. Protokolle sollen mehr oder weniger ausführlich sein und Abläufe innerhalb bestimmter Programmteile mitverfolgen. Sie sollen mehr oder weniger Informationen aufzeichnen, in diversen Formaten vorliegen, möglichst wenig Laufzeit verbrauchen ... Wenn man diese Anforderungen sieht, dann ist schnell klar, dass es mit einigen print-Anweisungen nicht getan ist. Wir brauchen ein Rahmenwerk für die Protokollierung, z. B. das sog. Logging-API im Package java.util.logging. Es gibt verschiedene Logger, die jeweils verschiedene Levels und ggfs. Filter dazu benutzen, um einzelne Meldungen sofort auszuschließen. Wenn ein Logger für einen bestimmten Level eingestellt ist, z. B. Level.INFO, so verwirft er alle Meldungen mit niedriger Priorität. In der Klasse Level gibt es folgende Prioritätsstufen:

```
SEVERE     (höchste Priorität)
WARNING
INFO
CONFIG
```

```
FINE
FINER
FINEST    (niedrigste Priorität)
```

Für die aufzuzeichnenden Meldungen wird ein `LogRecord` angelegt, der eventuell zum nächsten Handler oder auch an einen Formatierer zur Aufbereitung weitergereicht wird.

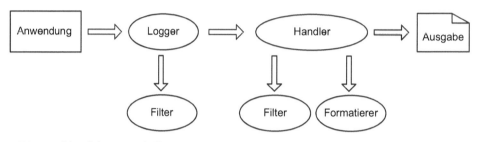

Bild 4.1 Ablauf der Protokollierung

Die beiden folgenden Tabellen zeigen eine Übersicht der Handler und der Formatierer aus dem Package `java.util.logging`.

Tabelle 4.14 Handler für die Protokollierung

StreamHandler	Formatierte Ausgabe auf einen `OutputStream`
ConsoleHandler	Einfacher Handler zur Ausgabe nach `System.err`
FileHandler	Formatierte Ausgabe in eine einzelne Datei oder eine ringförmige Kette von Dateien
SocketHandler	Ausgabe der Meldungen auf einen TCP-Port
MemoryHandler	Pufferung der Meldungen im Speicher

Tabelle 4.15 Formatierungen der Ausgabe beim Logging

SimpleFormatter	Kurzform einer Ausgabe; Default bei `ConsoleHandler`
XMLFormatter	Detaillierte Informationen im XML-Format; Default bei `FileHandler`

Die Protokollierung erfolgt in einem vordefinierten Format, wie es in der Klasse `LogManager` beschrieben ist, oder durch direkte Angaben im Programm.

Listing 4.7 Beispiel: Protokollierung mitlaufen lassen
```
public class Protokollierung {

  private static Logger       logger =
```

```java
      Logger.getLogger("Protokollierung");
  private static FileHandler fh    = null;

  public static void main(String[] args) {
    String dirName = "."; // Aktuelles Verzeichnis
    if (args.length != 0)
      dirName = args[0];
    logger.setLevel(Level.FINEST);
    try {
      fh = new FileHandler("mylog.xml");
      //fh.setFormatter(new java.util.logging.SimpleFormatter());
    } catch (Exception e) {
      e.printStackTrace(System.err);
    }
    logger.addHandler(fh);
    logger.info(dirName);
    File f = new File(dirName);
    String fileNames[] = f.list();
    if (fileNames != null) {
      for (int i = 0; i < fileNames.length; i++) {
        System.out.printf("Datei %3d: %s\n", i, fileNames[i]);
        logger.finest(fileNames[i]);
      }
    }
  }
}
```

Listing 4.8 Ausgabe mit einfacher Formatierung (fh.setFormatter aktiviert)

```
Jan. 17, 2024 3:17:29 PM Protokollierung main
INFORMATION: .
Datei   0: .classpath
Datei   1: .project
Datei   2: .settings
Datei   3: asdfg.txt
Datei   4: bin
Datei   5: daten
…
```

Listing 4.9 Ausgabe mit XML-Formatierung (Auszug)

```xml
<!DOCTYPE log SYSTEM "logger.dtd">
<log>
<record>
  <date>2024-01-17T14:17:29.557699400Z</date>
  <millis>1705501049557</millis>
  <nanos>699400</nanos>
  <sequence>0</sequence>
  <logger>Protokollierung</logger>
  <level>INFO</level>
  <class>Protokollierung</class>
  <method>main</method>
  <thread>1</thread>
  <message>.</message>
</record> usw…
```

4.2 Verwalten von Objekten mit Sammlungen

Auch bei der objektorientierten Programmierung müssen wir Objekte aufbewahren und wiederfinden. Bei diesen beiden täglich wiederkehrenden Aufgaben unterstützt uns Java mit den Sammlungen. Bild 4.2 zeigt den Aufbau und die Abhängigkeiten wichtiger Klassen in Java 21, siehe [API23]. Die Schnittstelle Collection ist die Basisschnittstelle für die Aufbewahrung von Daten in sequenzieller Form wie Listen oder Set für die duplikatfreien Mengen. In Java 21 wurde die Schnittstelle SequencedSet eingefügt. Sie beschreibt Sammlungen, die vor- bzw. rückwärts durchlaufen werden können, und erlaubt es, am Anfang bzw. Ende Elemente einzufügen. Map beschreibt Zuordnungen, die einen assoziativen Zugriff auf die einzelnen Objekte in einer Sammlung ermöglichen. Mit Hilfe von Iteratoren können wir die Sammlungen durchlaufen. Für den Begriff „Iterator" siehe [GHJV96].

Der Abschnitt 4.2.1 beschreibt die Grundzüge aller Sammlungen. In Abschnitt 4.2.2 stellen wir ausgehend von einem Beispiel die Einsatzfälle von Sammlungen zum Abspeichern von Objekten dar, das löst aber das Problem des assoziativen Zugriffs auf einzelne Objekte nicht. Dies leisten die in Abschnitt 4.2.3 vorgestellten Zuordnungen.

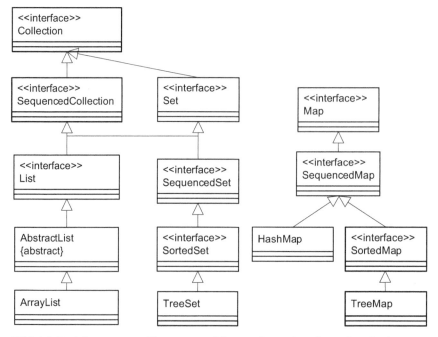

Bild 4.2 Beziehungen von Klassen zum Thema „Sammlung" aus dem Package java.util

4.2.1 Prinzip für die Aufbewahrung von Objekten

Objekte fügt man mit Methoden wie add (Object obj) zu einer konkreten Sammlung hinzu, wie der Pfeil „aufbewahren" von rechts nach links in Bild 4.3 veranschaulicht. Die add-Methode würde jedes beliebige Objekt akzeptieren, denn jede Klasse in Java ist direkt oder indirekt von der Klasse Object abgeleitet. So könnten Sie z. B. Objekte der Klasse Mitarbeiter (vgl. Abschnitt 3.2) zu einer vorhandenen Sammlung hinzufügen. Mit demselben Recht könnten Sie auch Objekte der Klasse Chef zur Sammlung hinzufügen oder auch String-Zeichenketten, Integer-Objekte etc. Kurz: Die links in Bild 4.3 dargestellte Sammlung könnte Elemente jeder beliebigen Java-Klasse enthalten.

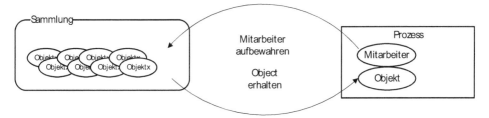

Bild 4.3 Beziehungen zwischen einem Programm und einer Sammlung

```
Collection sammlung = new … eine der Klassen aus
sammlung.add… (new Mitarbeiter (…);
sammlung.add… ("Hello World");
Object objekt = sammlung.get…(…); // Welcher Typ? Wir wissen es nicht.
Mitarbeiter p = (Mitarbeiter)(das erhaltene Objekt); // Gefährlich!!!!!
```

Wenn das Programm mit get(…) ein Objekt von der Sammlung anfordert, liefert die Sammlung eine Referenz auf ein Object. Welchen Typ hat nun dieses Objekt? Dieser Typ steht nur dann fest, wenn man ausschließlich Objekte eines bestimmten Typs in die Sammlung eingefügt hat, nicht dagegen bei einem Sammelsurium von Typen. Deswegen bezeichnet man diese Sammlung auch als „nicht typsicher". Die Anwendung muss „wissen", welchen Typ das gerade geholte Objekt hat, und ggfs. das erhaltene Objekt auf die benutzte Klasse „hochcasten" (vgl. Abschnitt 3.3).

Dieser Cast kann fehlschlagen, die Ursache wäre z. B. ein String-Objekt, welches wahrscheinlich niemals zur Sammlung der Mitarbeiter hätte hinzugefügt werden dürfen. Der Fehler beim Eintragen der Daten zeigt sich erst beim Entnehmen, tritt also an einer völlig anderen Stelle auf und ist somit schwer lokalisierbar.

Java löst dieses Problem an der Wurzel: Mit den generischen Elementen aus Abschnitt 3.6 können Sie den Typ der Daten einer Sammlung festlegen. Damit stellen Sie wie in Bild 4.4 sicher, dass die spezielle Sammlung nur Objekte einer bestimmten Klasse wie Mitarbeiter aufnimmt. Wenn Sie einer solchen Sammlung Objekte entnehmen, kennen Sie den Typ der Elemente und werden nicht mit unerwarteten Objekten konfrontiert.

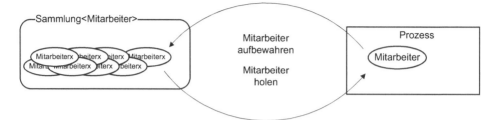

Bild 4.4 Diese Sammlung nimmt nur Mitarbeiter auf.

```
Collection<Mitarbeiter> sammlung = new Xyz<Mitarbeiter>(); Xyz = eine Klasse aus
Tabelle 4.16
sammlung.add… (new Mitarbeiter (…));
// sammlung.add… ("Hello World"); unmöglich!!
Mitarbeiter p = sammlung.get… (…); // Sicher, was denn sonst.
```

Das in Bild 4.2 vorgestellte Collection-Framework besteht aus Schnittstellen, Implementierungen und Algorithmen. Die Schnittstellen spezifizieren die denkbaren Dienste. Implementierungen stellen konkrete Dienstangebote zur Verfügung, die man theoretisch durch eigene Programme ersetzen könnte. Algorithmen führen nützliche Verfahren wie Suchen und Sortieren für diverse Sammlungen durch, insbesondere auch für Felder. Die Darstellung in diesem Abschnitt folgt diesem Aufbau: Schnittstellen, Algorithmen und Beispiele.

4.2.1.1 Schnittstellen für die Sammlungen in Java

Das Collection-Framework beruht auf den zentralen Schnittstellen Collection und Map. Die verschiedenen Möglichkeiten wie Listen und Mengen auf der einen Seite und Zuordnungen auf der anderen bilden die Basis des Rahmenwerks, für die es grundlegende (sog. *primary*) Implementierungen gibt.

Collection	Eine Collection umfasst eine Gruppe von Objekten, die als Elemente der Sammlung bezeichnet werden. Die Schnittstelle schreibt nicht vor, dass die Sammlung frei von Duplikaten sein muss. Auch gibt es geordnete und ungeordnete Sammlungen. Im JDK gibt es keine direkten Implementierungen für Collection, nur für Set und List. Diese Schnittstelle ist der kleinste gemeinsame Nenner aller Sammlungen. Sie dient der Weitergabe von Sammlungen, wenn ein Maximum an Abstraktion gesucht wird.
Set	Ein Set ist eine Menge unterschiedlicher Elemente. Eine Anordnung ist nicht automatisch damit verbunden.
SortedSet	Ein SortedSet ist eine Menge, bei der die Elemente in aufsteigender Anordnung gehalten werden.
SortedMap	Ein SortedMap ist eine Zuordnung, bei der die Schlüssel in aufsteigender Reihenfolge gehalten werden. Sie dient zur Implementierung von Wörterbüchern.

List	Eine Liste ist eine geordnete Sammlung, die manchmal auch als Folge bezeichnet wird. Listen dürfen im Gegensatz zu Mengen Duplikate enthalten. Listen erlauben die genaue Kontrolle über die Reihenfolge der Elemente, auch beim Einsetzen. Elemente können über ihre Folgenummer in der Liste angesprochen werden.
Map	Ein Map ist eine Zuordnung eindeutiger Schlüssel zu Werten. Jeder Schlüssel ist maximal einem Wert zugeordnet.
SortedMap	Ein SortedMap ist eine Zuordnung, bei der die Schlüssel in aufsteigender Reihenfolge gehalten werden. Sie dient zur Implementierung von Wörterbüchern.

Anordnung von Objekten in Sammlungen: SortedSet und SortedMap

Man kann nur vergleichbare Objekte anordnen. Die Klassen der Elemente der Sammlung müssen das Vergleichskriterium implementieren. Die Comparable-Schnittstelle aus dem Package java.lang liefert eine natürliche Ordnung, während die Comparator-Schnittstelle aus dem Package java.util den Vergleich zweier Elemente ermöglicht.

Funktionen für alle Sammlungen

Die Klasse Collections fasst Methoden zur Bearbeitung oder Erzeugung von Sammlungen zusammen. Analog zur Klasse Arrays bietet sie Dienste wie Suchen, Sortieren oder Austauschen ebenso wie Methoden zur Erzeugung spezieller Sammlungen an.

4.2.1.2 Implementierungen für die Schnittstellen

In Java können Sie für jede der Schnittstellen Set, List und Map zwischen mehreren Klassen für Implementierungen wählen. Alle diese Klassen sind serialisierbar und unterstützen eine clone()-Methode.

Tabelle 4.16 Schnittstellen und implementierende Klassen in Java

Schnittstelle	Implementierende Klassen			
	Hash-Tabelle	**Erweiterbarer Array**	**Baum**	**Lineare Liste**
Set	HashSet		TreeSet	
List		ArrayList		LinkedList
Map	HashMap		TreeMap	

Vorsicht: Keine der implementierenden Klassen ist Thread-sicher. Mit dem Aufruf Collections.synchronizedCollection erhält man Thread-sichere Sammlungen. Die Zugriffe sind aber nach [API23] noch zu synchronisieren. Siehe Monitore aus Kapitel 6.

Eine Sammlung mit Set-Eigenschaften erstellt man wie folgt:

```
Set<Mitarbeiter> personal1 = new HashSet<> (); // So oder:
Set<Mitarbeiter> personal2 = new TreeSet<> (); // so
```

Implementierungen der List-Schnittstelle

Die Klassen ArrayList und LinkedList implementieren die List-Schnittstelle. ArrayList beruht auf einem Array und bietet konstante Zugriffszeiten bei der Positionierung. ArrayList ist die erste Wahl, sofern die Anwendung nicht häufig Elemente vorne oder in der Mitte einfügt bzw. löscht. In diesem Fall ist die Implementierung LinkedList über eine verkettete Liste vorzuziehen. Im Gegensatz zu Vector wird bei ArrayList der Zugriff nicht synchronisiert, um den dadurch entstehenden Aufwand zu vermeiden. Vgl. Collections.synchronizedList in Abschnitt 4.2.4.3.

Wenn man synchronisierte Zugriffe benötigt, ist die Implementierung der Klasse Vector etwas schneller als Collections.synchronizedList. Die Klasse Vector hat allerdings viele spezielle Methoden, die nicht in das Collection-Framework passen.

Für Listen, die sich nicht ändern und keine der Massenoperationen außer containsAll benutzen, beschreiben wir mit Arrays.asList in Abschnitt 4.2.4.4 eine Alternative.

Implementierungen der Map-Schnittstelle

Die Klassen HashMap und TreeMap implementieren die Map-Schnittstelle. HashMap empfiehlt sich bei hohen Anforderungen an die Geschwindigkeit. TreeMap bietet SortedMap-Operationen und bereichsbezogene Operationen.

4.2.2 Sequenzieller Zugriff: List, Set und SortedSet

Die Basis aller Sammlungen in Abschnitt 4.2.2 ist die Collection-Schnittstelle. Sie bietet sich zur Übergabe von Elementen immer dann an, wenn die größtmögliche Allgemeinheit gewünscht wird. Alle konkret vorhandenen Sammlungen müssen per Konvention einen Konstruktor anbieten, der die spezielle Sammlung aus einer allgemeinen Collection c aufbaut. c kann z. B. eine Liste oder eine Menge sein. So kann man eine Sammlung c aus Zeichenketten Collection<String> benutzen, um eine neue ArrayList-Sammlung anzulegen, die alle Elemente von c enthält.

```
List<String> list = new ArrayList<>(c);
// Dabei ist c irgendeine Collection von Zeichenketten.
```

4.2.2.1 Collection und SequencedCollection als Basisschnittstellen

Die generische Schnittstelle Collection<T> nimmt nur Elemente der durch den Typ angegebenen Klasse T auf. Wenn ein beliebiger Typ gewünscht wird, arbeitet man mit der Wildcard <?>. Damit bezeichnet man alle Typen. Will man die Vielfalt der

Typen auf von T abgeleitete Klassen einschränken, verwendet man die Schreibweise
`<? extends T>`.

Listing 4.10 Die Collection-Schnittstelle
```
public interface Collection<T> extends Iterable<T> {
    // Basis Operationen
    int size();
    boolean isEmpty();
    boolean contains(Object element);
    boolean add(T element);
    boolean remove(Object element);
    Iterator iterator();

    // Massen Operationen
    boolean containsAll(Collection<?> c);
    boolean addAll(Collection<? extends T> c);
    boolean removeAll(Collection<?> c);
    boolean retainAll(Collection<?> c);
    void clear();

    // Array Operationen
    Object[] toArray();
    <T> T[] toArray(T a[]);
}
```

Die Schnittstelle SequencedCollection erweitert die Collection-Schnittstelle. Dadurch kann man Sets oder Listen in einheitlicher Form durchlaufen.

Listing 4.11 Die SequencedCollection-Schnittstelle
```
public interface SequencedCollection<T> extends Collection<T> {
    // Neue Methode
    SequencedCollection<E> reversed();
    // Methoden aus der Deque-Schnittstelle aufgenommen
    void addFirst(T);
    void addLast(T);
    T getFirst();
    T getLast();
    T removeFirst();
    T removeLast();
}
```

Ausgewählte Methoden

Die size()-Methode der Collection-Schnittstelle liefert die Anzahl der Elemente. contains(Object element) prüft, ob element in der Sammlung enthalten ist. Änderbare Sammlungen erlauben es, Elemente hinzuzufügen bzw. zu entfernen. Die Sammlung bietet einen Iterator zum Durchlaufen aller in ihr enthaltenen Elemente an.

Die add(…)-Methode ist für alle Sammlungen entworfen und muss gegebenenfalls Duplikate zulassen. Sie sichert zu, dass das ihr übergebene Element in die Sammlung übernommen wird, und liefert **true** zurück, falls sich die Sammlung geändert hat. Mit remove() entfernt man ein Objekt aus der Sammlung, das vom vorherigen Aufruf von next() geliefert wurde. Der Aufruf remove() stellt die einzige sichere Lösung dar, während des Durchlaufs durch eine Sammlung ein Element zu entfernen.

reversed liefert eine View auf eine SequencedCollection, die die Elemente in umgedrehter Reihenfolge durchläuft. addFirst bzw. addLast fügen vorne bzw. hinten ein. removeFirst bzw. removeLast entfernen Elemente am Anfang bzw. Ende der SequencedCollection.

Iteratoren

```
public interface Iterator<T> {
    boolean hasNext();
    T next();
    void remove();     // Optional
}
```

Mit der Iterator-Schnittstelle kann man alle Elemente durchlaufen. Die hasNext()-Methode liefert genau dann **true**, wenn noch ein Element vorhanden ist, welches dann von der next()-Methode geliefert wird. Die remove()-Methode zum sicheren Entfernen von Elementen darf für jeden next()-Aufruf höchstens einmal benutzt werden. Eine denkbare Anwendung ist ein Filter für die aufbewahrten Elemente. Wenn parallel zum Durchlaufen und Löschen die Sammlung von einer anderen Seite verändert wird, ist das Ergebnis des Löschens undefiniert. Das folgende Programm zeigt die Implementierung eines Filters, wozu die Methode condition(...) definiert sein muss.

```
static void filter(Collection c) {
  for (Iterator i = c.iterator(); i.hasNext(); )
    if (!condition(i.next()))
      i.remove();
}
```

Massenoperationen: alle Elemente mit einem Aufruf bearbeiten

Sammlungen in Java bieten mit …All(…)-Methoden Aufrufe zur effizienten Bearbeitung ganzer Sammlungen mit jeweils einem Aufruf an.

Tabelle 4.17 Massenoperationen für Collections c bzw. d

d.containsAll (Collection<?> c);	Enthält d alle Elemente von c?
d.addAll (Collection<? extends T> c;)	Fügt alle Elemente von c zu d hinzu.
d.removeAll (Collection<?> c);	Entfernt alle Elemente von c aus d.
d.retainAll (Collection<?> c);	Entfernt alle Elemente aus d, die nicht zu c gehören.
d.clear ();	Entfernt alle Elemente aus d.
d.removeAll(Collections.singleton(e));	Entfernt alle Elemente e aus d.
c.removeAll(Collections.singleton(**null**));	Entfernt alle **null**-Elemente aus d.

Die **static** <T> Set<T> singleton(T obj)-Methode der Klasse Collections liefert ein unveränderliches Set-Objekt mit dem angegebenen Element obj als Inhalt.

Array-Operationen

Zum Auslesen aller Elemente einer Sammlung gibt es die toArray-Methoden. Wenn es reicht, Elemente der Klasse Object zu erhalten, benützt man die toArray-Methode.

```
Object[] o = c.toArray();
```

Kennt man die Klassenzugehörigkeit (z. B. String) *aller* Elemente, so kann man wie im folgenden Beispiel für Strings vorgehen:

```
String[] a = (String[]) c.toArray(new String[0]);
```

4.2.2.2 Listen

Mit einem Array können wir eine bestimmte Anzahl von Objekten verwalten. Wenn wir hiermit einzelne Elemente neu aufnehmen bzw. löschen wollen, können wir eine der Implementierungen für die generische List -Schnittstelle benützen. Wir können unveränderliche Listen mit einer der List.of (…)-Methoden erzeugen, indem wir die Elemente angeben.

```
// Veränderliche Listen
List<String> liste = new ArrayList<>();
List<String> liste = new ArrayList<>(1000);
// Folgende Listen sind unveränderlich
List<String> strings = List.of("a", "b", "c", "d");
List<String> unveränderlicheListe = List.copyOf(liste);
```

Sie können mit add(…) Elemente in liste beliebig ein- und hinzufügen, ohne sich um die Anzahl der Elemente zu kümmern. Sie können Elemente auch wieder entfernen. Der Zugriff über die laufende Nummer eines Objekts ist mit get(**int** index) möglich. Mit dem Aufruf size() erhalten Sie die aktuelle Anzahl der Elemente in der Liste, deren tatsächliche Kapazität größer sein könnte. Mit List.copyOf (ausgangsListe); erhalten wir eine unveränderliche Kopie einer Liste. Die Ausgangsliste darf keine **null**-Elemente enthalten und Änderungen führen nicht zu einer Aktualisierung der „gezogenen" Kopie.

Wenn in einer veränderlichen Liste alle Plätze belegt sind, besorgt die Klasse ArrayList selbst die Erweiterung der Liste. Dazu muss Java allerdings alle Elemente in die neue Liste umkopieren. Dies kann einen nicht unerheblichen Aufwand erfordern, wenn es zu oft vorkommt. Deswegen sollte man bei der Initialisierung einer Liste die Anzahl der enthaltenen Elemente bzw. die Größe der Erweiterungsschritte möglichst passend angeben.

Mit der erweiterten for-Schleife kann man die Sammlung sequenziell durchlaufen:

```
for (String s: liste) {
  // Bearbeite das jeweils aktuelle Element s
}
```

Beispiel: Zeichenketten aufbewahren

Die Personalabteilung aus Listing 3.9 verwaltet Mitarbeiter und Chefs in einem Array. Wir stellen diese Personalverwaltung auf eine Liste um und zeigen die Iteration über die Elemente der Liste mit verschiedenen Methoden. Bedenken Sie die in Abschnitt 4.3 vorgestellten Möglichkeiten mit Streams.

Listing 4.12 Programm zur Personalverwaltung mit Listen

```
public class PersonalAbteilung {
  private final List<Mitarbeiter> personal = new ArrayList<>();

  private void init() {
    personal.add(new Mitarbeiter("Hitchcock", 0, 1000));
    personal.add(new Mitarbeiter("Bond", 7, 2000));
    personal.add(new Mitarbeiter("Ford", 99, 3000));
    personal.add(new Chef("Nealy", 1, 9000, "Sun"));
  }

  private void ausgabe1() {
    for (Mitarbeiter p : personal)
      p.ausgabe();
  }

  private void ausgabe2() {
    for (int i = 0; i < personal.size(); i++)
      personal.get(i).ausgabe();
  }

  private void ausgabe3 () {
    for (ListIterator<Mitarbeiter> li = personal.listIterator();
                                   li.hasNext();           )
      li.next().ausgabe();
  }
  // Nutzen Sie die Möglichkeiten von Java mit Streams!
  private void ausgabe4() {
    personal.stream().forEach(p -> p.ausgabe()); // oder
    personal.stream().forEach (Mitarbeiter::ausgabe);
  }

  public void verwalte() {
    ausgabe1();
    for (Mitarbeiter p : personal)
      p.erhöheGehalt(100);
    // Statt der o. a. externen Iteration: Lösung mit Streams:
    personal.stream().forEach((p) -> p.erhöheGehalt(100));
    ausgabe1();
  }
```

```
  public static void main(String[] args) {
    PersonalAbteilung pa = new PersonalAbteilung();
    pa.init();
    pa.verwalte();
    // pa.ausgabe…();
  }
}
```

Die List-Schnittstelle definiert Sammlungen, bei denen die Reihenfolge der Elemente eine Rolle spielt. Im Gegensatz zu den durch Set definierten Mengen in Abschnitt 4.2.2.4 können Elemente mehrfach vorkommen. Die speziellen Eigenschaften einer Folge lassen zu den Operationen für Sammlungen noch folgende Operationen zu:

- Zugriff auf Elemente über ihre Position bzw. ihren Index in der Folge
- Suche nach der Position eines Elements in der Liste
- Durchlaufen der Liste mittels Iteratoren in der Reihenfolge der Elemente
- Bearbeitung von Teilbereichen ist möglich.
- Ab Java 21 erweitern sowohl die List- als auch die Set-Schnittstelle Sequenced Collection. Damit stehen auch die zusätzlichen Operationen aus Abschnitt 4.2.2.1 zur Verfügung.

Das JDK bietet mit den Klassen ArrayList und LinkedList zwei Implementierungen der Schnittstelle an.

Die ArrayList-Klasse bietet Dienste an, wie sie von der Klasse Vector aus der Version 1 von Java bekannt sind, sofern man auf die Thread-Sicherheit verzichtet. Man kann sie als dynamisch erweiterbares Feld verwenden.

Tabelle 4.18 Beschreibung der Operationen für Listen mit Elementen vom Typ T

T liste.get(int i);	Liefert das i-te Element der Liste liste.
T liste.set (int index, T element);	Trägt das angegebene Element an der Position index ein. Ergebnis: das zuvor vorhandene Element.
void add (int index, T element);	Fügt das angegebene Element an der angegebenen Stelle index ein.
boolean remove(int index);	Entfernt das Element an der Position index und liefert es zurück.
int indexOf(Object o);	Liefert die Position des angegebenen Elements in der Liste liste.
int lastIndexOf(Object o);	Liefert die Position des letzten Auftretens des angegebenen Elements in der Liste liste.
boolean addAll (<? extends T> c);	Fügt alle Elemente der Sammlung c hinten ein.

Tabelle 4.18 Beschreibung der Operationen für Listen mit Elementen vom Typ T *(Fortsetzung)*

`static <E> List<E> of(…);`	Liefert eine unveränderliche Liste aus null bis zehn Elementen bzw. aus einem Array vom Typ E.
`ListIterator<T>` `liste.listIterator();`	Liefert einen Iterator für Listen ab dem Anfang der Liste, d. h. ab dem Index 0.
`ListIterator<T>` `liste.listIterator(int index);`	Liefert einen Iterator für Listen ab dem angegebenen Index index.
`List<T> liste.subList` `(int from, int to);`	Liefert eine Ansicht auf einen Bereich der Liste. Das erste Element der Ansicht ist das Element an der Position from der Liste liste, das letzte ist das Element vor to der Liste liste (alle Elemente von liste ab from bis to, ausgeschlossen das Element bei to).

Listing 4.13 Beispiel: Austausch von Elementen in einer veränderlichen Liste.
```
private static <T> void swap(List<T> a, int i, int j) {
  Object tmp = a.get(i);
  a.set(i, a.get(j));
  a.set(j, tmp);
}
```

Ansichten auf Bereiche

Die Java-Dokumentation bezeichnet das Ergebnis der `sublist (fromIndex, toIndex)`-Methode nicht als Teilliste, sondern als *Ansicht* auf einen Bereich der Liste. Dies soll zum Ausdruck bringen, dass Veränderungen der so erzeugten Liste in der Originalliste wirksam sind. Eine solche Bereichsansicht lässt sich auch mit einem Intervall vergleichen. `sublist (fromIndex, toIndex)` entspricht dem Intervall [fromIndex, toIndex[, bei dem die linke Grenze ein-, die rechte hingegen ausgeschlossen ist.

Listing 4.14 Beispiele für Bereichsansichten
```
liste.subList(fromIndex, toIndex).clear();                  // 1
int i = liste.subList(fromIndex, toIndex).indexOf(o);       // 2
int j = liste.subList(fromIndex, toIndex).lastIndexOf(o);   // 3
```

Zeile 1 löscht den Bereich von fromIndex bis toIndex (nicht aber das Element bei toIndex). Die Zeilen 2 und 3 zeigen eine eingeschränkte Suche nach einem Element.

4.2.2.3 Die ListIterator-Schnittstelle

Anders als bei einem Array ist bei einer Sammlung der interne Aufbau zur Aufbewahrung der Daten verborgen. Das zum Durchlaufen einer Sammlung nötige „Wissen" lässt sich in den Iterator-Klassen kapseln. Der folgende Programmausschnitt zeigt die Verwendung eines Iterators über alle Elemente einer Liste mit einer **for**-Schleife.

In der Initialisierung der Schleife legen wir den Iterator an. Im Abfrageteil testen wir auf das Erreichen des Endes. Der Aktionsteil der **for**-Schleife ist absichtlich leer. Im Rumpf der Schleife kann man auf das jeweils nächste Element zugreifen.

```
for (ListIterator<String> iter = liste.listIterator(); iter.hasNext();
    /* keine Aktion */ ) {
  System.out.print (iter.next()); // toString-Methode
}
```

Die hasNext()-Methode eines Iterators liefert genau dann **true**, wenn noch mindestens ein Element vorhanden ist, das dann von der next()-Methode geliefert wird.

Schon der von der Collection-Schnittstelle her bekannte Iterator liefert die Elemente in der Reihenfolge, in der sie in der Folge auftreten. Mit dem speziell für List definierten ListIterator können wir die Folge in beiden Richtungen durchlaufen und die Liste während des Durchlaufs ändern.

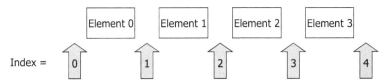

Bild 4.5 Der ListIterator als Cursor: Er zeigt zwischen die Elemente.

Dieser Iterator ist als *Cursor* durch die Folge definiert. Er nimmt seine Werte zwischen den Elementen der Folge an. Für eine Liste liste hat der ListIterator li = liste.listIterator() seinen Anfangswert vor allen Elementen der Liste liste. Mit dem next()-Aufruf erhält man das nächste Element (Element 0) und schaltet die Position um ein Element.

Listing 4.15 Die ListIterator-Schnittstelle für Listen mit Elementen vom Typ T

```
public interface ListIterator<T> extends Iterator<T> {
  boolean hasNext();
  T next();
  boolean hasPrevious();
  T previous();
  int nextIndex();
  int previousIndex();
  void remove();
  void set(T o);
  void add(T o);
}
```

Die Methoden hasNext() und next() entsprechen denen der Iterator-Schnittstelle. Damit bewegt man sich in Richtung der aufsteigenden Indices durch die Folge. Umgekehrt kann man eine Liste in absteigender Richtung mittels hasPrevious() und previous() traversieren, wie das folgende Programm zeigt.

```
for (ListIterator<Typ> i = liste.listIterator(liste.size());
                     i.hasPrevious(); ) {
    Typ o = i.previous();
    ...
}
```

Für die folgenden Code-Sequenzen a) und b) gilt jeweils result1 = result2.

```
// a)
Object result1 = liste.next();
Object result2 = liste.previous();
// b)
Object result1 = liste.previous();
Object result2 = liste.next();
```

Der Aufruf nextIndex() liefert den Index desjenigen Elements, das bei einem Aufruf next() geliefert würde. Ebenso liefert previousIndex() den Index des Elements, das bei previous() geliefert würde.

Ein Aufruf von previousIndex() liefert stets einen um 1 höheren Wert als nextIndex(). Befindet sich das Programm am Anfang einer Liste, so wird previousIndex() = -1 geliefert. Am Ende einer Liste ist das Ergebnis des Aufrufs nextIndex() der Wert size() der Liste.

Die Iterator-Schnittstelle bietet die remove()-Methode zum Entfernen des letzten von next() gelieferten Elements der Liste. Die ListIterator-Schnittstelle bietet darüber hinaus die add(…)-Methode zum Einfügen eines Elements und die set(…)-Methode zum Setzen eines Werts.

Die Klasse Vector<T>

Die Klasse Vector dient seit 1995 zur sequenziellen Aufbewahrung von Objekten, falls Zugriffe Thread-sicher sein müssen. Sie nimmt die Elemente auf, die man mit add (T o) am Ende anfügt bzw. mit add (**int** index, T o) oder insertElementAt (T o, **int** index) an beliebiger Stelle einfügt. Wenn Sie die Thread-Sicherheit nicht benötigen, empfehlen die Autoren der Java-Dokumentation die Verwendung von ArrayList.

```
Vector<T> v = new Vector<> ();w
v.add (…);
```

4.2.2.4 Mengen

Ein Set ist als Abbild des Mengenbegriffs der Mathematik eine Collection, bei der jedes Element nur einfach vorhanden ist. Die Set-Schnittstelle enthält nur Methoden, die von der Collection-Schnittstelle geerbt werden. Zusätzlich darf ein Set-Objekt keine zwei gleichen Elemente enthalten. Zwei Set-Objekte gelten als gleich, wenn sie dieselben Elemente enthalten. Das JDK stellt zwei Implementierungen zur Verfügung:

HashSet:	Für optimale Performance dient eine Hash-Tabelle [API23].
TreeSet:	Um beim Durchlaufen dieser Sammlung eine sortierte Reihenfolge zu erhalten, werden die Elemente in einem Baum aufbewahrt.

Tabelle 4.19 Basisoperationen für Mengen (m ist ein Mengen-Objekt)

`int m.size();`	Liefert die Anzahl der (verschiedenen) Elemente in m.
`boolean m.isEmpty();`	Test von m auf leere Menge
`boolean m.contains (Object element);`	Enthält die Menge m das Element?
`boolean m.add (Object element;`	Fügt das Element zur Menge m hinzu. Liefert genau dann **true**, wenn das Element zur Menge m hinzugefügt wurde.
`boolean m.remove (Object element);`	Entfernt das Element aus der Menge m. Liefert genau dann **true**, wenn das Element vor der Operation in der Menge vorhanden war.
`Iterator m.iterator();`	Liefert einen Iterator über alle Elemente der Menge m.

Beispiel: Erstellen von duplikatfreien Sammlungen

Für eine beliebige Sammlung `collection` erstellt die folgende Zeile eine Sammlung ohne doppelte Elemente:

```
Collection<Typ> duplikatfrei = new HashSet<> (collection);
```

Beispiel: Entdecken und Entfernen von Duplikaten

Das folgende Programm nach [API23] entdeckt und entfernt Duplikate von Zeichenketten aus Parametern der Kommandozeile.

Listing 4.16 Entdecken von Duplikaten

```java
public class SucheDuplikate {
  public static void main(String[] args) {
    Set<String> s = new HashSet<>();
    for (String st: args)
      if (!s.add(st))
        System.out.printf("Duplikat gefunden: %s\n", st);

    System.out.printf(
      " %d = Anzahl der verschiedenen Worte in der Menge\n %s\n",
      s.size(), s);
  }
}
```

Probelauf

```
>java SucheDuplikate grün grün grün sind alle meine kleider
Duplikat gefunden: grün
Duplikat gefunden: grün
5 = Anzahl der verschiedenen Worte in der Menge
[sind, kleider, grün, meine, alle]
```

Massenoperationen

Die Massenoperationen für Sets entsprechen den Mengenoperationen der Mathematik. Deswegen ist in der folgenden Tabelle bei den Massenoperationen der zweite Parameter als Menge gewählt. In der folgenden Tabelle bezeichnen m1 und m2 Mengenobjekte.

Tabelle 4.20 Massenoperationen für Mengen (m1 und m2 sind Mengen)

boolean m1.containsAll (Collection m2);	Genau dann wahr, wenn m2 eine Teilmenge von m1 ist: $true \Leftrightarrow m2 \subset m1$
Boolean m1.addAll(Collection m2);	Vereinigung von Mengen: $m1 = m1 \cup m2$ Alle Elemente von m2 werden zu m1 hinzugefügt. Das Ergebnis ist genau dann **true**, wenn tatsächlich ein Element hinzugefügt wurde.
Boolean m1.removeAll(Collection m2);	Mengendifferenz: $m1 = m1 - m2$ Entferne alle Elemente der Menge m2 aus der Menge m1. Das Ergebnis ist genau dann wahr, wenn sich der Inhalt der Menge m1 geändert hat.
Boolean m1.retainAll(Collection m2);	Durchschnitt: $m1 = m1 \cap m2$ Belasse alle Elemente von m1, die in m2 enthalten sind. Das Ergebnis ist genau dann wahr, wenn sich der Inhalt der Menge m1 geändert hat.
void m1.clear();	Ist die Menge m1 leer? $true \Leftrightarrow m1 = \emptyset$

Beispiel: Jedes Duplikat genau einmal ausgeben

Das Programm aus Listing 4.16 gibt Duplikate mehrfach aus. Das folgende Programm nach [API23] soll jedes Objekt genau einmal ausgeben. Zur Lösung benutzt man zwei Mengen, die Menge der Duplikate und die Menge der Unikate.

Listing 4.17 Andere Variante zum Suchen von Duplikaten

```java
public class SucheDuplikate2 {
  public static void main(String[] args) {
    Set<String> unikate = new HashSet<>();
    Set<String> duplikate = new HashSet<>();

    for (String s : args)
```

4.2 Verwalten von Objekten mit Sammlungen

```
      if (!unikate.add(s))
         duplikate.add(s);

   unikate.removeAll(duplikate); // Entferne alle Duplikate

   System.out.printf("Unikate : %s\n", unikate);
   System.out.printf("Duplikate: %s\n", duplikate);
   }
}
```

Probelauf

```
>java SucheDuplikate2 grün grün grün sind alle meine kleider
Unikate  : [sind, kleider, meine, alle]
Duplikate: [grün]
```

Tabelle 4.21 Array-Operationen für Mengen (m ist eine Menge)

`Object[] m.toArray();`	Liefere alle Objekte aus der Menge als Array.
`Typ[] m.toArray (new Typ[0]);`	Liefere alle Objekte aus der Menge als Array. Im Parameter kann der Typ vorgegeben werden.

Die SortedSet-Schnittstelle

Wenn eine Sammlung eine `SortedSet`-Schnittstelle anbietet, dann hält sie die Elemente in der natürlichen Ordnung der Elemente wie bei den Zeichenketten in Abschnitt 4.1.2 beschrieben. Wenn man eine andere Anordnung wünscht, muss man im Konstruktor ein `Comparator`-Objekt übergeben.

Ein `SortedSet` liefert die Elemente in der Reihenfolge ihrer Ordnung. Dies gilt für den Zugriff per `Iterator` genauso wie für das über die `toArray()`-Methode erhältliche Feld. Die `toString()`-Methode liefert den Text für alle Elemente in derselben Reihenfolge. Ein `SortedSet` bietet gegenüber einem `Set` zusätzlich Operationen für Bereiche an. Außerdem sind Endpunkte von Bereichen definiert.

Tabelle 4.22 Die Methoden der `SortedSet`-Schnittstelle

`SortedSet<T> subSe (T from, T to)`	Liefert eine Ansicht auf den Bereich von einschließlich `from` bis ausschließlich `to`. Wenn `from = to` gilt, wird eine leere Menge geliefert. Die gelieferte Ansicht ist vergleichbar mit dem halboffenen Intervall [from, to[.
`SortedSet<T> headSet(T to)`	Liefert eine Ansicht auf den Bereich aller Elemente der zugrunde liegenden Menge bis ausschließlich `to`.
`SortedSet<T> tailSet(T from)`	Liefert eine Ansicht auf den Bereich ab und einschließlich `from`.

Tabelle 4.22 Die Methoden der SortedSet-Schnittstelle *(Fortsetzung)*

`T first()`	Liefert das erste Element der sortierten Menge.
`T last()`	Liefert das letzte Element der sortierten Menge.
`Comparator<? super T> comparator()`	Liefert das Comparator-Objekt der sortierten Menge. Bei natürlicher Ordnung wird **null** zurückgegeben.

Zu den Bereichsansichten

Eine Ansicht eines SortedSet stellt ein Fenster auf die zugrunde liegende Menge dar. Deswegen wirken sich Änderungen in diesem Bereich direkt auf die zugrunde liegende Menge von Objekten aus. Damit sind Änderungen in der Menge in einzelnen Bereichen möglich. Änderungen in der zugrunde liegenden Menge sind auch in der gewählten Ansicht sichtbar.

Beispiele

Die folgenden Anweisungen beziehen sich auf eine sortierte Menge s von Strings. Die erste Anweisung liefert in sub1 alle Elemente in dem Bereich von anfang bis einschließlich ende. Dies entspricht dem geschlossenen Intervall [anfang, ende]. Die zweite Anweisung liefert in sub2 alle Elemente ab anfang (ausschließlich anfang) bis einschließlich ende. Dies entspricht dem halboffenen Intervall]anfang, ende]. Dazu muss man wissen, dass der Nachfolger einer Zeichenkette s die Zeichenkette s + "\0" ist. Die dritte Anweisung löscht alle Einträge, die mit "f" beginnen.

```
SortedSet sub1 = s.subSet(anfang, ende+"\0");
SortedSet sub2 = s.subSet(anfang +"\0", ende);
s.subSet("f", "g").clear();

// Beispiel :
// Für jeden Buchstaben wird die Anzahl der Worte in der sortierten
// Menge s von Strings ermittelt, die mit diesem Buchstaben beginnen.
for (char ch = 'a'; ch <= 'z'; ) {
  String from = String.valueOf(ch++);
  String to   = String.valueOf(ch);
  System.out.println(from + ": " + s.subSet(from, to).size());
}
```

4.2.3 Assoziativer Zugriff: Map

Die Klasse ArrayList dient der sequenziellen Abspeicherung von Objekten. Wenn man Objekte anhand von Schlüsselbegriffen suchen will, muss man die Sammlung linear durchlaufen. Dieser Aufwand ist proportional zur Länge der Liste und kann durch eine Aufbewahrung der Objekte in einer Sammlung mit assoziativem Zugriff wie einer `HashMap` drastisch reduziert werden. Beim Aufbewahren eines Objekts gibt man nicht nur das Objekt an, sondern auch den zugeordneten Schlüsselbegriff, anhand dessen es wiedergefunden werden soll. Damit kann die Implementierung der Sammlung alle Schlüssel gezielt verwalten, sei es in einem Baum oder in einer Hashtabelle [API23]. Da bei den Zuordnungen zwei Objekte angegeben werden müssen, hängen Sammlungen dieser Art von zwei Typen ab: dem Typ des Schlüssels (K, Key) und dem Typ des Objekts (V, Value).

In Listing 4.18 sehen Sie eine `HashMap` namens `personal` für die Zuordnung von Mitarbeitern zu ihren Namen. Die Methode `init()` trägt alle Mitarbeiter ein, die Methoden `ausgabe…()` dienen zur Ausgabe der Mitarbeiter. Die Methode `verwalte()` erhöht das Gehalt des Mitarbeiters mit dem Namen Bond.

Listing 4.18 Personalabteilung mit direktem Zugriff auf Mitarbeiter über den Namen

```java
package personal;

import java.util.*

public class PersonalAbteilungMap {
  private Map<String, Mitarbeiter> personal
      = new HashMap<>();

  private void init() {
    Mitarbeiter ma = new Mitarbeiter("Hitchcock", 0, 1000);
    // Schreibweise: put (Schlüssel, Name);
    personal.put(ma.getName(), ma);
    ma = new Mitarbeiter("Bond", 7, 2000);
    personal.put(ma.getName(), ma);
    ma = new Mitarbeiter("Ford", 99, 3000);
    personal.put(ma.getName(), ma);
    ma = new Chef("Nealy", 1, 9000, "Sun");
    personal.put(ma.getName(), ma);
  }

  private void ausgabe1 () {
    System.out.println ("ausgabe1:");
    for (Mitarbeiter m: personal.values())
      m.ausgabe();
    System.out.println ("Ende von ausgabe1:");
  }

  private void ausgabe2 () {
    System.out.println ("ausgabe2");
    for (String s: personal.keySet())
      personal.get(s).ausgabe();
    System.out.println ("Ende von ausgabe2:");
  }

  public void verwalte() {
    ausgabe1();
    Mitarbeiter ma = personal.get("Bond");
    ma.erhöheGehalt(1000.0);
    ausgabe1();
  }
```

```
public static void main(String[] args) {
  PersonalAbteilungMap pa = new PersonalAbteilungMap();
  pa.init();
  pa.verwalte();
  pa.ausgabe2();
  }
}
```

 Die HashMap gibt die Werte in undefinierter Reihenfolge zurück. Sie ist die schnellste Implementierung einer Zuordnung. Wenn die Ausgabe nach den *Werten der Schlüssel* sortiert sein soll, empfiehlt sich statt einer HashMap eine TreeMap.

Die Klasse Hashtable

Die Klasse Hashtable gibt es wie Vector seit 1995 in Java. Sie dient der assoziativen Speicherung von Objekten. Diese Klasse ist Thread-sicher.

```
Hashtable<String, Integer> h = new Hashtable<>();h.put ("name1", 1);
h.put ("name2", 2);
Integer code= h.get ("name1");
```

4.2.3.1 Map als Basisschnittstelle

Eine Map bildet Schlüssel auf Werte ab. Schlüssel müssen innerhalb einer Map eindeutig sein. Im Folgenden bezeichnet V den Typ für den Wert (value), K den Typ für den Schlüssel (key). Die Klasse HashMap implementiert die Map-Schnittstelle mithilfe einer Hashtabelle (siehe [Sedg03]) mit optimaler Performance. TreeMap speichert nach [API23] die Elemente in einem Rot-Schwarz-Baum, um die Reihenfolge geordnet zu erhalten. Auch die o. a. Klasse Hashtable implementiert die Map-Schnittstelle.

Tabelle 4.23 Elementare Operationen für Map

int size()	Bestimme die Anzahl der Elemente in der Map.
boolean isEmpty()	Liefert **true** genau dann, wenn die Map leer ist.
V get(Object key)	Liefert das Objekt zum angegebenen Schlüssel.
V remove(Object key)	Entfernt die durch den Schlüssel key definierte Zuordnung aus der Map. Liefert den vorher zugeordneten Wert oder **null**, wenn der Schlüssel nicht vorhanden war.
V put(K key, V value)	Trägt die Zuordnung des angegebenen Schlüssels zu dem Wert ein. Wenn dieser vorhanden war, wird er überschrieben. Liefert den vorher zugeordneten Wert oder **null**.
boolean containsKey(K key)	Liefert **true** genau dann, wenn der angegebene Schlüssel in der Map vorhanden ist.

Boolean containsValue(V value)	Liefert **true** genau dann, wenn der angegebene Wert in der Map vorhanden ist. Der Aufwand dieser Operation wird in den üblichen Map-Implementierungen proportional zur Anzahl der Elemente der Map sein.
boolean equals (Object other);	Liefert genau dann **true**, wenn das angegebene Objekt auch eine Map ist und dieselbe Zuordnung definiert.

Häufigkeit von Worten zählen

Das Beispiel in Listing 4.19 zählt die Häufigkeit von Worten in der Kommandozeile. Hierzu benützen wir das jeweilige Wort als Schlüssel und den Wert für die Häufigkeit als Integer-Objekt. Wir suchen den Wert für das aktuelle Wort. Falls das Wort nicht vorhanden war, setzen wir den Zähler auf 1. Sonst erhöhen wir diesen Zähler um 1. Als Alternative zeigen wir eine Lösung mit Streams aus Abschnitt 4.3.3.3.

Wenn wir eine Ausgabe in alphabetisch sortierter Reihenfolge benötigen, benützen wir anstelle der HashMap eine TreeMap.

Listing 4.19 Zählen der Häufigkeit von Zeichenketten

```
public class Haeufigkeit {
  public static void main(String[] args) {
    args = new String[]
  {"grün", "grün", "grün", "sind", "alle", "meine", "kleider"};

    Map<String, Integer> m = new HashMap<>();

    for (String a : args) {
      Integer haeufigkeit = m.get(a);
      m.put(a, (haeufigkeit == null ? 1 : haeufigkeit + 1));
    }
    System.out.printf("%s\n", m);

    // Lösung mit Streams
    Stream<String> namen = Stream.of(args);
    Map<String, List<String>> myMap =
        namen.collect(Collectors.groupingBy(name -> name));
    myMap
        .keySet()
        .stream()
        .forEach(name -> System.out.printf("%s= %d,",
          name, myMap.get(name).size()));
}

Ausgabe:
{meine=1, sind=1, alle=1, kleider=1, grün=3}
meine= 1,alle= 1,sind= 1,kleider= 1,grün= 3,
```

Tabelle 4.24 Massenoperationen für Map

void putAll (Map<? **extends** K, ? **extends** V> o));	Kopiere alle Zuordnungen der anderen Map o. Vorhandene Zuordnungen werden überschrieben.
void clear();	Entfernt alle Elemente aus der Zuordnung.

Listing 4.20 Programmfragment: Ersetzen von Werten in einer Zuordnung

```
static <K, V> Map<K, V> newAttributeMap(
       Map<K, V>defaultWerte, Map<K, V> neueWerte) {
   Map<K, V> result = new HashMap<K, V>(defaultWerte);
   result.putAll(neueWerte);
   return result;
}
```

Der putAll(neueWerte)-Aufruf überschreibt die defaultWerte der Ausgangslage mit neueWerte (nach [API23]).

Views von Zuordnungen als Sammlung

Mit Collection-Views kann man alle Elemente einer Zuordnung durchlaufen. Hierzu gibt es die folgenden drei Möglichkeiten:

Tabelle 4.25 Collection-Views

Set<Map.Entry<K,V>> entrySet();	Liefert die Menge der zugeordneten Paare (Schlüssel, Wert). Jedes Element ist ein Map.Entry<K,V>-Objekt.
Set<K> keySet();	Liefert die Menge der Schlüssel.
Collection<V> values();	Liefert alle Werte, die in der Zuordnung möglich sind. Da ein Wert mehreren Schlüsseln zugeordnet sein kann, ist dies keine Menge.

Die Schnittstelle Map.Entry zur Definition von Einträgen einer Map

Die Schnittstelle Map.Entry definiert Methoden zum Zugriff auf ein Schlüssel/Werte-Paar, welches ein Eintrag in einer Map sein kann. Sie stellt die Methoden Object getKey(), Object getValue(), **boolean** equals(Object) sowie Object setValue (Object) zum Auslesen von Schlüsseln und Werten aus Einträgen von Zuordnungen zur Verfügung. Werte können gesetzt, Einträge verglichen werden. Die Methoden entrySet() und keySet() liefern Mengen als Ausgangspunkt für Mengenoperationen. Die folgenden Beispiele zeigen Anwendungen für diese Technik.

Listing 4.21 Zugriff auf Schlüssel und Inhalte von Zuordnungen

```
// Ausgabe aller Schlüssel mit der erweiterten for-Schleife
for (K key : m.keySet())
   System.out.println(key);

// Ausgabe aller Schlüssel mit Iterator:
for (Iterator<K> i = m.keySet().iterator(); i.hasNext(); )
   System.out.println(i.next());

// Ausgabe aller Werte
for (Iterator i = m.values().iterator(); i.hasNext(); )
   System.out.println(i.next());

// Ausgabe aller Zuordnungseinträge
for (Map.Entry<K, V> e: m.entrySet())
  System.out.println(e.getKey() + ": " + e.getValue());

// Ist die Zuordnung m2 in m1 enthalten?
if (m1.entrySet().containsAll(m2.entrySet())) {
   ...
}

// Bestehen m1 und m2 aus Zuordnungen für dieselben Schlüssel?
if (m1.keySet().equals(m2.keySet())) {
   ...
}

// Ermittlung der gemeinsamen Schlüssel zweier Zuordnungen m1 und m2
Set<K> gemeinsameSchlüssel = new HashSet<>(m1.keySet());
gemeinsameSchlüssel.retainAll(m2.keySet);

// Entferne alle Zuordnungen aus m1, die auch in m2 enthalten sind
m1.entrySet().removeAll(m2.entrySet());

// Entferne alle Schlüssel aus m1, die auch in m2 enthalten sind
m1.keySet().removeAll(m2.keySet());
```

4.2.3.2 Die SortedMap-Schnittstelle

Die SortedMap-Schnittstelle ist eine Zuordnung, die ihre Einträge aufsteigend sortiert aufbewahrt. Sortiert wird in der natürlichen Ordnung, sofern nicht bei der Erzeugung des SortedSet ein Comparator übergeben worden ist. Im Folgenden bezeichnet K den Typ für den Schlüssel und V den Typ für den Wert.

Tabelle 4.26 Die einzelnen Methoden der Schnittstelle SortedMap

SortedMap<K, V> subMap (K fromKey, K toKey);	Liefert eine Ansicht auf den Bereich von einschließlich fromKey bis ausschließlich toKey. Wenn fromKey = toKey gilt, wird eine leere Zuordnung geliefert. Die gelieferte Ansicht ist vergleichbar mit dem halboffenen Intervall [fromKey, toKey [.
SortedMap<K, V> headMap(K toKey);	Liefert eine Ansicht auf den Bereich aller Elemente der zugrunde liegenden Zuordnung bis ausschließlich toKey.

Tabelle 4.26 Die einzelnen Methoden der Schnittstelle SortedMap

SortedMap<K, V> tailMap(K fromKey);	Liefert eine Ansicht auf den Bereich ab und einschließlich fromKey.
K firstKey ();	Liefert das erste Element der sortierten Menge.
K lastKey ();	Liefert das letzte Element der sortierten Menge.
Comparator<? **super** K> comparator();	Liefert das Comparator-Objekt der sortierten Zuordnung. Bei natürlicher Ordnung wird **null** zurückgegeben.

Mengenoperationen für sortierte Zuordnungen

Iteratoren über Zuordnungen durchlaufen die Sammlung der Zuordnungen in der Reihenfolge der Schlüssel. Die Ansichten liefern Zuordnungen in der Reihenfolge der Schlüssel. Die toString()-Methode aller Implementierungen im JDK liefert die Werte aller Elemente der Zuordnung in der Reihenfolge ihrer Schlüssel.

4.2.4 Nützliche Klassen und Methoden für Sammlungen

4.2.4.1 Die Klasse Collections

Die Collections-Klasse bietet die für Arrays üblichen Dienste wie Suchen und Sortieren auch für Listen an.

Tabelle 4.27 Algorithmen der Collections-Klasse für Listen aus Elementen vom Typ T (alle static)

<T **extends** Comparable <? **super** T>> **void** sort(List<T> list);	Sortiert die Liste mit einem Merge-Sort-Verfahren. Damit steht ein schneller Sortieralgorithmus zur Verfügung, der die Reihenfolge gleicher Elemente erhält.
shuffle(List<?> liste);	Alle Elemente in zufälliger Reihenfolge anordnen
reverse(List<?> liste);	Umdrehen der Reihenfolge der Elemente
fill(List<? **super** T>, T objekt);	Alle Listenelemente mit dem gleichen Wert belegen
copy(List<? **super** T> dest, List<? **extends** T> src);	Kopieren aller Elemente der Liste src an die entsprechende Liste dest. Die Liste dest muss mindestens so viele Elemente wie die Liste src enthalten. Enthält die Liste dest mehr Elemente als src, bleiben diese unverändert.
binarySearch (List<? **extends** Comparable <? **super** T>> list, T key);	Sucht ein Objekt in einer geordneten Liste.

`void swap(List<?> list, int i, int j);`	Tauscht das Element an Position i gegen das Element an der Position j aus.
`void reverse(List<?> list);`	Dreht die Reihenfolge aller Elemente der Liste um.
`<T> boolean addAll(Collection <? super T> coll, T... a);`	Fügt alle angegebenen Elemente a zur Sammlung coll hinzu.
`int frequency(Collection<?> coll, Object obj);`	Liefert die Häufigkeit, mit der das Objekt obj in der Sammlung coll auftritt.
`boolean disjoint (Collection<?> c1, Collection<?> c2);`	Liefert genau dann **true**, wenn beide Sammlungen disjunkt sind.
`<T extends Object & Comparable <? super T>> T min(Collection <? extends T> coll);`	Bestimmt das Minimum der Sammlung coll. Alle Elemente der Sammlung müssen die Comparable-Schnittstelle implementieren und wechselseitig vergleichbar sein.
`<T extends Object & Comparable <? super T>> T max(Collection <? extends T> coll);`	Bestimmt das Maximum der Sammlung coll. Alle Elemente der Sammlung müssen die Comparable-Schnittstelle implementieren und wechselseitig vergleichbar sein.

Listing 4.22 Beispiel: Sortieren der Argumente der Kommandozeile

```
public class Sort {
  public static void main(String[] args) {
    List<String> l = Arrays.asList(args);
    Collections.sort(l);
    System.out.println(l);
  }
}
```

4.2.4.2 Implementierungen von Sammlungen für spezielle Zwecke

Die Klasse EnumSet bietet eine leistungsfähige Implementierung für enum-Typen an. Alle Mitglieder müssen vom selben Typ sein. Zum Beispiel kann man für einen **enum**-Typ, der die Wochentage umfasst, wie folgt über die Tage von Montag bis Freitag iterieren:

```
for (Day d: EnumSet.range(Day.MONTAG, Day.FREITAG))
  System.out.println(d);
```

EnumSet dient als Ersatz für traditionelle Bit-Folgen (vgl. Abschnitt 3.7).

```
EnumSet.of(Style.BOLD, Style.ITALIC)
```

Der CopyOnWriteArraySet implementiert eine Menge mithilfe der sog. *copy-on-write*-Strategie, die das tatsächliche Kopieren eines Elements so lange hinausschiebt, bis es verändert wird. Alle Änderungen der Menge werden durch einen neuen Array mit den Elementen implementiert. Diese Implementierung hat ein Laufzeitverhalten, das proportional zur Anzahl der Elemente ist. Sie bietet sich für Einsatzfälle mit wenigen Änderungen an.

EnumMap ist eine Implementierung für **enum**-Schlüssel, die als Array abgelegt werden. Diese Implementierung bietet für **enum**-Schlüssel Laufzeitvorteile gegenüber anderen Implementierungen.

4.2.4.3 Sammlungen und Threads

Die aus dem JDK 1.0 seit 1995 bekannten Sammlungen Vector bzw. Hashtable sind Thread-sicher. Dieser Aufwand ist für Anwendungen, die aus nur einem Thread bestehen, ebenso wie für nur lesende Zugriffe überflüssig. Wenn man die Synchronisierung der Zugriffe auf Sammlungen benötigt, sollte man die Fabrikmethoden der Klasse Collections zur Erzeugung der entsprechenden Sammlungen benützen. Im Folgenden bezeichnet T den Typ der Elemente der Sammlung, K den Typ der Schlüssel und V den Typ der Werte.

```
public static <T>Collection<T> synchronizedCollection(Collection<T> c);
public static <T>Set<T> synchronizedSet(Set<T> s);
public static <T>List<T> synchronizedList(List<T> list);
public static <K, V>Map<K, V> synchronizedMap(Map<K, V> m);
public static <T>SortedSet<T> synchronizedSortedSet(SortedSet<T> s);
public static SortedMap<K, V> synchronizedSortedMap(SortedMap<K, V> m);
```

Der Zugriff auf die Sammlungen darf dann nur über die von den Fabrikmethoden gelieferten Schnittstellen erfolgen. Das folgende Beispiel stellt eine synchronisierte ArrayList dar, auf die nur über die List-Schnittstelle zugegriffen werden darf.

```
List<T> list = Collections.synchronizedList(new ArrayList<T>());
```

Wenn mehrere Threads auf eine solche Sammlung zugreifen, muss man die Iteration über eine Sammlung explizit durch einen synchronisierten Block wie im folgenden Programmbeispiel sichern. Der Iterator muss innerhalb des synchronisierten Teils aufgesetzt werden. Dies gilt für alle nach o. a. Verfahren erzeugten Sammlungen. Die Synchronisierung einer Collection-Ansicht einer Zuordnung muss immer über die komplette Zuordnung erfolgen.

```
// Sicheres Durchlaufen einer Sammlung
Collection<T> c = Collections.
                    synchronizedCollection(myCollection);
synchronized(c) {
    for (Type e : c)
        operation (e);
}
// Sicheres Durchlaufen einer Zuordnung
Map<K, V> map = Collections.synchronizedMap(new HashMap<K, V>());
...
Set<K> keyset = m.keySet();
...
synchronized(map) {  // Synchronisieren an map, nicht an keyset!
  for (K k: keyset)
```

```
    operation (k);
}
```

4.2.4.4 Nützliche Klassen und Methoden

Unveränderliche Sichten auf Sammlungen

In manchen Anwendungen wird einzelnen Programmteilen ein nur lesender Zugriff auf Sammlungen gewährt. Dies erreichen wir mit unveränderlichen Sichten auf Sammlungen, die wir von den folgenden Fabrikmethoden der Klasse Collections erhalten. Diese Sammlungen werfen bei Schreibzugriffen die UnsupportedOperation Exception.

```
public static <T> Collection<T>
    unmodifiableCollection(Collection<? extends T> c);
public static <T> Set<T>
    unmodifiableSet(Set<? extends T);
public static <T>
    List<T> unmodifiableList(List<? extends T> list);
public static  <K,V> Map<K, V>
    unmodifiableMap(Map<? extends K, ? extends V> m);
public static <T> SortedSet<T>
    unmodifiableSortedSet(SortedSet<? extends T> s);
public static <K, V> SortedMap <K, V>
    unmodifiableSortedMap(SortedMap<K, ? extends V> m);
```

Sicht als Liste auf einen Array

Arrays.asList() liefert eine Ansicht als Liste auf den als Parameter übergebenen Array. Die Größe dieser Sammlung kann nicht verändert werden. add()- und remove()-Aufrufe für solche Sammlungen schlagen fehl und werfen eine UnsupportedOperation Exception-Ausnahme. Auf diese Weise kann man für Sammlungen mit konstanter Anzahl an Elementen eine effizientere Implementierung als die Standardimplementierung wählen:

```
List<String> liste = Arrays.asList(vorhandener Array mit Strings);
```

Unveränderliche Mehrfachkopien von Elementen

Collections.nCopies() liefert eine unveränderliche Liste mit mehrfachen Kopien desselben Elements. Die folgende Zeile liefert 100 Kopien des **null**-Objekts.

```
List<String> liste =
    new ArrayList<String>(Collections.nCopies(100, (String)null));
liste.addAll (Collections.nCopies (50, "Schokolade"));
```

Auf diese Weise erstellte Elemente lassen sich auch in vorhandene Sammlungen einfügen. Die zweite Zeile des obigen Programmausschnitts hängt 50 Tafeln Schokolade hinten an.

4.3 Streams in Java

Ein Stream in Java 8 liefert eine Folge von Elementen, auf die man einen Komplex von Operationen anwenden kann: Herausfiltern einzelner Elemente, Arbeiten mit zugeordneten Elementen wie etwa einzelnen Attributen der Elemente, Sortieren, Gruppieren, Summieren usw.

Bild 4.6 Streams in Java

Zum Beispiel liefern Sammlungen Streams. Natürlich könnte man diese wie in Abschnitt 4.2 auch mit den Iteratoren bearbeiten. Im Prinzip ergäbe sich folgender Programmcode:

Listing 4.23 Externe vs. interne Iteration

```
// Externe Iteration
Für alle Objekte e in der Sammlung tue
   bearbeite das Objekt e
// Interne Iteration
Sammlung.stream().filter(…).map (…).Aufsammeln Ergebnisse
```

Ersteres bezeichnet man auch als sog. externe Iteration, da die Objekte aus der Sammlung geholt, evtl. per Boxing umgewandelt und dann bearbeitet werden. Im Gegensatz dazu steht die interne Iteration bei Streams, die von der funktionalen Programmierung her bekannt ist. Als Programmierer definiert man die Operationen, das Java-Laufzeitsystem sorgt für die Planung und die Durchführung der Operationen. Die internen Abläufe können vom Java-Laufzeitsystem reorganisiert und parallelisiert werden, ohne dass Programmierer mit der Aufteilung und der Zuordnung zu diversen Threads in Berührung kommen. Diese Streams verändern die ursprünglichen Daten nicht, außer wir programmieren dies explizit. So löscht eine filter(…)-Operation keine Daten aus der dem Stream zugrunde liegenden Quelle, sondern produziert einen neuen Stream ohne die herausgefilterten Elemente. Jedes Element eines Streams wird höchstens einmal während der Existenz des Streams betreten.

Wie erhält man einen Stream?

- Aus einer Sammlung mit stream() bzw. parallel() (siehe auch Kapitel 6)
- Aus einem Array mit Arrays.stream(Object[])
- Mit Hilfe von statischen Fabrikmethoden wie z. B. Stream.of(Object[]), IntStream.range(int, int) oder Stream.iterate(Object, UnaryOperator)
- Aus einer Textdatei mit Files.lines()

- Streams von Pfad-Objekten für Dateien über Methoden der Files-Klasse
- Streams von Zufallszahlen über Random.ints() usw.

4.3.1 Einstieg in die funktionale Programmierung

Java kennt Stream<T> für beliebige Klassen T sowie IntStream, LongStream und Double Stream für die entsprechenden Werttypen **int**, **long** sowie **double**. Letztere Klassen bieten effiziente und bequem zu programmierende Operationen max(), min(), sum() und average() für häufig durchgeführte Operationen auf den entsprechenden Streams.

In Listing 4.24 stellen wir die externe Iteration und die funktionalen Ansätze gegenüber. Dazu geben wir zunächst alle geraden Zahlen in einem bestimmten Bereich mit externer Iteration aus. Danach erzeugen wir einen Stream für die ganzen Zahlen von 1 bis 4. Aus diesem Stream filtern wir die geraden Zahlen heraus und wenden eine Ausgabemethode auf jedes der im Stream verbliebenen Elemente an. Danach summieren wir die Elemente einer Zahlenfolge auf.

Listing 4.24 Externe Iteration vs. Bearbeitung mit einem Stream

```
// a) Ausgabe von geraden Zahlen: externe Iteration
Integer[] array = {1, 2, 3, 4};
for (int i : array) {
  if (i % 2 == 0) {
    System.out.println(i);
  }
}

// b) Ausgabe von geraden Zahlen: Streams und Lambda-Ausdrücke
Stream.of(1, 2, 3, 4)
  .filter(i -> i % 2 == 0)
  .forEach(System.out::println);

// c) Ausgabe von geraden Zahlen: Implementierung von Predicate
Stream.of(1, 2, 3, 4)
  .filter(new Predicate<Integer>() {
    @Override
    public boolean test(Integer i) {
      return i % 2 == 0;
    }
  })
  .forEach(System.out::println);

// d) Ausgabe der Summe gerader Zahlen mit sum() aus IntStream
System.out.println(
  Stream.of(1, 2, 3, 4)
  .filter(i -> i % 2 == 0)
  .mapToInt(i -> i) // von Stream<Integer> zu einem IntStream
  .sum());
```

```
// e) Ausgabe der Summe gerader Zahlen mit reduce
System.out.println(
  Stream.of(1, 2, 3, 4)
    .filter(i -> i % 2 == 0)
    .reduce(0, (l, r) -> l + r));  // Startwert = 0, Verknüpfung aus l und r ist l+r
```

Ein Supplier stellt die Elemente für den Stream zur Verfügung. Alle Sammlungen liefern mit der stream()-Methode sequenzielle Streams für ihre Elemente. Streams aus ganzen Zahlen erhält man mit der Methode Stream.of aus den einzelnen Werten. Für IntStream und LongStream kann man Bereiche ganzer Zahlen mit den Methoden range(startInclusive, endExclusive) bzw. rangeClosed(startInclusive, endExclusive) einschließlich der oberen Grenzen definieren.

filter(…)-Operationen filtern Elemente nach zu definierenden Kriterien aus dem Stream. Sie führen eine Selektion durch. Jede filter(…)-Operation benötigt ein sog. Prädikat. Ein Prädikat ist eine Funktion, die für ein Objekt ein boolesches Ergebnis liefert. Nur beim Ergebnis true verbleibt das Objekt im resultierenden Stream. Diese Funktion könnten wir wie in c) von Listing 4.24 über eine funktionale Schnittstelle implementieren. Für den Rest dieses Buchs wählen wir wie in Teil b) von Listing 4.24 hierfür Funktionen wie z. B. Lambda-Ausdrücke.

map(…)-Operationen können für die einzelnen Elemente jeweils Elemente anderer Klassen liefern. In d) von Listing 4.24 verwenden wir mapToInt, um einen IntStream zu erhalten, für den wir die Summe bequem mit sum() berechnen können. Eine häufig angewandte map(…)-Operation ist die Auswahl eines Attributs einer Klasse. So kann man für einen Stream von Personen eine map(…)-Operation auf den Namen durchführen und den so erhaltenen Stream von Strings weiterverarbeiten. Dies wird manchen Leser an Datenbanken erinnern. Dort kennt man die Auswahl von Elementen aus einer Ergebnismenge einer Abfrage mit where und die Projektion auf einzelne Attribute durch deren Angabe.

Letztendlich verknüpft man mit reduce(…)-Operationen jeweils zwei Objekte zu einem Objekt wie in e) von Listing 4.24.

4.3.2 Ausgewählte Methoden für Streams

Tabelle 4.28 Einige Methoden der Streams-Schnittstelle

`<R,A> R collect(Collector<? super T,A,R> collector)`	Reduktion der Elemente des Streams mittels eines Collectors (siehe Abschnitt 4.3.3.3)

`<R> R collect(Supplier<R> supplier, BiConsumer<R,? super T> accumulator, BiConsumer<R,R> combiner)`	Entspricht der Funktionalität von:
	`R result = supplier.get();`
	`for (T e : this stream)`
	`  accumulator.accept(result, e);`
	`return result;`
	Beispiele finden Sie in Abschnitt 4.3.3.

`long count()`	Anzahl der Elemente im Stream
`Stream<T> filter (Predicate<? super T> predicate)`	Das Ergebnis einer filter-Operation enthält nur die Elemente, für die das Prädikat den Wert **true** liefert.
`Optional<T> findFirst()`	Liefert das erste Element in einem Optional-Container.
`<R> Stream<R> flatMap( Function<? super T, ? extends Stream<? extends R>> mapper)`	mapper ordnet jedem der Elemente des <T>-Streams einen neuen Stream zu. flatMap fügt all diese Streams zu einem <R>-Stream zusammen. Es gibt auch flatMapToInt, flatMapToLong und flatMapToDouble für elementare Datentypen.
`void forEach(Consumer<? super T> action)`	Die angegebene Aktion wird für jedes Element des Streams in beliebiger, nicht vorhersagbarer Reihenfolge durchgeführt.
`Stream<T> limit(long n)`	Liefert die ersten n Elemente des Streams in seiner Ordnung.
`<R> Stream<R> map(Function<? super T,? extends R> mapper)`	Liefert einen neuen <R>-Stream, der aus dem alten <T>-Stream durch Anwendung der gegebenen Funktion entsteht, z. B. Projektion auf ein Attribut wie den Namen.
`Optional<T> max( Comparator<? super T> comparator)`	Liefert das Maximum bzgl. der angegebenen Vergleichsfunktion. Analog gibt es … min (…).
`static <T> Stream<T> of(T... values)`	Konstruiert einen Stream für eine Folge von Objekten.
`Optional<T> reduce (BinaryOperator<T> accu)`	Reduktion (a, b) -> accu (a,b)
`Stream<T> sorted(Comparator <? super T> comparator)`	Liefert einen Stream in sortierter Reihenfolge bzgl. des angegebenen Vergleichs.

Tabelle 4.29 Häufig benützte Schnittstellen und Klassen

`interface BinaryOperator<T>`	Funktionale Schnittstelle mit der einzigen abstrakten Methode `R apply(T t0, T t1)`
`interface Comparator<T>`	Funktionale Schnittstelle mit der einzigen abstrakten Methode **int** `compare(T o1, T o2)`
`interface Function<T,R>`	Funktionale Schnittstelle mit der einzigen abstrakten Methode `R apply(T t)`

Tabelle 4.29 Häufig benützte Schnittstellen und Klassen *(Fortsetzung)*

`final class Optional<T>`	Ein Container-Objekt. Wenn es einen Wert enthält, liefert `isPresent()` als Ergebnis **true** und `get ()` den Wert (nicht **null**).
`interface Predicate<T>`	Funktionale Schnittstelle mit der einzigen abstrakten Methode **boolean** `test(T t)`
`interface Supplier<T>`	Funktionale Schnittstelle mit der einzigen abstrakten Methode `T get()`
`interface UnaryOperator<T>`	Funktionale Schnittstelle mit der einzigen abstrakten Methode `T identity (T t)`

Tabelle 4.30 Einige Aggregationsoperationen zum Aufsammeln von Ergebnissen: Jede der Methoden aus dieser Tabelle liefert einen sog. `Collector`, mit dem man Ergebnisse von Stream-Operationen aufsammeln kann:

`stream.filter (…).. .. .(map(…) … .collect (irgendein Collector)`

`groupingBy (…)`	Gruppieren nach. Erfordert eine Funktion, nach deren Ergebnis gruppiert wird. Siehe Abschnitt 4.3.3.3.
`joining(", ")`	Ergebnis = String Verbinden von Strings mit Trennzeichen, z. B. ", ". Siehe Abschnitt 4.3.3.1.
`joining(", ", "[", "]")`	Ergebnis = String Verbinden von Strings mit Trennzeichen (", "), Präfix ("[") und Suffix ("]"). Siehe Aufgaben 4.3, 4.4 und 4.7.
`summingInt(int)`	Aufsummieren von **int**-Ergebnissen
`toCollection(TreeSet::new)`	Abliefern der Ergebnisse in einer Sammlung, hier z. B. in einem `TreeSet`
`toList()`	Abliefern der Ergebnisse in einer `List`

4.3.3 Fallbeispiele – Anwendungsfälle

In diesem Abschnitt stellen wir mögliche Anwendungsfälle für Streams vor. Besonders nützlich zum Aufsammeln von Ergebnissen sind die Methoden der Klasse `Collectors` aus dem API von Java. Sie bietet nützliche Operationen zur Reduktion, wie das Aufsummieren der Elemente, das Zusammenfassen aller Ergebnisse in einer geeigneten `Collection` oder das Gruppieren nach bestimmten Kriterien. Hiermit lösen wir Standardprobleme wie:

- Zeichenketten aneinanderhängen
- Sortieren

- Gruppieren von Objekten nach diversen Kriterien
- Verarbeiten von Textdateien
- Berechnungen durchführen

4.3.3.1 Zeichenketten aneinanderhängen

Mit Hilfe der joining-Methoden der Klasse java.util.stream.Collectors in Tabelle 4.29 können wir Zeichenketten bequem zusammenhängen. In der ersten Variante fügen wir zwischen zwei Texten ein Komma ein, in der zweiten Variante fügen wir zusätzlich vor und nach dem Ergebnis noch Zeichenketten ein. In Variante drei benützen wir Methoden der StringBuilder-Klasse, um den Prozess des Aufsammelns der Zeichenketten zu kontrollieren. Dazu müssen wir drei Referenzen zu Methoden angeben:

a) Einrichten eines Suppliers. Er richtet ein Objekt zum Aufsammeln ein.

b) Methode zum Anhängen eines Elements an ein Objekt zum Aufsammeln

c) Methode zum Aneinanderhängen zweier Objekte zum Aufsammeln

```java
List<String> strings = Arrays.asList("a", "b", "c", "d");
String c1 = strings
    .stream()
    .collect(Collectors.joining(","));
System.out.println (c1);    // Ergebnis = a,b,c,d

String c2 = strings
    .stream()
    .collect(Collectors.joining(", ", "[", "]"));
System.out.println (c2);    // Ergebnis = [a, b, c, d]

String c3 = strings
    .stream()
    .collect(
    StringBuilder::new,     // a) Einrichten
    StringBuilder::append,  // b) Anhängen eines Strings
    StringBuilder::append)  // c) Zusammenhängen zweier StringBuilder
    .toString();
System.out.println (c3);    // Ergebnis = abcd
```

4.3.3.2 Sortieren

Zum Sortieren von Elementen, die die Comparable-Schnittstelle implementieren, dient die sorted ()-Methode für Streams. Im folgenden Beispiel übergeben wir einen Comparator als Lambda-Ausdruck, um in absteigender Reihenfolge zu sortieren.

```java
List<String> strings = Arrays.asList("a", "b", "c", "d");
strings.stream()
    .sorted((a,b) -> b.compareTo(a))
    .forEach(s->System.out.printf("%s,", s));
```

Sortierte Ausgabe aller Einträge in einem Verzeichnis

Wenn wir alle Einträge vom Typ `File` eines Verzeichnisses ausgeben wollen, lesen wir die Katalogeinträge zunächst mit Hilfsmitteln aus Kapitel 5 ein (siehe auch Abschnitt 5.2.4). Als Ergebnis erhalten wir alle Einträge in einer Liste. Jetzt können wir die Einträge nach verschiedenen Kriterien sortieren. Weil die `Comparator`-Schnittstelle eine funktionale Schnittstelle ist, können wir den Vergleich mit einem Lambda-Ausdruck formulieren. Die Liste der Dateien liefert einen Stream, für den wir mit der `sorted(…)`-Methode einen je nach Kriterium sortierten Stream erhalten. Die Elemente geben wir dann aus.

Listing 4.25 Beispiel: Dateien eines Verzeichnisses nach diversen Kriterien sortiert ausgeben

```java
public class DirectoryLister {
  private static final Comparator<File> NAMEORDER
    = (f1, f2) -> f1.getName().compareTo(f2.getName());

  private static final Comparator<File> SIZEORDER
    = (f1, f2) -> Long.valueOf(f1.length()).compareTo(f2.length());

  public DirectoryLister(String dirName) {
    File dir = new File(dirName);
    String fileNames[] = dir.list();
    List<File> files = new ArrayList<>(fileNames.length);
    for (String fileName : fileNames) {
      File temp = new File(dir, fileName);
      files.add (temp);
    }
    // Ausgabe nach Groesse geordnet (groesste Datei zuletzt)
    files.stream().sorted(SIZEORDER).forEach(System.out::println);
    System.out.println();
    // Ausgabe nach Name geordnet
    files.stream().sorted(NAMEORDER).forEach(System.out::println);
    System.out.println ();
  }

  public static void main (String[] args) {
    new DirectoryLister (".\\src");
  }
}
```

4.3.3.3 Gruppieren von Objekten nach diversen Kriterien

Zum Gruppieren von Objekten benötigt man ein Kriterium. Als Ergebnis erhält man für jeden Wert des Kriteriums eine u. U. leere Sammlung von Objekten, die diesem Kriterium genügen.

Gruppieren von Zahlen

Im ersten Beispiel wollen wir eine Folge von Zahlen in ungerade und gerade Zahlen gruppieren. Zum Test dividieren wir eine Zahl durch 2. Wenn der Rest bei der Division gleich 0 ist, haben wir eine gerade Zahl, ansonsten eine ungerade Zahl. Ein Lambda-

Ausdruck liefert das Ergebnis, welches wir an die Methode Collectors.groupingBy übergeben. Als Ergebnis erhalten wir eine Map zuordnung von Boolean zu Listen von Zahlen. Wir starten eine Iteration über die Schlüssel und geben den Wert jedes Schlüssels sowie die ihm zugeordneten Zahlen aus.

Listing 4.26 Gruppieren von Zahlen in gerade/ungerade Zahlen

```
Map<Boolean, List<Integer>> zuordnung =
  Stream.of(1,2,3,4,5)
    .collect(Collectors.groupingBy(i -> i % 2 == 0));

zuordnung.keySet()     // Menge der Schlüssel auslesen
  .stream()            // Stream aus Schlüsseln bilden
  .forEach(k -> {      // Für jedes Paar (Schlüssel Liste…)
    System.out.printf ("\n%s:", k.toString()); // Schlüssel ausgeben
    zuordnung.get(k)   // Liste holen
      .stream()        // Stream der einzelnen Zahlen bearbeiten
      .forEach(i -> System.out.printf ("%d,", i));
  });
```

Ergebnis

```
false:1,3,5,
true:2,4,
```

Gruppieren von Objekten

Im zweiten Beispiel wollen wir Objekte mit einem enum-Attribut nach diesem Attribut gruppieren. Als Objekte nehmen wir die Essen-Objekte aus Kapitel 7.

```
// Die vorgegebenen Klassen EssenTyp und Essen
public enum EssenTyp {
  OBST, GEMUESE, FASTFOOD, SLOWFOOD, ETC;
}

public class Essen {
  private String    name;
  private String    kommentar;
  private EssenTyp essenTyp; // Kriterium zum Gruppieren: Alle GEMUESE etc…
  //.. Dazu Konstruktoren, get- und set-Methoden, siehe Kapitel 7
  // z.B. public EssenTyp getEssenTyp () { return essenTyp; }
}
Stream<Essen> essen = Arrays.stream(Essen.getAlleEssen());
Map <EssenTyp, List<Essen>> mapEssen =
    essen.collect(Collectors.groupingBy(e -> e.getEssenTyp()));
// Für alle Schlüssel tue
//   Schlüssel ausgeben, alle Werte zum Schlüssel ausgeben
mapEssen.keySet()
    .stream()
    .forEach(key -> {
      System.out.printf("\nTyp = %s\n", key);
      mapEssen.get(key)
        .stream()
        .forEach (e -> System.out.printf("  Essen = %s\n", e));
    });
```

Ergebnis (abgekürzt)

```
Typ = GEMUESE
  Essen = Broccoli
  Essen = Karotte
  Essen = Mais
  Essen = Rettich

Typ = FASTFOOD
  Essen = Hamburger
  Essen = Pommes usw…
```

4.3.3.4 Verarbeiten von Daten in Textdateien

Wir wollen alle Worte einer Textdatei bearbeiten, z. B. alle Zahlen aufsummieren. Eine Textdatei besteht aus einzelnen Zeilen. Diese Folge von Zeilen können wir mit java.nio.file.Files.lines als Stream lesen. Jede dieser Zeilen enthält ihrerseits eine Folge von Worten. Wir haben es hier mit einem Stream (aus Zeilen) zu tun, wobei jedes Element des Streams seinerseits wieder aus Streams (aus Worten) besteht. Solche „Streams aus Streams" mit einer Art 1:n-Beziehung können wir mit der flatMap-Operation zu einem Stream (aus Worten) zusammenhängen und diesen Stream durchlaufen. In Listing 4.27 wandeln wir dies in einen IntStream um, den wir mit sum() aufaddieren können.

Listing 4.27 Addieren aller Zahlen einer Textdatei mit ganzen Zahlen

```java
public class ZahlenAddieren {

  public static void main(String[] args) {
    String dateiName = "zahlen.txt";
    try {
      System.out.println (
          Files.lines(Paths.get(dateiName))          // Stream aus Zeilen
          .flatMap(line->Stream.of(line.split(" ")))  // Stream aus allen Texten
          .mapToInt(s -> Integer.parseInt(s))         // IntStream
          .sum ());                                    // Summe berechnen
    } catch (IOException e) {
      e.printStackTrace(System.err);
    }
  }
}
```

4.3.3.5 Berechnungen mit Zwischenergebnissen durchführen

Für die Berechnung von Summen aus **int** ganzen Zahlen bietet die Klasse IntStream die Methode sum(), für Durchschnitte die Methode average(). Will man Summen aus Integer-Objekten berechnen, steht keine der o. a. Methoden zur Verfügung. Für Summen kann man die reduce(…)-Anweisung benützen:

```java
int summe = Stream.of (3, 5, usw… 3 ).reduce(0, (l, r) -> l + r);
```

Dies hilft bei der Berechnung des Durchschnitts nicht weiter, denn zur Berechnung des Durchschnitts benötigt man auch die Anzahl der Elemente. Diese könnte man separat mit der count()-Methode bestimmen. Wenn man die Folge der Elemente nicht zweimal durchlaufen will, reicht eine Schnittstelle nicht aus, wir benötigen eine Klasse, da die Attribute der Klasse Daten aufnehmen können. Dieses Verfahren setzen wir immer dann ein, wenn wir bei der Verarbeitung Daten benötigen, z. B. in Form übergebener Parameter.

Wir verwenden in Analogie zu einem Beispiel aus dem Java-API [API23] eine Klasse Summierer, die sowohl Summen bildet als auch die Anzahl der Elemente mitzählt. Damit können wir in dieser Klasse eine Methode zur Berechnung des Durchschnitts angeben.

Wir berechnen den Durchschnitt in einer Optional-Klasse, da wir für den Fall einer leeren Sammlung von Elementen eine Division durch 0 vermeiden wollen. Siehe hierzu auch Aufgabe 4.3.

Listing 4.28 Berechnung von Durchschnittswerten
```java
public class Zwischenergebnisse {
  public static class Summierer implements Consumer<Integer> {

    private int total = 0;
    private int count = 0;

    public Optional<Double> average() {
      return Optional.ofNullable(count > 0 ? ((double) total) / count : null);
    }

    @Override
    public void accept(Integer i) {
      total += i;
      count++;
    }

    public void combine(Summierer other) {
      total += other.total;
      count += other.count;
    }
  }

  public static void main(String[] args) {
    Optional<Double> d = Stream.of (3, 5, usw… 3 )
      .collect(Summierer::new,
               Summierer::accept,
               Summierer::combine)
      .average();
    System.out.println (d);
  }
}
```

Zusammenfassung

Java stellt im Package `java.util` Klassen zur Verfügung, die dem Programmierer die Entwicklung eigener Routinen für immer wieder zu lösende Probleme ersparen. Das Collection-Framework stellt ein leistungsfähiges System zur Aufbewahrung von Objekten zur Verfügung. Insbesondere kann man sequenziell anfallende Daten mit den Implementierungen der List-Schnittstelle verwalten. Wünscht man Sammlungen, die frei von Duplikaten sind, so kann man mit den Implementierungen der Set-Schnittstelle arbeiten. Für assoziative Zugriffe auf Daten bieten sich die Implementierungen der Map-Schnittstelle an.

Wir können alle Elemente von Sammlungen mithilfe der Iterator-Schnittstelle durchlaufen. Die erweiterte Form der for-Schleife vereinfacht dies in vielen Fällen. Ab Java 8 können wir mit Streams Grundaufgaben der Programmierung im funktionalen Stil effizient lösen: Sortieren, Gruppieren, elementare Operationen wie Saldieren usw.

4.4 Aufgaben

Aufgabe 4.1

Benutzen Sie die Klasse zur Verwaltung von Mitarbeitern aus Abschnitt 3.2.1. Verwalten Sie Personen mit einer generischen Liste. Implementieren Sie Methoden zum Hinzufügen von Personen und zum Ausgeben aller Personen.

Aufgabe 4.2

Benutzen Sie die Klasse zur Verwaltung von Personen aus Abschnitt 3.2.1. Verwalten Sie die Personen mit einer HashMap. Implementieren Sie Methoden zum Hinzufügen von Personen und zum Suchen der Personen durch Angabe des Namens.

Aufgabe 4.3: IntStream

In dieser Aufgabe gehen wir von ganzen Zahlen im `int[]`-Array aus. Bitte bearbeiten Sie die Aufgabe mit IntStream, nicht mit Stream<Integer> wie in der nächsten Aufgabe.

```
int[] zahlen = {3, 5, 1, 3, 7, 29, 33, 49, 5, 1, 1, 2, 3};
```

a) Berechnen Sie die Summe aller Zahlen.

b) Berechnen Sie den Durchschnitt aller Zahlen.

c) Bestimmen Sie das Maximum aller Zahlen.

d) Geben Sie ein Histogramm der Zahlen an. Gruppieren Sie dazu die Zahlen nach Werten und ermitteln Sie für jeden Wert die Anzahl der Zahlen mit diesem Wert. Siehe Abschnitt 4.3.3.3.

e) Geben Sie die Zahlen in der Form [3, 5, 3, ... 1, 1, 2, 3] aus. Siehe Abschnitt 4.3.3.

Aufgabe 4.4: Stream<Integer>

In dieser Aufgabe gehen wir von Objekten in einem Array Integer[] aus und arbeiten mit Stream<Integer>.

```
Integer[] zahlen = { 3, 5, 1, 3, 7, 29, 33, 49, 5, 1, 1, 2, 3 };
```

a) Berechnen Sie die Summe aller Zahlen.

b) Berechnen Sie den Durchschnitt aller Zahlen.

c) Bestimmen Sie das Maximum aller Zahlen.

d) Geben Sie ein Histogramm der Zahlen an. Gruppieren Sie dazu die Zahlen nach Werten und ermitteln Sie für jeden Wert die Anzahl der Zahlen mit diesem Wert. Siehe Abschnitt 4.3.3.3

e) Geben Sie die Zahlen in der Form [3, 5, 3, ... 1, 1, 2, 3] aus. Siehe Abschnitt 4.3.3.

Aufgabe 4.5: Primzahlen mit Streams berechnen

Gegeben ist die folgende recht ineffiziente Primzahl-Testmethode für Zahlen >= 2. Diese Methode ist ein Prädikat für ganze Zahlen im Sinne von Java.

```java
static boolean isPrime(int zahl) {
  int teiler = 2;
  while (zahl % teiler != 0)
    teiler++;
  if (zahl == teiler)
    return true;
  return false;
}
```

a) Geben Sie die ersten 100 Primzahlen aus

b) Geben Sie die ersten 1000 Primzahlen aus. Nützen Sie alle Kerne Ihres Rechners zur Berechnung!

c) Aufgabe (optional)

   Wenn Ihnen die obige Methode zur Ermittlung von Primzahlen zu primitiv ist, geben Sie eine effizientere Variante an.

Aufgabe 4.6

In Listing 4.26 aus Abschnitt 4.3.3.3 zeigen wir, wie man einzelne Essen nach dem Typ gruppiert. Ziel dieser Aufgabe ist es, die o.a. Objekte nach dem Anfangsbuchstaben ihres Namens zu gruppieren.

Aufgabe 4.7

Gegeben ist eine Datei mit Fußballern in der folgenden Form:

Listing 4.29 Die Weltmeister der Nationalmannschaft im Herren-Fußball von 2014

```
Trikot;Vorname;Name;Geburtstag;Verein;Spiele;Tore;Rolle;
1;Manuel;Neuer;27.03.1986;FC Bayern München;52;0;TORWART;
15;Erik;Durm;12.05.1992;Borussia Dortmund;1;0;VERTEIDIGUNG;
7;Bastian;Schweinsteiger;01.08.1984;FC Bayern München;108;23;MITTELFELD;
11;Miroslav;Klose;09.06.1978;Lazio Rom;137;71;ANGRIFF;
```

Jede Zeile enthält die Daten für einen Fußballer. Die einzelnen Werte sind durch einen Strichpunkt getrennt. Für Fußballer gibt es die im o. a. Beispiel definierten Rollen und keine weiteren. Sie finden die komplette Datei mit allen Fußballern einer Mannschaft bei den Unterlagen zu diesem Buch.

1. Entwickeln Sie eine Klasse Fussballer mit allen acht in der ersten Zeile genannten Attributen. Definieren Sie für die Rolle eine geeignete **enum**-Klasse.

2. Geben Sie einen Konstruktor für diese Klasse aus einer Zeile an. (Hinweis: Die split()-Methode dient zum Aufteilen von Zeichenketten.)

3. Geben Sie eine Klasse Mannschaft an. Diese Klasse soll eine Liste aller Fußballer enthalten: List<Fussballer> mannschaft, die sog. Mannschaft.

4. Lesen Sie die Mannschaft mithilfe von b) und einer Methode der Klasse Files ein. (Hinweis: Files.readAllLines (Paths.get("fussball.txt"), Charset.default Charset()) liefert eine Liste mit den Zeilen einer Textdatei).

5. Geben Sie die Namen der Spieler der Mannschaft aus.

6. Geben Sie die Namen der zehn Spieler mit den meisten Toren aus.

7. Geben Sie die Namen der Fußballspieler gruppiert nach Anfangsbuchstaben in der folgenden Form aus:

```
B: {Boateng}
D: {Durm,Draxler}
G: {Ginter,Großkreutz,Götze}
... usw.
W: {Weidenfeller}
Z: {Zieler}
```

8. Ermitteln Sie per Java-Programm, welcher Verein die meisten Spieler für die Nationalelf abgestellt hat.

Hinweise

Für die Teilaufgaben 7 und 8 empfiehlt sich eine Gruppierung nach Anfangsbuchstaben der Namen bzw. nach den Vereinen der Spieler.

5 Ein-/Ausgabe in Java

Im Package java.io gibt es seit 1996 elementare Möglichkeiten des Zugriffs auf Dateien. Mit dem Package java.nio unterstützt Java moderne Dateisysteme. Die Eingabe transportiert Daten von einer Quelle zu einem Programm, wie in Bild 5.1 für die Eingabeströme dargestellt. Die Daten können aus verschiedenen Quellen stammen: Datei, Internet oder auch interne Puffer des Programms. Die Daten können durch diverse Filter laufen, wie etwa einen Puffer zur Beschleunigung der Lesevorgänge, einen Filter zur Umformung von Daten aus einem allgemeinen Format für das Internet in das des jeweiligen Rechners, einem Filter zur Dekompression von Daten oder einem Filter zur Entschlüsselung von Daten. Wenn das Programm Text erwartet, müssen die einzelnen Bytes in Zeichen gemäß der jeweiligen Plattform umgewandelt werden. Für die Ausgabe kann man diese Überlegungen analog anstellen.

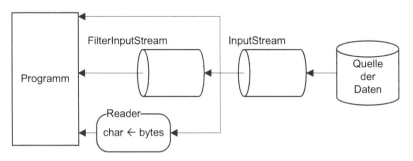

Bild 5.1 Streams, Filter und Reader bei der Eingabe

Zur Ein-/Ausgabe für Streams benutzt man die Abstraktionen InputStream zum Lesen und OutputStream zum Schreiben. Diese Klassen enthalten die Definitionen wichtiger Methoden zur Ein-/Ausgabe. Es gibt keine Exemplare dieser abstrakten Klassen, konkret gibt es nur Ableitungen davon, wie etwa eine FileInputStream-Klasse.

Zur internen Darstellung von Zeichen benutzt Java ab Release Java SE 20 die Unicode-Version 15.0, siehe [API 23]. Dateien oder Datenströme im Internet liegen dagegen häufig in anderen Codierungen vor. Deswegen muss Java eine Brücke zwischen diesen Welten schlagen. Zur besseren Unterstützung der Internationalisierung gibt es zusätzlich zu den byte-orientierten Stream-Klassen für die E/A die zeichenorientierten Reader bzw. Writer-Klassen.

Ein InputStreamReader (OutputStreamWriter) besorgt die Umwandlung von Bytes in Zeichen (bzw. Zeichen in Bytes). DataInput (DataOutput)-Darstellungen verarbeiten Daten in plattformneutraler Darstellung zum Austausch zwischen verschiedenen Rechnern.

Die folgende Tabelle zeigt die Klassen in der Übersicht und die Entsprechung zwischen den byte- und den zeichenorientierten Klassen.

Tabelle 5.1 Wichtige Klassen für die Ein-/Ausgabe im Package java.io

Reader bzw. Writer	Beschreibung	Input-/Outputstream
Reader	Abstrakte Klasse für zeichenorientierte Eingabe	InputStream
BufferedReader	Pufferung der Eingabe, zeilenweises Lesen möglich	BufferedInputStream
InputStreamReader	Umformung eines Byte-Streams in Zeichen	---------
FileReader	Eingabe von Datei	FileInputStream
FilterReader	Abstrakte Klasse für gefilterte Zeicheneingabe	FilterInputStream
Writer	Abstrakte Klasse für zeichenorientierte Ausgabe	OutputStream
BufferedWriter	Zeilenorientierte Pufferung der Ausgabe	BufferedOutputStream
FilterWriter	Abstrakte Klasse für gefilterte Zeichenausgabe	FilterOutputStream
OutputStreamWriter	Umformung eines Streams aus Zeichen in einen Stream aus Bytes	---------
FileWriter	Ausgabe in eine Datei	FileOutputStream
PrintWriter	Komfortable Ausgabe von Werten und Objekten	PrintStream

Die Schnittstelle AutoCloseable

Die Methode **void** close() ist die jeweils einzige Methode der Schnittstellen java.io.Closeable und java.lang.AutoCloseable. Die Klasse InputStream implementiert die

AutoCloseable-Schnittstelle. Damit kann jedes Objekt jeder von InputStream abgeleiteten Klasse in einer **try** mit Ressourcen-Anweisung benützt werden, wir können uns die close()-Operation sparen, siehe dazu Abschnitt 3.3.6. Entsprechendes gilt für die Klassen OutputStream, Reader und Writer, siehe dazu Abschnitt 3.3.6 sowie Listing 5.4.

Einlesen von Text aus Dateien

Zum Einlesen von Text in Programme ist der Weg über die Reader empfohlen, weil Java dabei die Bytes des Eingabestroms in Zeichen umsetzt. Wenn nichts anderes angegeben ist, wird nach den lokalen Einstellungen umgesetzt.

Tabelle 5.2 Wichtige Methoden der Klasse BufferedReader

void close();	Schließen des Streams
int read();	Lesen eines Zeichens. Das Ergebnis wird als Zahl im Bereich von 0 bis 65535 (hexadezimal 0x0000 bis 0xffff) zurückgeliefert. Der Wert –1 (=0xffffffff) steht für das Ende der Datei.
int read(**char**[] cbuf, **int** off, **int** len);	Aus dem Eingabestrom werden len Zeichen in den Puffer cbuf ab dem Zeichen mit dem Index off eingelesen. Die Methode gibt die Anzahl der gelesenen Zeichen zurück. Der Wert –1 codiert das Dateiende.
String readLine();	Einlesen einer Zeile. Bei Dateiende wird **null** geliefert.
boolean ready();	Anzeige, ob der Eingabestrom bereit zum Lesen ist

Der Trick mit der Codierung des Dateiendes

Die Rückgabe von –1 = 0xffffffff als **int**-Wert für das Dateiende entspricht dem Trick in der Programmiersprache C für das zeichenweise Lesen. Da die Zeichen den Bereich von 0x0000 bis 0xffff umfassen, kann der Rückgabewert von read() für das Dateiende nicht in diesem Bereich verschlüsselt werden. Deswegen wählt man als Datentyp für die Rückgabe einen größeren Bereich, nämlich **int**, und verschlüsselt das Dateiende mit dem Wert –1, der außerhalb des o. a. Bereichs liegt. Beim Programmieren ist Vorsicht geboten, denn das eingelesene Zeichen muss vor dem Test auf Dateiende als **int** erhalten bleiben, da bei einem Cast auf **char** die Information verloren ginge, vgl. hierzu Listing 5.1

Listing 5.1 Einlesen von Tastatur: einzelne Zeichen

```java
public class EINAusgabeTest {

  public static void main(String[] args) {
    try (BufferedReader b = new BufferedReader(
                            new InputStreamReader(System.in))) {
      int ch; // Wichtig: int!! NICHT char NICHT short
      while ((ch = b.read()) != -1) {
        System.out.print((char) ch);
      }
    } catch (IOException e) {
      e.printStackTrace(System.err);
    }
  }
}
```

Programmlauf: (Eingabe fett hinterlegt)
1234567890
1234567890
asdf
asdf

Zum Beenden der Eingabe drückt man **Strg+Z** unter Windows bzw. **Strg+D** unter Linux.

5.1 Prinzip der Ein-/Ausgabe in Java

Wir besprechen hier einige besonders nützliche Klassen aus dem Package `java.nio.file`. Die Schnittstelle `Path` beschreibt einen Pfad in einem Dateisystem auf einem bestimmten Rechner, wie z. B. c:\windows\system32\xzy.exe unter Windows. Pfade kann man mit den get()-Aufrufen der Klasse `Paths` erzeugen. Die Klasse `Files` bietet statische Methoden zum Bearbeiten von Dateien und Verzeichnissen. Das folgende Beispiel zeigt einige Anwendungsmöglichkeiten der Methoden aus Tabelle 5.3 bzw. Tabelle 5.4.

```java
// Anlegen und Benützen der Pfade
Path path = Paths.get ("c:\\windows\\system32\\xy.exe");
Path dir = path.getParent();// Liefert c:\windows\system32
Path root = path.getRoot(); // Liefert c:\
URI uri = path.toUri();     // Liefert file:///c:/windows/system32/xy.exe
// Einlesen aller Zeilen einer Textdatei in eine Liste:
path = Paths.get ("c:\\java\\Programm.java");
List<String> zeilen = Files.readAllLines(path, Charset.defaultCharset());
String textAusDatei = Files.readString(path, Charset.defaultCharset());
```

Tabelle 5.3 Einige Methoden der Path-Schnittstelle

`Path getFileName()`	Auslesen des Namens als Pfad
`Path getName(int i)`	Auslesen des i-ten Bestandteils eines Pfads
`Path getParent()`	Auslesen des Elternpfads
`Path getRoot()`	Auslesen der Wurzel
`boolean isAbsolute()`	Ist der Pfad absolut?
`Path normalize()`	Normalisieren des Pfads. Aus ./src/.. wird einfach ein Punkt ..
`int compareTo(Path other)`	Vergleich zweier Pfade
`boolean startsWith(Path x) boolean startsWith(String x)`	Beginnt dieser Pfad mit x?
`boolean endsWith(Path x) boolean endsWith(String x)`	Endet dieser Pfad mit x?
`Path toAbsolutePath()`	Umformen in absoluten Pfad
`Path relativize(Path x)`	Konstruiert einen relativen Pfad von diesem Pfad zum anderen Pfad x.
`URI toUri()`	Umwandeln in URI-Darstellung

Tabelle 5.4 Einige Methoden der Files-Klasse (alle static)

`Path copy(Path source, Path target, CopyOption... options)`	Kopieren der durch source definierten Quelle nach target
`Path move(Path source, Path target, CopyOption... options)`	Verschieben der durch source definierten Quelle nach target
`Path createDirectories(Path dir, FileAttribute<?>... attrs)`	Erzeuge ein Verzeichnis einschließlich aller erforderlichen Elternverzeichnisse.
`Path createDirectory(Path dir, FileAttribute<?>... attrs)`	Erzeuge ein Verzeichnis.
`Path createFile(Path path, FileAttribute<?>... attrs)`	Erzeuge eine Datei.
`void delete(Path path)`	Löschen einer Datei bzw. eines leeren Verzeichnisses. Falls nicht vorhanden, Ausnahme NoSuchFileException.
`boolean deleteIfExists(Path path)`	Löschen einer Datei bzw. eines leeren Verzeichnisses, falls vorhanden
`boolean exists(Path path, LinkOption... options)`	Ist die Datei path vorhanden?

`FileTime getLastModifiedTime(Path path, LinkOption... options)`	Auslesen des Zeitstempels der letzten Änderung
`boolean isHidden(Path path)`	Ist `path` eine verborgene Datei?
`long size(Path path)`	Größe der Datei `path` auslesen
`boolean isDirectory(Path path, LinkOption... options)`	Ist dies ein Verzeichnis?
`BufferedReader newBufferedReader (Path path, Charset cs)`	Erzeuge einen neuen Reader für den angegebenen Zeichensatz.
`BufferedWriter newBufferedWriter (Path path, Charset cs, OpenOption... options)`	Erzeuge einen neuen Writer für den angegebenen Zeichensatz.
`InputStream newInputStream(Path path, OpenOption... options)`	Erzeuge einen neuen `InputStream` für den Pfad.
`OutputStream newOutputStream(Path path, OpenOption... options)`	Erzeuge einen neuen `OutputStream` für den Pfad.
`List<String> readAllLines(Path path, Charset cs)`	Einlesen aller Zeilen einer Textdatei als Liste
`String readString (Path path, Charset cs)`	Einlesen des Inhalts einer Textdatei
`Path write(Path path, Iterable<? extends CharSequence> lines, Charset cs, OpenOption... options)`	Schreiben aller Elemente einer Liste aus Text als Zeilen einer Textdatei. Optional auch mit `StandardOpenOption.APPEND` möglich.
`byte[] readAllBytes(Path path)`	Einlesen aller Bytes einer Datei für nicht allzu große Dateien
`Path write(Path path, byte[] bytes, OpenOption... options)`	Schreiben aller Bytes eines Felds in eine Datei. Optional auch mit `StandardOpenOption.APPEND` möglich.
`writeString(Path path, CharSequence csq, Charset cs, OpenOption... options)`	Schreiben aller Bytes eines Felds in eine Datei. Optional auch mit `StandardOpenOption.APPEND` möglich.
`Path walkFileTree(Path start, FileVisitor<? super Path> visitor)`	Durchlaufen eines Dateibaums. Siehe hierzu das Projekt in Listing 5.9.

Listing 5.2 Beispiel: Einige elementare Attribute einer Datei ausgeben

```java
public class DateiAttribute {
  public static void main(String[] args) {
    try {
      String name =
        args==null||args.length==0?"./src/DateiAttribute.java":args[0];
```

```
        Path path = Paths.get(name);
        java.nio.file.attribute.BasicFileAttributes x
          = Files.readAttributes(path, BasicFileAttributes.class);
        System.out.printf("Zeitstempel Entstehung:      %tc\n",
              x.creationTime().toMillis());
        System.out.printf("Zeitstempel letzte Änderung: %tc\n",
              x.lastModifiedTime().toMillis());
        System.out.printf("Zeitstempel letzter Zugriff: %tc\n",
              x.lastAccessTime().toMillis());
        System.out.printf("%s\n", path.toAbsolutePath().normalize());
        System.out.printf("Größe %10d Bytes Verzeichnis? %b\n",
              x.size(),x.isDirectory());
      } catch (IOException e) {
        e.printStackTrace(System.err);
      }
    }
  }
}
```

5.1.1 Eingabe in Java

Von InputStream abgeleitete Klassen dienen der Eingabe in Java. Die Reader bilden eine Brücke zwischen den Bytes in den Dateien und Texten im Java-Programm.

5.1.1.1 InputStream als Basisklasse für Eingaben

Die Klasse InputStream enthält die grundlegenden Funktionen zum sequenziellen Lesen und dient als Abstraktion für alle konkret möglichen Eingabeströme. Man kann einzelne oder mehrere Bytes mit einem Aufruf lesen. In dieser Basisklasse gibt es keinerlei Methoden zur Umformung von Daten, wie etwa in den einzelnen Filter-Klassen.

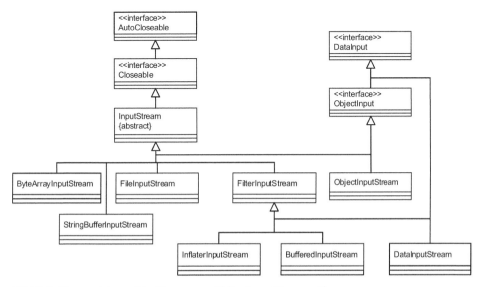

Bild 5.2 Klassenhierarchie für ausgewählte InputStream-Klassen

Zum Datenaustausch über das Internet definiert die Schnittstelle DataInput Eingabeoperationen für die Basisdatentypen in plattformneutralen Formaten. Die Schnittstelle ObjectInput erweitert DataInput und definiert Operationen zum Schreiben und Lesen kompletter Java-Objekte, dies natürlich nur für Java-Programme, siehe hierzu auch Abschnitt 8.2.

Die von FilterInputStream abgeleiteten Klassen implementieren jeweils eine Zusatzfunktionalität zur Eingabe. Zum Beispiel liest man mit DataInputStream nicht nur Daten ein, sondern erhält diese auch gleich in der Darstellung auf dem jeweiligen Rechner.

```
// Lesen von Daten in einem plattformneutralen Format
InputStream fis = new FileInputStream ("Dateiname");
DataInputStream dis = new DataInputStream (fis);
short zahl = dis.readShort();
```

Diese Technik des „Filteraufsatzes" in Java ermöglicht es, Filter für die verschiedenen konkreten Eingabeströme zu definieren. In der eingerahmten Zeile kann anstelle von fis auch ein anderer Eingabestrom stehen, den man z. B. mit der Methode openStream() der Klasse java.net.URL erzeugt. Diesen Eingabestrom würde die Umgebung über das Internet „heranschaffen".

Tabelle 5.5 Einige Methoden der Klasse InputStream

void close();	Schließen des Streams und Freigabe aller belegten Ressourcen
int read();	Lesen eines Bytes. Das Ergebnis wird als Zahl im Bereich von 0 bis 255 (hexadezimal 0x00 bis 0xff) zurückgeliefert. Der Wert –1 steht für das Ende der Datei.
int read(**byte**[] cbuf, **int** off, **int** len);	Liest höchstens len Bytes in den Puffer cbuf ab dem Byte off ein und gibt die Anzahl der tatsächlich gelesenen Bytes zurück. Der Wert –1 codiert das Dateiende.

Tabelle 5.6 Übersicht über die Streams zur Eingabe

ByteArrayInputStream	Lesen aus einem ByteArray, siehe Abschnitt 8.2.2
FileInputStream	Lesen aus einer Datei
ObjectInputStream	Lesen (Rekonstruktion) von serialisierten Objekten
DataInputStream	Formatierung von Daten in einem plattformneutralen Format **Vorsicht:** nicht zur Anwendung bei Daten im Textformat
InflaterInputStream	Eingabestrom aus ZIP-Archiv
BufferedInputStream	Gepufferter Eingabestrom zur Beschleunigung

5.1.1.2 Reader als Brücke zwischen Bytes und Zeichen

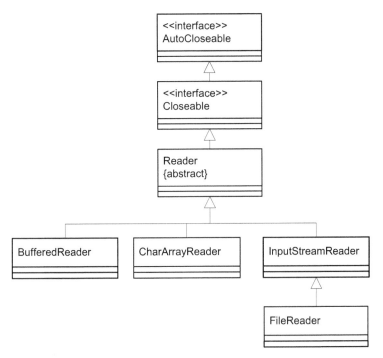

Bild 5.3 Klassenhierarchie für ausgewählte Reader-Klassen

Tabelle 5.7 Übersicht über die Reader

CharArrayReader	Lesen aus einem Char-Array
BufferedReader	Zusatzdienst: Pufferung, zeilenweises Lesen
InputStreamReader	Abstraktion für Eingabeströme, z. B. aus Datei, über das Internet
FileReader	Ein InputStreamReader auf einem FileInputStream

Der folgende Programmausschnitt zeigt, wie man einen Reader für eine Datei erzeugt und die Datei zeilenweise liest.

Listing 5.3 Erzeugen eines Readers

```java
public class ZeilenweisesLesen {

  public static void main(String[] args) {
    String name = args[0];
    Path path = Paths.get(name);
    try (BufferedReader br =
        Files.newBufferedReader(path, Charset.defaultCharset())){
      while (br.ready())
        System.out.println (br.readLine());
```

```
        } catch (IOException e) {
          e.printStackTrace(System.err);
        }
      }
    }
```

Zum Thema Codierung der Zeichen

Wenn Sie die Codierung der Zeichen aus der Textdatei festlegen wollen, sollte man die Codierung als zweiten Parameter in newBufferedReader explizit angeben:

StandardCharsets.UTF_8   8-Bit Universal Coded Character Set Transformation Format

StandardCharsets.ISO_8859_1   Latin-1, Westeuropäisch

Die Standardeingabe

UNIX und Windows sehen für Anwendungen eine Standardeingaberichtung vor. Diese wird oft auch mit stdin bezeichnet. Java-Programme können über das **static**-Attribut System.in auf diesen InputStream zugreifen.

Anwendung: zeilenweise Eingabe von Tastatur

Zum Einlesen von Zeichen per Tastatur wendet man gemäß Bild 5.1 einen Input StreamReader auf den Eingabestrom System.in an. Mit einem Puffer kann man die Eingabe beschleunigen.

Listing 5.4 Zeilenweise von der Standardeingaberichtung einlesen

```
public class ZeilenweisesLesen {

  public static void main(String[] args) {
    try (BufferedReader b = new BufferedReader(
                         new InputStreamReader(System.in))){
      String s = null;
      while ((s = b.readLine()) != null)
        System.out.println(s);
    } catch (IOException e) {
      e.printStackTrace(System.err);
    }
  }
}
```

Hinweis

Das Programm liest bis zum Dateiende. Wenn das Programm von Tastatur liest, kann man es durch Eingabe des Kennzeichens für das Dateiende beenden. Dies ist je nach Betriebssystem **Strg+Z** bzw. **Strg+D**, nicht aber **Strg+C**, welches den Prozess abbricht.

Programmlauf

Das Programm kann den Inhalt einer Textdatei ausgeben, wenn man es wie folgt aufruft:

```
java k05.ZeilenweisesLesen < Dateiname
java k05.ZeilenweisesLesen > Dateiaus
```

In diesem Fall „lenkt" das Betriebssystem UNIX bzw. Windows die Eingabe auf die durch Dateiname angegebene Datei um, sofern diese gefunden wird. Der zweite Befehl würde die Eingabe auf die Dateiein umlenken und die Ausgabe auf Dateiaus. Damit würde das Programm aus Listing 5.4 den Inhalt der Datei Dateiaus durch den Inhalt der Datei Dateiein ersetzen, also die Datei Dateiein kopieren.

5.1.2 Ausgabe in Java

Die Basisklasse für Ausgaben ist OutputStream.

5.1.2.1 OutputStream als Basisklasse für Ausgaben

System.out ist ein PrintStream-Objekt. Die Klasse PrintStream enthält die print(...)- bzw. println (...)-Anweisungen für elementare Datentypen sowie für Objekte. Sie ist damit besonders nützlich, wenn es um die Ausgabe von Daten als Text geht, wie es z.B. bei Ausgaben auf die Konsole der Fall ist. Insbesondere die printf-Methode hilft bei einer formatierten Ausgabe. Alle OutputStreams implementieren die AutoCloseable-Schnittstelle.

Tabelle 5.8 Übersicht über Streams zur Ausgabe

ByteArrayOutputStream	Schreiben in einen ByteArray. Array aus Bytes. Siehe Abschnitt 8.2.
FileOutputStream	Schreiben in eine Datei
ObjectOutputStream	Stream zum Schreiben von Objekten serialisierbarer Klassen. Einlesen mit einem ObjectInputStream.
BufferedOutputStream	Gepufferter Ausgabestrom. Nicht jeder Aufruf wird an das zugrunde liegende E/A-System durchgereicht. Vorsicht: Hier können bei plötzlichem Ende des Programms Daten verloren gehen.
DataOutputStream	Stream zum Schreiben von Variablen der Basisdatentypen int usw. sowie String in einem portablen Format
PrintStream	Komfortable Ausgabe für die einzelnen Datentypen im lesbaren Format wie z. B. nach System.out
InflaterOutputStream	Ausgabe in Archiv: .zip, .jar

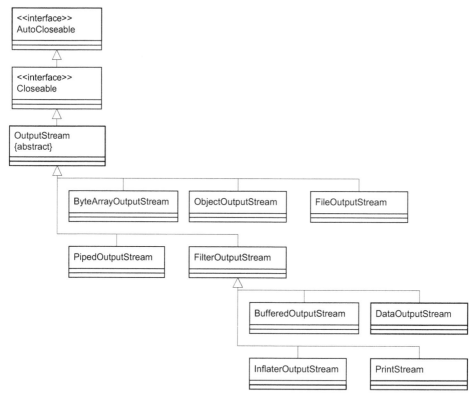

Bild 5.4 Klassenhierarchie für ausgewählte Ausgabe-Streams

Tabelle 5.9 Einige Methoden der Klasse `OutputStream`

`void close();`	Schließen des Streams und Freigabe aller belegten Ressourcen
`void write(int b);`	Schreiben des niederwertigen Bytes von b. Die 24 höherwertigen Bits werden ignoriert.
`int write(byte[] buf, int off, int len);`	Schreiben von len Bytes aus dem Feld buf ab dem Byte off. Optimal zum Schreiben von Byte-Feldern.
`void flush();`	flush() soll das System veranlassen, vorher geschriebene Bytes tatsächlich in den Ausgabestrom zu schreiben. Falls in einer Datei nach Schreibvorgängen Daten fehlen, ist flush() eine gute Wahl.

Tabelle 5.10 Übersicht über Methoden der Klasse `PrintStream` (`PrintWriter` analog)

`void close();`	Schließen des Streams und Freigabe aller belegten Ressourcen
`void write(int c);`	Schreiben des Zeichens in den niederwertigen 16 Bits von c. Die 16 höherwertigen Bits werden ignoriert.
`int write(char[] cbuf, int off, int len);`	Schreiben von `len` Zeichen aus dem Feld `cbuf` ab dem Zeichen mit dem Index `off`
`void flush();`	flush() soll das System veranlassen, vorher vom Programm geschriebene Bytes tatsächlich in den Ausgabestrom zu schreiben. Falls in einer Datei nach Schreibvorgängen Daten fehlen, ist flush() eine gute Wahl, um den Ausgabepuffer zu schreiben.
`void print(xx d);`	*xx* ist einer der elementaren Datentypen oder ein Objekt. Bei elementaren Datentypen werden die übergebenen Daten in Text umgewandelt und ausgegeben. Ein Objekt wird mit der Methode `String.valueOf(Object)` in Text umgewandelt und ausgegeben.
`void println(xx d);`	Wie `print(..)`, aber es wird zusätzlich der in den Systemeigenschaften eingestellte Zeilentrenner ausgegeben, d. h., es wird eine neue Zeile begonnen.

Die printf-Methode

```
public PrintWriter printf (String format, Object... args);
// Beispiel für Daten int i, float f, String s
System.out.printf ("%d %f %s %1$d %2$f %3$s", i, f, s);
```

Die printf-Methode der Klasse `PrintWriter` gibt die durch args bezeichnete Folge von Objekten gemäß dem `String format` aus. Der Format-String ist wie folgt aufgebaut:

`%[index$][flags][width][.precision]conversion`

- index: Die Argumente nach dem Formatstring sind ab 1 durchnummeriert. Im obigen Beispiel hat das Argument i den Index=1, das Argument s den Index=3. Deswegen gibt printf im obigen Beispiel alle Argumente zweimal aus.
- flags: Steuert bei bestimmten Typen der Konvertierung die Darstellung.
- width: Breite
- precision: Genauigkeit z. B. bei Gleitpunktzahlen
- conversion: Konvertierung, siehe Tabelle 5.10 bis einschließlich Tabelle 5.13.

Tabelle 5.11 Kategorien für die Konvertierung mit `printf`

a	Allgemein: anwendbar für alle Typen
c	Zeichen (char): anwendbar für alle Typen von Zeichen: `char`, `byte`, `short` und die entsprechenden Umwicklerklassen
i	Ganze Zahl (int): `byte`, `short`, `int`, `long` sowie die entsprechenden Umwicklerklassen Byte, Short, Integer, Long. Außerdem BigInteger.
f	Gleitpunktzahl (float): **float**, **double** die entsprechenden Umwicklerklassen Float, Double. Außerdem BigDecimal.
t	Einleitung der Konvertierung für Zeit oder Datum, siehe Tabelle 5.12 und Tabelle 5.13.
%	Das %-Literal '%' ('\u0025')
\n	Der Zeilentrenner in plattformspezifischer Darstellung

Tabelle 5.12 Anwendung der obigen Kategorien für die Konvertierung

Konv.	Kat.	Wirkung
b, B	a	**false**: wenn das Argument arg **null** ist String.valueOf (): Für **boolean** oder Boolean ist: der Wert. **true**: sonst
h, H	a	"null": wenn das Argument **null** ist Integer.toHexString(arg.hashCode()): sonst
s, S	a	"null": wenn das Argument **null** ist arg.formatTo(), falls arg die Formattable-Schnittstelle implementiert arg.toString(): sonst
c, C	c	Ein Unicode-Zeichen
d	i	Eine Zahl in dezimaler Darstellung
o	i	Eine Zahl in oktaler Darstellung
x, X	i	Eine Zahl in hexadezimaler Darstellung
e, E	f	Eine Zahl als Dezimalzahl in wissenschaftlicher Schreibweise
f	f	Eine Zahl als Dezimalzahl
g, G	f	Wie 'e' bzw. 'f', je nach Genauigkeit und dem Wert nach dem Runden
a, A	f	Als hexadezimale Gleitpunktzahl mit Signifikant und Exponent
t, T	d	Leitet eine Konvertierung für Zeit bzw. Datum ein.
%	%	Das Literal '%' ('\u0025')
n	\n	Der plattformspezifische Zeilentrenner
b, B	a	"false": wenn das Argument **null** ist String.valueOf(): falls das Argument **boolean** oder Boolean ist "true": sonst

Tabelle 5.13 Einige Konvertierungen für Zeit

H	Stunden im 24-Stunden-Format mit führender Null: 00–23
k	Stunden im 24-Stunden-Format: 0–23
M	Minuten in zweistelliger Darstellung 00–59
S	Sekunden in zweistelliger Darstellung: 00–59
L	Millisekunden innerhalb einer Sekunde in dreistelliger Darstellung 000–999
N	Nanosekunden innerhalb einer Sekunde in der Darstellung 000000000–999999999

Tabelle 5.14 Einige Konvertierungen für Datum

B	Voller Monatsname gemäß lokalen Einstellungen: „Januar", „Februar"
b, h	Abgekürzter Monatsname gemäß lokalen Einstellungen: „Jan", „Feb"
A	Voller Name des Tages gemäß lokalen Einstellungen: „Sonntag", „Montag"
a	Abgekürzter Name des Tages gemäß lokalen Einstellungen „Son", „Mon"
Y	Jahr in vierstelliger Darstellung: 2011
y	Jahr in zweistelliger Darstellung: 11
j	Fortlaufende Nummer eines Tages im Jahr 001–366
m	Monat in zweistelliger Darstellung 01–12
d	Tag im Monat in zweistelliger Darstellung 01–31
e	Tag im Monat 1–31
R	Zeit im 24-Stundenformat wie „%tH:%tM"
T	Zeit im 24-Stundenformat wie „%tH:%tM:%tS"
c	Zeit im Format z. B. Do Mrz 03 18:23:10 MEZ 2011

Weitere Details finden Sie in [API 23] bei der Klasse `java.util.Formatter`.

Alternative zur Darstellung von Zahlen

Die Klasse `java.text.DecimalFormat` bietet umfangreiche Möglichkeiten zur Formatierung von Zahlen einschließlich der Rundung bei Ausgabe.

Listing 5.5 Programmfragment mit Ausgabe zur formatierten Darstellung von Gleitkommazahlen

```
java.text.DecimalFormat d = new java.text.DecimalFormat ("#.000");
System.out.println (d.format (3.00049));
System.out.println (d.format (3.00050));
System.out.println (d.format (3.00051));
```

```
// Ausgabe :
3,000
3,001
3,001
```

Listing 5.6 Programmfragment zur formatierten Darstellung von Gleitkommazahlen mit Ausgabe

```
java.text.DecimalFormat d = new java.text.DecimalFormat (
        "Guthaben #,##0.00;Schulden #,##0.00");
System.out.println (d.format (300000.99));
System.out.println (d.format (300000.999));
System.out.println (d.format (-300000.99));
// Ausgabe der Guthaben
Guthaben 300.000,99
Guthaben 300.001,00
Schulden 300.000,99
```

5.1.2.2 Die Writer-Klassen in Java

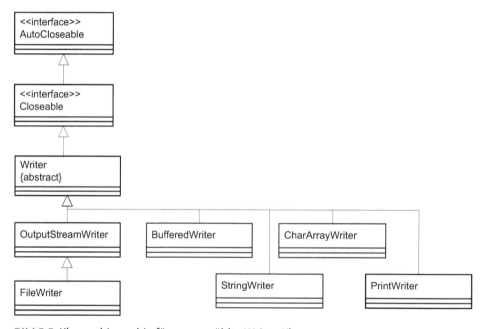

Bild 5.5 Klassenhierarchie für ausgewählte Writer-Klassen

Tabelle 5.15 Übersicht über die Writer

BufferedWriter	Zusatzdienst: Pufferung
FileWriter	Abkürzung
OutputStreamWriter	Abstraktion für Ausgabeströme, z. B. aus Datei, über das Internet
PrintWriter	Schreiben mit print(…)-, printf(…)- bzw. println(…)-Methoden

Die Standardausgabe

UNIX und Windows sehen für Anwendungen eine Standardausgaberichtung stdout vor. Java-Programme können über das **static**-Attribut System.out auf diesen PrintStream zugreifen. Für Fehlermeldungen ist dagegen die Ausgaberichtung stderr, die in Java über System.err ansprechbar ist, besser geeignet. Denn mit dem Befehl

```
java Programm > Dateiname
```

lenkt man die Ausgabe des Programms auf stdout in die durch „Dateiname" angegebene Datei um, nicht aber die Ausgaben auf stderr. Auf diese Weise kann man Anzeigen über Fehler auf der Ausgabekonsole lesen.

5.2 Fallstudien zu Ein-/Ausgabe

Einige typische Fälle der Anwendung der Dateiverarbeitung treten in der Praxis besonders häufig auf:

- Bearbeiten von Textdateien
- Auflistung aller Dateien in einem Verzeichnis
- Zugriff auf Archive
- Bearbeiten von Daten für das Internet in plattformneutraler Darstellung (siehe Abschnitt 8.2)

5.2.1 Bearbeiten von Textdateien

Textdateien bestehen aus einzelnen Zeichen, die in Zeilen gegliedert sind. Viele Programme können Daten in Textdateien abspeichern. Diese Textdateien können wir in Java verarbeiten.[1] Bild 5.6 zeigt einen Ausschnitt aus einem Tabellenblatt für Microsoft-Excel mit Datensätzen für Mitarbeiter, wie in Listing 3.1 definiert. Dieses Tabellenblatt kann man in Form einer Textdatei als „comma separated values" in sog. .csv-Dateien abspeichern. Listing 5.7 zeigt das Ergebnis für das Tabellenblatt von Bild 5.6.

---

[1] Mit dem Apache-Projekt *https://poi.apache.org/* könnte man u. a. Excel-Dateien direkt in Java bearbeiten.

Bild 5.6
Ausschnitt aus einem Microsoft-Excel-Tabellenblatt mit Personendatensätzen

Listing 5.7 Inhalt einer sog. .csv-Datei für Datensätze für obiges Tabellenblatt

```
Name;Personalnummer;Gehalt
Hitchcock;0;1000,00
Bond;7;2000,00
Ford;99;3000,00
```

Fallstudie: Bearbeitung einer .csv-Datei in Java

Ein Programm soll die Daten aus .csv-Dateien einlesen. Jeder Datensatz belegt eine Zeile in der Textdatei. Die einzelnen Daten, z. B. Vorname und Name, sind durch ein Zeichen getrennt. Dieses Zeichen kann ein Komma sein, aber auch andere Werte wie ';' in Listing 5.7 oder '#' sind denkbar. Unser Programm soll für jeden Datensatz ein Objekt erzeugen und als Ergebnis eine Liste dieser Objekte liefern.

Vorgehen

Wir lesen die Datei wie in Listing 5.4 zeilenweise ein. In der ersten Zeile der Datei finden sich die Spaltenüberschriften; wir ignorieren diese Zeile. In jeder weiteren Zeile stehen die Daten für jeweils ein Objekt der Klasse Mitarbeiter aus Listing 3.1. Es bietet sich an, in der Klasse Mitarbeiter einen Konstruktor hinzuzufügen, der ein Objekt aus einer Textzeile aufbaut. Die Daten sind durch einen Strichpunkt getrennt. Mit der split()-Funktion der Klasse String zerlegen wir eine Zeile in ihre Bestandteile. Dann können wir den ersten Bestandteil direkt auf den Namen der Mitarbeiter zuweisen. Den zweiten und dritten Bestandteil müssen wir aus dem Textformat erst in eine ganze bzw. Gleitpunktzahl konvertieren und können die Personalnummer bzw. das Gehalt setzen.

Listing 5.8 Programm zum Einlesen von Mitarbeiter-Objekten aus einer .csv-Darstellung

```java
// 1. Teil in der Klasse Mitarbeiter aus Listing 3.1 zu ergänzen
// Konstruktor für Mitarbeiter aus einer Zeile mit Text,
// getrennt durch ';'
public Mitarbeiter (String zeile) {
  String[] daten = zeile.split(";");// ; als Trennzeichen
  this.name = daten[0];
  this.personalNummer = Integer.parseInt(daten[1]);
  // Java verlangt in double-Zahlen einen Punkt anstelle eines Kommas
  this.gehalt = Double.parseDouble(daten[2].replaceAll(",", "."));
}

// 2. Teil des Programms: Zeilenweise Einlesen
public class CSVDatenEinlesen {

  public static List<Mitarbeiter> ein(String dateiName) {
    List<Mitarbeiter> mitarbeiter = new ArrayList<>();
    try {
      Path path = Paths.get(dateiName);
      List<String> zeilen = Files.readAllLines(path, Charset.defaultCharset());
      zeilen.remove(0); // Entferne 0. Zeile
      zeilen.stream().forEach(zeile ->
        mitarbeiter.add (new Mitarbeiter (zeile)));
    } catch (IOException e) {
      e.printStackTrace(System.err);
    }
    return mitarbeiter;
  }

  public static void main(String[] args) {
    List<Mitarbeiter> mitarbeiter = ein("kap05-csv.txt");
    mitarbeiter.stream().forEach(Mitarbeiter::ausgabe);
  }
}
```

Alternative Lösung

Statt eine Liste der Zeilen einer Datei mit `Files.readAllLines` einzulesen und dann einen Java-8-Stream zu bilden, könnten wir auch gleich mit `Files.lines()` einen `Stream<String>` erhalten und diesen wie in obigem Programm bearbeiten.

5.2.2 Durchlaufen aller Dateien in einem Verzeichnis

Hierarchische Dateisysteme bestehen aus Verzeichnissen und Dateien. Verzeichnisse können sowohl Dateien als auch Verzeichnisse enthalten. Wenn man Operationen für solche kompletten Verzeichnisbäume durchführen will, muss man folgende Arbeitsphasen unterscheiden (in Klammern ist eine mögliche Anwendung für das Kopieren angegeben):

- Vor dem Besuchen eines Verzeichnisses (Anlegen eines neuen Verzeichnisses)
- Bearbeiten einer Datei (Kopieren der Datei in das o. a. neue Verzeichnis)
- Nach dem Besuchen eines Verzeichnisses (nichts zu tun)

Java unterstützt diese Arbeitsphasen in der Klasse java.nio.file.SimpleFileVisitor, deren Design dem in [GHJV96] beschriebenen Besuchermuster folgt. Wir müssen also nicht den kompletten Dateibaum explizit durchlaufen, sondern in unseren von der Visitor-Klasse abgeleiteten Anwendungen einzelne Methoden für die o. a. Arbeitsphasen überschreiben. Im folgenden Beispiel durchlaufen wir einen Teil des Dateisystems rekursiv und zeigen einige Attribute entsprechend der Tiefe der Schachtelung eingerückt an.

Listing 5.9 Durchlaufen aller Dateien in einem Verzeichnis

```java
public class VerzeichnisAuflisten extends SimpleFileVisitor<Path> {

  // Vorbereitung der Texte für das Einrücken bei Verzeichnissen
  private int            tiefe = 0;
  private static String[] t    = new String[100];
  static {
    StringBuilder b = new StringBuilder();
    for (int i = 0; i < t.length; i++) {
      t[i] = b.toString();
      b.append("  ");
    }
  }

  private String einruecken() {
    if (tiefe < t.length)
      return t[tiefe];
    return t[t.length - 1];
  }

  // Vor Betreten eines Verzeichnisses
  @Override
  public FileVisitResult preVisitDirectory(Path path,
                      BasicFileAttributes attr) throws IOException {
    System.out.printf("%sBetrete Directory: %s%n", einruecken(), path);
    tiefe++;
    return super.preVisitDirectory(path, attr);
  }

  // Für jede Datei - nicht für Verzeichnisse
  @Override
  public FileVisitResult visitFile(Path path, BasicFileAttributes attr) {
    FileTime ft = attr.creationTime();
    System.out.printf("%sDatei: %-20s Erstellt: %3$te.%3$tm.%3$tY " +
       "%3$tH:%3$tM:%3$tS,%3$tL\n", einruecken(),
        path.getFileName(), ft.toMillis());
    return CONTINUE;
  }
```

```
    // Nach Durchlaufen des Verzeichnisses
    @Override
    public FileVisitResult postVisitDirectory(Path path, IOException exc) {
      System.out.printf("%sVerlasse Directory: %s%n", einruecken(), path);
      tiefe--;
      return CONTINUE;
    }

    // Fehlerausgabe: Wenn diese Methode nicht überschrieben ist, wird eine IOException geworfen
    @Override
    public FileVisitResult visitFileFailed(Path file, IOException exc) {
      System.err.println(exc);
      return CONTINUE;
    }

    public static void main(String[] args) {
      if (args == null || args.length == 0)
        args = new String[] { "." }; // Default: aktuelles Verzeichnis
      try {
        Path verzeichnis = Paths.get(args[0]);
        VerzeichnisAuflisten va = new VerzeichnisAuflisten();
        Files.walkFileTree(verzeichnis, va);
      } catch (IOException e) {
        e.printStackTrace(System.err);
      }
    }
  }
```

5.2.3 Zugriff auf die Einträge in einem ZIP-Archiv

ZIP-Archive dienen der kompakten Aufbewahrung von Dateien. Ein solches Archiv enthält nicht nur mehrere Dateien, sondern jede dieser Dateien kann zusätzlich komprimiert werden. Java unterstützt die Bearbeitung solcher Archive mit dem Paket java.util.zip. Der Zugriff auf das Archiv kann in mehreren Ebenen erfolgen:

- ZipFile z = new ZipFile (Name)
- Aufzählung aller ZipEntry-Einträge z.entries() durchlaufen
- Lesen einer zugehörigen Datei mit z.getInputStream(ZipEntry ze)

Das folgende Programm öffnet ein Archiv. Anschließend gibt es der Reihe nach die Namen aller Einträge aus.

Listing 5.10 Ausgabe der Namen der Dateien in einem .zip-Archiv

```
public class LiesZIPArchiv {

  public static void liesAlleEintraege (String name) {
      try (ZipFile zipFile = new ZipFile (name)){
        Enumeration<? extends ZipEntry> entries = zipFile.entries();
```

```
      while (entries.hasMoreElements ()) {
        ZipEntry zipEntry = entries.nextElement();
        System.out.printf (">%s<\n", zipEntry.toString());
      }
    } catch (IOException e) {
      e.printStackTrace(System.err);
    }
  }
  public static void main (String[] args) {
    liesAlleEintraege ("…??";
  }
}
```

Zusammenfassung

Grundlage der Ein-/Ausgabe in Java für Streams bilden die abstrakten Basisklassen InputStream für Eingaben und OutputStream für Ausgaben. Konkrete Klassen wie FileInputStream können dann dank der Objektorientierung überall anstelle der Abstraktion InputStream benutzt werden. Zur Bearbeitung von Textdateien setzt Java Reader- bzw. Writer-Klassen ein. Diese besorgen die Umwandlung von Zeichen in Bytes. Da jede Ein-/Ausgabeoperation fehlschlagen kann, müssen Sie in jedem Programm eine Ausnahmebehandlung durchführen.

5.3 Aufgaben

Aufgabe 5.1: Umwandeln einer Datei in Großbuchstaben

Geben Sie ein Programm an, das eine Textdatei einliest. Der Inhalt soll in Großbuchstaben wieder ausgegeben werden. Zählen Sie auch die Anzahl der Zeichen in der Datei. Dabei sollten Zeilentrenner unberücksichtigt bleiben.

Aufgabe 5.2: Suchen nach Dateien

Geben Sie ein Programm an, das eine bestimmte Datei in einem Verzeichnis sucht. Verwenden Sie dazu den folgenden Programmabschnitt.

```
File f = new File(".");        // File für aktuelles Verzeichnis
String fileNames[] = f.list();// Die Namen aller Dateien holen
```

Aufgabe 5.3: Rekursives Suchen nach Dateien

Geben Sie ein Programm an, das eine bestimmte Datei in einem Verzeichnis einschließlich aller Unterverzeichnisse sucht. Als Ausgangsbasis bietet sich das Programm VerzeichnisAuflisten aus Abschnitt 5.2.2 an.

Aufgabe 5.4: Blocksatz

Ein Eingabestrom (stdin : System.in) enthält Worte aus den Buchstaben 'a' bis 'z' in Groß- bzw. Kleinschreibung bzw. Ziffern. Zwischen je zwei Worten befindet sich mindestens ein Leerraum, ein Zeilentrenner oder ein sonstiges Zeichen.

Lesen Sie diesen Eingabestrom ein und geben Sie ihn in einem *Blocksatz* mit 60 Zeichen je Zeile auf die Standardausgabe (stdout: System.out) wieder aus. Füllen Sie dabei die Leerräume zwischen den einzelnen Worten einer Zeile so mit Leerzeichen auf, dass die Zeile jeweils genau 60 Zeichen enthält. Die Leerräume sollen möglichst gleichmäßig zwischen den Worten verteilt werden, wie es unten für das Beispiel einer Zeile beschrieben ist.

Das Programm besitzt den Namen Blocksatz.java. Der Aufruf des Programms kann also mittels Umlenkung der Ein-/Ausgabe erfolgen:

```
java Blocksatz <dateiein >dateiaus
```

Listing 5.11 Beispiel mit Nummerierung der Spalten der Zeile
```
        0         10        20        30        40.       50        60
        123456789012345678901234567890123456789012345678901234567890
stdin: Viel Erfolg bei der Loesung der Aufgabe
stdout:Viel      Erfolg      bei      der      Loesung      der      Aufgabe
```

Zum Vorgehen

Als Alternative bietet sich das Lesen der einzelnen Zeilen an, wobei ein String Tokenizer nützlich ist. Das Programm soll die einzelnen Worte in eine Java-Liste java.util.ArrayList eintragen. Falls die Worte nicht mehr in eine Zeile passen, sollen die Worte gemäß o. a. Vorgaben ausgegeben werden. Vergessen Sie nicht, auch die letzte Zeile auszugeben.

6 Nebenläufigkeit in Java

Unter Nebenläufigkeit versteht man das gleichzeitige oder quasi-gleichzeitige Ablaufen von Aktivitäten im Rechner. Dabei unterscheidet man zwischen Prozessen und Threads. Betriebssysteme verwalten Prozesse (Task) und ordnen den einzelnen Prozessen Speicher und Betriebsmittel wie die CPUs zu. Unter Windows zeigt der sog. Task-Manager die Prozesse an. Ein Prozess im Sinne des Betriebssystems kann mehrere sog. leichtgewichtige Prozesse oder Threads[1] enthalten, die den Speicher des Prozesses gemeinsam nutzen, aber parallel ausgeführt werden. Das Beispiel in Listing 6.3 zeigt, welche Phänomene auftreten könnten, wenn wir schreibende Zugriffe auf gemeinsame Daten nicht koordinieren.

Wozu braucht man Threads, wenn ihre Anwendung fehlerbehaftet ist? Die Taktfrequenz der CPUs kann nicht mehr nennenswert weiter gesteigert werden, man erhöht die Leistung, indem man Aufgaben aufteilt und parallel ausführt: Moderne CPUs enthalten in der Regel mehrere Kerne. Deswegen wird die Beherrschung nebenläufiger Aktivitäten in der Programmierung immer wichtiger. Die Prinzipien finden Sie in Abschnitt 6.2.1. In Abschnitt 6.4 folgen typische Szenarien der Anwendung.

Viele Programmiersprachen bieten keine eingebaute Unterstützung für nebenläufige Programmierung. In Java ist dieses Thema hingegen integraler Bestandteil der Sprache. Dies zeigt sich exemplarisch beim Java-Speichermodell JMM (Java Memory Model). Dieses Kapitel versteht sich als erster Schritt in der Einführung in das komplexe Thema. Für eine vertiefende Darstellung empfiehlt sich ein Klassiker wie [Goet06].

Java stellt die Threads der jeweiligen Plattform als „Platform Threads" zur Verfügung, bietet ab der Version 21 auch virtuelle Threads. Ähnlich wie beim virtuellen Speicher sind damit keine Ressourcen verbunden. Sie werden vom Java-Laufzeitsystem bei Bedarf zugeordnet, aber auch wieder entzogen, wenn sie nicht mehr benötigt werden. Damit können wir den Begriff der Java-Task bzw. Aufgabe von dem Begriff der

---
[1] In Java als „Platform Thread" bezeichnet

Threads trennen: Threads führen übergebene Aufgaben durch. Man übergibt sog. Tasks[2] an die Threads bzw. die „virtual Threads". Java sorgt dann dafür, dass die Aufgaben einschließlich ggfs. erforderlicher Rückmeldungen durchgeführt werden, und verwaltet die dazu nötigen Betriebsmittel.

Probleme mit der Nebenläufigkeit können uns unerwartet begegnen, z. B. bei Streams ab Java 8. In Abschnitt 6.1.3 starten wir mit den Grundlagen zur expliziten Programmierung von Threads in Java. Für praktische Anwendungen empfiehlt es sich, das Executor-Framework zu benützen.

Die Abschnitte 6.2 und 6.3 bereiten die Grundlagen der Theorie aus dem Fachgebiet „Betriebssysteme" der Informatik für die Threads sowie die Synchronisation speziell für Java auf. Damit sind wir auf die Herausforderungen der Anwendungen in Abschnitt 6.4 vorbereitet.

6.1 Einstieg in Threads in Java

Wir starten mit Streams, die wir parallel bearbeiten. Dabei werden wir feststellen, dass im Rechner Threads ablaufen. Danach experimentieren wir mit diesen parallelen Streams und entdecken seltsame Phänomene, die wir erst in Abschnitt 6.2.2 aufklären können.

6.1.1 Streams parallel bearbeiten

Wir wollen aus dem Bereich 1 ... 400 alle Zahlen herausfiltern, die durch 20 teilbar sind. Dazu verwenden wir den abgeschlossenen Bereich dieser Zahlen mit einem Stream, aus dem wir dann die durch 20 teilbaren Zahlen herausfiltern. Wir wollen erfahren, welche Threads sich die Arbeit geteilt haben, und geben deren Namen aus.

Listing 6.1 Streams ab Java 8 parallel bearbeiten

```
public class Java8Streams {

  public static void print(Object obj) {
    String name = Thread.currentThread().getName();
    System.out.printf("%-40s %10s\n", name, obj);
  }

  public static void main(String[] args) {
    IntStream
      .rangeClosed(1, 400)     // Bereich von 1…400
      .parallel()              // Stream parallel bearbeiten
      .filter(i -> i % 20 == 0) // Nur jedes 20. Element
```

---

[2] Wir verwenden ab jetzt den Begriff Task als Synonym für eine Java-Task

```
        .forEach(Java8Streams::print);
   }
}
```

Wenn wir das Programm aus Listing 6.1 ablaufen lassen, können wir die in Listing 6.2 gezeigte Ausgabe bekommen. Dabei stellen wir fest, dass an der Arbeit insgesamt acht Threads beteiligt waren, ohne dass wir einen einzigen Thread gestartet haben. Dies entspricht der Anzahl der jeweils vorhandenen logischen CPUs des verwendeten Rechners. Java verteilt offensichtlich die Arbeit auf viele Schultern im System. Aber von einer Reihenfolge der Operationen kann keine Rede sein. Außerdem liefert jeder Probelauf wieder eine neue Zuordnung der Tätigkeiten zu den einzelnen Bearbeitern, den Threads. In jedem Fall stellen wir fest: Nebenläufigkeit ist in Java ein natürliches Phänomen, mit dem wir uns wohl oder übel beschäftigen müssen.

Listing 6.2 Überraschende Ergebnisse bei paralleler Bearbeitung mit Streams

```
main                                260
ForkJoinPool.commonPool-worker-7    120
ForkJoinPool.commonPool-worker-6     40
ForkJoinPool.commonPool-worker-2    360
ForkJoinPool.commonPool-worker-2    100
ForkJoinPool.commonPool-worker-2     80
ForkJoinPool.commonPool-worker-5    180
ForkJoinPool.commonPool-worker-3     60
ForkJoinPool.commonPool-worker-1    140
ForkJoinPool.commonPool-worker-4    340
ForkJoinPool.commonPool-worker-1    240
ForkJoinPool.commonPool-worker-3    160
ForkJoinPool.commonPool-worker-5    200
ForkJoinPool.commonPool-worker-2    380
ForkJoinPool.commonPool-worker-6     20
ForkJoinPool.commonPool-worker-7    400
main                                300
ForkJoinPool.commonPool-worker-3    280
ForkJoinPool.commonPool-worker-1    220
ForkJoinPool.commonPool-worker-4    320
```

6.1.2 Paralleler Zugriff auf Daten

Die Arbeit in Listing 6.1 bestand aus voneinander unabhängigen Berechnungen. Nun wollen wir eine Bearbeitung von Daten studieren, die einen gemeinsamen schreibenden Zugriff auf Daten erfordert. Threads sind sog. leichtgewichtige Prozesse, es gibt keine Brandmauern für den Speicher zwischen den einzelnen Threads[3]. Als einfaches Modell wählen wir das Inkrementieren eines Zählers von 1 bis 4000. Dabei dürfte eigentlich nichts schiefgehen. Wir untersuchen sowohl den sequenziellen als auch den parallelen Fall. Beide sollten zum selben Ergebnis 4000 führen.

---

[3] Im Gegensatz zur Brandmauer zwischen den Prozessen

Listing 6.3 Sequenzielle vs. parallele Bearbeitung

```java
public class AddierenMitJava8Streams {

  public static int zaehler;

  public static void inc(Object obj) {
    zaehler++;
  }

  public static void main(String[] args) {
    // Zuerst inkrementieren wir der Reihe nach:
    zaehler = 1;
    IntStream
      .range(1, 4000)
      .forEach(AddierenMitJava8Streams::inc);
    System.out.println(zaehler);

    // Jetzt versuchen wir es mit paralleler Bearbeitung
    zaehler = 1;
    IntStream
      .range(1, 4000)
      .parallel()
      .forEach(AddierenMitJava8Streams::inc);
    System.out.println(zaehler);
  }
}
```

Listing 6.4 Ergebnis eines ausgewählten Probelaufs

```
4000
3246
```

Wir stellen fest, dass der sequenzielle Fall stets das erwartete Ergebnis 4000 liefert. Aber der parallele Fall liefert praktisch nie das korrekte Ergebnis, was ist in Listing 6.4 passiert? Leider können wir dieses Phänomen erst in Abschnitt 6.2.2 behandeln, wollen aber gleich eine korrekte Variante der parallelen Bearbeitung angeben. Diese liefert stets das erwartete Ergebnis, nämlich den Wert 4000.

Listing 6.5 Korrekte Parallelisierung des Zugriffs auf gemeinsame Daten

```java
public class AddierenMitJava8Streams {
  public static AtomicInteger zaehlerAtomar;

  public static void incAtomar(Object obj) {
    zaehlerAtomar.incrementAndGet();
  }

  public static void main(String[] args) {
    zaehlerAtomar = new AtomicInteger(1);
    // Aufruf
    IntStream
      .range(1, 4000)
      .parallel()
      .forEach(AddierenMitJava8Streams::incAtomar);
    System.out.println(zaehlerAtomar);
  }
}
```

Wenn wir in Streams Schreibzugriffe verwenden, verwenden wir Funktionen mit Seiteneffekten. Dies führt in jedem Fall zu unübersichtlichen Programmen und häufig zu Problemen. In der funktionalen Programmierung sollten wir nach Möglichkeit auf solche Schreibzugriffe verzichten. Die Funktionen sollten die Resultate über Funktionsergebnisse für die weitere Verarbeitung liefern, z. B. sum()-Operator für IntStream statt Aufsummieren in Zählern.

6.1.3 Explizite Programmierung von Threads

Threads gehören in Java zur Sprache und infolgedessen zum Package java.lang. Wichtige Methoden finden sich in den Klassen Thread und Object. Die Klasse Object enthält Vorbereitungen für die Synchronisierung der Nebenläufigkeiten, siehe Abschnitt 6.3. Das Interface Runnable schreibt nur die run()-Methode vor, ist also eine funktionale Schnittstelle. Diese Methode wird vom Laufzeitsystem aufgerufen, wenn der Thread laufen soll.

```
@FunctionalInterface
public interface Runnable {
  void run();
}
```

Die Klasse Thread implementiert diese Schnittstelle und stellt die Funktionalität für Threads zur Verfügung. Wir müssen die Erzeugung von Objekten der Klasse Thread vom Ablauf des Threads unterscheiden.

Tabelle 6.1 Die Klasse Thread

Aufruf/Konstruktor	Funktion
Thread();	Konstruiert ein neues Thread-Objekt. Der Thread muss explizit gestartet werden.
Thread(String name);	Konstruiert einen neuen Thread mit dem angegebenen Namen.
Thread(Runnable target);	Konstruiert einen neuen Thread für die angegebene Klasse, die eine run()-Methode implementieren muss.
static Thread currentThread();	Liefert das momentan laufende Thread-Objekt.
String getName();	get/set-Methoden für den Namen
void setName(String name);	Setzen des Namens
void join();	Wartet auf das Ende dieses Threads.
void join(long millis);	Wartet max. millis Millisekunden auf das Ende dieses Threads.

Aufruf/Konstruktor	Funktion
`static void yield();`	Der laufende Thread gibt einen Hinweis an die Ablaufsteuerung, dass die CPU einem anderen Thread zugeteilt werden könnte.
`void start();`	Mitteilung an die JVM[4], das vorliegende Thread-Objekt dynamisch zu starten. Ein Zweitstart ist nicht möglich.
`void sleep(long millis);`	„Schlafen" der angegebenen Anzahl Millisekunden. Der Thread verlässt keinen belegten Monitor (Abschnitt 6.3).
`String toString();`	Liefert eine Darstellung als Zeichenkette.

Java 21 führt virtuelle Threads ein. Wir benutzen Erbauer- und Fabrikmethoden [GHVJ96]. Damit erzeugen wir plattformspezifische bzw. virtuelle Threads.

Tabelle 6.2 Wege zur Erzeugung von Threads ab Java 21

Aufruf	Funktion
`static Thread.Builder.OfPlatform ofPlatform()`	Liefert einen Erbauer für Plattform-Threads.
`static Thread.Builder.OfVirtual ofVirtual()`	Liefert einen Erbauer für virtuelle Threads.
`static Thread startVirtualThread(Runnable task)`	Erzeugt und startet einen virtuellen Thread

Tabelle 6.3 Methoden der Klasse Thread.Builder

`ThreadFactory factory()`	Methode der Klasse `Thread.Builder`. Liefert eine Thread-sichere Fabrik für Threads mit dem momentanen Zustand des Erbauers.
`Thread start(Runnable task)`	Erzeugung und Start eines Threads
`Thread unstarted(Runnable task)`	Erzeugung eines Threads, kein Start

Listing 6.6 Beispiel aus dem Java API [API 23]
```
Thread.Builder builder = Thread.ofPlatform().name("worker-", 0);
Thread t1 = builder.start(task1);    // Name "worker-0"
Thread t2 = builder.start(task2);    // Name "worker-1"
```

---

[4] Java Virtual Machine

Einstieg: direktes Erzeugen von Threads

Wir leiten unsere Klasse ThreadDemo von Thread ab und müssen die Runnable-Schnittstelle implementieren. Der Ablauf des Threads wird in der run()-Methode definiert. Im Beispiel durchlaufen wir eine Schleife, in der der Thread eine zufällige Zeitspanne zwischen 0 und 1000 ms wartet, um dann den Wert des Schleifenzählers auszugeben.

Listing 6.7 Threads als Unterklassen von Thread

```java
public class ThreadDemo extends Thread {
  @Override
  public void run() {
    for (int i = 0; i < 10; i++)
      try {
        Thread.sleep(Math.round(1000.0 * Math.random()));
        System.out.printf("%-20s %3d\n", Thread.currentThread().toString(), i);
      } catch (InterruptedException e) {
        e.printStackTrace(System.err);
      }
  }

  static public void main(String[] args) {
    ThreadDemo td = new ThreadDemo();
    td.start();
    // oder mit Java 21 als Plattform-Thread
    // Thread td = Thread.ofPlatform ().start(new ThreadDemo());
    // Java 21 und funktionaler Stil
    Thread td = Thread.ofPlatform ().start(()->{
        // Programmcode für run()-Methode
    });
    // oder alternativ als virtueller Thread
    // Thread td = Thread.ofVirtual ().start(new ThreadDemo());
    try {
      td.join();
    } catch (InterruptedException e) {
      e.printStackTrace(System.err);
    }
  }
}
```

In der Klasse ThreadDemo überschreiben wir die run()-Methode von Thread. Dies ist die Routine, die als Thread abläuft. Die in dieser Methode enthaltenen Befehle laufen nach dem Start parallel zu allen anderen im Programm enthaltenen Befehlen ab.

Das Hauptprogramm startet die Threads und wartet auf das Ende der Threads. Bedenkt man, dass das Hauptprogramm als Thread main läuft, müsste man diesen Umstand präziser formulieren als: Der main-Thread wartet auf das Ende des erzeugten Threads.

6.1.4 Das Executor-Framework

Warum brauchen wir eine abstrahierte Schnittstelle für die Ausführung von Threads?

Im vorigen Abschnitt starten wir Threads „zu Fuß" und warten auf deren Ende. Die Klassen `Executors` und `ExecutorService` entlasten uns von diesen elementaren Operationen und bieten erweiterte Funktionalität: Thread-Pools nützen vorhandene Threads, Ressourcen werden wiederverwendet. Außerdem können wir die Skalierbarkeit der Anwendung verbessern. Ein `ExecutorService` adressiert mit `Callable` für Tasks und `Future` für das in der Zukunft zu erwartende Ergebnis das Problem der Rückmeldung der asynchron laufenden Threads und unterstützt die Beendigung von Threads. Wir trennen unsere Aufgaben („Task") von der Durchführung und werden von Problemen mit der Erzeugung von Threads, Zuteilung von Aufgaben zu den Threads, Liefern von Ergebnissen, Verwaltung der Threads, Beendigung sowie der Fehlerbehandlung entlastet.

Die Klasse `Executors` enthält Hilfs- und Fabrikmethoden zur Erzeugung von `Executor Service`. Bild 6.1 zeigt die Zusammenhänge der beteiligten Schnittstellen. Bild 6.4 stellt eine kleine Übersicht über gängige `ExecutorService`-Implementierungen zusammen, die wir mit `Executors.new...` erhalten können.

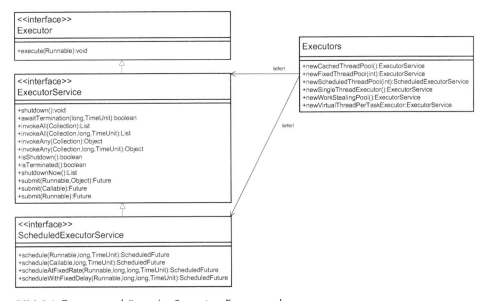

Bild 6.1 Zusammenhänge im Executor-Framework

Bei den Aufgaben unterscheiden wir die folgenden beiden Typen.

- Eine Task implementiert die Runnable-Schnittstelle. Der Executor bzw. der ExecutorService sorgt für die Ausführung der run()-Methode. Der Aufrufer hat keinen direkten Zugriff auf das Ergebnis und erhält keine „checked Exception" beim Ablauf. Wir benützen die submit(…)-Methode von Executors bzw. von ExecutorService.

- Eine Task implementiert die Callable<V>-Schnittstelle. Die call()-Methode liefert ein Ergebnis vom Typ Future<V> oder wirft eine Programmausnahme. Wir benützen im folgenden Beispiel die submit()-Methode:

```
@FunctionalInterface
public interface Callable<V>
  V call();
}
```

Beispiel für die Anwendung

Eine Task implementiert die Callable<String> -Schnittstelle und liefert ein Zeichenkette. Der Aufrufer wartet an einem Future<String>-Objekt auf das Ende der Task und gibt das Ergebnis aus. In einer try-with-Resources-Anweisung holen wir einen ExecutorService. Er führt die Task aus und sorgt für die Übergabe des Ergebnisses an das Future. Der ExecutorService in der try-Anweisung implementiert die Auto Closeable-Schnittstelle. Damit wird er zum Schluss über close()/shutdown() beendet.

Nach dem Listing finden Sie Beschreibungen wichtiger Teile des Executor-Frameworks.

Listing 6.8 Start eines Threads mit dem Executor-Framework

```java
public class ExecutorServiceDemo {

  public static void main(String[] args) {
    // ExecutorService mit einem Thread-Pool
    // Wir benützen ein try-with-resources.
    // Damit wird die shutdown()-Methode immer aufgerufen
    try (ExecutorService executorService = Executors.newFixedThreadPool(1)) {

      // Eine Task liefert einen String
      Callable<String> task = (() -> {
        long millis = System.currentTimeMillis();
        Thread.sleep((long) (1000. * Math.random())); // Simuliere eine längere
      // Aufgabe
        String s = String.format("Thread: %s schlief %d millis", Thread.
        currentThread().getName(), System.currentTimeMillis()-millis);
        return s;
      });

      Future<String> resultat = executorService.submit(task);
      // Future: wird evtl. jetzt noch nicht erstellt sein
      System.out.println(resultat.get());
```

```
    } catch (InterruptedException | ExecutionException e) {
      e.printStackTrace();
    }
  }
}
```

Tabelle 6.4 Erzeugung ausgewählter Executor-Services, z. B.: `ExecutorService es = Executors.newSingleThreadExecutor();`

Service: Xyz	Kurzbeschreibung
`SingleThreadExecutor`	Alle Tasks laufen sequenziell in einem einzigen Thread. Neue Aufgaben werden in einer Warteschlange gehalten und in der Reihenfolge ihrer Ankunft verarbeitet.
`FixedThreadPool (int n)`	Alle Tasks laufen in n Threads. Neue Aufgaben werden in einer Warteschlange gehalten und in der Reihenfolge ihrer Ankunft verarbeitet.
`CachedThreadPool`	Threads werden bei Bedarf erzeugt, sofern nicht vorhanden. Nach 60 Sekunden Inaktivität können Threads auch wieder beendet werden.
`ScheduledThreadPool (int corePoolSize)`	Für die Ausführung periodischer Aufgaben mit relativen Verzögerungen.
`WorkStealingPool`	Alle Threads der Plattform werden benützt, speziell bei rekursive Aufteilung der Arbeit mit der sog. Fork-Join-Technik, siehe Listing 6.2. Threads ohne Aufträge können Aufträge aus der Auftragsschlange anderer Tasks „stehlen".
`VirtualThreadPerTaskExecutor`	Neu ab Java 21: Für jeden Auftrag wird ein virtueller Thread erzeugt.

Tabelle 6.5 Ausgewählte Methoden der Schnittstelle `ExecutorService`

`boolean awaitTermination(long timeout, TimeUnit unit)`	Nach `shutdown()`: Warten auf das Ende aller Tasks. Wenn alle Tasks innerhalb der angegebenen Zeit beendet wurden: Ergebnis true, ansonsten false
`default void close()`	Wie `shutdown()` z. B. für die Implementierung der `AutoCloseable()`-Schnittstelle.
`<T> List<Future<T>> invokeAll(Collection<? extends Callable<T>> tasks)`	Übergibt eine Liste von `Callable<T>`-Tasks zur Ausführung. `Future<T>`-Objekte werden geliefert.

Tabelle 6.5 Ausgewählte Methoden der Schnittstelle ExecutorService *(Fortsetzung)*

`void shutdown()`	Initiiert das Herunterfahren des Service. Übergebene Tasks laufen zu Ende. Neue Tasks werden nicht mehr gestartet. Vorsicht: Tasks können z. T. nicht beendet werden.
`Future<?> submit(Runnable task)`	Übergibt eine Runnable-Task zur Ausführung. Liefert ein Future mit einem allgemeinen Objekt.
`<T> Future<T> submit(Callable<T> task)`	Übergibt eine Callable<T>-Task zur Ausführung und liefert ein Future<T>-Objekt.

Ergebnisse der Callable<T>-Task verarbeiten

Die an den Executor-Service übergebenen Task könnte asynchron laufen. Deswegen könnte das Ergebnis des call()-Aufrufs evtl. erst in der Zukunft zur Verfügung stehen: als Future eben. Das im call()-Aufruf ermittelte Resultat wird als Ergebnis der get()-Methode an das zur Task gehörige Future-Objekt geliefert. Dieser Aufruf blockiert, wenn die Task noch nicht beendet ist. Im Gegensatz dazu blockiert die isDone()-Methode nicht, liefert aber als Ergebnis nur die Information, ob die Task noch läuft oder nicht.

Tabelle 6.6 Ausgewählte Methoden der Schnittstelle Future<V>

`boolean cancel(boolean mayInterruptIfRunning)`	Unterbrechung an den Thread senden, in dem die übergebene Task läuft.
`V get()`	Wartet ggfs. bis die Ausführung beendet ist und liefert danach das Ergebnis.
`boolean isDone()`	Dieser Aufruf blockiert nicht und liefert genau dann **true**, sofern die Task beendet ist.

6.2 Grundlagen zu Threads

Dieser Abschnitt präzisiert die Begriffe „Prozess" sowie „Thread" und grenzt sie voneinander ab. Danach arbeiten wir die zentralen Probleme der nebenläufigen Programmierung heraus und beschreiben die Strategien zur Beherrschung der entstehenden Probleme. Damit werden wir die offenen Fragen aus Listing 6.3 und Listing 6.4 beantworten.

6.2.1 Nutzen von Threads

Jede Aktivität bei einem Computer unter einem Betriebssystem wie etwa UNIX oder Windows läuft in Form eines Prozesses. Verschiedene Prozesse können gleichzeitig am Rechner laufen, auch wenn es weniger Rechnerkerne als Prozesse gibt. Das Betriebssystem teilt den einzelnen Prozessen die CPU jeweils für eine sog. Zeitscheibe zu und entzieht sie ihnen wieder – spätestens nach dem Ablauf der Zeitscheibe. So läuft auf einem Rechner mit *nur einer* CPU ein Browser für das Internet als Prozess, die Textverarbeitung oder ein Compiler ebenso. Jeder dieser Prozesse besteht aus seinem Ausführungskontext, einem Programm und Daten. Der Ausführungskontext ist in klassischen Betriebssystemen genau einmal für jeden Prozess vorhanden und im Prinzip wie folgt aufgebaut [Tane02, S. 95]:

- Programmzähler: Verweis auf die nächste Anweisung
- Stack: Stapel für lokale Variablen und Unterprogrammaufrufe
- Registersatz: die Register der CPU
- Zustand: laufend, blockiert ...
- Die Zugriffsrechte für den laufenden Prozess

Dazu braucht jeder Prozess den Bezug auf das Dateisystem wie etwa lokale Verzeichnisse. Die Ablaufsteuerung in dem Betriebssystem schaltet durch Zuteilung und Entzug der CPU zwischen den Prozessen um.

Problem: Browser im Internet

Wenn jeder Prozess über genau einen Ausführungskontext verfügt, kann in jedem Prozess zu einem Zeitpunkt maximal ein Programm laufen. Ein Browser für das Internet hat aber verschiedene Aufgaben:

- Holen von HTML-Seiten bzw. Bildern über das Internet
- Reaktion auf Benutzereingaben
- Anzeige am Bildschirm

Bekanntlich kann das Laden von Daten aus dem Internet einen unkalkulierbaren Zeitaufwand erfordern. Wenn sich der Prozess auf diese Aktivität verlegt, ist er eine gewisse Zeit lang für andere Aufgaben blockiert: Die Benutzungsoberfläche *friert ein*.

Lösung: Threads

Wenn nun ein Prozess mehrere Ausführungskontexte hätte, könnte er gleichzeitig seine o. a. Aufgaben durchführen. Ein Ausführungskontext könnte eine Seite über das Internet holen, ein anderer die bereits erhaltenen Teile am Bildschirm anzeigen und ein weiterer auf die Eingaben des Anwenders reagieren. Aus diesem Grunde erlauben moderne Betriebssysteme für jeden Prozess mehrere Ausführungskontexte. Alternativ spricht man auch von „leichtgewichtigen Prozessen" oder anschaulich von „Fäden". Jeder Prozess kann aus mehreren solcher „Threads" bestehen.

Threads und Daten

Jeder Thread läuft unabhängig von den anderen Threads des jeweiligen Prozesses. Er benutzt den Adressraum des Prozesses, d. h., jeder Thread hat Zugriff auf alle globalen Variablen des Prozesses einschließlich aller geöffneten Dateien oder Verbindungen im Internet. Die Register sowie der Stack sind hingegen dem jeweiligen Thread zugeordnet. Es gibt keinen Schutz vor dem Überschreiben von Daten in anderen Threads, wie wir in Listing 6.3 feststellen mussten.

Mit Threads kann man Abläufe parallelisieren, muss sie aber dann wieder synchronisieren: Ein in einem Thread a geladenes Bild kann erst dann in einem Thread b angezeigt werden, wenn Thread a mit dem Laden des Bilds fertig ist. Dies ist ein Spezialfall des nachstehend genannten Pipeline-Modells. Wir behandeln diese häufig auftretende Fragestellung in Abschnitt 6.4.1.

volatile für von Threads benutzte Daten

Mit **volatile** unterbindet man mögliche Optimierungen des Compilers bei „normalen" Variablen wie Zwischenspeichern oder Vertauschung der Reihenfolge bei Zuweisungen. Außerdem gilt für Lese- bzw. Schreiboperationen für so deklarierte **long**- bzw. **double**-Variablen: Die Java-VM darf diese Operationen für 64-Bit-Operanden nicht in zwei Schritten zu jeweils 32 Bit ausführen. Aber Vorsicht: **volatile** synchronisiert keine Aktivitäten. Siehe Abschnitt 6.3.3.

Organisationsmodelle für die Zusammenarbeit von Threads

Zur Organisation von Abläufen mit Threads nennt Tanenbaum [Tane02] drei grundsätzlich verschiedene Modelle:

- das Verteiler-Arbeiter-Modell,
- das Team-Modell,
- das Pipeline-Modell.

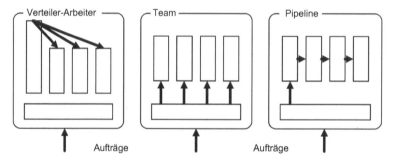

Bild 6.2 Organisationsmodelle für Threads nach Tanenbaum

Unterstützung der Organisationsmodelle nach Tanenbaum in Java

Beim Verteiler-Arbeiter-Modell versorgt ein Verteiler diverse Arbeiter mit Aufträgen. In Java bietet sich hierfür eine `BlockingQueue` an, vgl. Abschnitt 6.4.1. Der Verteiler stellt die Aufträge in diese Warteschlange, die Arbeiter entnehmen die Aufträge. Ab Java 8 können wir auch wie in Listing 6.3 parallele Streams verwenden.

Im Pipeline-Modell wickelt man eine Tätigkeit wie am Fließband in mehreren Stationen ab. Zur Übergabe von Teilergebnissen zwischen den einzelnen Stationen kann man jeweils eine `BlockingQueue` benutzen.

Im Team-Modell können alle Bearbeiter-Threads die Aufträge aus einer `BlockingQueue` holen. Sie können eine `CyclicBarrier` benutzen, um ihre Ergebnisse auszutauschen oder zu einem Ganzen zusammenzusetzen, wenn alle Teile fertig sind.

Mit Java 21 kann man für jeden der Bearbeiter einen virtuellen Thread anlegen. Java übernimmt die Zuordnung zu plattformspezifischen Threads.

6.2.2 Wettrennen

Jeder Thread wird für sich unabhängig von den anderen Threads ausgeführt. Dadurch kann ein Thread Daten überschreiben, die auch von dem anderen Thread geschrieben werden. Die dabei möglichen Fehler sind sporadischer Natur und lassen sich manchmal nur schwer reproduzieren. Dieses Problem kann bereits in den einfachsten Situationen – wie dem Erhöhen eines Zählers – auftreten, wie wir in Listing 6.3 beobachten mussten. Zur Analyse dieser Gefahr dient das folgende Programm mit einem Zähler, den zwei Threads simultan bearbeiten: Ein Thread erhöht den Zähler mit dem Anfangswert 0 um einen festen Wert `increment`, ein anderer senkt ihn um denselben Wert. Beide Threads führen ihre Operationen gleich oft aus. Damit sollten sich die Aktionen am Ende in der Summe ausgleichen, der Zähler müsste dann gleich 0 sein.

Listing 6.9 Wettrennen: +MAX – MAX wird nicht 0

```java
public class Wettrennen extends Thread {
  // Maximum für die Iteration
  public static final long MAX = 10000000;
  // Um +1 bzw. -1 weiterschalten
  private long increment = 0;

  // Festlegung des Wertes von increment. Ein Thread mit +1, einer mit -1
  public Wettrennen (long increment) {
    this.increment = increment;
  }

  // Erzeuge die Threads, Ablauf, Warten auf die Threads
  public static void main (String[] args) {
    Wettrennen thread1 = new Wettrennen(+1); //
    Wettrennen thread2 = new Wettrennen(-1);
```

```java
      long start = System.currentTimeMillis ();
      thread1.start();
      thread2.start();
      try {
        thread1.join ();
        thread2.join ();
      } catch (Exception e) {
      }
      System.out.printf ("zaehler: %10d nach %6d ms\n",
          zaehler, System.currentTimeMillis ()-start);
    }

    // Dies ist der Zähler, der von diversen Threads bearbeitet wird.
    static long zaehler=0;

    public void run() {
      zaehlenUnSynchronisiert();   // Unsynchronisiertes Zählen
    }

    // Unsynchronisiert geht es schnell, aber....
    public void zaehlenUnSynchronisiert () {
      for (long i = 0; i < MAX; i++) {
        zaehler = zaehler + increment;
      }
    }
  }
```

Listing 6.10 Ergebnisse mehrerer Probeläufe (hier zusammengefasst)

```
>java Wettrennen
zaehler:    6878436 nach    13 ms
zaehler:   -2096139 nach     8 ms
zaehler:    9991240 nach     1 ms
zaehler:    8679297 nach     1 ms
zaehler:   -4239998 nach     1 ms
```

Die Abläufe von zaehlenUnSynchronisiert() bringen kein einheitliches Ergebnis. Die Ergebnisse variieren von positiven bis zu negativen Zahlen. Eine ähnliche Erfahrung mussten wir bereits in Listing 6.3 machen.

Analyse des Problems

Um der Ursache dieser rätselhaften Abläufe auf die Spur zu kommen, disassemblieren wir das vom Compiler erzeugte Programm mit dem Java-Decompiler javap. Mit dem Aufruf javap -c Wettrennen erhält man den Java-Bytecode für das Programm. Für diese Analyse ist nur jener Teil relevant, der den Zähler verändert. Dies ist die Methode zaehlenUnSynchronisiert. Zur Erklärung der Anweisungen fügen wir Kommentare hinzu. Das Symbol → bezeichnet eine „Push"-Operation auf den Stack der Java-Virtual-Machine.

6.2 Grundlagen zu Threads

Listing 6.11 Disassemblierung der Zugriffe auf den Zähler

```
public void zaehlenUnSynchronisiert();
  Code:
   0: lconst_0          // Konstante 0 → Stack
   1: lstore_1          // Speichere den Stack bei i ab: i = 0
   2: goto 20           // Einstieg in die Schleife
   5: getstatic #19;    // zaehler → Stack
   8: aload_0           // this → Stack
   9: getfield #38;     // increment → Stack
  12: ladd              // zaehler+increment berechnen
  13: putstatic #19;    // Wert bei zaehler abspeichern
  16: lload_1           // i → Stack
  17: lconst_1          // 1 → Stack
  18: ladd              // Berechne i+1 auf dem Stack
  19: lstore_1          // Speichern bei i
  20: lload_1           // i → Stack
  21: ldc2_w #8;        // MAX = 100000000l → Stack
  24: lcmp              // Vergleiche i mit MAX
  25: iflt 5            // Falls i< MAX: goto 5
  28: return
```

Bild 6.3 zeigt einen denkbaren Ablauf. Thread2 unterbricht Thread1 in einem Moment, bei dem Thread1 den Zähler gelesen und erhöht, aber noch nicht zurückgeschrieben hat. Dann läuft Thread2 weiter und erhöht den Zähler in der Schleife. Danach überschreibt Thread1 die von Thread2 geänderten Werte! Dieselbe Unterbrechung kann beliebig oft eintreten. Übrigens: Wenn man den Zähler MAX auf kleine Werte setzt, kann man keine Fehler beobachten. Dies liegt daran, dass der Thread seine Arbeit im Rahmen seiner von Java zugeteilten Zeitscheibe abschließen kann und die in Bild 6.3 dargestellte Unterbrechung nicht auftritt.

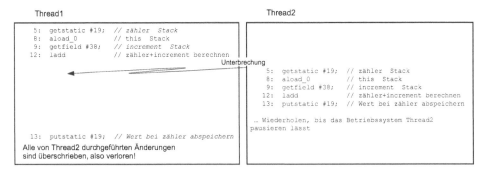

Bild 6.3 Folge des Wettrennens: überschriebene Daten

Atomare Aktionen

Nicht unterbrechbare Aktionen heißen atomar. Selbst das Schalten eines Zählers ist offensichtlich nicht atomar. Deswegen bietet Java spezielle Befehle zum atomaren Schalten von Zählern an, siehe Listing 6.14.

Lösung des Problems mit Synchronisierung

Die Methode ZaehlenSynchronisiert() enthält eine Verriegelung des kritischen Abschnitts, in dem die Variable zaehler gelesen und von jedem Thread intern bearbeitet wird. Der grau hinterlegte Bereich ist **synchronized**, d. h., er kann nur von einem Thread zu einem bestimmten Zeitpunkt betreten werden. Dieser Programmabschnitt liefert eine korrekte Lösung für einen Zähler.

Listing 6.12 Synchronisierter Zugriff auf einen Zähler

```java
// Dieses Objekt dient der Synchronisierung.
// Deswegen nützt es nur dann, wenn es von allen
// zu synchronisierenden Threads benutzt wird.
static Object o = new Object ();
// Synchronisierter Zugriff vgl. Abschnitt 2.3
public void zaehlenSynchronisiert () {
  for (long i = 0; i < MAX; i++) {
    synchronized (o) {
      zaehler = zaehler + increment;
    }
  }
}
```

Listing 6.13 Probeläufe (zusammengefasst)

```
>java Wettrennen
zaehler:        0 nach    101 ms
zaehler:        0 nach     79 ms
zaehler:        0 nach     76 ms
zaehler:        0 nach     66 ms
zaehler:        0 nach     90 ms
```

Interpretation des Ergebnisses

Bei diesen Probeläufen tritt wie erwartet kein Fehler auf. Allerdings dürfte diese Tatsache allein nicht als Beweis für die Korrektheit des Programms herangezogen werden. Ein Programmlauf kann höchstens die Anwesenheit von Fehlern zeigen, nicht aber deren Abwesenheit. Die synchronisierte Variante benötigt wesentlich mehr Zeit als die nicht synchronisierte.

Atomare Operationen in Java

Das obige Beispiel beweist, dass nicht einmal das Inkrementieren einer Zahl problemlos ist, wenn mehrere Threads miteinander konkurrieren. Zur Lösung dieses Problems führte Java unteilbare Zugriffe mit den sog. *Atomic Variables* ein. Mit den Operationen decrementAndGet() sowie incrementAndGet() der Klasse AtomicLong im Package java.util.concurrent.atomic kann man den Zähler Thread-sicher implementieren, ohne die Sperrmechanismen von Java zu benutzen. Als Beispiele dienen Listing 6.5 sowie Listing 6.14.

Listing 6.14 Sichere Zähler mit atomaren Operationen

```
import java.util.concurrent.atomic.AtomicLong;
...
  static AtomicLong atomicZaehler = new AtomicLong(0);
  // Wir arbeiten mit unteilbaren Aktionen:
  public void zaehlenMitAtomicVariablen () {
    for (long i = 0; i < MAX; i++) {
      atomicZaehler.addAndGet (increment);
    }
  }
```

Listing 6.15 Probeläufe mit AtomicLong (zusammengefasst)

```
>java Wettrennen
zaehler:         0 nach    190 ms
zaehler:         0 nach    197 ms
zaehler:         0 nach    191 ms
zaehler:         0 nach    159 ms
zaehler:         0 nach    198 ms
```

Interpretation der Ergebnisse

Die Klassen für atomare Operationen sind korrekte Lösungen des Zähler-Problems.

6.2.3 Zustände von Threads

Threads haben verschiedene Zustände, die sie zum Teil selbst beeinflussen. In der folgenden Darstellung sind die Zustände WAITING und TIMED_WAITING zum Zustand „wartend" zusammengefasst.

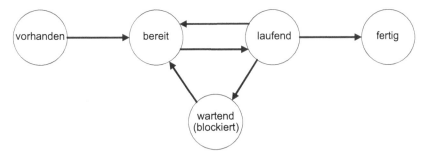

Bild 6.4 Zustände von Threads und ihre Übergänge

Tabelle 6.7 Beschreibung der Zustände

Zustand	Beschreibung
vorhanden	Das Thread-Objekt wurde mit **new** erzeugt.
bereit	Der Thread ist ablaufbereit. Die Ablaufsteuerung hat aber alle CPUs des Systems an andere Threads vergeben.
laufend	Der Thread läuft auf einer der CPUs des Systems.
wartend[5]	Dem Thread fehlen Betriebsmittel, z. B. der Ablauf einer Frist (per sleep() schlafen gelegt) oder ein Signal eines anderen Threads.
fertig	Der Thread hat den Ausgang seiner run()-Methode erreicht.

Tabelle 6.8 Beschreibung der Zustandsübergänge

Übergänge	Beschreibung
vorhanden → bereit	Der start()-Aufruf führt zur Aktivierung des Threads.
bereit → laufend	Die Ablaufsteuerung teilt dem Thread eine CPU zu.
laufend → wartend	Der Thread hat sich selbst per sleep() oder wait() schlafen gelegt. Dies kann auch im Aufruf einer Bibliotheksmethode erfolgen.
laufend → bereit	Die Ablaufsteuerung entzieht dem Thread die CPU. Dies kann z. B. nach einem yield()-Aufruf des Threads erfolgen, aber auch aus anderen Gründen (z. B. Ablauf einer Zeitscheibe).
laufend → fertig	Ein Thread hat das Ende seiner run()-Methode erreicht.
wartend → bereit	Ein Ereignis für den Thread ist eingetroffen. Dies kann auch eine Unterbrechung sein, die von einem anderen Thread ausgelöst wurde.

Unterbrechungen eines Threads

Ein Thread kann von anderen Threads unterbrochen werden. Zur Information erhält er eine Programmausnahme: InterruptedException bzw. ClosedByInterruptException.

---

[5] Zur Vereinfachung sind hier die Zustände WAITING und TIMED_WAITING zusammengefasst.

6.3 Monitore in Java

Bei Programmen mit mehreren Threads müssen die Aktivitäten der einzelnen Threads aufeinander abgestimmt werden. Wettrennen wie in Listing 6.9 zwischen den einzelnen Threads, die zu Inkonsistenzen im Datenbereich führen können, müssen vermieden werden. Hierzu gibt es in der Informatik verschiedene, von der Leistungsfähigkeit her gleichwertige Ansätze. In der Praxis zeigen sich besonders starke Unterschiede der einzelnen Ideen im Hinblick auf die einfache Entwicklung korrekter Programme. Die Diskussion in der Literatur zeigt die Vorteile des Konzepts der Monitore nach Vorschlägen von C. A. Hoare und P. B. Hansen gerade unter diesem Aspekt [Tane02].

6.3.1 Grundlagen des Monitorkonzepts in Java

Ein Monitor in Java besteht aus

- Daten, die nur von Zugriffsroutinen aus bearbeitet werden können;
- Zugriffsroutinen;
- genau definierten Zugängen[6] für Threads zum Monitor;
- sog. *Condition*-Variablen.

Zugänge zum Monitor sind ausschließlich über die definierten Zugangsroutinen möglich. Zu einem Zeitpunkt kann maximal ein Thread in einem Monitor sein. Damit werden Wettrennen zwischen Threads von Haus aus unterbunden. Die *Condition*-Variablen dienen zum Warten auf das Eintreten von Ereignissen und zum Benachrichtigen von Prozessen.

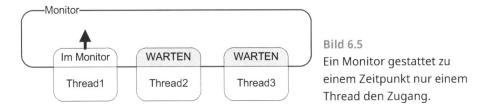

Bild 6.5
Ein Monitor gestattet zu einem Zeitpunkt nur einem Thread den Zugang.

---

[6] Spezielle Methoden

6.3.2 Anwendung der Monitore in Java

Java ist eine objektorientierte Sprache, deswegen sind Monitore in Java mit dem Konzept der Objekte verbunden. Wenn in einer Klasse eine Methode mit dem Modifizierer **synchronized** angegeben ist, erzeugt das Java-Laufzeitsystem für jedes Objekt der Klasse einen einzigen damit verbundenen Monitor. Wenn ein Thread namens x auf dieses Objekt über eine der **synchronized**-Methoden zugreift, müssen die anderen Threads, die eine dieser Methoden aufrufen, auf das Verlassen des Monitors durch den Thread x warten.

Tabelle 6.9 Mit synchronized verhindern Sie inkonsistente Daten.

Falsch	Richtig

`class Punkt {`
`private float x, y;`
`... Konstruktoren`
 	
`void setzePunkt(float x, float y){`
`  this.x = x; // Unterbrechung(*)`
`  this.y = y;`
`}`
`Punkt liesPunkt () {`
`  return new Punkt (x, y);`
`}`
`}`
	`class Punkt {`
	`private float x, y;`
	`... Konstruktoren ...`
	
	`Synchronized`
	`void setzePunkt(float x, float y){`
	`  this.x = x;`
	`  this.y = y;`
	`}`
	
	`synchronized Punkt liesPunkt () {`
	`  return new Punkt (x, y);`
	`}`
	`}`

Durch eine Unterbrechung eines Threads, der gerade die Methode liesPunkt an der gekennzeichneten Stelle (*) ausführt, durch einen anderen Thread, der die Methode setzePunkt ausführt, könnte der Fall eintreten, dass die Methode liesPunkt die alte x-Koordinate und die neue y-Koordinate liefert (vgl. Abschnitt 6.2.2).	Wenn die Zugriffsmethoden mit dem Schlüsselwort **synchronized** versehen sind, kann zu einem Zeitpunkt nur eine der **synchronized**-Methoden aufgerufen werden. Falls derjenige Thread, der die Daten ausliest, unterbrochen und ein zweiter Thread mit Schreibzugriffen aktiv wird, muss der zweite Thread warten, bis der erste (der Leser) den Monitor verlassen hat.

Wichtig

1. In Tabelle 6.9 benutzen wir synchronisierte Methoden. Stattdessen könnten wir auch wie in Listing 6.12 mit dem Objekt o die einzelnen Zugriffe auf ein Punkt-Objekt synchronisieren. Dabei dürfen wir aber keinen der Zugriffe übersehen.

2. Java-Monitore sind reentrant. Ein Thread, der im Monitor ist, blockiert sich selbst nicht dadurch, dass er eine andere synchronisierte Methode desselben Monitors aufruft. Dies erleichtert die Entwicklung von Software erheblich. Andernfalls müsste man jeden Aufruf einer Methode daraufhin untersuchen, ob er direkt oder indirekt zu einer Blockade des Monitors führen könnte.

3. Die Gefahr der Verfälschung von Daten droht nicht nur bei mehreren Java-Anweisungen, sondern auch bei einzelnen Anweisungen wie etwa Zähler++, vgl. Abschnitt 6.2.2.

Warten auf Ereignisse mit Monitoren

Wenn ein Thread zur Bildschirmanzeige auf Daten warten muss, die ein anderer Thread über das Internet heranholt, dann muss der erste Thread auf ein Ereignis des zweiten Threads warten. Wenn der erste Thread dieses „Warten" in Form von aktivem Warten dadurch implementiert, dass er in einer Schleife ständig abfragt, ob die Daten bereit sind, wird unnötig CPU verbraucht, die für andere Aufgaben am Rechner fehlt. Außerdem könnte ein Thread niedriger Priorität daran gehindert werden, die Tätigkeit zu verrichten, auf deren Ende gewartet wird. Für dieses „Warten" dient in Java der wait()-Aufruf. Er sorgt dafür, dass dem aufrufenden Thread die CPU entzogen wird. Der Thread geht, wie in Bild 6.4 dargestellt und in Tabelle 6.7 und Tabelle 6.8 beschrieben, vom Zustand *laufend* in den Zustand *wartend* über. Er wird „schlafen gelegt" und verbraucht danach keine CPU-Zeit mehr. Der Thread verlässt auf diesem Weg sofort den Monitor, sonst wäre dieser für den Zugang anderer Threads blockiert.

Wenn der zweite Thread die Daten geholt oder wenigstens einen brauchbaren Teil davon beschafft hat, muss der erste wieder „aufgeweckt" werden. Außerdem müssen die Daten übergeben werden. Dieses Problem löst man in Java mit folgenden Aufrufen:

```
notify ();    // Benachrichtige einen wartenden Thread
notifyAll (); // Benachrichtige ALLE wartenden Threads
```

Diese Aufrufe kann man nur aus einem Monitor heraus absetzen. Die Benachrichtigung gilt dann für Threads, die an eben diesem Monitor per wait() schlafen gelegt wurden. Der notify()-Aufruf befreit *einen* der per wait() schlafen gelegten Threads. Der Thread muss aber bei dem in Java implementierten Konzept der Monitore noch auf Zugang zum Monitor warten, denn der andere Thread verlässt infolge seines Aufrufs zur Benachrichtigung den Monitor keineswegs sofort. Außerdem könnte ein anderer Thread vor dem mit notify() aktivierten Thread Zugang zum Monitor erhalten.

notify und notifyAll

Ein aus seinem wait() „befreiter" Thread muss die Bedingung, die die Ursache für sein Warten ist, wieder überprüfen, denn ein anderer Thread könnte inzwischen (nicht gleichzeitig, aber vorher!) im Monitor gewesen sein und z. B. die

Daten abgeholt haben. Der tatsächliche Empfänger würde aber nicht mehr aufgeweckt. Deswegen sollte man wartende Threads immer mit `notifyAll` benachrichtigen, außer nach einer sorgfältigen Analyse ist klar, dass genau der richtige Thread aufgeweckt wird.

6.3.3 Die passiert-vor-Relation

Das gemeinsame Bearbeiten eines Zählers in verschiedenen Threads liefert nichtdeterministische Ergebnisse. Die Nebenläufigkeit erfordert offensichtlich neue Regeln für die Verzahnung von Speicherzugriffen in verschiedenen Threads. Die „*happens-before*-Relation", welche im Java-Speichermodell in [GJSBB23, Abschnitt 17.4, ab S. 761] beschrieben ist, definiert die Regeln für Programme mit Nebenläufigkeit. Damit haben wir Kriterien zur Hand, um Wettrennen wie in Abschnitt 6.1.1 bzw. Abschnitt 6.1.2 zwischen den Beteiligten auszuschließen.

Wenn zwei Aktionen x und y in der *happens-before*-Relation $hb(x, y)$ stehen, dann ist die erste Aktion x sichtbar für die zweite Aktion y. Es gelten folgende Regeln.

1. Programmordnung: Werden x und y innerhalb eines Threads ausgeführt und x kommt vor y in der Programmordnung, so gilt auch x *happens-before* y.

2. Monitor: Das Freigeben eines Monitors *happens-before* jedem nachfolgendem Sperren des Monitors.

3. volatile: Ein Schreibvorgang auf ein **volatile**-Feld *happens-before* einem nachfolgenden Lesen.

4. start und join: Der `start`-Aufruf an einen Thread *happens-before* jeder Aktion im Thread. Jede Aktion in einem Thread *happens-before* einem erfolgreichen `join` auf den Thread.

5. Default-Initialisierung: Die Default-Initialisierung eines Objekts *happens-before* jeder anderen Aktion auf das Objekt.

6. Transitiv: aus $hb(x,y)$ und $hb(y,z)$ folgt $hb(x,z)$.

Folgerungen

Nach 1) ist die *happens-before*-Relation eine Verallgemeinerung der Programmordnung für nebenläufige Aktivitäten.

Wenn ein Thread a einen Thread b startet, so gilt für alle Aktionen x, die im Thread a vor dem Start stattgefunden haben und alle Aktionen y im Thread b: x *happens-before* y.

Wenn sich zwischen zwei Aktionen keine *happens-before*-Relation herstellen lässt, kann man Wettrennen nicht ausschließen. Das Programm könnte sich nicht-deterministisch verhalten, wie in Listing 6.3. Dort laufen zwei Threads parallel, ohne dass man eine *happens-before*-Relation zwischen den Beteiligten herstellen kann, denn die Thread werden parallel gestartet, ohne dass man vor dem Start des zweiten Threads auf das Ende des ersten Threads wartet.

6.4 Anwendungsfälle

Aus den vielen Problemen im Bereich der Nebenläufigkeit kristallisieren sich einige Situationen heraus, die immer wieder auftreten:

- lang laufende Aktivitäten in grafischen Benutzungsoberflächen,
- Erzeuger und Verbraucher von Informationen,
- Leser und Schreiber,
- Semaphoren.

In diesem Abschnitt möchten wir Sie auf die prinzipiellen Möglichkeiten hinweisen und einige klassische Spezialfälle vertiefen. Sie finden alle Programme bei den Begleitunterlagen zu diesem Buch.

6.4.1 Lang laufende Aktivitäten in Benutzungsoberflächen

Problemstellung

In Kapitel 7 lernen wir Swing als grafische Benutzungsoberfläche (Graphical User Interface, GUI) kennen. Swing ist wie die meisten grafischen Benutzungsoberflächen nicht Thread-sicher. Deswegen gibt es einen besonderen Thread, der für die Bearbeitung der Daten der Benutzungsoberflächen zuständig ist, den sog. GUI- bzw. Event-Thread. Um Probleme wie in Listing 6.2 bzw. Listing 6.9 zu vermeiden, darf man auf Elemente der GUI nur in diesem Thread zugreifen. Wenn man aber in diesem Thread eine lang laufende Aktivität durchführt, so reagiert die GUI nicht auf Eingaben des Anwenders, wie z.B. den Wunsch auf Abbruch eines doch nicht so gewollten Vorgangs. Deswegen möchte man die lang laufende Aktivität in einem anderen Thread als dem GUI-Thread laufen lassen. Leider kann man aber die Ergebnisse nur im GUI-Thread in der GUI anzeigen. So müsste also dieser andere Thread den GUI-Thread benachrichtigen, dass er mit seiner Arbeit fertig ist. Zur Lösung dieses Problems dient die Klasse SwingWorker<T,V>. Dabei ist T der Typ für das Ergebnis einer Hintergrundoperation, welches mit der get()-Methode abgeholt werden kann. V ist der Typ für Zwischenergebnisse, die man gleich verarbeitet oder evtl. in einer Fortschrittsanzeige präsentiert. Wir starten einen SwingWorker mit dem execute()-Aufruf.

Listing 6.16 Anwendung der Klasse SwingWorker

```java
private static class Aktivitaet extends SwingWorker<T, V> {

  @Override
  public T doInBackground() {
    // Läuft im Hintergrundthread: Evtl. publish(Zwischenergebnis);
  }

  @Override
  protected void process(List<V> chunks) {
    // Läuft im GUI-Thread: Evtl. Zwischenergebnisse präsentieren
  }

  @Override
  protected void done() {
    // Läuft im GUI-Thread: Verarbeiten des Endergebnisses
    // kann mit get() vom SwingWorker geholt werden
  }
}
```

Methode doInBackground: läuft im Hintergrund-Thread

Als lang laufende Aktivität lassen wir einen Thread in einer Schleife zufällig gewählte Zeitintervalle per `sleep(millisec)` warten. Wenn der Thread aufwacht, signalisiert er mit `publish(...)` einen Fortschritt.

Methoden process (...) done(): laufen im GUI-Thread

Die Methode `process` schaltet eine Fortschrittsanzeige. Die Methode `done` zeigt an, dass ein Endergebnis vorliegt.

Zum Aufbau der Anwendung

Zum Verständnis der Arbeitsweise grafischer Benutzungsoberfläche siehe Kapitel 7. Die GUI enthält zwei Schalter zum Starten bzw. Anhalten der lang laufenden Aktivität. Die GUI zeigt den Fortschritt der Aktivität an. Außerdem signalisiert die GUI, wenn das Ziel erreicht ist.

Listing 6.17 Eine lang laufende Aktivität mit Fortschrittsanzeige

```java
class Langlaeufer extends JFrame {
  // Verwaltung der Fortschrittsanzeige am Bildschirm
  private static class Anzeige extends JPanel {
    public final static int      LEN = 100;
    private final JProgressBar   progressBar;
    private final JLabel         status;

    public Anzeige() {
      super(new FlowLayout(FlowLayout.LEFT));
      progressBar = new JProgressBar(0, LEN);
      progressBar.setValue(0);
      progressBar.setStringPainted(true);
```

```java
      add(progressBar);
      status = new JLabel("");
      add(status);
    }

    public void setProgress(int i) {
      progressBar.setValue(i);
    }

    public void setStatus(String text) {
      status.setText(text);
    }
  }
}

private final JButton start;
private final JButton stop;
private Aktivitaet aktivitaet;
private Anzeige anzeige;

private void setStatus (boolean an) {
  start.setEnabled(an);
  stop.setEnabled(!an);
  if (an)
    anzeige.setStatus("bereit");
  else
    anzeige.setStatus("läuft...");
}

public Langlaeufer() {
  super("Threads unter Swing");
  setDefaultCloseOperation(JFrame.EXIT_ON_CLOSE);
  start = new JButton("Starte den Thread...");
  stop = new JButton("Stop den Thread");
  JToolBar tb = new JToolBar();
  tb.add(start);
  tb.add(stop);
  add(tb, BorderLayout.NORTH);
  anzeige = new Anzeige();
  add(anzeige, BorderLayout.CENTER);
  setStatus (true);

  start.addActionListener(event -> {
    // Starte die Aktivität im Hintergrund
    aktivitaet = new Aktivitaet(anzeige, this);
    setStatus (false);
    aktivitaet.execute();
  });
  stop.addActionListener(event -> {
    //
    setStatus (true);
    aktivitaet.cancel(true);
  });

  setSize(400, 400);
  setVisible(true);
}
```

```java
  public static void main(String[] args) {
    SwingUtilities.invokeLater(() -> new Langlaeufer());
  }
  private static class Aktivitaet extends SwingWorker<Integer, Integer> {
    private final Anzeige    anzeige;
    private final Langlaeufer frame;

    public Aktivitaet(Anzeige anzeige, Langlaeufer frame) {
      this.anzeige = anzeige;
      this.frame = frame;
    }
    // Hintergrundaktivität: Kein Zugriff auf GUI sinnvoll!!
    @Override
    public Integer doInBackground() {
      for (int i = 0; i <= Anzeige.LEN; i++) {
        try {
          Thread.sleep((int) (Math.random() * 100));
        } catch (InterruptedException e) {
          return i;
        }
        publish(i);
      }
      return Anzeige.LEN;
    }

    // Läuft im GUI-Thread. Kann z.B. eine Fortschrittsanzeige schalten
    @Override
    protected void process(List<Integer> chunks) {
      int i = chunks.get(chunks.size() - 1);
      anzeige.setProgress(i);
    }

    // Die Aktivität ist fertig. Das Ergebnis könnten wir mit get() auslesen
    @Override
    protected void done() {
      frame.setStatus (true);
    }
  }
}
```

6.4.2 Erzeuger-Verbraucher-Kopplung

Ein Klassiker der nebenläufigen Programmierung ist der sog. Tandem-Puffer. Er besteht aus zwei Datenbereichen. Während der eine Bereich gerade gefüllt wird, wird der andere Bereich geleert. Wenn der Füllvorgang ungefähr so lange dauert wie der Vorgang des Entleerens, kann man die Verarbeitungsgeschwindigkeit gegenüber der rein sequenziellen Verarbeitung fast verdoppeln. Dies ist ein Spezialfall der Erzeuger-Verbraucher-Kopplung. Die Gruppe der Erzeuger erzeugt Daten asynchron zu den Verbrauchern. Dieses Problem bezeichnet man als Erzeuger-Verbraucher-Kopplung mit beschränktem Puffer. Im Falle des Tandem-Puffers hätte man zwei Puffer.

6.4 Anwendungsfälle

Lösung mit BlockingQueue und ArrayBlockingQueue

Der Erzeuger stellt mit put jeweils ein Integer-Objekt in den Puffer, der Verbraucher entnimmt jeweils ein Objekt mit take. Der Puffer ist als ArrayBlockingQueue implementiert. Erzeuger und Verbraucher synchronisieren sich an dem Puffer. Diese Klasse sorgt konkret für die Koordination zwischen Erzeuger und Verbraucher.

- Blockieren des Erzeugers, wenn kein Platz mehr da ist,
- Aufwecken des Erzeugers, wenn wieder Platz da ist,
- Blockieren des Verbrauchers, wenn kein Objekt da ist,
- Aufwecken des Verbrauchers, wenn wieder ein Objekt da ist.

Listing 6.18 Die Erzeuger-Verbraucher-Kopplung mit einer ArrayBlockingQueue

```java
// Einschränkung : Der Verbraucher wartet ewig, falls der Erzeuger nichts mehr liefert.

// Der Erzeuger erzeugt in einer Schleife Daten und schreibt sie in den Puffer
class Erzeuger extends Thread {
  private final BlockingQueue<Integer> puffer;
  private static volatile int threadNo = 0;
  public Erzeuger(String name, BlockingQueue<Integer> puffer) {
    super(name+threadNo++);
    this.puffer = puffer;
  }

  @Override
  public void run() {
    for (int i = 0; i < 5; i++) {
      try {
        puffer.put(i);
        // Nur als Ersatz für eine Aktion.
        // Ansonsten ist sleep bei gehaltener Sperre bedenklich.
        sleep(Math.round(100.0 * Math.random()));
      } catch (InterruptedException e) {
        e.printStackTrace(System.err);
      }
    }
  }
}

// Der Verbraucher holt Daten aus dem Puffer
class Verbraucher extends Thread {

  private static volatile int threadNo;
  private final BlockingQueue<Integer> puffer;

  public Verbraucher(String name, BlockingQueue<Integer> puffer) {
    super(name + threadNo++);
    this.puffer = puffer;
  }

  @Override
  public void run() {
    try {
```

```
      while (true) {
        System.out.printf("%s erhielt %d\n", this, puffer.take());
        // Nur als Ersatz für eine Aktion.
        // Ansonsten ist sleep bei gehaltener Sperre bedenklich.
        sleep(Math.round(100.0 * Math.random()));
      }
    } catch (InterruptedException e) {
      e.printStackTrace(System.err);
    }
  }
}

// Starte Erzeuger und Verbraucher : Ein Testrahmen
public class ErzeugerVerbraucher {
  private final static int VERBRAUCHER = 3;
  private final static int ERZEUGER    = 4;

  static public void main(String[] args) {
    BlockingQueue<Integer> puffer = new ArrayBlockingQueue<>(100);
    for (int i = 0; i < ERZEUGER; i++)
      new Erzeuger("Erzeuger", puffer).start();
    for (int i = 0; i < VERBRAUCHER; i++)
      new Verbraucher("Verbraucher", puffer).start();
  }
}
```

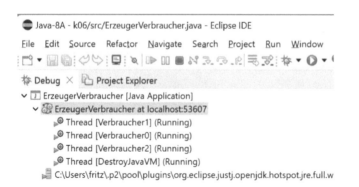

Bild 6.6 Anzeige der laufenden Threads bei Programmende

Die Verwaltung des Monitors benachrichtigt den Verbraucher nicht, wenn kein Erzeuger vorhanden ist (bzw. wenn sich der letzte Erzeuger beendet hat). Auch der Erzeuger wird nicht informiert, wenn kein Verbraucher zur Abnahme der Objekte vorhanden ist. Die obige Ausgabe zeigt den Zustand zweier Verbraucher-Threads nach Beendigung des Erzeuger-Threads. Unser Hauptprogramm muss mithilfe des roten Schalters im Bild oder über das Betriebssystem z. B. mit **Strg+C** abgebrochen werden.

6.4.3 Leser-Schreiber-Problem

Listing 6.12 zeigt, welche Inkonsistenzen bei Daten auftreten können, wenn gleichzeitig mehrere Threads die Daten bearbeiten. Wenn die Daten nur gelesen würden, gäbe es kein Problem. Wenn nur ein einziger Thread schreibt, können Inkonsistenzen bei den Daten entstehen. Ein Leser sperrt bei dieser Lösung mithilfe eines Monitors nicht nur Schreiber aus, sondern auch alle anderen Leser. Weil die Leser keine Daten verändern, müssen Leser keine anderen Leser aussperren. Aber Leser bzw. Schreiber dürfen keinen Schreiber zulassen.

Vorgaben für eine Lösung

Threads müssen ihren Zugang zu dem zu verwaltenden Gebiet („kritisches Gebiet") mit Zugangsroutinen anmelden. Ein Schreiber sperrt alle Leser und Schreiber aus, bis er das kritische Gebiet verlassen hat. Ein Leser sperrt hingegen nur Schreiber aus. Falls ein Schreiber wartet, kann man weitere Leser zulassen. Dies könnte dazu führen, dass Schreiber beliebig lange auf Zugang warten müssen. Deswegen bietet `ReentrantReadWriteLock` auch einen fairen Modus, bei dem jeder Thread nach einer bestimmten Zeit das kritische Gebiet betreten darf.

Sie finden das Programm bei den Begleitunterlagen zum Buch, die Ihnen digital zur Verfügung stehen.

Gehen Sie dazu einfach auf

plus.hanser-fachbuch.de

und geben Sie dort diesen Code ein:

```
plus-25rct-B4vaP
```

6.4.4 Semaphoren

Weithin bekannt ist das auf E. W. Dijkstra [Tane94] zurückgehende Konzept der Semaphoren, einer Art von Flaggen zur Regelung des Zugangs zu kritischen Gebieten.

Ein Semaphor ist als abstrakte Datenstruktur definiert. Sie enthält als Zähler eine ganze Zahl sowie zwei Routinen **P** und **V**. Die Operationen **P** und **V** bestehen intern aus mehreren Schritten, die jedoch als unteilbare bzw. atomare Aktion ablaufen müssen. Nimmt der Zähler im Semaphor nur die Werte 1 oder 0 an, so spricht man von einem *binären Semaphor*. Eine **P-Operation** testet den Zähler. Ist der Wert gleich 0, wird der aufrufende Thread blockiert. Ist der Wert größer als 0, wird der Wert um 1 verringert und die **P-Operation** kehrt unmittelbar zum aufrufenden Programm zurück. Eine **V-Operation** inkrementiert den Zähler. Falls mindestens ein Thread infolge einer **P-Operation** blockiert war, wird einer der blockierten Threads wieder ablaufbereit.

Die Klasse java.util.concurrent.Semaphore hat zwei Konstruktoren:

```
Semaphore(int permits); // permits = Anfangswert des Zählers
Semaphore (int permits, boolean fair);
```

Mit dem zweiten Konstruktor lassen sich Semaphoren mit „fairem" Zugang erzeugen. Setzt man den Parameter fair auf **true**, erhält bei so konstruierten Semaphoren der am längsten wartende Thread den Zugang.

Die **P-Operation** heißt in Java **void** acquire() bzw. **void** acquire(**int** permits). Die zweite Form der **P-Operation** testet den Zähler, ob noch die angeforderte Anzahl „permits" zur Verfügung steht. Wenn ja, wird der Zähler um diesen Wert verringert. Ist dies nicht der Fall, muss der aufrufende Thread warten, bis die angeforderte Anzahl „permits" vorhanden ist. Wenn eine Anwendung nicht blockieren darf, kann man **boolean** tryAcquire () bzw. **boolean** tryAcquire(**int** permits) einsetzen. Diese Aufrufe kehren mit **false** zurück, falls die **P-Operation** keinen Zugang erhalten hätte und somit zur Blockade des Threads geführt hätte.

Die **V-Operation** wird in Java als **void** release() bzw. **void** release (**int** permits) geschrieben. release () erhöht den Zähler um 1, release (permits) erhöht den Zähler um den angegebenen Wert.

Das folgende Beispiel zeigt grau hinterlegt ein „kritisches" Gebiet. Mehrere Threads bemühen sich um Zugang. Das in main definierte binäre Semaphor mutex mit Anfangswert 1 regelt den Zugang. „Betreten" des kritischen Gebiets erfolgt über mutex.aquire(), „Verlassen" mit dem Aufruf mutex.release().

Listing 6.19 Semaphoren mit Java

```java
// Die klassischen Semaphoren in Java.
class TestThread extends Thread {
  private Semaphore mutex;

  public TestThread (Semaphore mutex) {
    this.mutex = mutex;
  }

  public void run () {
    try {
      for (int i = 0; i < 5; i++) {
        mutex.acquire ();
        System.out.printf ("Semaphore belegt durch %s\n", this);
        sleep (Math.round (1000*Math.random ()));
        System.out.printf ("Semaphore gleich frei durch %s\n", this);
        mutex.release ();
        sleep (Math.round (100*Math.random ()));
      }
    } catch (InterruptedException e) {
      e.printStackTrace (System.err);
      System.exit (1);
    }
  }
}
```

```java
public class SemaphorenDemo extends Thread {
  static public void main (String[] args) throws InterruptedException {
    Semaphore mutex;
    mutex  = new Semaphore (1); // Binäre Semaphore
    Thread threads[] = new Thread[3];
    for (int i = 0; i < threads.length; i++)
      threads[i] = new TestThread (mutex);
    for (Thread t: threads)
      t.start ();
    for (Thread t: threads)
      t.join ();
    System.out.printf ("Alle Threads sind beendet\n");
  }
}
```

6.4.5 Verklemmungen und die fünf Philosophen

Das Problem der Verklemmung („Deadlock") tritt bei einer Gruppe von mindestens zwei Prozessen auf, von denen jeder auf ein Signal eines anderen Prozesses aus der Gruppe wartet. Dieses aus dem Alltag bekannte Phänomen gibt es auch in der Informatik. Wir führen es hier anhand des Problems der speisenden fünf Philosophen ein. Ausgehend von der Theorie der Informatik zu diesem Thema entwickeln wir eine Strategie zur Vermeidung von Verklemmungen.

Die fünf Philosophen

1965 stellte Dijkstra das Synchronisationsproblem der fünf Philosophen vor. Fünf Philosophen sitzen um einen Tisch. Jeder Philosoph hat einen Teller mit Essen vor sich sowie eine Gabel daneben. Jeder Philosoph benötigt zum Essen zwei Gabeln: eine Gabel auf seiner linken und eine Gabel auf seiner rechten Seite. Jeder Philosoph durchläuft verschiedene Phasen. Zunächst denkt jeder Philosoph, danach wird er hungrig und versucht, die zum Essen benötigten beiden Gabeln zu bekommen. Wenn er die beiden Gabeln hat, beginnt er zu essen. Nach der Mahlzeit legt der Philosoph die Gabeln wieder zurück und der Zyklus Denken-Hunger-Essen beginnt wieder von vorne [Tane94, S. 69].

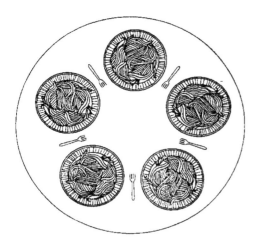

Bild 6.7
Die fünf Philosophen sitzen vor dem gedeckten Tisch.

Gesucht ist ein Verfahren zur Synchronisierung der konkurrierenden Zugriffe auf die Gabeln, bei dem maximale Parallelität herrscht und sichergestellt ist, dass kein Philosoph verhungert. Dazu nummerieren wir die Philosophen: 0, 1, 2, 3, 4. Als erster Ansatz bietet sich das folgende einfache, aber leider falsche Programm in Listing 6.20 an.

Listing 6.20 Fünf Philosophen: falscher Ansatz

```
void Philosopher(int i){
  while (true) {
    think ();     // Denken : Zufaellige Dauer
    take (LEFT);  // linke Gabel nehmen
    take (RIGHT); // rechte Gabel nehmen
    // Der Philosoph hat zwei Gabeln
    eat ();       // Essen : Zufaellige Dauer
    put (LEFT);   // linke Gabel zuruecklegen
    put (RIGHT);  // rechte Gabel zuruecklegen
  }
}
```

Problem

Ein Szenario ist denkbar, wonach jeder Philosoph die Gabel zu seiner Linken ergreift. Somit gibt es für keinen der fünf Philosophen einen Zugriff auf die Gabel zu seiner Rechten: Jeder Philosoph hat eine Gabel und wartet darauf, dass ein anderer Philosoph isst und seine Gabel danach wieder zurücklegt.

Maßnahmen gegen Verklemmungen

Nach Coffman und anderen (vgl. [Tane02, S. 181]) gibt es Verklemmungen nur dann, wenn vier Bedingungen gleichzeitig erfüllt sind:

Exklusive Belegung	Betriebsmittel werden entweder von genau einem Thread belegt oder sind frei.
Belegen und Warten	Threads belegen Betriebsmittel und warten während der Belegung auf die Zuteilung weiterer Betriebsmittel.
Kein erzwungenes Freigeben	Betriebsmittel können nicht entzogen, sondern müssen von den Threads zurückgegeben werden.
Zyklische Wartebedingung	Es gibt eine Kette aus zwei oder mehr Threads, wobei jeder Thread auf ein von einem anderen Thread der Kette belegtes Betriebsmittel wartet.

Bei dem o. a. Beispiel der fünf Philosophen treffen alle diese Umstände zusammen.

Lösungsvorschlag

In Java steht der Komfort der Monitore zur Verfügung. In einem Monitor kann man frei von allen Problemen der Synchronisierung Abfragen formulieren, denn das Java-Laufzeitsystem schützt das Programm vor unliebsamen Unterbrechungen durch andere Threads. Es bietet sich an, das sog. „Belegen und Warten" zu vermeiden. So sollte jeder Philosoph auf zwei Gabeln warten: die zu seiner Linken und die andere zu seiner Rechten. Er darf aber keine Gabel nehmen, solange er nur eine Gabel erhält. Erst wenn er beide Gabeln erhält, kann er essen. Danach werden die Gabeln wieder zurückgelegt und der Kreislauf im Leben des Philosophen beginnt wieder von vorn. Bei dieser Lösung besteht die Gefahr, dass ein Philosoph kein Essen erhält. Der Fall könnte dann eintreten, wenn er zwei „ständig hungrige" Nachbarn hat.

 Sie finden das Programm bei den Begleitunterlagen zum Buch, die Ihnen digital zur Verfügung stehen.

Gehen Sie dazu einfach auf

plus.hanser-fachbuch.de

und geben Sie dort diesen Code ein:

```
plus-25rct-B4vaP
```

6.4.6 Animationen

In Kapitel 7 dieses Buchs lernen wir, wie man Zeichnungen am Bildschirm anzeigt. Jede Grafik ist für sich statisch und ändert sich nicht. Einfache Animationen bestehen aus Folgen von Bildern, die abwechselnd auf der Grafikfläche erscheinen. Will man die Folge der Bilder abspielen, muss man das automatische Weiterschalten gewährleisten. Dies könnte ein Thread übernehmen, der den periodischen Neuaufbau des Bilds initiiert. In Kapitel 7 in Bild 7.4 sehen wir, dass für die Grafik ein spezieller Thread, der sog. Event-Thread, zuständig ist. Wenn wir einen zweiten Thread laufen lassen, müssen wir bei Schreibvorgängen sofort mit den Konflikten rechnen, die das Programm aus Listing 6.9 sogar für den einfachen Fall eines Zählers zeigt. Als Lösung bietet es sich an, die repaint()-Methode der entsprechenden Grafikkomponente aufzurufen. Diese wird dann den Auftrag zum Zeichnen nicht direkt ausführen, sondern in die Warteschlange der Ereignisse für den Grafik-Thread stellen.

Wir bevorzugen in Listing 6.21 einen Weg, der den antreibenden Thread in Form eines sog. Timers aus unserem Programm auslagert. Dieser Timer-Thread ruft nun seinerseits keine der Methoden unseres Programms direkt auf, sondern sorgt dafür, dass die actionPerformed()-Methode aus dem erwähnten Grafik-Thread heraus aufgerufen wird.

Beispiel: die Blinker-App zeigt eine blinkende Fläche

Wir wollen die Farbe einer Fläche periodisch umschalten, um so ein Blinken zu bewirken. Dabei füllt unsere App eine Fläche abwechselnd einmal in der Farbe Cyan, dann wieder in grauer Farbe usw. Sie sehen in Listing 6.21 das Java-Programm. In Listing 6.22 finden Sie die Namen der Threads, unter deren Steuerung der jeweilige Programmcode abläuft. Bild 6.9 zeigt die Namen der Threads, wie sie die Testhilfe in Eclipse auflistet, und stellt den Zusammenhang zu den in Listing 6.22 ausgegebenen Namen der Threads her.

Listing 6.21 Eine App für eine Animation
```java
public class Blinker extends JPanel implements ActionListener {

  // Die "Malfläche". Sie zeigt eine gefüllte Ellipse
  // und füllt ihn abwechselnd mit den Farben aus dem
  // Array colors
   // takt == 0 ==> Farbe = Color.cyan,
   // takt == 1 ==> Farbe = Color.lightGray,
   private int takt = 0;
   private final static Color[] colors = {
     Color.CYAN,
     Color.LIGHT_GRAY
   };

   public Blinker() {
     setOpaque(true);
     setBackground(Color.WHITE);
     this.setSize(200, 200);
   }

   @Override
   public void paintComponent(Graphics g) {
     takt = 1 - takt; // Alternieren zwischen 0 und 1
     g.setColor(colors[takt]);
     g.fillArc(1, 1, getSize().width - 1, getSize().height - 1, 0, 360);
```

```java
    }
  }

  public static void main(String[] args) {
    final Blinker blinker = new Blinker();
    // Timer fuer periodische Anstoesse
    final int pause = 1000;
    final Timer timer = new Timer(pause, blinker);
    timer.setInitialDelay(pause);
    timer.start();
    MyPanelViewer.startGraphic(blinker);
    System.out.println(Thread.currentThread().getName());
  }

  // Der Timer sorgt fuer die periodische Aktivierung dieser Methode:
  // Die Methode wird aus dem Event-Thread heraus aufgerufen.
  // Man darf in dieser Methode auf die GUI-Elemente zugreifen.
  @Override
  public void actionPerformed(ActionEvent event) {
    repaint();
    System.out.println(Thread.currentThread().getName());
  }
```

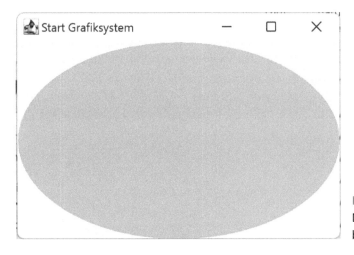

Bild 6.8
Die Anzeige der blinkenden App

Listing 6.22 Die Ausgabe der App zeigt die Namen der Threads

```
main
AWT-EventQueue-0
AWT-EventQueue-0
AWT-EventQueue-0
AWT-EventQueue-0
AWT-EventQueue-0
AWT-EventQueue-0
AWT-EventQueue-0
…
AWT-EventQueue-0
```

Welche Threads laufen gerade?

Die in Eclipse eingebaute Testhilfe zeigt die Namen der beteiligten Threads sowie deren Zustände. Bei der Initialisierung läuft dagegen der Thread „main". Bei der App aus Listing 6.21 läuft danach der Thread mit dem Namen „AWT-EventQueue-0".

Bild 6.9
Anzeige der laufenden Threads in der Testhilfe von Eclipse

Zusammenfassung zu Kapitel 6

Wenn es zu Wartesituationen in Monitoren kommen kann, muss eine theoretisch fundierte Lösung benutzt werden, da Fehler im Programmlauf sporadischer Natur sind: Sie können auftreten, müssen es aber nicht. Ein solcher Fehler wäre etwa ein Deadlock, eine Systemverklemmung. Deswegen wurden in diesem Kapitel die von der Informatik gebotenen theoretischen Hilfsmittel besonders herausgestellt.

Viele Probleme in Anwendungen lassen sich aber mithilfe der hier vorgestellten Erzeuger-Verbraucher-Kopplung, des Leser-Schreiber-Problems oder mit bekannten Algorithmen für Semaphoren lösen. Weiterführende Lösungsansätze findet man in [Lea97].

6.5 Aufgaben

Aufgabe 6.1

Ein JPanel soll die Uhrzeit in der Mitte seiner Zeichenfläche anzeigen. Die Anzeige soll im Format Stunden:Minuten:Sekunden erfolgen. Sie soll nach jeweils einer Sekunde neu aufgebaut werden.

Aufgabe 6.2

Um Kunden in der Reihenfolge ihres Eintreffens zu bedienen, besteht folgendes System: Es gibt eine Wartenummer und eine Bediennummer. Jeder *Kunde* zieht zunächst eine Nummer (=Wartenummer): ziehewarteNummer(). Dadurch wird die Wartenummer für den nächsten Kunden um 1 weitergeschaltet. Dann kann er warten, bis die

Wartenummer als Bediennummer aufgerufen wird: `warteAufAufrufNummer` (nr). Wenn er nicht auf seine Bedienung warten will, kann er etwas anderes tun und zwischendurch den Stand der Bediennummer abfragen: `liesBedienNummer()`.

Wenn ein Kunde bedient worden ist, schaltet er die Bediennummer weiter: `schalteBedienNummer()`.

Dieses System soll mithilfe von Monitoren (bzw. von Semaphoren) programmiert werden. Geben Sie eine Klasse `Event` an. Ergänzen Sie hierzu das unten angegebene Programm.

```java
class Event {
  int Wartenummer = 0;
  int Bediennummer = 0;

// Auslesen der aktuellen Wartenummer,
// Schalten der Wartenummer um 1 nach oben
  public        int zieheWarteNummer () {
     ..............
  }

// Auslesen der aktuellen Bediennummer
  public        int liesBedienNummer () {
     ..............
  }

// Warte auf den Aufruf der Nummer als Bediennummer.
// Falls die aktuelle Bediennummer kleiner als Nummer ist,
// soll der aufrufende Prozess auf den durch
// Nummer bezeichneten Stand warten.
  public        void warteAufAufrufNummer (int Nummer) {
     ..............
  }

// Dieser Aufruf schaltet den Wert von der Bediennummer
// weiter. Wenn Prozesse warten, sollen sie aktiviert werden.
  public        void schalteBedienNummer () {
     ..............
  }
}
```

Aufgabe 6.3: Tanzende Schrift

Ein `JPanel` soll das Standardproblem der tanzenden Schrift lösen. Dabei gibt man einen festen Text in periodischen Abständen aus. Jeder einzelne Buchstabe soll sich in der y-Richtung (Höhe) hin- und herbewegen. Die Farbe jedes Buchstaben soll variabel sein.

Zur Lösung speichern wir sämtliche Farben in einem Feld, mit Ausnahme der (normalen) Hintergrundfarbe Hellgrau. Aus diesem Feld wählen wir die Farben mit einem durch `Math.random()` ermittelten Index.

Ausgabe des Programms:

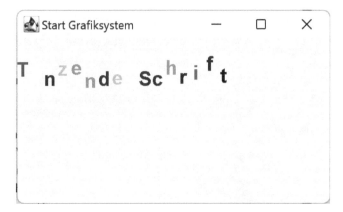

Bild 6.10 Anzeige einer App für tanzende Buchstaben

7 Grafikanwendungen in Java

In diesem Kapitel lernen Sie, wie man mithilfe von *Swing* grafische Benutzungsoberflächen für lokale Java-Programme erstellt: Aufbau von Fenstern, Steuerelemente wie z. B. Schalter und deren Anordnung, Einbindung der Maus und Programmierung von Grafiken. Zur Interaktion mit dem Programm lernen wir das Prinzip der Ereignissteuerung in Java kennen. In der Dokumentation von Java spricht man von *Graphical User Interfaces* und verwendet die Abkürzung *GUI*, die wir in diesem Kapitel auch durchgängig benützen. In der ersten Version aus dem Jahr 1996 unterstützte Java die Programmierung grafischer Benutzungsoberflächen mit dem System *AWT* (Abstract Window Toolkit) in den Packages java.awt sowie java.awt.*. Dieses System war den steigenden Anforderungen nicht gewachsen. Da seine Architektur nicht ausbaufähig war, führte Sun mit *Swing*[1] mit den Packages javax.swing und javax.swing.* ein leistungsfähiges System ein. Aufgrund dieser Vorgeschichte müssen wir in diesem Kapitel auch einige Klassen des AWT besprechen, auch wenn wir uns auf Swing konzentrieren.

7.1 Struktur von GUI-Anwendungen

Swing benutzt einen zweidimensionalen Bildschirm. Einzelne Programme können sich die gesamte Fläche des Fensters teilen. Auch Java-Programme können solche Fenster am Bildschirm öffnen und dem Anwender Informationen anzeigen, aber auch seine Anweisungen in Form von Kommandos über die bekannten Steuerelemente (*Controls*) wie etwa Schalter (*Buttons*) entgegennehmen. Das einer Anwendung zugeordnete Fenster enthält seinerseits diverse Teile, wie die Titelleiste (*TitleBar*),

---

[1] Als JFC Java Foundation Classes eingeführt

Menüleiste (*MenuBar*), Schaltersammlungen (*ToolBar*) oder die „eigentliche" Arbeitsfläche einer Anwendung.

Jede grafische Anwendung läuft in einem selbstständigen Fenster, dem sog. Hauptfenster der Anwendung. Dies ist im Sinne von Java ein Container, der untergeordnete Fenster enthalten kann. Jeder dieser Container kann seinerseits wieder andere Container als Komponenten enthalten, denn ein Container ist eine Component-Klasse im Sinne der Klassenhierarchie aus Bild 7.8. Damit müssen wir neben der „ist-ein"-Beziehung der Klassen noch die „hat-ein"-Relation beachten.

Die Klasse Window steht für selbstständige Fenster, wie sie aus einem Java-Programm heraus geöffnet werden können. Ein Window ist eine rechteckige Fläche am Bildschirm, ohne Rahmen und Titelleiste. Ein Frame ist ein Window mit Rahmen und Titelleiste. Ein Frame kann eine Menüleiste enthalten und dient als Prototyp für GUI-Anwendungen, wenn man nicht gerade einen Dialog wählt. Dialoge können modal (die Anwendung muss auf das Ende des Dialogs warten) oder nichtmodal (die Anwendung läuft parallel zum Dialog) sein. Die Swing-Klassen JFrame, JWindow sowie JDialog entsprechen den AWT-Klassen Window, Frame und Dialog.

Bild 7.1 Grundlegende Klassen in AWT und Swing

Die Klassen Frame, Dialog und Window sind im Gegensatz zu anderen Swing-Klassen aus Bild 7.8 eng an die jeweilige Plattform gebunden.

7.1.1 Ein erstes Programm für Swing

Wir steigen mit einem ersten Programm in die Programmierung von grafischen Benutzungsoberflächen ein. Dazu erzeugen wir eine Rahmenanwendung und betten einen Schalter darin ein. Dann studieren wir den Ablauf mit der Testhilfe von Eclipse. Dabei beobachten wir Phänomene, die wir erst in den folgenden Abschnitten aufklären können.

Bild 7.2
Die Anzeige von Listing 7.1 am Bildschirm

Listing 7.1 Programm für ein Fenster mit einem Schalter

```java
import javax.swing.JButton;
import javax.swing.JFrame;

public class MyJFrame extends JFrame{
  public MyJFrame (String kopfZeile) {
    super (kopfZeile);
    add (new JButton ("Hier druecken"), java.awt.BorderLayout.NORTH);
    setDefaultCloseOperation (EXIT_ON_CLOSE); // (*)
    setSize (300, 100);
    setVisible(true);
  }

  public static void main (String[] args) {
    new MyJFrame ("Java Anwendung mit Swing"); // Falsch. Siehe Listing 7.2
  }
}
```

Unser erstes Java-Programm für Swing zeigt beim Ablauf unter Windows ein Fenster am Bildschirm. Das Fenster enthält eine Titelleiste mit einem Icon für die Anwendung, dem Titel sowie den unter Windows gegebenen Schaltern zum Ikonisieren der Anwendung, Vergrößern der Fensterfläche sowie zum Beenden der Anwendung. Letzteres gelingt auch dank der mit (*) gekennzeichneten Anweisung. Im „Norden" der eigentlichen Arbeitsfläche befindet sich ein Schalter mit der Aufschrift „Hier drücken". Allerdings reagiert das Programm in keiner erkennbaren Weise, wenn man diesen Schalter betätigt. Außerdem würden wir erwarten, dass sich das Programm sofort beendet, da die main()-Methode nur eine Anweisung enthält, die rasch durchlaufen sein sollte. Wir untersuchen dieses Phänomen mit der Testhilfe von Eclipse, indem wir den Programmlauf vor und nach der einzigen Anweisung von main() anhalten.

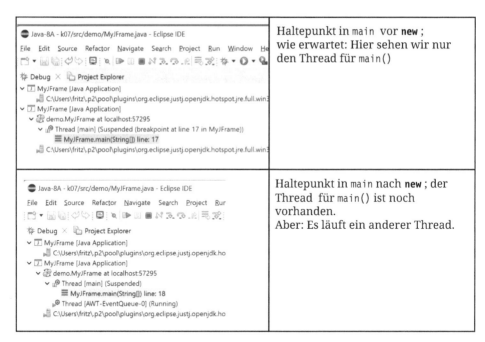

Bild 7.3 Welche Threads laufen vor bzw. nach der new-Anweisung?

Ergebnis

Der Thread „AWT-EventQueue-0" läuft und ist für die GUI zuständig. Wir haben aber eine GUI-Anweisung ausgeführt und hätten evtl. die GUI zum Absturz bringen können. Die richtige Lösung finden Sie in Listing 7.2.

7.1.2 Prinzip der ereignisgesteuerten Programmierung

Unsere Programme für den Text-Modus enthalten die main()-Methode, bei der der Ablauf unseres Programms begann. Die Abläufe folgten dem Schema *Eingabe-Verarbeitung-Ausgabe* und stellten häufig einen Zyklus aus Schreib- bzw. Lesevorgängen dar. Schon die Integration der Maus passte nicht in dieses einfache Konzept: Was sollte ein Programm mit Meldungen der Maus anfangen, während es auf den Abschluss einer Eingabe an der Tastatur wartete? Dieses Schema der Verarbeitung lässt sich nicht ohne Weiteres auf Anwendungen für grafische Benutzungsoberflächen übertragen, denn dort gibt es viele Quellen für Ereignisse, auf die das Programm reagieren soll. Diese Ereignisse kommen auch von den sog. Steuerelementen wie dem Schalter im Programm aus Listing 7.1, aber auch aus diversen anderen Quellen.

7.1 Struktur von GUI-Anwendungen

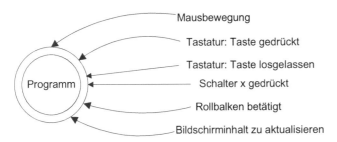

Bild 7.4 Programm und Ereignisse

Die ereignisgesteuerte Programmierung verwaltet alle Ereignisse in einem Stapel von Nachrichten wie in Bild 7.5. Aus diesem Stapel zieht der für die Benutzungsoberfläche zuständige Thread AWT-EventQueue-0 (sog. GUI-Thread oder Event-Thread) eine Nachricht und sorgt für deren Zustellung an ein bestimmtes Programmteil, wie in Abschnitt 7.1.3 erläutert.

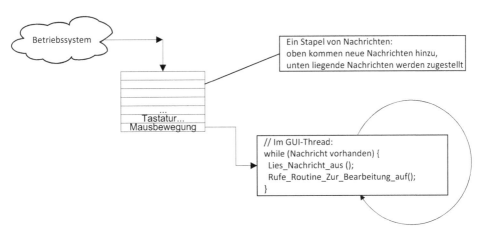

Bild 7.5 Prinzip der ereignisgesteuerten Programmierung

7.1.3 Ereignissteuerung

In diesem Abschnitt führen wir Ereignisse ein. Quellen (=*Source*) erzeugen Ereignisse (=*Events*), Beobachter (=*Listener*) registrieren sich bei den Quellen, um über Ereignisse informiert zu werden. Man kann dies mit dem Abonnieren einer Zeitung vergleichen. Die Produzenten liefern Zeitungen (=Ereignisse) nur an die Abonnenten, und dies auch nur so lange, bis diese das Abonnement widerrufen. Damit folgt die Ereignissteuerung in Java dem in [GHJV96] beschriebenen Beobachter-Muster.

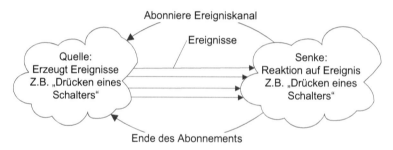

Bild 7.6 Beobachter-Muster

Das Programm in Listing 7.1 reagierte nicht auf das Drücken des Schalters, weil dem Ereignis „Drücken eines Schalters" kein Beobachter, d. h. kein Programmcode zur Reaktion zugeordnet war. Der Schalter löst ein ActionEvent aus, wenn er gedrückt wird. Wir müssen einen Beobachter für Aktionsereignisse beim Schalter anmelden. Das wäre ein sog. ActionListener (siehe Tabelle 7.2).

Mit Java können wir in Listing 7.2 einen solchen bequem hinzufügen, da Action Listener eine funktionale Schnittstelle ist. Im Befehl addActionListener geben wir mit einem Lambda-Ausdruck den Programmcode für die einzige abstrakte Methode der ActionListener-Schnittstelle an. Nach dem Drücken des Schalters wird der im Lambda-Ausdruck angegebene Programmcode ausgeführt.

Als Reaktion auf das Drücken des Schalters zählen wir diese Ereignisse mit und setzen die Anzeige in einem JLabel-Steuerelement jeweils neu.

In Listing 7.2 bauen wir die GUI nicht aus dem main()-Thread heraus auf. Stattdessen erteilen wir einen Auftrag zur Erstellung der GUI. Der in invokeLater angegebene Programmcode wird in die in Bild 7.6 gezeigte Warteschlange für Nachrichten eingereiht und läuft später im Event-Thread ab. Der Aufruf invokeLater ist Thread-sicher, darf also aus allen Threads heraus benützt werden. Bei praktisch allen anderen Aufrufen von Swing-Routinen ist darauf zu achten, dass sie nur aus dem Event-Thread heraus erfolgen. Die in diesem Abschnitt besprochenen Ereignisse werden alle durch Aufrufe aus dem Event-Thread heraus behandelt. Deswegen können dabei keine Probleme mit der Nebenläufigkeit auftreten. Konflikte wegen der Nebenläufigkeit können nur im Zusammenhang mit vom Programmierer selbst gestarteten Threads sowie beim main()-Thread auftreten. Solche Konflikte könnten zu schwerwiegenden Fehlern führen, siehe Kapitel 6.

Listing 7.2 Programm mit Reaktion auf das Drücken eines Schalters

```java
public class MyJFrameButton extends JFrame {
  private final JButton schalter = new JButton("Hier drücken");
  private final JLabel anzeige = new JLabel("");
  private int zaehler = 0;

  public MyJFrameButton(String kopfZeile) {
    super(kopfZeile);
    add(schalter, java.awt.BorderLayout.NORTH);
    add(anzeige, java.awt.BorderLayout.SOUTH);
    schalter.addActionListener(ActionEvent -> anzeige.setText
      ("Schalter " + zaehler++ + " Mal gedrückt."));
    setDefaultCloseOperation(EXIT_ON_CLOSE); // (*)
    setSize(300, 100);
    setVisible(true);
  }

  public static void main(String[] args) {
    javax.swing.SwingUtilities.invokeLater(
        () -> new MyJFrameButton("Java Anwendung mit Swing"));
  }

}
```

7.1.3.1 Das „Delegation Event Model"

Java modelliert die verschiedenen Typen von Ereignissen konsequent in einer Klassenhierarchie, die ihre Wurzel in der Klasse java.util.EventObject hat.

Die verschiedenen Ereignisse heißen **<xx>**Event, z. B. ActionEvent. Die Ereignissteuerung kennt für jedes Ereignis eine Quelle *Source* sowie die Beobachter *Listener*. Die Zuordnung der Quelle zum Beobachter ist frei programmierbar und muss *explizit* durchgeführt werden: Es gibt keine *implizite* Zuordnung.

Bei der Verbreitung von Ereignissen ist zwischen „single-cast" und „multi-cast" zu unterscheiden. Für „single-cast"-Ereignisse setzen wir den Beobachter mit set**<xx>**Listener, für „multi-cast"-Ereignisse fügen wir einen Beobachter mit add**<xx>**Listener hinzu.

Die Beobachter müssen die spezifischen **<xx>**Listener-Schnittstellen implementieren. Die Ereignissteuerung ruft eine Methode dieser Schnittstelle auf. Als Parameter übergibt sie ein Objekt einer Unterklasse von EventObject mit der Beschreibung des Ereignisses.

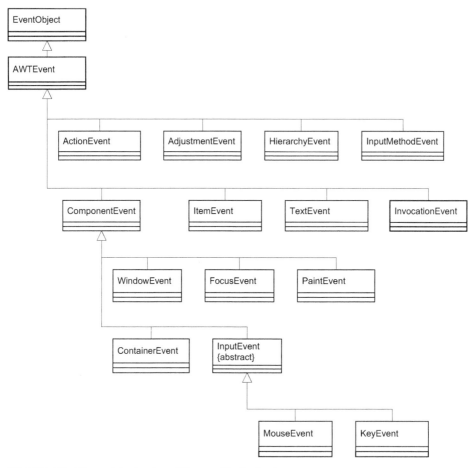

Bild 7.7 Die Hierarchie der Java-Klassen für Ereignisse

Typen von Ereignissen

Java unterscheidet bei Ereignissen zwischen Low-Level und Semantic-Level. Low-Level-Ereignisse sind in Tabelle 7.1 zusammengestellt und modellieren einfache Eingaben (Tasten, Maus) oder Fensterereignisse. Semantic-Level-Ereignisse in Tabelle 7.2 werden von logischen Komponenten der GUI erzeugt. So können ein Schalter oder ein Menüpunkt ein ActionEvent erzeugen.

Tabelle 7.1 Low-Level-Ereignisse

Ereignis	Listener	Beschreibung
ComponentEvent	ComponentListener	Die Komponente wurde vergrößert; verkleinert; verschoben.
FocusEvent	FocusListener	Die Komponente hat den Fokus erhalten; verloren.
KeyEvent	KeyListener	Eine Taste wurde gedrückt; losgelassen …
MouseEvent	MouseListener MouseMotionListener	Maustaste gedrückt; losgelassen … Mausbewegungen verfolgen
ContainerEvent	ContainerListener	Der Container hat eine Komponente erhalten; verloren …
WindowEvent	WindowListener	Fenster schließen …

Tabelle 7.2 Semantic-Level-Ereignisse

ActionEvent	ActionListener	Ein Kommando ausführen
AdjustmentEvent	AdjustmentListener	Ein Wert wurde angepasst.
ItemEvent	ItemListener	Der Zustand eines Eintrags hat sich geändert.
TextEvent	TextListener	Ein Text hat sich geändert.

Alle Listener für Semantic-Level Ereignisse sind funktional, d. h., wir können den Programmcode zur Reaktion auf die Ereignisse in Form eines Lambda-Ausdrucks angeben.

7.1.3.2 Listener-Schnittstellen und Adapter

Tabelle 7.3 zeigt die Listener-Schnittstellen. So muss ein WindowListener insgesamt sieben Methoden implementieren, auch wenn man nicht alle Typen von Ereignissen bearbeiten will. Abhilfe schaffen hier die sog. Adapter-Klassen, die für jeden Ereignistyp eine vordefinierte Routine beinhalten. Damit meldet man zur Bearbeitung z. B. der Mausereignisse eine Sub-Klasse von MouseAdapter an. Will man jetzt ausschließlich das Ereignis MousePressed bearbeiten, überschreibt man nur die entsprechende Methode der Klasse MouseAdapter.

Wir benötigen Adapter-Klassen nur für Schnittstellen mit mehr als einer abstrakten Methode. Schnittstellen mit genau einer abstrakten Methode sind in Java funktionale Schnittstellen. Hier können wir den Programmcode zur Bearbeitung von Ereignissen mit einem Lambda-Ausdruck angeben. Die folgende Aufstellung der Listener-Schnittstellen und Adapter-Klassen enthält für jede Adapter-Klasse die Methoden zur Behandlung der Ereignisse, die mit den „Pflichten" der **<xx>**Listener-Schnittstellen identisch sind.

Tabelle 7.3 Listener-Schnittstellen und Adapter

Interface	Methoden	Bearbeitung
ActionListener	actionPerformed(ActionEvent)	Lambda-Ausdruck
ItemListener	itemStateChanged(ItemEvent)	Lambda-Ausdruck
WindowListener → WindowAdapter	windowClosing(WindowEvent) windowOpened(WindowEvent) windowIconified(WindowEvent) windowDeiconified(WindowEvent) windowClosed(WindowEvent) windowActivated(WindowEvent) windowDeactivated(WindowEvent)	Adapter
ComponentListener → ComponentAdapter	componentMoved(ComponentEvent) componentHidden(ComponentEvent) componentResized(ComponentEvent) componentShown(ComponentEvent)	Adapter
AdjustmentListener	adjustmentValueChanged (AdjustmentEvent)	Lambda-Ausdruck
ItemListener	itemStateChanged(ItemEvent)	Lambda-Ausdruck
MouseMotionListener → MouseMotionAdapter	mouseDragged(MouseEvent) mouseMoved(MouseEvent)	Adapter
MouseListener → MouseAdapter	mousePressed(MouseEvent) mouseReleased(MouseEvent) mouseEntered(MouseEvent) mouseExited(MouseEvent) mouseClicked(MouseEvent)	Adapter
KeyListener → KeyAdapter	keyPressed(KeyEvent) keyReleased(KeyEvent) keyTyped(KeyEvent)	Adapter
FocusListener → FocusAdapter	focusGained(FocusEvent) focusLost(FocusEvent)	Adapter
ContainerListener → ContainerAdapter	componentAdded(ContainerEvent) componentRemoved(ContainerEvent)	Adapter
TextListener	textValueChanged(TextEvent)	Lambda-Ausdruck

7.1.4 Hierarchie der Swing-Klassen für Steuerelemente

Alle Komponenten grafischer Anwendungen in Swing sind von JComponent abgeleitete Klassen. Sie verfügen damit über Attribute und Methoden dieser Klasse: wichtige Methoden wie etwa die Ereignissteuerung, die Attribute einer GUI-Welt, wie etwa Zeichensatz, Farben für Vordergrund und Hintergrund usw. Die Klasse JComponent ist von java.awt.Container und damit indirekt von java.awt.Component abgeleitet. Siehe Bild 7.1. Bild 7.8 zeigt diese Vererbungsbeziehung sowie die von weiteren ausgewählten Klassen aus dem Package javax.swing.

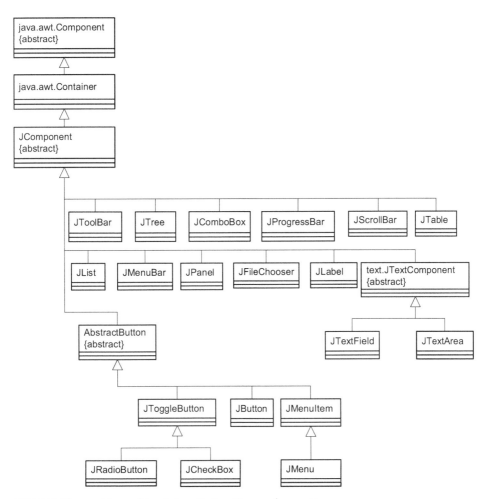

Bild 7.8 Klassenhierarchie einiger Swing-Steuerelemente

7.1.5 Elementare Steuerelemente

Die folgende Tabelle 7.4 enthält Swing-Steuerelemente aus dem Package `javax.swing` sowie die entsprechenden Möglichkeiten mit den AWT-Klassen aus dem Package `java.awt`, sofern vorhanden. Bild 7.9 zeigt elementare Swing-Steuerelemente.

Tabelle 7.4 Swing: elementare Steuerelemente für grafische Benutzungsoberflächen

Swing	AWT	Beschreibung
JPanel	Canvas	Zeichenfläche für Programme
JComponent	Component	Basis für Komponenten, JComponent ist selbst Container.
JPanel	Panel	„Pinnwand" als Container
JComboBox	Choice	Auswahl aus einem Fenster, welches auf Knopfdruck aufklappt: Combobox
JScrollbar	Scrollbar	Rollbalken
JCheckBox JRadioButton	Checkbox	Checkbox und Schalter im Stile der alten Analogradios
JButton	Button	Schalter
JLabel	Label	Statischer Text
JList	List	Auswahl aus einer Liste von Möglichkeiten
text.JTextComponent	TextComponent	Oberbegriff für Textfelder
JTextArea	TextArea	Textfeld mit mehreren Zeilen
JTextField	TextField	Einzeiliges Textfeld
JTable		Tabelle
JTree		Hierarchische Strukturen (Baum)
JProgressBar		Fortschrittsanzeige
JMenuBar		Menüleiste
JToolBar		Werkzeugleiste, Schalterleiste

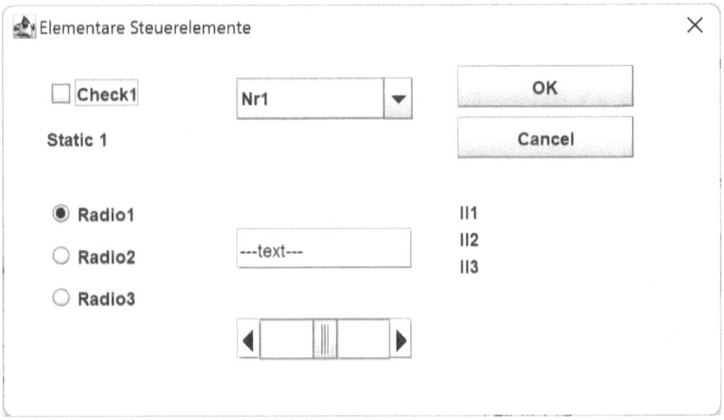

Bild 7.9 Elementare Swing-Steuerelemente in einer Anwendung

7.1.6 Das Model-View-Controller-Paradigma und Swing

Swing trennt die Daten der Steuerelemente strikt von der Implementierung der Ansicht sowie der Interaktion mit dem Benutzer der Software. Dieses auch als *Model-View-Controller* (MVC) bezeichnete Paradigma entkoppelt das interne Modell (*Model*) von der Darstellung der Daten am Bildschirm (*View*) und der Interaktion mit dem Anwender (*Controller*). Wenn sich das *Model* ändert, wird die *View* informiert und kann die geänderten Daten anzeigen. Damit kann man ein und dieselben Daten auf verschiedene Weisen präsentieren. So kann man eine Tabelle als Matrix anzeigen oder die Daten durch ein entsprechendes Diagramm visualisieren.

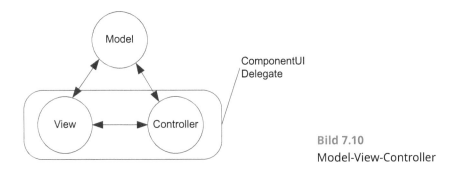

Bild 7.10
Model-View-Controller

Wegen der komplexen Interaktion zwischen der *View* und dem *Controller* fasste man in Java *View* und *Controller* zum sog. *Delegate* zusammen. Dadurch vereinfacht sich die Programmierung erheblich. Dieser kommuniziert mit dem *Model* nur, um von Letzterem Daten zur Darstellung zu holen bzw. bei Änderung einzutragen. Dazu muss das *Model* eine entsprechende Schnittstelle implementieren. Daneben muss der *Dele-*

gate vom *Model* bei Änderungen an den Daten informiert werden, um seine Darstellung zu aktualisieren.

Elementare Steuerelemente wie Schalter lassen sich auch in Swing ohne Kenntnis der MVC-Architektur programmieren, nicht aber aufwendige Anwendungen für Tabellen.

7.2 Anordnung der Komponenten

Der Anwender unserer Programme kann Fenster verkleinern und vergrößern. Dies betrifft insbesondere auch alle Komponenten in den Fenstern, die durch eine Verkleinerung im schlimmsten Fall unsichtbar werden oder bei einer Vergrößerung den vorhandenen Platz nicht optimal ausnutzen könnten. Swing bietet Abhilfe mittels der sog. LayoutManager. Jeder Container hat einen LayoutManager. Dieser ist zuständig für die Anordnung der Komponenten. Hierzu ruft der Container den LayoutManager vor der Anzeige der Komponenten auf, um die Größe und Lage der Komponenten relativ innerhalb des Fensters festzulegen. Der LayoutManager benutzt die Component-Methoden zur Berechnung der minimalen Größe sowie der bevorzugten Größe einer Komponente, die von erstellten Komponenten dann auch implementiert werden sollten. Nur für solchermaßen „genormte" Komponenten ist ein Zusammenwirken Component-Container-LayoutManager möglich. Falls der LayoutManager explizit auf **null** gesetzt wurde, bleiben die Komponenten wie bei einer festen Platzierung in Größe und Lage unverändert. LayoutManager können unterschiedliche Strategien hinsichtlich der Platzierung der Komponenten verfolgen.

Tabelle 7.5 Einige LayoutManager von Swing

BorderLayout	Anordnung der Komponenten: links, rechts, oben, Mitte, unten
FlowLayout	Komponenten der Reihe nach anordnen
CardLayout	Überlagerung der Komponenten
GridLayout	Komponenten im Matrix-Raster anordnen
GridBagLayout	Komponenten in einem flexiblen Matrix-Raster anordnen: Zellen in Abhängigkeit von anderen Zellen positionieren
BoxLayout	Hier werden die Komponenten entweder in einer Zeile oder einer Spalte angeordnet. Die Größe der Komponenten wird nicht geändert. Die größte Komponente gibt die Rastergröße vor.

Diese LayoutManager sind für jeden Container frei zuordenbar, die Algorithmen bzw. die Strategie ist nicht in die Container hart einprogrammiert. Wenn man noch daran denkt, dass ein Container seinerseits andere Container enthalten kann und dass es möglich ist, für jeden dieser enthaltenen Container jeweils eine eigene Strategie der Platzierung zu wählen, ergibt sich in Java eine Fülle von Möglichkeiten der Anordnung von Komponenten in grafischen Benutzeroberflächen. Die Layoutmanager sind ein Spezialfall des in [GHJV96] beschriebenen Strategiemusters.

Layoutmanager

In diesem Abschnitt besprechen wir die LayoutManager im Detail. Java erlaubt natürlich auch feste Anordnungen von Komponenten, ermöglicht darüber hinaus aber auch die Platzierung nach diversen Strategien. Durch diese Trennung eines Containers von der Strategie zur Anordnung seiner Komponenten ermöglicht Java eine Fülle von Lösungen zur Anordnung grafischer Komponenten. Der Anwender kann auch seine eigenen Layout-Manager schreiben. Ein solcher Manager muss die LayoutManager (bzw. die LayoutManager2)-Schnittstelle implementieren. Die Zuordnung eines solchen Managers mgr zu einem Container xyz erfolgt mit dem Aufruf 1:

```
xyz.setLayout (mgr);           // 1
setLayout (null);              // 2 eigentlich this.setLayout(null);
setLayout (new FlowLayout()); // 3
```

Mit dem zweiten Beispiel schaltet man jede dynamische Platzierung ab. Mit dem dritten Beispiel weist man einer Komponente ein sog. FlowLayout zu.

Hinweis zu den Programmen in diesem Abschnitt

Da alle Programme für Swing ähnliche **import**-Anweisungen haben und die Fenster auf die gleiche Weise geöffnet werden, geben wir hier nur die relevanten Programmfragmente an. Die Begleitprogramme zu diesem Buch sind natürlich jeweils vollständig.

7.2.1 BorderLayout

JFrame und JDialog verwenden dieses BorderLayout, sofern Sie nicht ausdrücklich ein anderes Layout setzen. Dieses Layout kennt für seine vier Ränder und die Mitte die Bezeichnungen entsprechend der Windrose in Bild 7.11.

```
add (new meine_Zeichenflaeche (), BorderLayout.CENTER); // 1
add (new JButton ("Hallo"), BorderLayout.NORTH);        // 2
```

Mit der ersten Anweisung fügen Sie eine Zeichenfläche in der Mitte hinzu. Mit der zweiten Anweisung fügen Sie oben einen Schalter ein. Dieser erstreckt sich dann über die ganze Breite des Fensters. Wenn eine der fünf möglichen Komponenten auf der Bildfläche fehlt, werden die übrigen so „gestreckt", dass keine Lücke entsteht. Wenn nur die CENTER-Komponente vorhanden ist, füllt sie das ganze Fenster aus.

Listing 7.3 Programmfragment für das BorderLayout

```java
public class JBorderDemo extends JFrame {
  public JBorderDemo (String kopfZeile) {
    super (kopfZeile);
    setDefaultCloseOperation (EXIT_ON_CLOSE);
    setSize (300, 200);
    add(new JButton ("Norden"), BorderLayout.NORTH);
    add(new JButton ("Süden"), BorderLayout.SOUTH);
    add(new JButton ("Westen"), BorderLayout.WEST);
    add(new JButton ("Osten"), BorderLayout.EAST);
    add(new JButton ("Die Mitte"), BorderLayout.CENTER);
    setVisible (true);
  }
}
```

Bild 7.11
BorderLayout im praktischen Einsatz

7.2.2 FlowLayout

JPanel benutzt als Standardwert das FlowLayout. Bei diesem Layout werden die Komponenten der Reihe nach von links nach rechts in einem Fenster in der Folge ihres Eintrags in dem Container angeordnet. Wenn eine „Zeile" voll ist, wird die nächste Komponente in die nächste Zeile platziert. Die Komponenten jeder Zeile werden zentriert angeordnet, wenn im Konstruktor nichts anderes angegeben wurde. Die folgende Tabelle zeigt die Parameter für die Ausrichtung. Bild 7.12 zeigt mögliche Anordnungen.

FlowLayout.LEFT	Linksbündige Anordnung jeder Zeile
FlowLayout.CENTER	Zentrierte Anordnung jeder Zeile (Default)
FlowLayout.RIGHT	Rechtsbündige Anordnung jeder Zeile
FlowLayout.LEADING	Für sprachabhängige Ausrichtung, bei Links-Rechts-Ausrichtung wie LEFT
FlowLayout.TRAILING	Für sprachabhängige Ausrichtung, bei Links-Rechts-Ausrichtung wie RIGHT

7.2 Anordnung der Komponenten

Listing 7.4 Programmfragment für FlowLayout (rechtsbündige Anordnung)

```
public class JFlowDemo extends JFrame {
  public JFlowDemo (String kopfZeile) {
    super (kopfZeile);
    setDefaultCloseOperation (EXIT_ON_CLOSE);
    setLayout (new FlowLayout (FlowLayout.RIGHT));
    setSize (300, 200);
    for (int i = 1; i <= 7; i++) {
      String s = "";
      for (int j = 0; j < i; j++)
        s += "S";
      add (new JButton (s));
    }
    setVisible (true);
  }
}
```

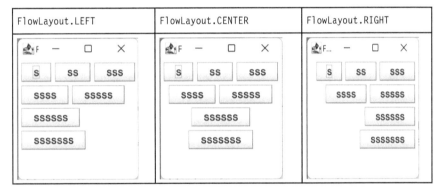

Bild 7.12 Linksbündige, zentrierte und rechtsbündige Anordnung mit FlowLayout

7.2.3 GridLayout

Mit GridLayout kann man Komponenten matrixartig in einem n×m-Raster aus n Zeilen und m Spalten anordnen. Der Spezialfall 1×m liefert eine Anordnung in einer Zeile, der Fall n×1 definiert eine Anordnung in einer Spalte. Diese Fälle können also zur Implementierung von Schalterleisten benutzt werden.

Listing 7.5 Programmfragment für das GridLayout

```
public class JGridDemo extends JFrame {
  public JGridDemo (String kopfZeile) {
    super (kopfZeile);
    setDefaultCloseOperation (EXIT_ON_CLOSE);
    setLayout (new GridLayout (2, 4)); // 2 Zeilen, 4 Spalten
    setSize (400, 200);
    for (int i = 0; i <= 7; i++)
```

```java
      add (new JButton ("Schalter " + i));
    setVisible(true);
  }
}
```

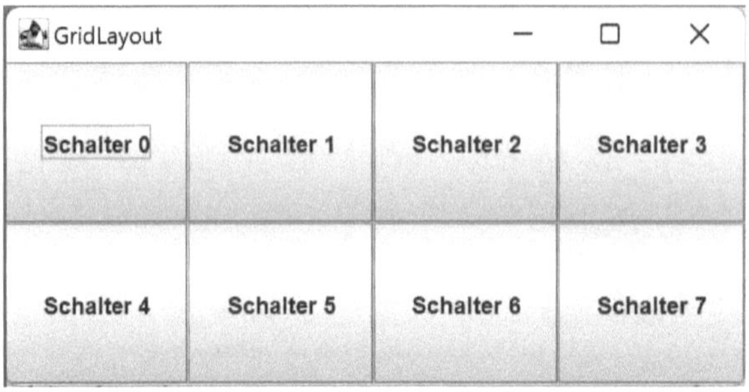

Bild 7.13
Ein GridLayout mit zwei Zeilen zu je vier Spalten

7.2.4 CardLayout

CardLayout sorgt dafür, dass wie in einem Kartenstapel jeweils nur eine der Komponenten eines Containers sichtbar ist. Mit Aufrufen wie `first(stapel)`, `last(stapel)`, `next(stapel)` kann man zwischen den Komponenten wie zwischen Karten hin- und herschalten. Falls die Steuerelemente für eine Anwendung nicht mehr auf eine Fläche passen, bietet sich als Alternative zum CardLayout ein JTabbedPane an, welches nicht nur optisch ansprechend, sondern auch einfach zu programmieren ist.

Listing 7.6 Programmfragment für CardLayout

```java
public class JCardDemo extends JFrame {
  private final JPanel panelCenter;
  private final JButton first, next, last;

  public JCardDemo (String Title) {
    super (Title);
    setDefaultCloseOperation (EXIT_ON_CLOSE);
    JPanel panelNorth = new JPanel ();
    panelNorth.add (first = new JButton ("first"));
    panelNorth.add (next = new JButton ("next"));
    panelNorth.add (last = new JButton ("last"));
    panelCenter = new JPanel ();
    add (panelNorth, BorderLayout.NORTH);

    panelCenter.setLayout (new CardLayout ());
    add (panelCenter, BorderLayout.CENTER);
    setSize (300, 200);
    for (int i = 1; i <= 7; i++) {
      JPanel p = new JPanel ();
      p.setBorder(BorderFactory.createTitledBorder("Ebene "+i));
      // Die Komponenten haben Namen und koennen ueber diese gefunden werden
      panelCenter.add ("Ebene " + i, p);
```

```
        for (int j = 0; j <= i; j++)
            p.add(new JButton ("Schalter " + (i*10+j)));
    }
    setVisible(true);
    first.addActionListener (event-> ((CardLayout)panelCenter.getLayout()).
      first (panelCenter));
    next .addActionListener (event-> ((CardLayout)panelCenter.getLayout()).
      next (panelCenter));
    last .addActionListener (event-> ((CardLayout)panelCenter.getLayout()).
      last (panelCenter));
  }
}
```

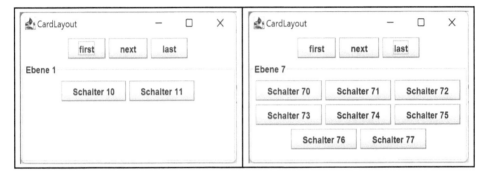

Bild 7.14 Umschalten zwischen verschiedenen Ansichten mit dem CardLayout

7.2.5 GridBagLayout

GridBagLayout erlaubt eine rasterartige Anordnung von Komponenten. Im Gegensatz zu GridLayout lässt sich die Anordnung der Komponenten noch beeinflussen, sodass man Effekte ähnlich einer Gruppierung von Controls erreichen kann. Diese Steuerung erfolgt mit diversen Attributen der Klasse GridBagConstraints.

gridx, gridy

Mit diesen Parametern gibt man die linke, obere Ecke der Komponente an. Die am weitesten links oben stehende Komponente hat die Adresse gridx = 0, gridy = 0. Mit dem Default-Wert GridBagConstraints.RELATIVE für gridx (bzw. für gridy) bestimmt man, dass die Komponente rechts (bzw. unter) der zuletzt dem Container hinzugefügten Komponente angeordnet wird.

gridwidth, gridheight

Mit diesen Parametern mit den Default-Werten 1 legt man die Anzahl der Zeilen (gridwidth) bzw. die Anzahl der Spalten (gridheight) fest. Der Wert GridBagConstraints.REMAINDER bestimmt, dass die Komponente die letzte in der Zeile bzw. in der Spalte ist.

GridBagConstraints.RELATIVE bewirkt, dass die Komponente die nächste in der Zeile bzw. der Spalte ist.

fill

Wenn eine Komponente kleiner als der ihr zur Verfügung stehende Bereich ist, wird sie gemäß diesem Parameter an die Größe angepasst:

GridBagConstraints.NONE	keine Anpassung (Default-Wert)
GridBagConstraints.HORIZONTAL	nur horizontale Anpassung
GridBagConstraints.VERTICAL	nur vertikale Anpassung
GridBagConstraints.BOTH	horizontale und vertikale Anpassung

ipadx, ipady

Legt die interne Einbettung einer Komponente fest. Damit wird die Anzahl der Pixel festgeschrieben, die der Layout-Manager zur minimalen Größe der Komponente hinzuaddiert.

insets

Legt die interne Einbettung einer Komponente fest. Damit wird der Abstand einer Komponente zwischen dem Rand und der „Zeichenfläche" festgelegt.

anchor

Wenn eine Komponente kleiner als die ihr zur Verfügung stehende Fläche ist, legt dieser Wert fest, wie die Komponente innerhalb dieser Fläche platziert wird. Mit den folgenden Werten bestimmt man die Ausrichtung.

```
GridBagConstraints.CENTER (Default-Wert)
GridBagConstraints.NORTH
GridBagConstraints.NORTHEAST
GridBagConstraints.EAST
GridBagConstraints.SOUTHEAST
GridBagConstraints.SOUTH
GridBagConstraints.SOUTHWEST
GridBagConstraints.WEST
GridBagConstraints.NORTHWEST
```

weightx, weighty

Dieser Parameter legt die Gewichtung einer Komponente in x- und y-Richtung fest. Der Default-Wert ist 0. Wenn nicht für mindestens eine Komponente einer Zeile (weightx) bzw. Spalte (weighty) ein Wert ungleich 0 angegeben ist, kleben alle Kompo-

nenten im Zentrum ihres Containers zusammen. In diesem Fall ordnet GridBagLayout
den frei verfügbaren Platz zwischen den Zellen und dem Rand des Containers an.

Beim ersten Schalter (mit der Aufschrift „Schalter0") wird bei den Constraints das
Attribut gridheight auf 2 gesetzt. Damit umspannt diese Komponente zwei Zeilen. Danach wurde dieses Attribut auf 1 zurückgesetzt. Die Steuerung der Zeilen
übernimmt das Attribut gridwidth. Wenn es auf GridBagConstraints.REMAINDER
gesetzt wird, füllt die Komponente den Rest der Zeile aus. Im Beispiel wird immer
mit demselben Constraints-Objekt c gearbeitet, denn der Befehl setConstraints
benutzt jeweils eine Kopie dieses Objekts.

Listing 7.7 Programmfragment für das GridBagLayout

```java
public class JGridBagDemo extends JFrame {
  private JButton b[] = new JButton [6];

  public JGridBagDemo (String kopfZeile) {
    super (kopfZeile);
    GridBagLayout layout = new GridBagLayout ();
    setDefaultCloseOperation (EXIT_ON_CLOSE);
    setLayout (layout );
    setSize (400, 200);
    for (int i = 0; i < b.length; i++) {
      b[i] = new JButton ("Schalter " + i);
    }

    {
      GridBagConstraints c = new GridBagConstraints ();
      c.fill    = GridBagConstraints.BOTH;
      c.weightx = 1;
      c.weighty = 1;
      c.gridheight = 2;
      layout.setConstraints (b[0], c);
      add (b[0]);
      c.gridheight = 1;
      layout.setConstraints (b[1], c);
      add (b[1]);
      c.gridwidth = GridBagConstraints.REMAINDER;
      layout.setConstraints (b[2], c);
      add (b[2]);
      c.gridwidth = 1;
      layout.setConstraints (b[3], c);
      add (b[3]);
      c.gridwidth = 1;
      layout.setConstraints (b[4], c);
      add (b[4]);
      c.gridwidth = GridBagConstraints.REMAINDER;
      c.gridy = GridBagConstraints.RELATIVE;
      layout.setConstraints (b[5], c);
      add (b[5]);
    }
    setVisible(true);
  }
}
```

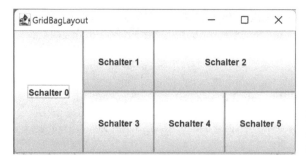

Bild 7.15
Anzeige für das obige
GridBagLayout

7.2.6 BoxLayout (nur Swing)

Das BoxLayout in Swing erlaubt die Anzeige von Elementen in Zeilen (X_AXIS) und Spalten (Y_AXIS). Die Größe der Komponenten wird nicht geändert. Die größte Komponente gibt die Rastergröße vor. Zusammen mit der im nächsten Abschnitt beschriebenen Möglichkeit der Schachtelung von Layouts lassen sich hiermit zu GridBagLayout ähnliche Effekte auf einfachere Weise erreichen.

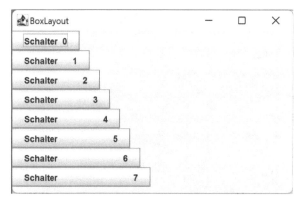

Bild 7.16
BoxLayout bei vertikaler
Anordnung

Listing 7.8 Programmfragment für das BoxLayout

```
public class JBoxDemo extends JFrame {
  public JBoxDemo (String kopfZeile) {
    super (kopfZeile);
    setDefaultCloseOperation (EXIT_ON_CLOSE);
    Panel p = new Panel ();
    p.setLayout (new BoxLayout(p, BoxLayout.Y_AXIS ));
    setSize (400, 200);
    add (p);
    String text = "Schalter                         ";
    for (int i = 0; i <= 7; i++)
      p.add (new JButton (text.substring (0, i*4 + 10) + i));
    setVisible(true);
  }
}
```

7.2.7 Schachtelung der Layouts

Jeder Container kann seinerseits Container enthalten. Da jedem Container ein LayoutManager zugeordnet ist, kann man innerhalb eines Layouts vollständige Layouts einschachteln. Damit lassen sich komplexe Anordnungen der Steuerelemente aufbauen. Das folgende Beispiel zeigt, wie in ein BorderLayout fünf Container integriert werden. Dabei hat jeder dieser Container ein anderes Objekt der Klasse GridLayout als Manager.

Listing 7.9 Programmfragment für das Schachteln von Flächen mit verschiedenen LayoutManagern

```
class MyPanel extends JPanel {
  public MyPanel (String text, int Zeilen, int Spalten) {
    setLayout (new GridLayout (Zeilen, Spalten));
    for (int i = 0; i < Zeilen*Spalten; i++)
      add (new Button (text + " - " + (i+1)));
  }
}

public class NestedDemo extends JFrame {
  public NestedDemo (String kopfZeile) {
    super (kopfZeile);
    setSize (640, 480);
    add (BorderLayout.NORTH,  new MyPanel ("N", 1, 4));
    add (BorderLayout.SOUTH,  new MyPanel ("S", 1, 8));
    add (BorderLayout.WEST,   new MyPanel ("W", 5, 1));
    add (BorderLayout.EAST,   new MyPanel ("O", 7, 1));
    add (BorderLayout.CENTER, new MyPanel ("Z", 4, 3));
    setVisible(true);
    setDefaultCloseOperation (EXIT_ON_CLOSE);
  }
}
```

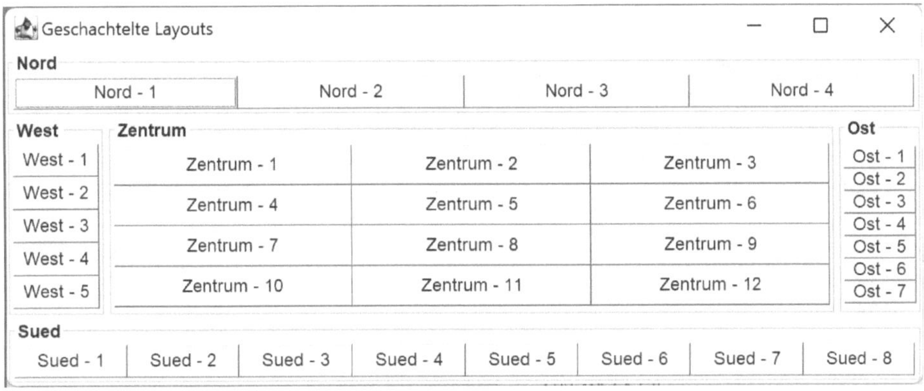

Bild 7.17 Im BorderLayout: andere Flächen mit GridLayout eingeschachtelt

7.3 Steuerelemente in Benutzeroberflächen

Mit Steuerelementen wie Schalter oder Textfelder in Benutzeroberflächen können wir Programme beeinflussen. In diesem Abschnitt lernen wir einzelne Steuerelemente der Reihe nach kennen und sie einzusetzen. Dazu besprechen wir jeweils ein Programm und die Möglichkeiten zur Behandlung der vom Anwender ausgelösten Ereignisse. Die volle Leistungsfähigkeit einzelner Steuerelemente unter Swing erhält man erst, wenn man die MVC-Architektur nutzt. Da dieser Ansatz programmtechnisch aufwendiger ist, behandeln wir ihn separat in einem eigenen Abschnitt 7.4.

7.3.1 Schaltflächen: JButton

Ein JButton ist eine Fensterfläche mit der Funktionalität eines Schalters mit Text. Wenn der Schalter gedrückt wird, so erhalten alle bei dem Schalter mit addAction Listener(beobachter) registrierten Beobachter ein ActionEvent-Objekt. Diese Beobachter müssen die ActionListener-Schnittstelle implementieren. Dies ist eine funktionale Schnittstelle, d. h., wir können wie in Listing 7.2 mit einer Funktion z. B. in einem Lambda-Ausdruck auf das Ereignis reagieren.

Die Methode getActionCommand() des ActionEvent-Objekts liefert den Text des Schalters. Die Methode getSource() der Basisklasse EventObject von ActionEvent liefert das Objekt, das das Ereignis ausgelöst hat.

In Swing-Programmen kann man die Schalter mit Bildern hinterlegen. Dazu benötigt man ein Bild in einem der gängigen Formate in einer Datei. Mit Hilfe der Klasse ImageIcon wird es geladen und kann im Konstruktor eines JButton übergeben werden. Die Methode setRolloverIcon (ImageIcon icon) kann dafür sorgen, dass das Bild icon angezeigt wird, sobald der Mauszeiger über dem Schalter liegt, wenn setRollover Enabled mit **true** aufgerufen wurde. setTootTipText (String text) ist für das Erscheinen eines Hinweises zum Schalter verantwortlich, sobald sich die Maus einige Zeit in der Nähe des Schalters befindet [SchW99].

Listing 7.10 Programmfragment für Schalter unter Swing mit erweiterten Möglichkeiten

```java
public class JButtonDemo extends JFrame {
  private final static int N = 4;

  public JButtonDemo(String kopfZeile) {
    super(kopfZeile);
    setDefaultCloseOperation(EXIT_ON_CLOSE);
    setLayout(new FlowLayout());
    ImageIcon smileIcon1 = new ImageIcon("smile1.gif");
    ImageIcon smileIcon2 = new ImageIcon("smile2.gif");
    ImageIcon smileIconAni = new ImageIcon("anismile.gif");
```

```
    setSize(640, 120);
    for (int i = 0; i < N; i++) {
      JButton b;
      String text = "Schalter " + i;
      add(b = new JButton(text, ((i & 1) == 0 ? smileIcon1 : smileIcon2)));
      b.setToolTipText("Tipp : " + text);
      // Ein Button wird gesondert behandelt...
      if (0 == i) {
        b.setRolloverIcon(smileIconAni); // Icon, das beim Mauszeiger erscheinen soll
        b.setRolloverEnabled(true); // Reagiert, wenn der Mauszeiger darueber liegt
      }
      b.addActionListener(e->System.out.printf("Gedrueckt wurde: %s\n",
 e.getActionCommand()));
    }
    setVisible(true);
  }
}
```

Bild 7.18 Anzeige der Schalter mit Bildern und der Zusatzinformation

7.3.2 Checkboxen und Radiobutton

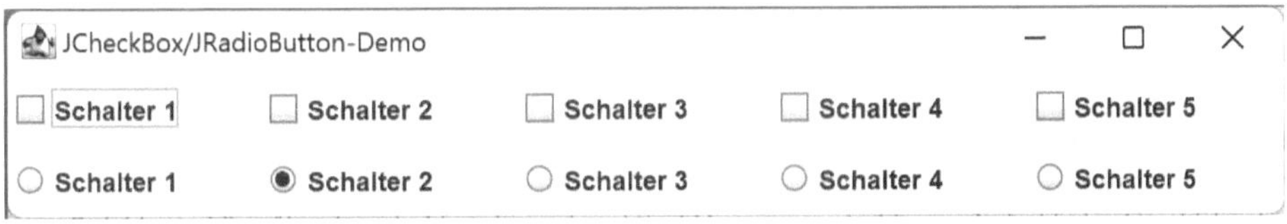

Bild 7.19 Checkboxen und Radiobutton

Eine Checkbox erlaubt es, bei einer Option ein Häkchen zu setzen, wie z. B. bei der Buchung einer Reise: Wollen Sie eine Reisekostenrücktrittsversicherung? Radiobuttons erinnern an die Schalter alter analoger Radios: Wenn man einen Schalter drückte, sprangen die anderen heraus. Damit kann man eine Option aus diversen vorhandenen Möglichkeiten auswählen.

```
add (new JCheckBox ("Reisekostenrücktrittsversicherung?"));
// oder alternativ mit gesetzter Markierung:
add (new JCheckBox ("Reisekostenrücktrittsversicherung?"), true);
```

Das Java-System wird auf Klicken des Anwenders die Markierung der Checkbox alternativ löschen bzw. setzen und das Java-Programm hiervon benachrichtigen.

```
JRadioButton r;
ButtonGroup bg = new ButtonGroup();
add (r = new JRadioButton ("rot", true))); // Gesetzte Auswahl: rot
bg.add (r);
add (r = new JRadioButton ("gruen")));
bg.add (r);
add (r = new JRadioButton ("gelb")));
bg.add (r);
```

Wenn der Anwender auf eine Checkbox bzw. einen Radiobutton in der Gruppe klickt, wird das Java-System die Markierung hierauf setzen bzw. dort lassen. Bei allen anderen Mitgliedern der Gruppe wird die Markierung zurückgesetzt. Swing benachrichtigt alle bei dem Steuerelement registrierten Beobachter mit einem ItemEvent.

Listing 7.11 Programmfragment für Checkboxen und Radiobuttons

```
public class JCheckBoxDemo extends JFrame {
  private final static int N = 5;
  private static final String[] wahl = {"", "An", "Ab"};
  private static void printEvent (ItemEvent e) {
    AbstractButton schalter = (AbstractButton)e.getSource ();
    System.out.printf ("JCheckBox= %s %s\n", schalter.getActionCommand(),
    wahl[e.getStateChange()]);
  }

  public JCheckBoxDemo (String kopfZeile) {
    super (kopfZeile);
    setDefaultCloseOperation (EXIT_ON_CLOSE);
    setLayout (new GridLayout (2, N));
    setSize (600, 100);

    // Einzelne Checkboxen
    JCheckBox cb;
    for (int i = 1; i <= N; i++) {
      add (cb = new JCheckBox ("Schalter " + i));
      cb.addItemListener (e->printEvent (e));
    }

    // Radiobuttons zu einer Gruppe zusammenfassen
    JRadioButton radioButton;
    ButtonGroup buttonGroup = new ButtonGroup();
    for (int i = 1; i <= N; i++) {
      // Checkmarke nur fuer Schalter 2
      add (radioButton = new JRadioButton ("Schalter " + i, (i==2)));
      buttonGroup.add (radioButton);
      radioButton.addItemListener (e->printEvent (e));
    }
    setVisible(true);
  }
}
```

7.3.3 Statischer Text zur Anzeige von Informationen

Ein JLabel ist ein Steuerelement zur Anzeige von Text. Der Anwender kann nichts verändern, wohl aber unser Java-Programm. In Swing kann man mit Bildern die Funktionalität visualisieren und mit HTML die Textdarstellung optisch ansprechend gestalten.

```
JLabel anzahl;
add (anzahl = new JLabel ("Anzahl..."));
// Spaeter ....
anzahl.setText ("1234");
```

Listing 7.12 Programmfragment zur Anzeige von Text und Bildern

```
public class JLabelDemo extends JFrame {

  public JLabelDemo(String kopfZeile) {
    super(kopfZeile);
    setDefaultCloseOperation(EXIT_ON_CLOSE);
    getContentPane().setLayout(new FlowLayout());
    ImageIcon icon = new ImageIcon("smile1.gif");
    setSize(250, 200);
    for (int i = 1; i <= 5; i++) {
      String text = "<html><color = red><b><u>Label</u><br>" + i +
      "</b></color></html>";
      JLabel label = new JLabel(text, icon, SwingConstants.RIGHT);
      add(label);
    }
    setVisible(true);
  }
}
```

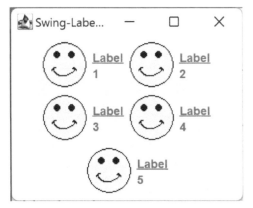

Bild 7.20
Text und Grafiken in Benutzungsoberflächen

Falls eine JLabel-Anzeigefläche nicht in ihren Fensterbereich passt, kann man sie in ein JScrollPane-Objekt einfügen, denn JLabel implementiert die Scrollable-Eigenschaft.

7.3.4 Listen zur Auswahl

Ein Listensteuerelement dient der Selektion von Texten aus einer vom Programm zu definierenden Folge. Die Folge der Texte wird in einem Fenster angezeigt. Wenn dieses nicht alle Zeilen anzeigen kann, müssen wir das Listensteuerelement explizit in einen rollbaren Container einbetten:

```java
JList jList = new JList(...)
JScrollPane scrollPane = new JScrollPane (jList);
```

Bei den Listen müssen wir zwischen Einfach- und Mehrfachselektion unterscheiden. Dieses Merkmal lässt sich bei der Erzeugung eines Steuerelements im Konstruktor setzen oder dynamisch mit setMultipleSelections (**boolean**). Der Anwender kann Elemente einer Liste mit einem Einfachklick auswählen. Java kann ein Programm hiervon mit einem ItemEvent benachrichtigen.

Listing 7.13 Programmfragment für Swing

```java
public class JListDemo extends JFrame {
  private final JList<String> list;

  public JListDemo(String kopfZeile) {
    super(kopfZeile);
    setDefaultCloseOperation(EXIT_ON_CLOSE);
    setSize(250, 200);

    // Aufbau der Daten fuer das List-Steuerelement
    final String daten[] = new String[10];
    for (int i = 0; i < daten.length; i++)
      daten[i] = "Auswahl " + i;
    list = new JList<>(daten);

    // Nur lesender Zugriff auf die Elemente des Model
    // ueber das zugeordnete Default-Datenmodell
    for (int i = 0; i < list.getModel().getSize(); i++)
      System.out.println(list.getModel().getElementAt(i));
    // Wir betten das JList Steuerelement in eine rollbare Flaeche
    JScrollPane scrollPane = new JScrollPane(list);

    // Voreinstellung ausgewaehlter Indices
    int[] ausgewaehlteIndices = { 3, 7 };
    list.setSelectedIndices(ausgewaehlteIndices);
    add(scrollPane, BorderLayout.CENTER);
    list.addListSelectionListener(e -> valueChanged (e));
    setVisible(true);
  }

  // Reaktion auf die Ereignisse
  public final void valueChanged(ListSelectionEvent event) {
    List<String> eintraege = list.getSelectedValuesList();
    System.out.println(eintraege.stream().collect(Collectors.joining
      (",", "Komponenten:[", "]")));
  }
}
```

7.3 Steuerelemente in Benutzeroberflächen

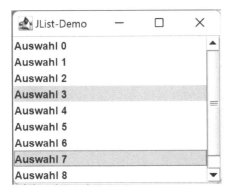

Bild 7.21
Ein Listen-Steuerelement, bei dem zwei Einträge ausgewählt sind

7.3.5 Elementare Auswahl mit der Combobox

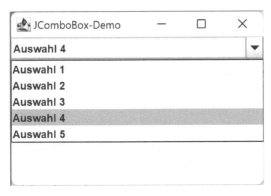

Bild 7.22
Anzeige der Combobox mit ausgewähltem vierten Element

Die JComboBox-Klasse in Swing liefert eine Auswahlmöglichkeit aus Texten in einem Menü, das nach einem Klick auf die Titelzeile aufklappt. Bild 7.22 zeigt diesen Zustand, wobei das Element „Auswahl 2" noch angewählt ist. Gerade wird „Auswahl 3" neu angewählt. Die aktuelle Auswahl lässt sich auch programmiert setzen und wird in der Titelzeile des Steuerelements angezeigt. addItem() dient zum Hinzufügen von Texten in die Auswahl, select() zur programmierten Auswahl.

```
JComboBox objekte = new JComboBox (); // Swing
objekte.addItem ("Stadt");
objekte.addItem ("Land");
objekte.addItem ("Fluss");
// Auswahl eines Eintrags ueber Index
objekte.select (1);            // "Land" gewaehlt
objekte.setSelectedIndex (1); // Swing: "Land" gewaehlt
```

Wenn der Anwender einen Eintrag ausgewählt hat, sendet Swing ein ItemEvent. Der Aufruf getItem() in Listing 7.14 liefert den auslösenden Eintrag.

Listing 7.14 Programmfragment für eine Combobox

```java
public class JComboBoxDemo extends JFrame {

  public JComboBoxDemo(String kopfZeile) {
    super(kopfZeile);
    setDefaultCloseOperation(EXIT_ON_CLOSE);

    final JComboBox<String> comboBox = new JComboBox<>();
    final JLabel anzeige = new JLabel("");
    for (int i = 1; i <= 5; i++)
      comboBox.addItem("Auswahl " + i);

    comboBox.setSelectedIndex(3);
    comboBox.addItemListener(event -> {
      if (event.getStateChange() == ItemEvent.SELECTED)
        anzeige.setText("angewaehlt " + event.getItem());
    });
    add(comboBox, BorderLayout.NORTH);
    add(anzeige, BorderLayout.SOUTH);
    setSize(300, 200);
    setVisible(true);
  }
}
```

7.3.6 Textfelder

Die Klasse javax.swing.text.JTextComponent ist die Basisklasse für alle Steuerelemente, die der Editierung von Text dienen, wie in Bild 7.8 dargestellt. JTextField dient der Editierung von einzeiligem, JTextArea der von mehrzeiligem Text. JTextArea bringt nicht automatisch Rollbalken an, wenn die Textzeilen nicht mehr in das Fenster passen. Aber JTextArea implementiert die Scrollable-Eigenschaft von Swing, sodass man das Steuerelement durch Einbettung in ein JScrollPane-Objekt mit Rollbalken versehen kann. Dies gilt auch für JLabel-Steuerelemente.

Listing 7.15 Programmfragment für den elementaren Einsatz von Textfeldern

```java
public class JTextDemo extends JFrame {

  private final JTextArea ta = new JTextArea("1\n2\n3\n4\n5\n6\n7");
  private final JTextField tf = new JTextField("Hello World");
  private final JButton schaltera = new JButton("-- Text auslesen -->");
  private final JLabel anzeigea = new JLabel("----------");
  private final JButton schalterf = new JButton("-- Text auslesen -->");
  private final JLabel anzeigef = new JLabel("----------");

  private static String JTextArea2String(JTextArea ta) {
    StringBuilder sb = new StringBuilder("<html>");
    String[] zeilen = ta.getText().split("\n");
    for (String zeile : zeilen) {
      sb.append(zeile);
      sb.append("<br>");
```

```
        }
        sb.append("</html>");
        return sb.toString();
    }

    public JTextDemo(String kopfZeile) {
        super(kopfZeile);
        setDefaultCloseOperation(EXIT_ON_CLOSE);

        setSize(500, 200);
        setLayout(new GridLayout(2, 1));
        JPanel panelMehrZeilen = new JPanel();
        panelMehrZeilen.setLayout(new GridLayout(1, 3));
        panelMehrZeilen.add(new JScrollPane(ta));
        panelMehrZeilen.add(schaltera);
        panelMehrZeilen.add(new JScrollPane(anzeigea));

        // Eine einzelne Zeile
        JPanel panelEineZeile = new JPanel();
        panelEineZeile.setLayout(new GridLayout(1, 3));
        panelEineZeile.add(tf);
        panelEineZeile.add(schalterf);
        panelEineZeile.add(anzeigef);

        add(panelMehrZeilen);
        add(panelEineZeile);

        // Registrieren als Beobachter
        schaltera.addActionListener(event -> anzeigea.setText(JTextArea2String(ta)));

        schalterf.addActionListener(event -> anzeigef.setText(tf.getText()));
        setVisible(true);
    }
}
```

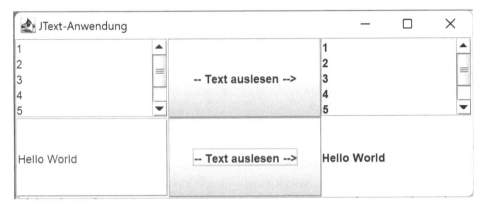

Bild 7.23 Text aus JTextArea bzw. JTextField auslesen

Das Programm in Listing 7.15 liest bei Drücken auf eine der Schaltflächen den Text aus dem entsprechenden Textfeld aus und zeigt ihn an. Wenn unser Text mehrere

Zeilen umfasst, verwenden wir die HTML-Darstellung, um die Zeilenstruktur der Eingabe in der Ausgabe sichtbar zu machen.

7.3.7 Menüs in Java

JFrame ist die Basisklasse für grafische Anwendungen. Objekte dieser Klasse kann man mit Menüleisten versehen, denn JFrame implementiert die MenuContainer-Schnittstelle. Die Menüleiste erhält alle sie betreffenden Ereignisse. Der Anwender kann aus einem Menü einen Punkt auswählen; das Programm wird hiervon wie beim Drücken einer Schaltfläche mit einem ActionEvent benachrichtigt. Jedes Menü kann seinerseits wieder ein Menü enthalten. Dabei kann jeder Eintrag ein gewöhnlicher Menüpunkt, ein Menüpunkt mit einer Marke oder ein Submenü sein. Das folgende Bild zeigt alle Fälle.

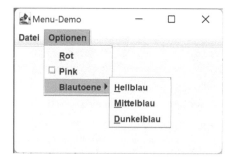

Bild 7.24
Ein Menü mit einem Untermenü

Der Aufruf setJMenuBar montiert eine Menüleiste in eine Rahmenanwendung. Danach lassen sich zu dieser Menüleiste beliebig viele Menüs hinzufügen. Jedem dieser Menüs kann man Einträge hinzufügen, die dann untereinander angeordnet angezeigt werden. Kurzwahltasten zur raschen Auswahl eines Menüpunkts über einen Tastendruck kann man bei der Konstruktion eines Menüpunkts z. B. für den Buchstaben 'R' mit KeyEvent.VK_R angeben. Der entsprechende Buchstabe wird im Menü wie in Bild 7.24 unterstrichen dargestellt. Einträge im Menü lassen sich mit einem Häkchen markieren.

Bei der Reaktion auf Nachrichten muss man die Quelle ermitteln, vgl. hierzu auch Abschnitt 7.1.3. Wenn man nicht für jeden Menüpunkt einen eigenen Beobachter registrieren möchte, kann man den auslösenden Menüeintrag über den Text suchen, wenn der Text der Menüeinträge eindeutig ist. Entweder durchsucht man die Folge der Texte oder man benützt ein Wörterbuch HashMap aus Kapitel 4.

Wenn diese Eindeutigkeit der Texte a priori nicht gegeben ist, lassen sich die Instanzen der Menüeinträge im Frame aufbewahren. Trifft dann ein Ereignis ein, kann man die getSource()-Methode dazu benutzen, den Ursprung der Nachricht zu finden. Man

7.3 Steuerelemente in Benutzeroberflächen

muss der Reihe nach alle Instanzen im Menü mit dem Ziel des Ereignisses vergleichen, bis man fertig ist oder die Quelle des Ereignisses gefunden hat. Diese Vorgehensweise ist im nachfolgenden Programm implementiert.

Listing 7.16 Programmfragment zur Anzeige eines Menüs und zur Reaktion auf Auswahl

```java
public class JFrameMenu extends JFrame {

  public JFrameMenu (String kopfZeile) {
    super (kopfZeile);
    setDefaultCloseOperation (EXIT_ON_CLOSE);
    initialisiereMenues ();
    setSize (300, 200);
    setVisible (true);
  }

  // Die Menueintraege sind die moeglichen Quellen fuer Ereignisse
  private JMenuItem
    m_Sichern,   m_Oeffnen,
    m_Rot,
    m_Hellblau,  m_Mittelblau,  m_Dunkelblau,
    m_Pink;

  private static void print(ActionEvent event) {
    System.out.printf ("%s aktiviert\n", event.getActionCommand());
  }

  public final void initialisiereMenues () {
    JMenuBar menuBar = new JMenuBar ();
    setJMenuBar (menuBar);
    JMenu menu;

    menuBar.add (menu = new JMenu ("Datei"));
    menu.add (m_Sichern = new JMenuItem ("Sichern", KeyEvent.VK_S));
    menu.add (m_Oeffnen = new JMenuItem ("Oeffnen", KeyEvent.VK_O));
    menuBar.add (menu = new JMenu ("Optionen"));
    menu.add (m_Rot = new JMenuItem ("Rot",KeyEvent.VK_R));
    menu.add (m_Pink = new JCheckBoxMenuItem ("Pink"));
    JMenu subMenu = new JMenu ("Blautoene");
    menu.add (subMenu);
    subMenu.add (m_Hellblau = new JMenuItem ("Hellblau", KeyEvent.VK_H));
    subMenu.add (m_Mittelblau = new JMenuItem ("Mittelblau", KeyEvent.VK_M));
    subMenu.add (m_Dunkelblau = new JMenuItem ("Dunkelblau", KeyEvent.VK_D));

    m_Sichern.addActionListener(event->print (event));
    m_Oeffnen.addActionListener(event->print (event));
    m_Rot.addActionListener(event->print (event));
    m_Hellblau.addActionListener(event->print (event));
    m_Mittelblau.addActionListener(event->print (event));
    m_Dunkelblau.addActionListener(event->print (event));
    m_Pink.addActionListener(event->print (event));
  }
}
```

7.4 Steuerelemente unter der MVC-Architektur

Bild 7.10 aus Abschnitt 7.1.6 erläutert das Prinzip der Zusammenarbeit zwischen Swing und einer Anwendung. In diesem Abschnitt setzen wir diese Prinzipien in Programmcode für Swing um: Was müssen wir konkret tun, um die Dienste von Swing in Anspruch zu nehmen? Als Anwendung behandeln wir die folgenden Swing-Steuerelemente:

- JList: Auswahl aus Listen von Objekten
- JComboBox: Eine Combobox mit Objekten
- JTable: Tabellen mit Swing
- JTree: Hierarchische Ordnung

Einfache Objekte wie Zeichenketten können wir in Feldern bzw. als Vector-Sammlung an ein Listen- bzw. Combobox-Steuerelement übergeben, sofern es möglich ist, alle Daten auf einmal zu übergeben. Wir nutzen dabei nicht die MVC-Architektur. Sobald wir benutzerdefinierte Klassen als Objekte einsetzen, „kennt" Swing die Daten nicht mehr und kann sie nicht mehr darstellen. Wenn viele Daten anfallen, wie z. B. bei Anfragen an eine Datenbank, stellt sich auch die Frage, ob wir alle Daten auf einmal auslesen und an Swing übergeben können bzw. sollen.

Wir erarbeiten die Lösung für dieses Problem anhand eines Beispiels: Darstellung und Gliederung von Datensätzen anhand der Klasse Essen. Sie hat als Attribut den Namen, einen Kommentar und den Typ des Essens. Am Beispiel dieser Klasse lernen wir das Zusammenspiel zwischen Swing und dem Programmierer. Wir werden die einzelnen Essen in Listen mit JList und JComboBox darstellen. Mit JTable können wir die Attribute der Objekte in einzelnen Spalten darstellen und editieren. JTree erlaubt es uns, die einzelnen essbaren Objekte nach Typen zu gruppieren und anzuzeigen.

Listing 7.17 Typen von Essen: EssenTyp und Essen

```java
public enum EssenTyp {
  OBST, GEMUESE, FASTFOOD, SLOWFOOD, ETC;
}
public class Essen {
  private String   name;
  private String   kommentar;
  private EssenTyp essenTyp;

  public Essen(String name, String kommentar, EssenTyp essenTyp) {
    this.name = name;
    this.kommentar = kommentar;
    this.essenTyp = essenTyp;
  }

  //… Konstruktor, get/set/toString/equals/hashCode von Eclipse generiert
  private static final List<Essen> alleEssen = Arrays.asList(
```

```
      new Essen("Banane", "Gelb und schmeckt", EssenTyp.OBST),
      new Essen("Broccoli", "Gesund und kalorienarm", EssenTyp.GEMUESE),
      new Essen("Hamburger", "Mmmhhh lecker", EssenTyp.FASTFOOD),
      …);

  public static List<Essen> getAlleEssen() {
    return alleEssen;
  }
}
```

7.4.1 Übersicht: Aufgabenverteilung Swing-Anwender

Diese Darstellung von Swing erfordert eine erneute Betrachtung des MVC-Paradigmas aus Abschnitt 7.1.6. Das Prinzip der Zusammenarbeit zwischen Swing und dem Anwender ergibt sich aus der MVC-Architektur. Der Anwender hat die Daten (*Model*), Swing sorgt für die Anzeige (*View*) und Interaktion (*Controller*) mit dem Anwender.

Nach dem Start übernimmt Swing die Steuerung des Ablaufs. In der vereinfachten Darstellung aus Abschnitt 7.3 übergibt der Anwender seine Daten an Swing. In diesem Abschnitt 7.4 folgen wir der MVC-Architektur konsequent. Im Allgemeinen „braucht Swing die Daten nicht" und muss „nur wissen, was" (*Model*) und „wie es darzustellen ist" (*Renderer*). Dazu fragt Swing den Anwender nach den Daten. Der Anwender wird im Model Fragestellungen von Swing wie

- `int getSize()`:

  Wie viele Elemente gibt es bei den Daten?

- `Object getElementAt(i)`:

  Gib mir das Element in Zeile i!

durch Überschreiben der Methoden der Klassen `DefaultComboBoxModel` beantworten müssen. Dies funktioniert, solange sich die Daten nicht ändern. Bei Tabellen können wir keine ganze Zeile auf einmal, sondern müssen die Objekte in den einzelnen Zeilen und Spalten übergeben.

Swing kann nicht permanent fragen, ob die Daten noch aktuell sind, das wäre zu viel Aufwand. Swing muss über Ereignisse von Änderungen mit den `fire…(...)`-Methoden der Klassen `AbstractListModel` bzw. `AbstractTableModel` unterrichtet werden, um den Stand der Daten in der Anzeige korrekt wiedergeben zu können. Diese Model-Schnittstellen sind für die einzelnen Steuerelemente spezifisch.

Zur Darstellung der Daten bietet Swing einen voreingestellten Modus an. Spezielle Wünsche bei der Darstellung kann Swing erfüllen, indem es sich beim Aufbau der Anzeige der Daten mit der folgenden Frage an den „Besitzer der Daten" wendet:

- Wie stelle ich das Element xyz dar? (*Renderer*)

Dazu überschreiben wir die sog. *renderer*-Methoden, wie z. B. `Component getListCellRendererComponent` der Schnittstelle `ListCellRenderer`.

7.4.2 Vertiefung für JList und JComboBox

Swing übernimmt die Visualisierung von Daten als Listen-Steuerelement, wenn der Anwender das Interface ListModel implementiert. Der Anwender muss nur die Methoden int getSize() und getElementAt(i) überschreiben. Dies reicht als Vertrag zwischen dem Anwender und Swing nur dann, wenn sich die Daten nicht ändern. Wenn Änderungen z. B. durch Interaktion des Anwenders mit der Software zu erwarten sind, müssten wir die add- bzw. removeListDataListener()-Methode implementieren, um die potenziellen Beobachter zu verwalten. Swing implementiert diese und andere Methoden in dem „Halbfertigfabrikat" AbstractListModel. Wenn Sie Ihre Model-Klassen für List-Steuerelemente davon ableiten, erben diese deren Funktionalität.

Comboboxen sind eine kompakte Form der Listen, sie haben einen *sog. ausgewählten Eintrag*, der platzsparend mit einem Symbol zum Aufklappen der Combobox angezeigt wird. Dieses selectedItem erscheint in der UML als Property SelectedItem. In Java müssen wir eine get- und set-Methode erstellen. Die folgende UML in Bild 7.25 zeigt auf der linken Seite Klassen für die Swing-Architektur für Listen und *Comboboxen*. Auf der rechten Seite sehen Sie, wie wir „unsere" Klassen ableiten.

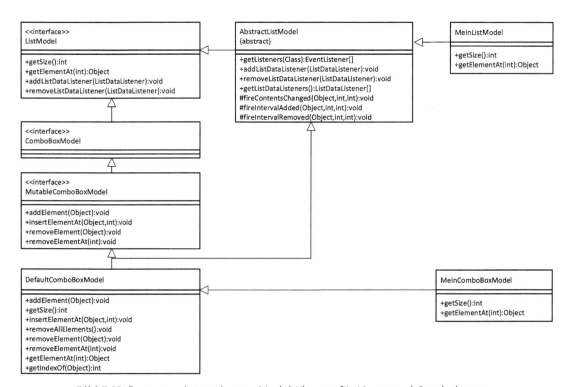

Bild 7.25 Programmieren eigener Model-Klassen für Listen und Comboboxen

Renderer

Wenn wir mit der Darstellung in Java nicht zufrieden sind, müssen wir die ListCell Renderer-Schnittstelle implementieren. Sie hat nur eine Methode. Diese muss eine GUI-Komponente Component liefern, z. B. ein JPanel.

```
public Component getListCellRendererComponent
    (JList list,              // Die Liste
    Object value,              // Der anzuzeigende Wert. nicht nur Text möglich!
    int index,                 // Zur Information: der Index
    boolean isSelected,        // Ausgewählt?
    boolean cellHasFocus)      // Hat die Komponente den Fokus?
```

7.4.2.1 Eine MVC-Anwendung für JList

Unsere Anwendung soll eine Auswahl aus angezeigten Essensangeboten erlauben. Die einzelnen Angebote stellen wir in einer Liste dar. Der Anwender unserer Software kann auch mehrere Essen auf einmal auswählen.

Bild 7.26
Probelauf der Auswahl von Essen

Die Software besteht aus drei Klassen. Die UML für unsere Model-Klasse EssenList Model finden Sie in Bild 7.25. Die Klasse EssenList benützt ein JList-Steuerelement zur Anzeige dieser Essensdaten. Die Klasse EssenListRenderer stellt schließlich die einzelnen Zeilen der Liste dar.

Listing 7.18 Das Model für die Liste der Essen und die JList zur Auswahl

```java
public class EssenList extends JFrame {
  private JList<Essen> list = null;

  public EssenList(String kopfZeile) {
    super(kopfZeile);
    setDefaultCloseOperation(EXIT_ON_CLOSE);
    setSize(250, 200);

    // Aufbau der Daten fuer das List-Steuerelement
    EssenListModel daten = new EssenListModel();
    Essen.getAlleEssen().stream().forEach(essen -> daten.add(essen));

    list = new JList<>(daten);
```

```java
    // Die Listenimplementierung soll nicht fuer alle Elemente
    // die Hoehe oder Breite ausrechnen, das koennte zu lange dauern.
    // Deswegen verwenden wir einfach das 0.te Element.
    // Alternativ koennte man auch mit
    // fixedCellWidth und fixedCellHeight
    // Breite und Hoehe festlegen.
    list.setPrototypeCellValue(daten.getElementAt(0));

    // Die rollbare Flaeche
    JScrollPane scrollPane = new JScrollPane(list);

    // Voreinstellung ausgewaehlter Indices
    int[] selectedIndices = { 3, 7 };
    list.setSelectedIndices(selectedIndices);

    add(scrollPane, BorderLayout.CENTER);
    list.addListSelectionListener(event -> {
      if (!event.getValueIsAdjusting()) {
        System.out.println("Gedrueckt wurde: " + event.getFirstIndex() +
          " .. " + event.getLastIndex());
        List<Essen> auswahl = list.getSelectedValuesList();
        if (auswahl != null) {
          System.out.print("Komponente : ");
          auswahl.stream().forEach(o -> System.out.println(o));
          System.out.println(" gewaehlt");
        }
      }
    });

    list.setCellRenderer(new EssenListRenderer());
    setVisible(true);
  }

  public static void main(String[] args) {
    javax.swing.SwingUtilities.invokeLater(() -> new EssenList
      ("Was essen wir denn heute?"));
  }
}
```

Listing 7.19 Darstellung der einzelnen Einträge mit Hilfe eines Renderers

```java
public class EssenListRenderer implements ListCellRenderer {

  @Override
  public Component getListCellRendererComponent(
    JList<? extends Essen> list, Essen essen, int index,
      boolean isSelected, boolean cellHasFocus) {
    JLabel label = new JLabel(essen.getName());
    label.setOpaque(true);
    label.setHorizontalAlignment(SwingConstants.CENTER);
    // Ein schöner Rand
    label.setBorder(BorderFactory.createEtchedBorder());
    if (isSelected) {
      switch (essen.getEssenTyp()) {
      case FASTFOOD:
        label.setBackground(Color.RED);
        break;
```

```
      case OBST:
      case GEMUESE:
        label.setBackground(Color.GREEN);
        break;
      case SLOWFOOD:
      case ETC:
        label.setBackground(Color.YELLOW);
        break;
      }
    }
    return label;
  }
}
```

7.4.2.2 JComboBox

Nach dem UML-Klassendiagramm in Bild 7.25 leiten wir unser `EssenComboBoxModel` von der Klasse `DefaultComboBoxModel` ab. Über die Anforderungen der `List`-Model-Schnittstelle hinaus müssen wir die get-/set-Methoden zur Auswahl bzw. Abwahl des selektierten Elements überschreiben.

Listing 7.20 Unsere ComboboxModel-Implementierung und die Combobox

```
public class EssenComboBoxModel extends DefaultComboBoxModel<Essen> {
  // aktueller Wert der ComboBox
  private Essen currentValue;

  // Setzt den neuen Wert der ComboBox
  @Override
  public void setSelectedItem(Object anObject) {
    currentValue = (Essen)anObject;
  }

  // Liefert den aktuellen Wert zurueck
  @Override
  public Essen getSelectedItem() {
    return currentValue;
  }

  @Override
  public int getSize() {
    return Essen.getAlleEssen().size();
  }

  // Liefert das Element
  @Override
  public Essen getElementAt(int index) {
    return Essen.getAlleEssen().get(index);
  }
}
```

7.4.3 Tabellen und Baumsteuerelemente

Ein Listensteuerelement kann nur eine Spalte anzeigen. In vielen Fällen reicht dies aus, häufig haben interessante Objekte mehr als ein Attribut. Dann benötigen wir Tabellen wie in Bild 7.27 zur übersichtlichen Anzeige und ggfs. zum Editieren der Daten. Swing erlaubt die Anzeige der Tabellen mit dem JTable-Steuerelement. Die Menge der Daten kann leicht sehr groß werden, wenn man z. B. an alle Dateien auf einem Datenträger denkt. In diesem Fall kann man die Daten hierarchisch gliedern. Bei den Dateien erhält man die Unterverzeichnisse. Diese Gliederung kann man fortsetzen, man erhält die Unterverzeichnisse der Unterverzeichnisse usw. In Swing stehen uns mit dem JTree-Steuerelement und den Klassen zur Darstellung von Bäumen die nötigen Hilfsmittel zur Verfügung.

7.4.3.1 Das Steuerelement für Tabellen JTable

Mit Tabellen kann man Informationen übersichtlich darstellen. Eine Tabelle setzt sich aus der Überschrift sowie den Zeilen zusammen. Jede Zeile besteht aus einzelnen Spalten. Die folgende Speisekarte hat mehrere Zeilen mit jeweils drei Spalten: *Name*, *Kommentar* und *Typ*. Jede Spalte enthält Daten in einem für die Spalte spezifischen Format, wie hier String bzw. EssenTyp. In diesem Abschnitt wollen wir das Programm zur Anzeige und zum Editieren der Einträge in einer Tabelle herleiten:

- EssenTableModel: Model für Essen
- EssenTypComboBoxModel: Combobox zum Editieren der Essenstypen
- EssenTable: das Rahmenprogramm zur Steuerung der Abläufe

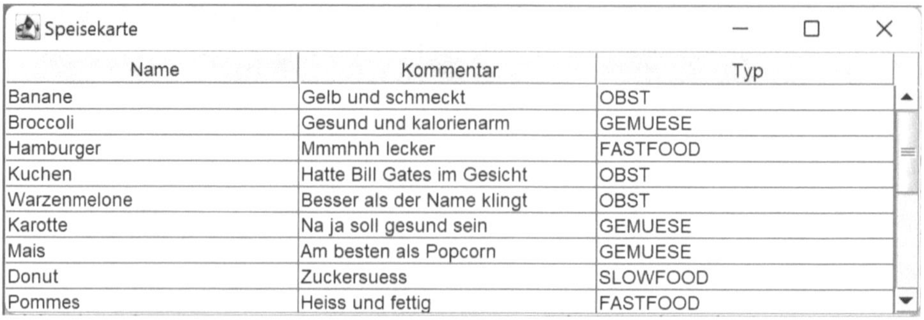

Name	Kommentar	Typ
Banane	Gelb und schmeckt	OBST
Broccoli	Gesund und kalorienarm	GEMUESE
Hamburger	Mmmhhh lecker	FASTFOOD
Kuchen	Hatte Bill Gates im Gesicht	OBST
Warzenmelone	Besser als der Name klingt	OBST
Karotte	Na ja soll gesund sein	GEMUESE
Mais	Am besten als Popcorn	GEMUESE
Donut	Zuckersuess	SLOWFOOD
Pommes	Heiss und fettig	FASTFOOD

Bild 7.27 Die kommentierte Speisekarte

Eine Tabelle kann als Anzeige einer zweidimensionalen nxm-Matrix aus n Zeilen zu je m Spalten verstanden werden. Die Swing-Klasse JTable visualisiert solche Daten. Der Anwender muss die TableModel-Schnittstelle implementieren. Als komfortable Ausgangsbasis für eigene Implementierungen bietet sich die Klasse AbstractTableModel an. Sie implementiert die Benachrichtigung bei Änderung der Daten.

Damit müssen Anwender im Minimalfall Swing nur noch Auskunft erteilen über:

▪ Anzahl der Zeilen	`int getRowCount()`
▪ Anzahl der Spalten	`int getColumnCount()`
▪ Element in Zeile, Spalte	`Object getValueAt(int row, int col)`

Diese Schnittstelle lässt sich offensichtlich nicht weiter reduzieren. Wenn man die Namen der Spaltenüberschriften anzeigen möchte, muss man die Methode `String getColumnName(int col)` überschreiben. Wenn einzelne Zellen editierbar sein sollen, muss man die Methode `boolean isCellEditable(int row, int col)` und dann in der Konsequenz auch `void setValueAt(Object value, int row, int col)` überschreiben.

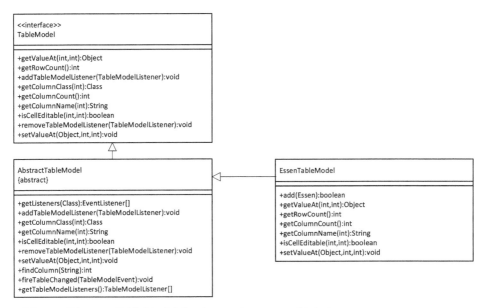

Bild 7.28 Wie man TableModel-Implementierungen ableitet

Eine kommentierte Essensauswahl

Wir implementieren die „Speisekarte" aus Bild 7.27. Dazu müssen wir die `Table Model`-Schnittstelle implementieren. Hierzu schreiben wir die Klasse `EssenTableModel` als Ableitung von der Klasse `AbstractTableModel`, welche die allgemeinen Methoden der Schnittstelle implementiert. Die Rahmenanwendung zur Anzeige der Tabelle muss nur noch ein `EssenTableModel`-Objekt erzeugen, mit Werten versorgen und hiermit ein `JTable`-Objekt erzeugen. Beachten Sie bitte, dass die Spaltenüberschriften nur angezeigt werden, falls wir das `JTable`-Objekt in eine `JScrollPane` einbetten.

Listing 7.21 EssenTableModel implementiert die TableModel-Schnittstelle.
```java
public class EssenTableModel extends AbstractTableModel {
  private final List<Essen> alleEssen;

  public EssenTableModel(List<Essen> alleEssen) {
    this.alleEssen = alleEssen;
  }

  @Override
  private final static String[] spaltenNamen = {"Name", "Kommentar","Typ"};

  @Override
  public String getColumnName(int col) {
    return spaltenNamen[col];
  }

  @Override
  public int getColumnCount() {
    return 3;
  }

  @Override
  public int getRowCount() {
    return alleEssen.size();
  }

  public boolean add(Essen e) {
    return alleEssen.add(e);
  }

  @Override
  public boolean isCellEditable(int row, int col) { return true; }

  @Override
  public void setValueAt(Object value, int row, int col) {
    Essen essenAlt = alleEssen.get(row);

    switch (col) {
    case 0:
      essenAlt.setName((String)value);
      break;
    case 1:
      essenAlt.setKommentar((String)value);
      break;
    case 2:
      essenAlt.setEssenTyp((EssenTyp)value);
      break;
    }
  }

  @Override
  public Object getValueAt(int row, int col) {
    Essen essen = alleEssen.get(row);

    switch (col) {
    case 0:
```

7.4 Steuerelemente unter der MVC-Architektur

```
        return essen.getName();
      case 1:
        return essen.getKommentar();
      case 2:
        return essen.getEssenTyp();
      }
      return null;
  }
}
```

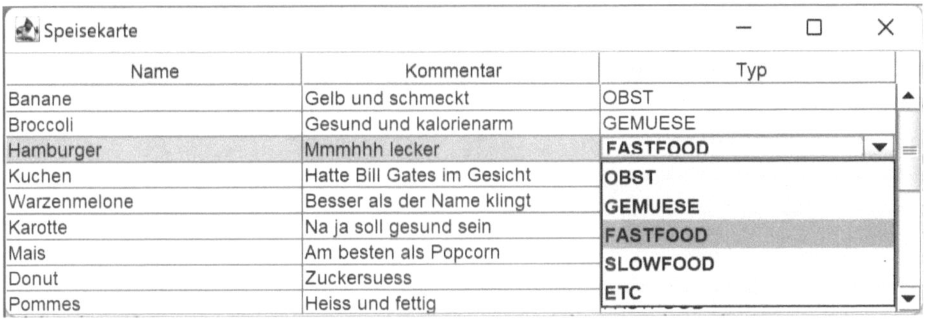

Bild 7.29 Editieren von Einträgen in Tabellen

Editieren der Speisekarte

Die Speisekarte aus Bild 7.29 hat drei Spalten. Die Spalten 0 und 1 enthalten Daten vom Typ `String`, die Spalte 2 enthält Daten des Aufzählungstyps `EssenTyp`. Wenn der Typ der Daten einer Spalte ein Basisdatentyp bzw. `String` ist, muss man die entsprechende Spalte lediglich durch Überschreiben der Methode **boolean** `isCellEditable` (**int** row, **int** col) als editierbar kennzeichnen und in der entsprechenden **void** `setValueAt(Object value, int row, int col)`-Methode den Wert value auf den Wert des Objekts zuweisen. Java verwendet eigene Editoren für diese ihm bekannten Typen. Für benutzerdefinierte Typen muss man eigene Editoren erstellen. In unserer Anwendung benötigen wir einen Mechanismus zur Auswahl aus der Aufzählung `EssenTyp`. Dafür eignet sich eine Combobox. Sie zeigt bei Aufruf den eingestellten Wert und erlaubt die Auswahl aus dem Spektrum der vorhandenen Alternativen. Diese Combobox setzen wir an der Stelle (*) in Listing 7.23 als Editor. Listing 7.22 zeigt die Implementierung des für die Combobox erforderlichen ComboBox-Models, die für alle Aufzählungstypen analog geschrieben werden kann.

Listing 7.22 Editieren eines enum-Werts in einer Spalte einer Tabelle

```
public class EssenTypComboBoxModel extends DefaultComboBoxModel<EssenTyp> {
  // aktueller Wert der ComboBox
  private EssenTyp aktuellesObjekt;

  private static final List<EssenTyp> alleEssenTypen = new ArrayList<>();
```

```java
static {
  alleEssenTypen.addAll(Arrays.asList(EssenTyp.values()));
}

public EssenTypComboBoxModel() {
}

// Setzt den neuen Wert der ComboBox
@Override
public void setSelectedItem(Object anObject) {
  aktuellesObjekt = (EssenTyp)anObject;
}

// Liefert den aktuellen Wert zurueck
@Override
public EssenTyp getSelectedItem() {
  return aktuellesObjekt;
}

@Override
public EssenTyp getElementAt(int index) {
  return alleEssenTypen.get(index);
}

@Override
public int getSize() {
  return alleEssenTypen.size();
}
}
```

Listing 7.23 Rahmenprogramm zur Darstellung der Tabelle aus Essen

```java
public class EssenTable extends JFrame {

  public EssenTable(String kopfZeile) {
    super (kopfZeile);
    setDefaultCloseOperation(EXIT_ON_CLOSE);
    setSize(600, 200);
    EssenTableModel essenModel = new EssenTableModel(Essen.getAlleEssen());
    JTable tabelle = new JTable(essenModel);
    JScrollPane scrollpane = new JScrollPane(tabelle);
    TableColumn spalteTyp = tabelle.getColumnModel().getColumn(2);
    // Editor für den Typ des Essens setzen
    spalteTyp.setCellEditor(new DefaultCellEditor
    (new JComboBox<> (new EssenTypComboBoxModel()))); // (*)

    add(scrollpane, BorderLayout.CENTER);

    setVisible(true);
  }

  public static void main(String[] args) {
    javax.swing.SwingUtilities.invokeLater(() -> new EssenTable("Speisekarte")
    );
  }
}
```

7.4.3.2 JTree

Das `JTree`-Steuerelement dient der Visualisierung baumartig strukturierter Daten, wie sie z. B. aus dem Windows-Explorer bekannt sind. Das Dateisystem besteht aus einzelnen Elementen. Jedes Element kann eine Datei oder ein Verzeichnis sein. Wenn das Element ein Verzeichnis ist, dann enthält es seinerseits andere Elemente. Kein Element kann in zwei Verzeichnissen liegen, d. h., jedes Element außer der sog. Wurzel[2] hat genau einen Vorgänger. Allgemein heißen die Elemente eines Baums Knoten. Verbindungen bezeichnet man als Kanten. Diese Kanten sind bei einem Baum gerichtet, sie weisen stets vom Elternknoten[3] zum Kindknoten[4]. Mit baumartig strukturierten Daten kann man hierarchische Beziehungen modellieren. Damit lassen sich komplexe Sachverhalte wie Dateibäume übersichtlich darstellen, womit man dem Benutzer eine Navigation in den Daten ermöglicht.

In diesem Abschnitt setzen wir zunächst die Eltern-Kind-Beziehung in die Notation für Bäume unter Swing um. Die so gewonnenen Hilfsmittel wenden wir dann bei der Gliederung der Speisekarte nach den Typen des Essens an.

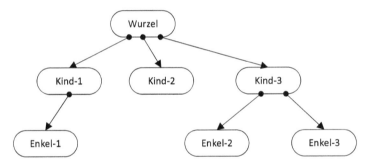

Bild 7.30 Beziehungen zwischen den Knoten eines Baums aus der Sicht des Wurzelknotens

Ansicht eines Baums

Zur Darstellung baumstrukturierter Daten übergibt der Anwender einen Baum an Swing. Der Baum enthält Knoten der Klasse `DefaultMutableTreeNode` aus dem Package `javax.swing.tree`. Einen Baum wie in Bild 7.30 bauen wir mit dem Programm in Listing 7.24 auf. Wir legen zunächst den Wurzelknoten `rootNode` an. Diesem Knoten fügen wir andere Knoten mit `add(…)` hinzu. Die so angehängten Knoten sind die Kindknoten des Wurzelknotens. Untereinander stehen die angehängten Knoten in einer Geschwisterbeziehung. Jedem Kindknoten können wir, seinerseits, hier als „Enkel…" bezeichnete Knoten hinzufügen.

---

[3] engl. root

[4] engl. parent

[5] engl. child

Listing 7.24 Programmierte Erstellung des Baums in Java

```java
public class VerwandtschaftsBaum extends JFrame {

  public static DefaultMutableTreeNode createTree() {
    DefaultMutableTreeNode rootNode, node;
    // Wurzel
    rootNode = new DefaultMutableTreeNode("Wurzel");
    // Kinder und Kindeskinder (= Enkel)
    node = new DefaultMutableTreeNode("Kind-1");
    rootNode.add(node);
    node.add(new DefaultMutableTreeNode("Enkel-1"));
    rootNode.add(new DefaultMutableTreeNode("Kind-2"));

    node = new DefaultMutableTreeNode("Kind-3");
    rootNode.add(node);

    node.add(new DefaultMutableTreeNode("Enkel-2"));
    node.add(new DefaultMutableTreeNode("Enkel-3"));
    return rootNode;
  }

  public VerwandtschaftsBaum(String kopfZeile) {
    super(kopfZeile);
    setDefaultCloseOperation(EXIT_ON_CLOSE);
    setSize(600, 200);
    JTree treeView = new JTree(createTree());

    JScrollPane scrollpane = new JScrollPane(treeView);

    add(scrollpane, BorderLayout.CENTER);
    setVisible(true);
  }

  public static void main(String[] args) {
    javax.swing.SwingUtilities.invokeLater(() -> {
      new VerwandtschaftsBaum("Abstammungslehre");
    });
  }
}
```

Bild 7.31 Grafische Anzeige des Baums mit JTree

Übersicht der Klasse DefaultMutableTreeNode

Das Programm aus Listing 7.24 benützt Knoten mit Text. Statt Text kann jeder Knoten ein Objekt enthalten, das man mit den Methoden **void** setUserObject(Object objekt) und Object getUserObject() setzen bzw. auslesen kann.

Die Klasse DefaultMutableTreeNode enthält Methoden zum Navigieren im Baum in Richtung Eltern- (Parent), Geschwister- (Sibling) und Kindknoten (Child).

Tabelle 7.6 Ausgewählte Methoden für DefaultMutableTreeNode

TreeNode getParent()	Bestimme den Elternknoten
TreeNode getChildAt(int)	Knoten für i-tes Kind
int getChildCount()	Anzahl der Kindknoten
TreeNode getFirstChild()	Erstes Kind
TreeNode getLastChild()	Letztes Kind
TreeNode getChildAfter(TreeNode node)	Kind nach angegebenem Knoten
TreeNode getChildBefore(TreeNode node)	Kind vor angegebenem Knoten
int getSiblingCount()	Anzahl der Geschwister
DefaultMutableTreeNode getNextSibling()	Nächstes Geschwister
DefaultMutableTreeNode getPreviousSibling()	Voriges Geschwister

Besonders komfortabel sind die Aufzählungen, die ein Durchlaufen des Baums oder Teilen davon erlauben. Bei der *breadthFirstEnumeration*-Aufzählung werden zuerst alle Knoten der höheren Ebene betreten, danach die Knoten der nächsten Ebene. Bei der *depthFirst*-Aufzählung „steigt" man zunächst die Tiefe des Baums hinab und betritt alle Kindknoten, bevor man die zugehörigen Elternknoten betritt. Dies entspricht der *postorder*-Reihenfolge. Bei *preorder* wird zuerst der Elternknoten betreten, dann alle Kindknoten.

```
Enumeration children();
Enumeration preorderEnumeration();
Enumeration postorderEnumeration();
Enumeration breadthFirstEnumeration();
Enumeration depthFirstEnumeration();
```

Tabelle 7.7 Probelauf für verschiedene Aufzählungen

breadthFirst	depthFirst	postorder	preorder
Wurzel	Enkel-1	Enkel-1	Wurzel
Kind-1	Kind-1	Kind-1	Kind-1
Kind-2	Kind-2	Kind-2	Enkel-1
Kind-3	Enkel-2	Enkel-2	Kind-2
Enkel-1	Enkel-3	Enkel-3	Kind-3
Enkel-2	Kind-3	Kind-3	Enkel-2
Enkel-3	Wurzel	Wurzel	Enkel-3

Der Probelauf zeigt die Reihenfolge, in der die Knoten des Baums bei den einzelnen Verfahren betreten werden.

Tabelle 7.8 Die folgenden Methoden geben Auskunft über die Lage eines Knotens im Baum.

`int` getDepth()	Tiefe: maximale Länge eines Pfads ab hier zu Nachfolgeknoten
`int` getLevel()	Länge des Pfads von der Wurzel bis zu diesem Knoten
`boolean` isLeaf()	Ist dieser Knoten ein Blatt? (= Knoten ohne Nachfolger)

Vorsicht

Die Klasse `DefaultMutableTreeNode` ist nicht Thread-sicher. Im Java-API wird empfohlen, Zugriffe auf einen Baum an der Wurzel zu synchronisieren. Dadurch stellt man sicher, dass zu einem Zeitpunkt nur ein Thread den Baum bearbeiten kann. Diese maximale Sicherheit wird um den Preis der minimalen Parallelisierbarkeit von Aktivitäten im Baum erkauft.

Ereignisse

Ein Anwender unseres Programms aus Listing 7.24 kann auf die einzelnen Symbole klicken, wie etwa in Bild 7.31 gezeigt, wo sich der Zweig mit Enkel-2 und Enkel-3 öffnet. Swing wickelt die Behandlung dieser Ereignisse ab. Wenn wir als Entwickler der Software auf diese Ereignisse reagieren möchten, müssen wir die Schnittstelle `TreeSelectionListener` implementieren, wozu man die Methode **void** valueChanged (TreeSelectionEvent event) schreiben muss. Das übermittelte `TreeSelectionEvent` liefert Informationen über den Pfad von der Wurzel bis zu dem Element, auf das geklickt wurde. Dabei versteht man in diesem Fall unter einem Pfad ein Objekt der Klasse `TreePath`. Dieses Objekt liefert die Folge der Knoten von der Wurzel bis zum angeklickten Knoten: `Object[] getPath()`. Den letzten dieser Knoten erhält man mit dem Aufruf `Object getLastPathComponent()`. Dies ist gerade der angeklickte Knoten. Mit Hilfe der Methoden aus Tabelle 7.6 können wir feststellen, ob dieser Knoten weitere Knoten als Nachfolger hat oder ob er ein Blatt ist.

Problemstellung: Ordnung der Speisekarte nach den Typen des Essens

Wir wollen unsere Speisekarte nach Essenstypen wie Obst, Gemüse ... gegliedert anzeigen. Dazu teilen wir den Inhalt des Bildschirms in zwei Flächen auf. In der linken Fläche zeigen wir ein Baumsteuerelement, bei dem unter der Wurzel Essen als Kindknoten die einzelnen Bild 7.32 gezeigten Typen aus Listing 7.17 hängen. Wenn der Anwender z. B. auf OBST klickt, soll in der rechten Hälfte der Fläche ein Tabellensteuerelement mit allen zur Verfügung stehenden Obstsorten Bild 7.1 mit dem Programm aus Listing 7.21 angezeigt werden.

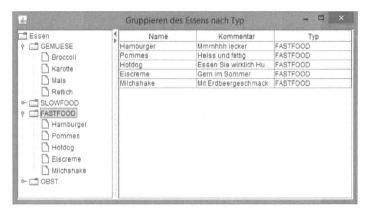

Bild 7.32 Hierarchische Ordnung von Daten mit einem Baumsteuerelement

Analyse: Gliedern der Daten

Die Daten liegen als Liste in der Klasse Essen aus Listing 7.17 vor. Wir verwenden einen Stream aus diesen Daten. Mit einem Collector aus Abschnitt 4.3.2 können wir die Daten nach dem Typ gruppieren. Wir erhalten eine Zuordnung des Essentyps zu allen Essen mit diesem Typ:

```
Map<EssenTyp, List<Essen>> essenMap =
  Essen.getAlleEssen()
  .stream()
  .collect(Collectors.groupingBy(Essen::getEssenTyp));
```

Die Schlüssel von essenMap werden die Knoten des Baums in der linken Hälfte in Bild 7.32. Alle zugehörigen Elemente finden sich in der Liste zu diesem Schlüssel. Diese Elemente zeigen wir in der rechten Hälfte des Bildschirms an.

Analyse: Aufbau des Bildschirms

Die Aufteilung des Bildschirms besorgt ein JSplitPane-Element. Mit dem Befehl setLeftComponent setzen wir ein JTree-Steuerelement mit den o. a. Knoten links ein. Dieser Baum besteht aus der Wurzel *Essen* und den als Kindknoten angehängten Typen von Essen. Bei jedem dieser Typen hängen wir alle Essen des jeweiligen Typs als Kindknoten an. Die Klasse KnotenKlick implementiert die TreeSelectionListener-Schnittstelle.

Wenn der Anwender unseres Programms wie in Bild 7.32 auf einen Knoten klickt, wird die Methode valueChanged(TreeSelectionEvent event) aufgerufen. Wie oben beschrieben, ermitteln wir den Knoten, auf den geklickt wurde. Wenn dieser Knoten Kindknoten hat, holen wir für alle diese Knoten mit getUserObject() die zugehörigen Objekte der Anwendung und bauen mit ihnen das TableModel für die Tabelle in der rechten Seite des Bildschirms auf.

Listing 7.25 Programm für das Gruppieren des Essens nach Typ

```java
public class EssenBaum extends JFrame {

  // Linke Hälfte: ein JTreee-Steuerelement
  // Rechte Hälfte: ein Tabellensteuerelement
  private final JSplitPane splitPane;
  // Eine Zuordnung EssenTyp -> Liste von Essen
  private final Map<EssenTyp, List<Essen>> essenMap;

  private class KnotenKlick implements TreeSelectionListener {

    @Override
    public void valueChanged(TreeSelectionEvent event) {
      DefaultMutableTreeNode dmtn = (DefaultMutableTreeNode) event.getPath().
      getLastPathComponent();
      // Falls ein Knoten wie z.B. FASTFOOD gewaehlt wurde, ermitteln wir
      // die zugehoerigen Essen-Objekte und stellen diese in einer Tabelle dar
      if (dmtn.getDepth() == 1) {
        EssenTyp et = (EssenTyp)dmtn.getUserObject();
        EssenTableModel essenAuswahl = new EssenTableModel(essenMap.get(et));
        // Wir entfernen die alte Tabelle und setzen die neue Tabelle rechts ein
        splitPane.remove(2);
        splitPane.setRightComponent(new JScrollPane(new JTable(essenAuswahl)));
        // 30% Platz fuer die linke Seite
        splitPane.setDividerLocation(0.3);
      }
    }
  }

  public EssenBaum(String kopfZeile) {
    super(kopfZeile);
    setDefaultCloseOperation(EXIT_ON_CLOSE);
    setSize(600, 600);
    // Gruppieren mit den Streams
    essenMap = Essen.getAlleEssen().stream().collect(Collectors.
    groupingBy(Essen::getEssenTyp));
    // Wir tragen alle Typen von Essen als Knoten in den Baum ein
```

```java
    // Bei jedem Typ tragen wir die zugehörigen Speisen ein.
    DefaultMutableTreeNode root = new DefaultMutableTreeNode("Essen");
    for (EssenTyp typ : essenMap.keySet()) {
      DefaultMutableTreeNode child = new DefaultMutableTreeNode(typ);
      root.add(child);
      List<Essen> essenList = essenMap.get(typ);
      essenList.stream().forEach(essen -> child.add
        (new DefaultMutableTreeNode(essen)));
    }
    JTree tree = new JTree(root);

    // Wir binden das JTree-Objekt in eine ScrollPane ein
    tree.getSelectionModel().setSelectionMode(TreeSelectionModel.
    SINGLE_TREE_SELECTION);
    tree.addTreeSelectionListener(new KnotenKlick());

    // Wir waehlen ein horizontal geteiltes Fenster
    // und setzen das Baum-Element links ein
    splitPane = new JSplitPane(JSplitPane.HORIZONTAL_SPLIT, false);
    add(splitPane, BorderLayout.CENTER);
    splitPane.setLeftComponent(new JScrollPane(tree));
    splitPane.setRightComponent(new JLabel(""));
    splitPane.setOneTouchExpandable(true);

    setVisible(true);
  }

  public static void main(String[] args) {
    SwingUtilities.invokeLater(()->new EssenBaum
    ("Gruppieren des Essens nach Typ"));  }
}
```

Zusammenfassung (Swing)

Swing übernimmt bei der Darstellung und Interaktion der Programme die Initiative über die Tastatur und Maus. Während des Ablaufs ruft Swing Methoden unseres Model-Teils auf. Dabei ruft Swing sowohl Methoden zur Ermittlung von Daten zur Anzeige auf (Model) als auch Methoden zur anwendungsspezifischen Darstellung (*Renderer*).

7.5 Kurs: GUI-Anwendungen

In diesem Abschnitt wählen wir eine problemorientierte Sicht auf die Dinge und versuchen, Grundprobleme bei der Entwicklung von Anwendungen für grafische Benutzeroberflächen anhand einiger ausgewählter Fallstudien aus der Sicht des Entwicklers zu besprechen:

- Erstellen einer Zeichnung,
- Interaktion mit der Maus,

- Turtle-Grafik,
- Erstellen von Dialogen,
- Animation.

Die Darstellung folgt dabei dem Schema *Ziel-Vorgehen-Umsetzung*.

7.5.1 Erstellung einer grafischen Komponente

Eine Anwendung soll eine Fläche mit einem Rautenmuster füllen und ausgeben.

Bild 7.33
Bildschirmabdruck für das Rautenmuster

Vorgehen

Ein Programm benötigt zum Zeichnen eine Zeichenfläche. Dazu kann man bei Swing ein JPanel verwenden. Grafische Ausgaben eines Programms auf eine Fläche sind relativ aufwendig, deswegen unterliegen sie strengen Regeln. Swing entscheidet, wann welche Fläche neu dargestellt werden muss. Dies ist natürlich überflüssig, wenn der Anwender die Fläche eines Programms durch ein anderes Programm verdeckt hat. Wenn der Neuaufbau einer Fläche oder einer Teilfläche unvermeidlich ist, ruft Swing die Methode **void** paintComponent(Graphics g) der Klasse für das entsprechende Objekt auf, die wir überschreiben müssen. Diese Zeichenfläche fügt man als Komponente in den JFrame ein. Mit dem Aufruf

```
add (meine Zeichenfläche, BorderLayout.CENTER);
```

kann man dann die Zeichenfläche in der Mitte des JFrame hinzufügen. Das Grafik-Koordinatensystem beschreiben wir in Abschnitt 1.4. Bild 1.9 zeigt, dass die linke obere Ecke die Koordinaten (0, 0) hat. Die Koordinaten der rechten unteren Ecke kann man in der Routine paintComponent(…) mit (getWidth()-1, getHeight()-1) ermitteln.

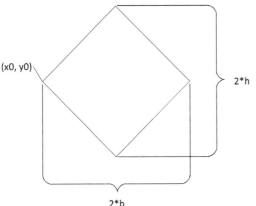

Bild 7.34
Skizze zum Zeichnen einer Raute
bzw. eines Parallelogramms

Wir zeichnen das Rautenmuster, indem wir zunächst die komplette Fläche mit einer Farbe des Musters füllen. Danach zeichnen wir gefüllte Rauten mit der anderen Farbe. Wenn wir eine einzelne Raute zeichnen wollen, können wir die Raute als Polygon betrachten und die Grafikmethoden für solche Polygone benützen. Bild 7.34 zeigt die Überlegungen, um die x- bzw. y-Koordinaten der Punkte des Polygons zu ermitteln (siehe Listing 7.26 in der Methode drawRaute(…)). Wir teilen dann die gesamte Breite der Fläche durch die doppelte Anzahl der gewünschten Rauten anzahlRauten und erhalten die Größe b. Analog ermitteln wir die Größe h. Um die Fläche zu füllen, reihen wir horizontal insgesamt anzahlRauten Rauten aneinander. Diesen Vorgang wiederholen wir auch vertikal. Wir rechnen so lange wie möglich mit **double**-Variablen und übergeben die ganzzahligen Werte erst zum Zeichnen, um die Kumulation von Rundungsfehlern zu vermeiden, die wir bei der Rechnung mit ganzen Zahlen erhalten würden.

Listing 7.26 Ein Programm zum Füllen einer Fläche mit einem Rautenmuster

```
class Zeichenflaeche extends JPanel {

  private final static int anzahlRauten = 10;

  private void drawRaute(Graphics g,
      int x0, int y0, int b, int h, Color color) {
    // Siehe Bild 7.34
    int[] xPunkte = { x0, x0 + b, x0 + 2 * b, x0 + b, x0 };
    int[] yPunkte = { y0, y0 - h, y0,         y0 + h, y0 };
    Polygon p = new Polygon(xPunkte, yPunkte, xPunkte.length);
    g.setColor(color);
    g.fillPolygon(p);
  }

  protected void paintComponent(Graphics g) {
    Dimension size = getSize();
    g.setColor (Color.WHITE);
    g.fillRect(0, 0, size.width, size.height);
    double xSchritt = ((double) size.width) / anzahlRauten / 2;
```

```java
    double ySchritt = ((double) size.height) / anzahlRauten / 2;
    for (int i = 0; i < anzahlRauten; i++) {
      for (int j = 0; j <= anzahlRauten; j++) {
        drawRaute (g, (int)(xSchritt*i*2), (int)(ySchritt*j*2),
                   (int)xSchritt,         (int)ySchritt, Color.BLUE);
      }
    }
  }
}

public class GraphikFrame extends JFrame {
  public GraphikFrame(String kopfZeile) {
    super(kopfZeile);
    setDefaultCloseOperation(EXIT_ON_CLOSE);
    setSize(300, 200);
    add(new Zeichenflaeche(), BorderLayout.CENTER);
    setVisible(true);
  }
  public static void main(String[] args) {
    javax.swing.SwingUtilities.invokeLater(() -> new GraphikFrame
      ("Zeichne ein Rautenmuster"));
  }
}
```

7.5.2 Reaktion auf Mausklicks

Ein Programm soll in einer Fläche ein Schachbrett mit 8x8 Feldern als Gitter anzeigen. Wenn ein Mausklick innerhalb eines Rechtecks erfolgt, dann soll das betreffende Rechteck ab diesem Zeitpunkt gefüllt dargestellt werden. Die Anzeige soll nicht verschwinden, wenn der Anwender das Fenster überdeckt und dann wieder in den Vordergrund schiebt. Wenn sich die Größe des Fensters ändert, soll das Programm die Anzeige des Schachbretts mit den veränderten Größen neu aufbauen.

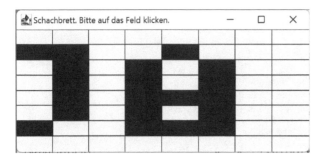

Bild 7.35
Beispiel für eine Bildschirmanzeige nach einigen Klicks

Problemanalyse: Struktur der Anwendung

Die Anwendung schreibt man als eine von JFrame abgeleitete Klasse. Für die Arbeitsfläche verwendet man eine von JPanel abgeleitete Klasse Zeichenflaeche, die man im Frame im Zentrum einsetzt.

Problemanalyse: Größe der Rechtecke

Die Größe des Gitters kann man nur aus der aktuellen Größe des Felds berechnen. Hierzu liest man die Breite bzw. die Höhe der Arbeitsfläche mit `getWidth()` bzw. `getHeight()` aus und teilt diese Werte durch 8. Um Ungenauigkeiten bei der ganzzahligen Division zu vermeiden, rechnet unser Programm intern mit **double**-Werten. Wir zeichnen das Gitter in Form von acht waagrechten bzw. acht senkrechten Linien.

Problemanalyse: Ereignissteuerung

Die Arbeitsfläche `Zeichenflaeche` kann einen `MouseAdapter` als innere Klasse verwenden und im Konstruktor als Beobachter für Mausereignisse registrieren. Konkret reagiert sie nur auf einen Klick, d. h., wir müssen nur die Methode `mouseClicked(...)` überschreiben. Wir lesen die Mauskoordinaten aus dem zugestellten Ereignis `Mouse Event` `event` mit dem Aufruf `event.getPoint()` aus und notieren diesen Punkt in der Variablen `klick` der Klasse `Zeichenflaeche`. Beim Aufruf der Methode `paintComponent` kann man aus den Pixelkoordinaten des Mausklicks die Zeile und Spalte in dem Raster in unserer Zeichenfläche berechnen. Um den Bildschirminhalt später vollständig darstellen zu können, zeichnen wir die Zeile und Spalte im Feld `klicks` auf.

Problemanalyse: Wie kommt die Anzeige auf den Bildschirm?

Nach einem Ereignis rufen wir die `repaint()`-Methode der Zeichenfläche. Danach sorgt das Java-Laufzeitsystem für einen Aufruf der `paintComponent(...)`-Methode. Wir können den Zeitpunkt, zu dem der Aufruf tatsächlich erfolgt, nicht beeinflussen. `repaint` signalisiert lediglich den Aktualisierungsbedarf.

Listing 7.27 Programm zur Reaktion auf Mausklicks

```java
public class Schachbrett extends JFrame {
  private static class Zeichenflaeche extends JPanel {
    // Notiere alle bisherigen Klicks in einem Feld
    private boolean klicks[][];
    // Der Punkt, auf den zuletzt geklickt wurde
    private Point klick = null;

    public Zeichenflaeche () {
      // bisher keine Klicks
      klicks = new boolean [8][8];
      for (int i = 0; i < klicks.length; i++)
        for (int j = 0; j < klicks[i].length; j++)
          klicks[i][j] = false;
      // Zur artgerechten Behandlung der Maus
      addMouseListener (new MyMouseListener ());
    }

    // paintComponent : wie der Name sagt: neu malen
    // Wir zeichnen das Gitter und
    // alle bisher geklickten Rechtecke.
    public void paintComponent (Graphics g) {
      // Berechne die Breite und Höhe der Felder
```

```java
            Rectangle r = getBounds ();
            int b = r.width - 1;
            int h = r.height - 1;
            double y = (double)h / klicks.length;
            double x = (double)b / klicks[0].length;

            // Waagrechte Linien
            for (int i = 0; i < klicks.length; i++) {
                g.drawLine (0, (int)(y*i), b, (int)(y*i));
            }

            // Senkrechte Linien
            for (int i = 0; i < klicks[0].length; i++) {
                g.drawLine ((int)(x*i), 0, (int)(x*i), h);
            }

            // Ermittle das Feld, auf das geklickt wurde
            if (klick != null) {
                int zeile = (int)(klick.y / y);
                int spalte =(int)(klick.x / x);
                klick = null;
                klicks[zeile][spalte] = true;
            }

            // Füllen aller bisher angeklickten Rechtecke
            for (int i = 0; i < klicks.length; i++)
                for (int j = 0; j < klicks[i].length; j++)
                    if (klicks[i][j])
                        g.fillRect ((int)(x*j), (int)(y*i), (int)x+1, (int)y+1);
        }

        // Die Ereignisbehandlung
        // Der Punkt wird notiert.
        // Danach: repaint signalisiert Handlungsbedarf
        class MyMouseListener extends java.awt.event.MouseAdapter {
            public void mouseClicked (MouseEvent event) {
                klick = event.getPoint ();
                repaint();
            }
        }
    }

    public Schachbrett (String kopfZeile) {
        super (kopfZeile);
        setSize (300, 200);
        setDefaultCloseOperation(EXIT_ON_CLOSE);
        add (new Zeichenflaeche (), BorderLayout.CENTER);
        setVisible(true);
    }
}
    public static void main(String[] args) {
        javax.swing.SwingUtilities.invokeLater(() -> new Schachbrett ("Schachbrett "));
    }
}
```

7.5.3 Reaktion auf Mausbewegungen: ein Malprogramm

Ein Programm soll alle Mausbewegungen in seinem Fenster bei gedrückter (linker) Maustaste aufzeichnen und am Fenster wiedergeben. Damit kann der Anwender einfache Freihandzeichnungen erstellen. Wenn das Fenster neu gezeichnet wird, soll die Zeichnung nicht verschwinden, sondern erneut am Bildschirm angezeigt werden.

Bild 7.36
Unser erstes Zeichenprogramm

Vorgehen

Zum Zeichnen verwenden wir eine Unterklasse von JPanel. Da wir sowohl die Mausereignisse als auch die Mausbewegungen „beobachten" müssen, setzen wir einen MausAdapter und einen MouseMotionAdapter ein, um nicht zu viele überflüssige Methoden überschreiben zu müssen. Wir lesen die Mauskoordinaten aus dem zugestellten Ereignis MouseEvent event mit den Aufrufen event.getX() bzw. event.getY() aus. In einem ersten Ansatz könnte man beim Ereignis mousePressed die Position der Maus als Anfangspunkt einer Linie notieren, um dann bei mouseReleased bzw. mouseDragged die nun überlieferten Koordinaten als Endpunkt dieser Linie zu notieren. Jetzt müsste noch per repaint() das Neuzeichnen des Bilds aktiviert werden. Dies hätte den Nachteil, dass die solchermaßen erhaltene Zeichnung nach gewissen Ereignissen verschwindet, z. B. sobald die Fenstergröße verändert wird. In diesem Fall wird nämlich der Bildhintergrund gelöscht und die Grafik neu aufgebaut.

Um die Zeichnung zu erhalten, müssen wir sie jedes Mal aus unseren gesammelten Daten über die Mausbewegung neu aufbauen. Dazu protokollieren wir die Koordinaten in einer ArrayList list.

Das Malprogramm soll auch nicht zusammenhängende Kantenzüge aufzeichnen können. Dazu könnten wir Listen aus Listen von Kantenzügen aufzeichnen oder die einzelnen Kantenzüge gegeneinander durch ein Trennzeichen in Form eines „unmöglichen Punkts" abgrenzen. Wir wählen letztere Methode und fügen am Ende jedes zusammenhängenden Kantenzugs den Punkt *(–1, –1)* ein, denn dieser liegt außerhalb der Zeichenfläche. Bei der Ausgabe überspringen wir einen solchen „unmöglichen Punkt", damit man nicht den letzten Punkt eines Kantenzugs mit dem ersten Punkt des nächsten Kantenzugs zu einer geschlossenen Linie verbindet.

In der mouseDragged(…)-Methode erhalten wir die aktuellen Koordinaten der Maus und zeichnen diese auf. Mit dem Aufruf repaint() sorgen wir indirekt für die Aktualisierung der Anzeige auf dem Bildschirm. Mit der mouseReleased(…)- bzw. der mouse Exited(…)-Nachricht ist ein Kantenzug beendet. Wir hängen noch den letzten Punkt an, gefolgt von einem „unmöglichen Punkt" als Endemarke.

Die paintComponent()-Methode muss den Kantenzug vollständig ausgeben. Hierfür durchläuft sie die Liste der notierten Punkte. Sofern nicht gerade ein „unmöglicher Punkt" vorliegt, verbindet sie jeden Punkt durch eine Linie mit dem nächstfolgenden.

Listing 7.28 Unser erstes Malprogramm

```java
public class Malprogramm extends JFrame {
  private static class MalFlaeche extends JPanel {
    private final static Point end  = new Point(-1, -1);
    // Notizblock fuer die Punkte des Kantenzuges der Mausbewegungen
    private List<Point>        list = new ArrayList<>(50);

    public MalFlaeche() {
      setVisible(true);
      addMouseMotionListener(new MouseMotionAdapter() {
        @Override
        public void mouseDragged(MouseEvent event) {
          // Neuen Punkt aufzeichnen
          list.add(new Point(event.getX(), event.getY()));
          repaint();
        }
      });

      addMouseListener(new MouseAdapter() {
        @Override
        public void mouseReleased(MouseEvent event) {
          // Neuen Punkt aufzeichnen
          list.add(new Point(event.getX(), event.getY()));
          list.add(end); // Endpunkt des Kantenzuges markieren
        }

        @Override
        public void mouseExited(MouseEvent event) {
          // Neuen Punkt aufzeichnen
          list.add(new Point(event.getX(), event.getY()));
          list.add(end); // Endpunkt des Kantenzuges markieren
        }
      });
    }

    // paintComponent rekonstruiert den kompletten Kantenzug
    public void paintComponent(Graphics g) {
      Point p = new Point(end);
      for (Point q : list) {
        // Die eingestreuten Endpunkte auslassen
        if (!(p.equals(end) || q.equals(end)))
```

```
            g.drawLine(p.x, p.y, q.x, q.y);
        p.setLocation(q);
      }
    }
  }

  public Malprogramm(String kopfZeile) {
    super(kopfZeile);
    add(new MalFlaeche(), BorderLayout.CENTER);
    setSize(300, 200);
    setDefaultCloseOperation(EXIT_ON_CLOSE);
    setVisible(true);
  }

  public static void main(String[] args) {
    javax.swing.SwingUtilities.invokeLater(() -> new Malprogramm("Malprogramm"));
  }
}
```

7.5.4 Turtle-Grafik

Eine Turtle-Grafik besteht aus einer „Schildkröte" mit einem aktivierbaren Zeichenstift, die sich über eine Zeichenfläche bewegt. Die „Schildkröte" befindet sich auf einem durch die Koordinaten x, y bestimmten Punkt und zeigt in eine durch einen Winkel angle bestimmte Richtung. Sie dreht sich bei einem turn(Winkel)-Befehl um den angegebenen Winkel und fährt bei einem move(Länge)-Befehl in der momentan eingeschlagenen Richtung eine Strecke der angegebenen Länge. Wenn sie bei einem move()-Befehl sichtbar ist, hinterlässt die „Schildkröte" eine Spur auf der imaginären Zeichenfläche, sonst hat sie sich nur fortbewegt. Mit einer solchen Schildkröte kann man Zeichnungen aus aufeinanderfolgenden Strichen programmieren, wie das berühmte „Haus des Nikolaus". Dabei muss man ein Haus in einem Zug als Folge von Linien zeichnen.

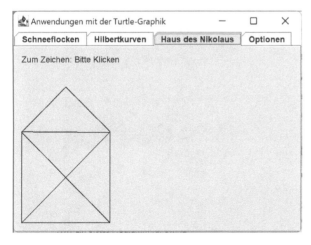

Bild 7.37
Probelauf: Haus des Nikolaus

Vorgehen: Schildkröte

Für die Turtle-Grafik schreiben wir eine eigene Klasse Turtle. Sie enthält als Attribute die Position x, y und den Richtungswinkel angle der „Schildkröte". Die hide()-Methode versetzt die Schildkröte in den Zustand „unsichtbar", die show()-Methode macht sie wieder sichtbar. Die turn(angle)-Methode dreht die Schildkröte um den angegebenen Winkel. Bild 7.38 zeigt eine Problemanalyse für die move(Länge)-Methode. Wenn der Startpunkt der Schildkröte die Koordinaten $(x0, y0)$ und die Schildkröte den angegebenen Winkel eingenommen haben, ergibt sich der Endpunkt (xN, yN) der Bewegung zu $xN = x0 + l * \cos(angle)$ und $yN = y0 + l * \sin(angle)$, wobei l die Länge der zurückgelegten Strecke und *angle* der Winkel ist. Wenn wir den Winkel in der Turtle im Gradmaß verwalten, müssen wir diesen Winkel mithilfe der folgenden Relation noch ins Bogenmaß konvertieren: $180° \equiv \pi$. Zur Anzeige der Schildkröte zeichnen wir eine Line vom Anfangspunkt zum Endpunkt der Strecke. Danach versetzen wir die Schildkröte an den Endpunkt der Linie. Falls die Schildkröte unsichtbar ist, zeichnen wir keine Linie, sondern versetzen die Schildkröte direkt an den Endpunkt.

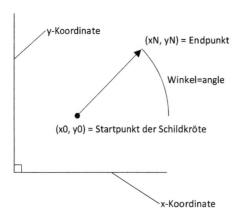

Bild 7.38
Problemanalyse für die move-Methode der Schildkröte

Listing 7.29 Die Turtle-Grafik

```java
public class Turtle {
  // Die Turtle hat einen Punkt sowie eine Richtung in Form eines Winkels
  private double  x, y, angle;
  private boolean visible;

  public Turtle(int x, int y) {
    start(x / 2, y / 2, 0);
  }

  // Setze nur die Turtle neu
  final public void start(double x, double y, double angle) {
    this.x = x;
    this.y = y;
    this.angle = angle;
  }
```

```java
// Anzeigen und Verstecken der Turtle
final public void show() { visible = true; }

final public void hide() { visible = false; }

// Drehen um einen Winkel: 0..360 Grad
final public void turn(double angle) {
  this.angle += angle;
  this.angle = Math.IEEEremainder(this.angle, 360.0);
}

// Turtle-Bewegung
final public void move(Graphics g, double length) {
  double XN, YN;
  if (angle == 0) {
    XN = x + length;
    YN = y;
  } else if (angle == 90.0) {
    XN = x;
    YN = y + length;
  } else if (angle == 180.0) {
    XN = x - length;
    YN = y;
  } else if (angle == 270.0) {
    XN = x;
    YN = y - length;
  } else {
    XN = x + length * Math.cos(angle / 180.0 * Math.PI);
    YN = y + length * Math.sin(angle / 180.0 * Math.PI);
  }
  if (visible)
    g.drawLine((int) Math.round(x), (int) Math.round(y),
               (int) Math.round(XN), (int) Math.round(YN));
  x = XN;
  y = YN;
  }
}
```

Vorgehen: Das Haus des Nikolaus

Das Haus des Nikolaus in Bild 7.37 muss aus acht Linien gezeichnet werden, die aufeinanderfolgen. Im folgenden Programm benennen wir jede dieser Linien als Befehl für die Schildkröte, wobei jeder Befehl aus einem move(length) und einem darauffolgenden turn(angle) besteht. Die Länge der Strecke, die die Schildkröte zurücklegen soll, kennen wir erst in der paintComponent-Methode. Deswegen müssen wir diese Strecken dort berechnen. Wir speichern alle „Fahrbefehle" in dem Feld bewegungen ab und führen jeweils genau die status-Befehle mit der Schildkröte durch. Diesen Zustand status schalten wir bei jedem Mausklick höher und beginnen bei 8 wieder von 0 an zu zählen.

Listing 7.30 Programm zum Zeichnen für das Haus des Nikolaus

```java
public class HausDesNikolausDemo extends JFrame {
  private static  class HausDesNikolaus extends JPanel {
    private static class Move {
      public double length, angle;
      public Move (double length, double angle) {
        this.length = length;
        this.angle = angle;
      }
    };
    private Move[] bewegungen = null;
    private int status = 0;
    private Turtle turtle = new Turtle (0, 0);
    public HausDesNikolaus () {
      this.addMouseListener(new MouseAdapter() {
        @Override
        public void mouseClicked(MouseEvent e) {
          status = (status + 1) % 8;
          repaint ();
        }
      });
    }

    public void paintComponent(Graphics g) {
      double x = getWidth();
      double y = getHeight();

      if (status == 0)
         g.clearRect(0, 0, (int)x, (int)y);
      double l = Math.min (x, y)/2.0;
      double l1 = l * Math.sqrt (2.0);
      double l2 = l / Math.sqrt(2.0);
      bewegungen = new Move[]{
         new Move (l,   -90.0),
         new Move (l,   -90.0),
         new Move (l,   135.0),
         new Move (l2,  90.0),
         new Move (l2,  90.0),
         new Move (l1, 135.0),
         new Move (l,   135.0),
         new Move (l1, -90.0),
      };
      g.drawString("Zum Zeichnen: Bitte auf die Fläche klicken", 10, 20);
      turtle.start(10, (int)y-10, 0.0);
      for (int i = 0; i <= status; i++) {
        Move m = bewegungen[i];
        turtle.move(g, m.l);
        turtle.turn (m.angle);
      }
    }
  }
  public HausDesNikolausDemo(String kopfZeile) {
    super(kopfZeile);
    setDefaultCloseOperation(EXIT_ON_CLOSE);
    setSize(300, 200);
    add(new HausDesNikolaus(), BorderLayout.CENTER);
```

```
      setVisible(true);
    }
    public static void main(String[] args) {
      javax.swing.SwingUtilities.invokeLater(() -> new HausDesNikolausDemo
      ("Zeichne das Haus des Nikolaus"));
    }
  }
```

7.5.5 Dialoge in Java

Manche Aktionen eines Programms benötigen mehrere Parameter: Auswahl von Dateien, Farben oder Attributen für Schriften kommen im Alltag vieler Anwendungen vor. Man kann die Parameter wie einen Satz aus zusammengehörigen Daten als Objekt verwalten und mit einem *Dialog* bearbeiten. Jeder Anwender eines PCs kennt solche Dialoge, die man z. B. aus einem Menü heraus öffnen kann, wie etwa *„Öffnen…"*. Die drei Punkte nach dem Namen in einem Menü signalisieren, dass sich nach dem Klick auf den Eintrag ein separates Fenster öffnen wird, in dem man den gewählten Vorgang nicht nur auslösen, sondern auch mit Parametern versorgen kann. In unserem Beispiel wollen wir einen Dialog zum Editieren einer Adresse entwickeln. Die Adresse soll aus Ort, Postleitzahl und Straße einschließlich Hausnummer bestehen. Die Klasse Adresse beschreibt solche Daten. Der Anwender soll eine Fehleingabe jederzeit durch Drücken eines Schalters „Abbrechen" abbrechen können, ohne dass sich die übergebenen Daten ändern. Wenn der Anwender die Eingabe mit „Übernehmen" abschließt, soll das wartende Programm die Daten übernehmen und verarbeiten (siehe auch Bild 7.39).

Listing 7.31 Die Klasse Adresse beschreibt eine Adresse.
```java
public class Adresse implements Serializable {
  // Attribute
  private String ort;
  private int    plz;
  private String Strasse;

  // Konstruktor, get/set, toString, equals/hashCode von Eclipse generiert
  public void setOrt(String ort) { this.ort = ort; }
}
```

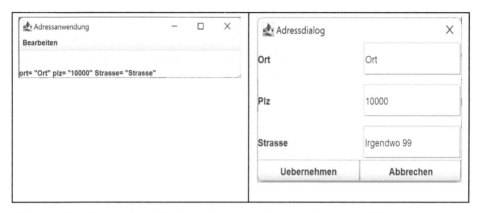

Bild 7.39 Eine Anwendung für eine Adresse sowie ein Dialog zum Editieren einer Adresse

Vorgehen: Aufbau der Benutzungsoberfläche

Die Anwendung besteht aus der Klasse Adresse zum Speichern einer Adresse, der Klasse AdressAnwendung für die Rahmenanwendung sowie der Klasse AdressDialog für den Dialog zum Editieren der Daten. Unser Programm AdressAnwendung ist ein JFrame mit einem Objekt der Klasse Adresse als Attribut. Die Benutzungsoberfläche enthält eine Menüleiste mit einem einzigen Menü, über das wir unseren Dialog aktivieren können. Der Dialog AdressDialog hat ein Adresse-Objekt als Attribut, welches er im Konstruktor erhalten muss. Wir müssen auf der Benutzungsoberfläche die einzelnen Attribute dieser Adresse anzeigen und ändern lassen. Dazu benützen wir für Ort, Postleitzahl und Straße jeweils ein JLabel- und ein JTextField-Steuerelement, welche wir wie in Bild 7.39 in separaten Zeilen anordnen. Um „Ordnung" im Dialog zu schaffen, bauen wir diese Steuerelemente in ein eigenes AdressPanel ein, welches wir im Zentrum der Fläche für den Dialog platzieren. Neben diesen Steuerelementen müssen wir noch die Schalter zum Übernehmen der Änderungen bzw. zum Abbrechen anbringen. Auch Letztere gruppieren wir in einem eigenen JPanel, welches wir unten am Rand der Fläche des Dialogs anordnen: links der Schalter zum Übernehmen der Daten, rechts zum Abbrechen.

Vorgehen: Abläufe und Übergabe der Daten

Ein Dialog in Swing öffnet ein temporäres Fenster zur Interaktion mit dem Anwender. Man unterscheidet

- *modale* Dialoge: die Anwendung muss auf das Ende des Dialogs warten;
- *nichtmodale* Dialoge: die Anwendung läuft unabhängig vom Dialog weiter.

Wir wollen einen Dialog, der zu unserer Rahmenanwendung gehört. Dazu übergeben wir aus der Rahmenanwendung heraus die Referenz auf unsere Anwendung an unseren Dialog. Da unser Programm auf die Daten wartet, benutzen wir einen *modalen*

7.5 Kurs: GUI-Anwendungen

Dialog. Einen solchen Dialog legt man in einem `JFrame` z. B. mit dem folgenden Aufruf an:

Listing 7.32 Programmfragment: Zusammenwirken von Anwendung und Dialog

```
Adresse adresse = new Adresse (...);
AdressDialog d = new AdressDialog (Referenz auf Anwendung, adresse);
// Übergabe der Referenz auf Rahmenanwendung: Eigentümer des Dialogs
// adresse: Die zu editierenden Daten
...
public class AdressDialog (JFrame besitzer, Adresse adresse) {
  super (besitzer, true); // Dialog ist modal
  // adresse: Referenz der zu editierenden Adresse
  // Daten in Steuerelemente übertragen und ggfs. zurückübertragen
}
```

Der Dialog erhält die Referenz auf einen Datensatz zum Editieren. Er muss beim Start die Daten in die Textfelder der Benutzungsoberfläche übernehmen. Attribute vom Typ `String` kann man mit `textFeld.setText(...)` direkt zuweisen, Attribute anderer Typen muss man in `String` konvertieren und dann mit dieser Methode zuweisen. Dazu bietet sich die Methode **static** `String valueOf(Object obj)` der Klasse `String` an, die in Kooperation mit dem Autoboxing Werte für die Basistypen sowie deren Umwicklerklassen in Text umwandelt.

Der Benutzer kann jetzt wie in Bild 7.39 gezeigt arbeiten. Wenn er die Schaltfläche „Übertragen" anklickt, lesen wir die Daten aus den Steuerelementen aus. Wir erhalten Zeichenketten, die ggfs. in andere Datentypen konvertiert werden müssen. Für ganze Zahlen vom Typ **int** gibt es die Funktion `Integer.parseInt(zahl)`, für andere Basisdatentypen entsprechende Funktionen. Falls der Anwender die Schaltfläche „Abbrechen" gedrückt hatte, dürfen wir die gegebenen Daten nicht überschreiben.

Listing 7.33 Die Klasse AdressAnwendung

```
public class AdressAnwendung extends JFrame {

  private Adresse adresse = new Adresse("Ort", 10000, "Strasse");
  private JLabel  anzeige  = new JLabel("");

  public AdressAnwendung() {
    super("Adressanwendung");
    anzeige.setText(adresse.toString());
    add(anzeige, BorderLayout.SOUTH);
    JMenuBar mb = new JMenuBar();
    this.setJMenuBar(mb);
    JMenu m = new JMenu("Bearbeiten");
    mb.add(m);
    JMenuItem editieren = new JMenuItem("Editieren der Adresse...");
    m.add(editieren);

    editieren.addActionListener((ActionEvent) -> {
      new AdressDialog(this, adresse);
      // Nach Ablauf des Dialogs:
      anzeige.setText(adresse.toString());
```

      });
      setSize(400, 100);
      setDefaultCloseOperation(EXIT_ON_CLOSE);
      setVisible(true);
    }
    public static void main(String[] args) {
      javax.swing.SwingUtilities.invokeLater(() -> new AdressAnwendung());
    }
```

**Listing 7.34** Die Klasse AdressDialog

```java
public class AdressDialog extends JDialog {
  private AdressPanel dialogGUI = null;
  private JButton    ok      = new JButton("Übernehmen");
  private JButton    cancel  = new JButton("Abbrechen");

  public AdressDialog(JFrame frame, Adresse adresse) {
    super(frame, "Adressdialog", true);

    JPanel p = new JPanel();
    p.setLayout(new GridLayout(1, 2));
    p.add(ok);
    p.add(cancel);

    dialogGUI = new AdressPanel(adresse);
    dialogGUI.data2GUI();
    // GUI aufbauen
    add(dialogGUI, BorderLayout.CENTER);
    add(p, BorderLayout.SOUTH);

    ok.addActionListener((ActionEvent) -> {
      dialogGUI.GUI2data();
      dispose();
    });

    cancel.addActionListener((ActionEvent) -> {
      dispose();
    });

    setDefaultCloseOperation(DISPOSE_ON_CLOSE);

    setSize(300, 200);
    setVisible(true);
  }
}
```

Viele Dialoge enthalten die Schalter zum Bestätigen der Eingabe und zum Abbrechen sowie die spezifischen Steuerelemente für den jeweiligen Dialog. Deswegen trennen wir in der Klasse AdressDialog diese immer vorhandenen Schalter von den spezifischen Daten und behandeln die spezifischen Daten des jeweiligen Dialogs in der Klasse AdressPanel. Letztere Klasse ist dann auch für den Transfer der Daten von den Attributen in die Steuerelemente data2GUI() und wieder zurück GUI2data() zustän-
```

dig. Dazu benötigt die Klasse AdressPanel die Referenz adresse auf den zu editierenden Datensatz.

Listing 7.35 Die Klasse AdressPanel

```java
public class AdressPanel extends JPanel {
  private Adresse adresse;

  public AdressPanel(Adresse adresse) {
    this.adresse = adresse;
    setLayout(new GridLayout(3, 2, 10, 10));

    add(lort);     add(tort);
    add(lplz);     add(tplz);
    add(lStrasse); add(tStrasse);
  }

  // Transfer der Daten zur GUI
  public void data2GUI() {
    tort.setText(adresse.getOrt());
    tplz.setText(String.valueOf(adresse.getPlz()));
    tStrasse.setText(adresse.getStrasse());
  }

  // Transfer der Daten aus den Steuerelementen
  public void GUI2data() {
    adresse.setOrt((tort.getText()));
    adresse.setPlz(Integer.parseInt(tplz.getText()));
    adresse.setStrasse((tStrasse.getText()));
  }

  // l... Label & t... Textfelder
  private JLabel     lort     = new JLabel("Ort");
  private JTextField tort     = new JTextField("");

  private JLabel     lplz     = new JLabel("Plz");
  private JTextField tplz     = new JTextField("");

  private JLabel     lStrasse = new JLabel("Strasse");
  private JTextField tStrasse = new JTextField("");

}
```

7.5.6 Dialog zur Auswahl von Dateinamen

Eine Anwendung soll einen Dateinamen über einen Datei-Dialog einlesen. Dabei unterscheiden wir zwischen der Auswahl eines Namens einer Datei zum Lesen sowie zum Schreiben. Der Inhalt der Datei soll am Bildschirm als Text angezeigt werden. Diese Anzeige ist natürlich nur bei Textdateien wie etwa Java-Programmen sinnvoll.

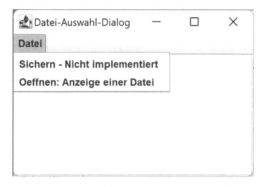

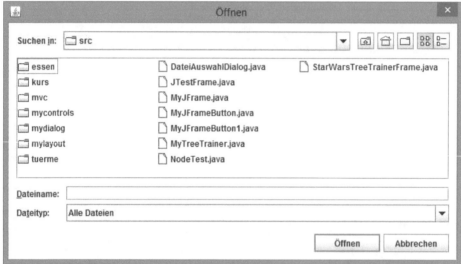

Bild 7.40 Eine Anwendung öffnet einen Dialog zur Auswahl eines Dateinamens.

Vorgehen

Viele Anwendungen lesen Namen von Dateien ein. Deswegen gibt es einen fertigen Standarddialog JFileChooser. Bei Schreibzugriffen fragt man vor dem Überschreiben einer Datei beim Anwender nach, ob dies wirklich in seinem Sinne ist. Eine solche Nachfrage wäre bei einem reinen Lesezugriff hinderlich. Einen Dialog zur Auswahl eines Dateinamens zum Speichern einer Datei öffnet man mit showSaveDialog. Will man auf eine Datei nur lesend zugreifen, erzeugt man den Dialog mit showOpenDialog. Dabei kann man das aktuelle Verzeichnis setzen, bei dem der Dateiauswahldialog startet. Wir wählen das aktuelle Verzeichnis als Startpunkt für die Suche nach der Datei. Das aktuelle Verzeichnis einer Anwendung könnte man in Java über die sog. Properties mit dem Aufruf System.getProperty ("user.dir") ermitteln.

Wenn der Anwender den Dialog nicht abgebrochen hat, ermitteln wir den gewählten Dateinamen und lesen den Inhalt der Datei mit dem Befehl Files.readAllLines ein.

Listing 7.36 Auswahl eines Dateinamens zum Lesen und Anzeige des Inhalts

```java
public class DateiAuswahlDialog extends JFrame {
  // Variable zur Reaktion auf Ereignisse aus dem Menue
  private JMenuItem     mSichern, mOeffnen;
  private JList<String> zeilenAnzeige = new JList<>();

  public DateiAuswahlDialog(String kopfZeile) {
    super(kopfZeile);
    setDefaultCloseOperation(EXIT_ON_CLOSE);
    JMenuBar menubar = new JMenuBar();
    setJMenuBar(menubar);
    JMenu m;
    menubar.add(m = new JMenu("Datei"));
    m.add(mSichern = new JMenuItem("Sichern"));
    m.add(mOeffnen = new JMenuItem("Öffnen"));
    // JList in JScrollPane einbetten
    add(new JScrollPane(zeilenAnzeige), BorderLayout.CENTER);
    mOeffnen.addActionListener(ActionEvent -> {
      JFileChooser auswahl = new JFileChooser();
     // Wähle das aktuelle Verzeichnis
      auswahl.setCurrentDirectory(new File(System.getProperty("user.dir")));
      int ergebnis = auswahl.showOpenDialog(DateiAuswahlDialog.this);
      if (ergebnis == JFileChooser.APPROVE_OPTION) {
        File f = auswahl.getSelectedFile();
        try {
          List<String> allLines = Files.readAllLines(f.toPath());
          zeilenAnzeige.setListData(allLines.toArray(new String[0]));
        } catch (IOException e) {
          e.printStackTrace();
        }
      }
    });

    setSize(300, 200);
    setVisible(true);
  }

  public static void main(String[] args) {
    SwingUtilities.invokeLater(() -> new DateiAuswahlDialog(
        "Datei-Auswahl-Dialog"));
  }
}
```

7.5.7 Die Türme von Hanoi

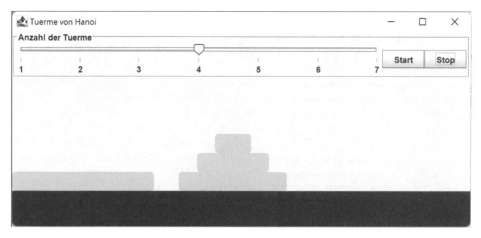

Bild 7.41 Türme von Hanoi

Wir wollen die Folge der Züge zur Lösung der Türme von Hanoi in Form einer Animation darstellen. Das Programm soll wie in Bild 2.18 zunächst den Ausgangszustand darstellen, bei dem alle Scheiben auf dem linken Stapel liegen. Mit Hilfe des Programms aus Listing 2.33 können wir den nächsten Zug ermitteln, um den Stapel von der linken auf die rechte Seite zu transferieren. Unser neues Programm soll die Folge dieser Spielzüge in Form einer Animation visualisieren.

Vorgehen

Zunächst müssen wir das Problem in die Sprache der Objektorientierung übersetzen. Zur Analyse muss man sich die Fragen nach dem Aufbau der beteiligten Klassen stellen:

- Was ist eine `Scheibe`?
- Was ist ein `Turm`?
- Wie ist das `Spielbrett` aufgebaut?
- Wie ist die Anwendung `TuermeVonHanoi` aufgebaut?

Aufbau der Anzeige der Türme am Bildschirm

Unsere Anwendung enthält u. a. drei Türme, die nebeneinanderliegen. Wir können uns jeden Turm in einem begrenzenden Rechteck vorstellen. Jeder der Türme besteht aus einer Reihe von Scheiben, die nicht über das begrenzende Rechteck hinausragen dürfen. Jede Scheibe ist also auch durch ein Rechteck begrenzt. Alle diese Scheiben haben in unserem Modell die gleiche Höhe, unterscheiden sich aber in der Breite.

Was ist eine Scheibe?

Alle Scheiben sind gleich hoch. Die Höhe einer Scheibe hängt auch von dem Platz auf dem Bildschirm ab. Die zeichne(…)-Methode unserer Klasse Scheibe erhält die Angaben über den Grafikkontext, die Position und die maximale Ausdehnung in der Höhe und Breite als Rectangle-Parameter.

Eine Scheibe hat in unserem vereinfachten Modell nur eine Breite breite. Diese Breite messen wir in Längeneinheiten: 1, 2, 3 usw., weil wir die Darstellung am Bildschirm an die Größe anpassen wollen. Diese tatsächliche Breite können wir ermitteln, wenn wir die maximale Breite aller Scheiben kennen:

Tatsächliche Breite = (Breite/maximale Breite)*Breite des Rechtecks

Also benötigen wir noch ein Attribut maxBreite für alle Objekte der Klasse Scheibe, welches die maximale Breite aller Scheiben enthält.

Listing 7.37 Die Klasse Scheibe modelliert eine Scheibe bei den Türmen von Hanoi.

```java
public class Scheibe {
  // Maximale Anzahl der Scheiben
  private static int maxBreite = 0;
  private int breite = 0;

  public static void setMaxBreite(int maxBreite ) {
    Scheibe.maxBreite = maxBreite;
  }

  public static int getMaxBreite() {
    return maxBreite;
  }

  public Scheibe(int breite) {
    this.breite = breite;
  }

  public void zeichne(Graphics g, Rectangle r) {
    double s = ((double)breite)/maxBreite;
    int b = (int)(s*r.width);
    g.setColor(Color.ORANGE);
    g.fillRoundRect(r.width/2+r.x-b/2, r.y, b, r.height, 10, 10);
  }
}
```

Was ist ein Turm?

Ein Turm ist ein Stapel aus Scheiben, denn ein Turm erlaubt nur die Operationen *Wegnehmen* und *Anfügen* einer Scheibe. Nach den Regeln für die Türme von Hanoi ist dies nur am oberen Ende erlaubt. Ein Turm mit N Türmen entsteht aus einem leeren Stapel durch Anfügen der N Scheiben, wobei wir entsprechend den Regeln des Spiels die Scheibe mit der größten Breite zuerst auf den Stapel legen, dann die nächst kleinere usw. Ein Turm ist damit im Sinne der Informatik ein Stapel (andere Bezeichnung: Stack), der die folgenden Operationen erlaubt:

```
push (scheibe);
scheibe = pop ();
```

Daneben muss er sich noch selbst zeichnen. Die Methode zeichne(…) muss die einzelnen Scheiben ermitteln, ihnen dann Plätze zuweisen und zum Zeichnen veranlassen. Dazu benötigt die zeichne(…)-Methode die Position des Turms sowie die Höhe und Breite, also den Umriss des Rechtecks auf der Fläche, in die der Turm passen soll.

Listing 7.38 Ein Turm ist ein Stapel aus Scheiben.
```java
public class Turm extends Stack<Scheibe>{

  public Turm(int anzahlScheiben) {
    for (int i = anzahlScheiben; i > 0; i--)
      push(new Scheibe(i));
  }

  public void zeichne(Graphics g, Rectangle r) {
    for (int i = 0; i < size(); i++) {
      Scheibe s = elementAt(i);
      Rectangle scheibePosition = new Rectangle(r);
      int scheibenHoehe = r.height/Scheibe.getMaxBreite();
      scheibePosition.y = r.y+r.height - (i+1) * scheibenHoehe;
      scheibePosition.height = scheibenHoehe;
      s.zeichne(g, scheibePosition);
    }
  }

}
```

Wie ist ein Spielbrett aufgebaut?

Das Spielbrett besteht aus drei Türmen und einem Sockel, auf dem die Türme liegen. Wir realisieren einen Zug durch Wegnehmen (es kann nur von oben genommen werden) einer Scheibe vom Turm von und durch Ablegen eben dieser Scheibe oben auf einem anderen Turm nach:

```java
tuerme[nach].push(tuerme[von].pop()); // (*)
```

Wir wollen die Darstellung in Form einer Animation verändern. Dazu kann sich das Spielbrett wie ein Thread verhalten, also die Runnable-Schnittstelle implementieren. Alternativ können wir auch sog. Timer verwenden, wie in Kapitel 6 dargestellt. Wir führen die Animation hier aus Platzgründen nicht aus und verweisen auf die im Internet verfügbaren Quellen zu diesem Buch.

Wie ist die Benutzeroberfläche der Anwendung aufgebaut?

Die Anwendung ist ein JFrame. Entsprechend Bild 7.41 befinden sich die Steuerelemente oben und die Anzeige in der Mitte des Bildschirms. Die Anzahl der Türme lesen wir über einen Schieberegler aTuerme ein. Mit den Start- und Stop-Schaltflächen schaltet man die Animation ein bzw. aus.

7.5 Kurs: GUI-Anwendungen

Listing 7.39 Die Türme von Hanoi

```java
public class TuermeVonHanoi extends JFrame {

  private final JSlider aTuerme = new JSlider(JSlider.HORIZONTAL, 1, 7, 3);
  private final JButton start   = new JButton("Start");
  private final JButton stop    = new JButton("Stop");
  private Spielbrett    tuerme  = null;

  public TuermeVonHanoi(String kopfZeile) {
    super(kopfZeile);
    JPanel steuerung = new JPanel();
    steuerung.setBorder(BorderFactory.createTitledBorder
    (new EtchedBorder(), "Anzahl der Tuerme"));

    steuerung.setLayout(new BoxLayout(steuerung, BoxLayout.X_AXIS));
    steuerung.add(aTuerme);
    steuerung.add(start);
    steuerung.add(stop);
    aTuerme.addChangeListener(event -> {
      JSlider source = (JSlider) event.getSource();
      if (!source.getValueIsAdjusting()) {
        tuerme.setAnzahlScheiben(aTuerme.getValue());
        tuerme.repaint();
      }
    });

    start.addActionListener(ActionEvent -> tuerme.start());
    stop.addActionListener(ActionEvent -> tuerme.stop());

    aTuerme.setToolTipText("Anzahl der Tuerme");
    aTuerme.setMajorTickSpacing(1);
    aTuerme.setPaintLabels(true);
    aTuerme.setPaintTicks(true);
    add(steuerung, BorderLayout.NORTH);
    add(tuerme = new Spielbrett(3), BorderLayout.CENTER);
    setDefaultCloseOperation(EXIT_ON_CLOSE); // (*)
    setSize(400, 400);
    setVisible(true);
  }

  public static void main(String[] args) {
    javax.swing.SwingUtilities.invokeLater(() -> new TuermeVonHanoi
      ("Tuerme von Hanoi"));
  }
}
```

Zusammenfassung

Das Package javax.swing dient der Programmierung von Grafik und dem Aufbau von Benutzeroberflächen. Die Funktionalität wird einschließlich der Steuerung durch Ereignisse vollständig ausprogrammiert und ist im Gegensatz zu anderen GUI-Systemen jederzeit anhand des Quellprogramms nachvollziehbar. Eine grafische Anwendung besteht aus einzelnen Bausteinen (Component), die hierarchisch gegliedert sein können: Container ist Component. Also können Bausteine ihrerseits wieder aus darin enthaltenen Bausteinen aufgebaut sein. Ereignisse werden an das sie betreffende Fenster gesandt und können dort bearbeitet werden. Ist dies nicht der Fall, erhält das umschließende Fenster das Ereignis. So können Fenster Ereignisse für Controls bearbeiten, die sie umschließen.

Layoutmanager übernehmen die Anordnung der Bausteine in Fenstern mit verschiedenen Strategien. Diese flexiblen Möglichkeiten zur Gestaltung von Benutzeroberflächen sind gerade bei Anwendungen im Internet hilfreich.

7.6 Aufgaben

Aufgabe 7.1

Geben Sie eine Rahmenanwendung mit drei Schaltern mit der Aufschrift „eins", „zwei", „drei" an.

Bild 7.42
Eine Rahmenanwendung mit JToolBar und JTextArea

Die Rahmenanwendung soll oben eine Schalterleiste für die drei angegebenen Schalter enthalten. In der Mitte soll ein Textfeld mit Rollbalken mit den Texten gefüllt werden, die man aus den jeweils gedrückten Schaltern ausliest.

Aufgabe 7.2

Geben Sie eine Rahmenanwendung mit einem `JTextField` zur Eingabe sowie einem `JLabel` zur Anzeige an. Die Anzeige soll den Wert der Eingabe mit 1.95 multipliziert enthalten. Die Anzeige soll nach Drücken eines Schalters aktualisiert werden.

Aufgabe 7.3

Geben Sie eine Rahmenanwendung an, die im oberen Teil drei Schalter in einer Toolbar enthält. Die drei Schalter in der Toolbar sollen mit den Aufschriften „rot", „grün" bzw. „gelb" versehen sein.

Die Anzeige soll in einer Zeichenfläche in der Mitte der Fläche der Anwendung erfolgen. Ein mit der Farbe der Aufschrift des gedrückten Schalters gefülltes Quadrat mit der Kantenlänge 20 Pixel, dessen Mitte mit der Mitte der Zeichenfläche zusammenfällt, soll gezeichnet werden. Das gefüllte Quadrat soll immer angezeigt werden. Startfarbe: „Rot". Bei jedem Drücken eines der Schalter soll das Quadrat neu gezeichnet werden.

Aufgabe 7.4

Ein Dialog `PersonDialog` soll als Personendaten den Vor- und Nachnamen einlesen. Der Dialog wird von einem Frame `PersonFrame` aus aufgerufen. Dort werden die Ergebnisse der Eingabe angezeigt. Nach Drücken von „OK" sollen die Daten für Nachname und Vorname übernommen und im Frame angezeigt werden. Nach Drücken von „Cancel" sollen die Eingaben des Anwenders verworfen werden, die Anzeige im Frame darf sich nicht ändern. Der Dialog soll in jedem Fall geschlossen werden.

Bild 7.43 Anzeige des Personendialogs

Aufgabe 7.5

Geben Sie ein Programm an, das ein reguläres n-Eck zeichnet. Der Mittelpunkt des n-Ecks soll der Mittelpunkt der Zeichenfläche sein. In der Skizze sehen Sie die Ausgabe für n=8.

Bild 7.44
Probelauf für das Programm zum Zeichnen eines Polygons

Das reguläre n-Eck ist ein Polygon mit n Punkten P_0, P_1, P_{n-1}. Die Punkte P_i liegen auf einem Kreis um den Mittelpunkt (mx, my) mit Radius r1. Der Winkel beträgt dann im Gradmaß α = 360/n. Damit ergeben sich für den Punkt P_i = (pxi, pyi) die Koordinaten

```
pxi = mx + r1 * cos (α*i)  pyi = my + r1* sin (α*i)
```

Die so erhaltenen Punkte P_0, P_1, P_{n-1} sollen zu einem Polygon p der Klasse `java.awt.Polygon` hinzugefügt werden. Das Polygon p kann mit `g.fillPolygon (p)` gezeichnet und gefüllt werden.

Aufgabe 7.6

Das Programm `MyXEye` besteht aus einem „Auge", das scheinbar der Mausbewegung folgt, wie Bild 7.45 zeigt. Diesen Eindruck erzeugen wir, indem wir nach jeder Bewegung der Maus einen gefüllten Kreis (als Augapfel) in Richtung der Mausposition innerhalb eines Kreises (das Auge) zeichnen.

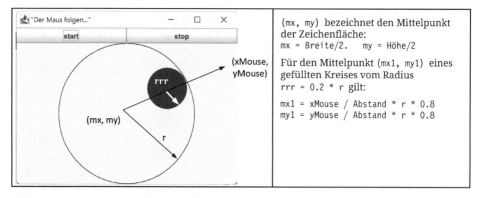

Bild 7.45 Das Auge folgt der Mausbewegung.

„Abstand" ist der Abstand der Maus vom Mittelpunkt der Zeichenfläche. Alle Koordinaten sind hier in Bezug auf den Mittelpunkt der Zeichenfläche gegeben.

Geben Sie einen Frame `MyXEye` an, der im oberen Bereich (siehe Bild) eine „Toolbar" `MyToolbar` (abgeleitet von `JPanel`) mit zwei Schaltern hat. Nach Drücken von `start` soll das Zeichnen im unteren Bereich `XMouse` (abgeleitet von `JPanel`) mit dem „Reagieren auf die Maus" beginnen, nach Drücken von `stop` enden.

Aufgabe 7.7

Bei einem Mausklick *innerhalb des Polygons* der Aufgabe Aufgabe 7.5 (vgl. Beschreibung der Klasse `java.awt.Polygon`) soll das Polygon die Farbe wechseln. Setzen Sie hierfür die Farbe im Grafikkontext `Graphics g` auf die jeweils nächste Farbe (wie unten angegeben: Nachfolger von Rot wird wieder Schwarz).

```
Color[] Farben = {
    Color.BLACK,
    // Farben wie in Kapitel 6
    //Color.WHITE,
};
```

Aufgabe 7.8: Turtle-Grafik

Die Turtle bewegt sich über die Ebene. Sie kann sich wie folgt bewegen:

1. geradeaus fahren: Aufruf move (Länge)

2. stehend drehen: Aufruf turn (Winkel in Grad)

Sie führt einen Stift mit. Diesen kann sie absenken (show) oder anheben (hide). Mit abgesenktem Stift wird gezeichnet. Sie können die Turtle aus Abschnitt 7.5.4 benutzen oder die Klasse als Übung selbst schreiben.

Bild 7.46 Mäander, Schneeflocken

- Zeichnen Sie mit der Turtle regelmäßige n-Ecken, n= 3, 4, ...
- Zeichnen Sie mit der Turtle einen Mäander.
- Zeichnen Sie die Schneeflocke 1. Ordnung, 2. Ordnung bzw. n-ter Ordnung.

Listing 7.40 Anleitung für die Zeichnung der Schneeflocke

```
Länge = Länge 1. Ordnung / 3        Länge = Länge(n–1).-ter Ordnung / 3
1: move (Länge)                     1: schneeflocke (Ordnung–1, Länge)
2: turn (-60)                       2: turn (-60)
3: move (Länge)                     3: schneeflocke (Ordnung–1, Länge)
4: turn (120)                       4: turn (120)
5: move (Länge)                     5: schneeflocke (Ordnung–1, Länge)
6: turn (-60)                       6: turn (-60)
7: move (Länge)                     7: schneeflocke (Ordnung–1, Länge)
```

Aufgabe 7.9: Game of Life nach Conway (*)

„Schauplatz des Spiels ist ein unendliches zweidimensionales Gitter aus quadratischen Zellen, die je nach dem Zustand der acht Nachbarfelder tot oder lebendig sind. Die

Zeit verstreicht in diskreten Schritten. Von einem Schlag der kosmischen Uhr bis zum nächsten verharrt die Zelle im zuvor eingenommenen Zustand, beim Gong aber wird nach den folgenden einfachen Regeln erneut über Leben und Tod entschieden:

Eine Zelle, die zur Zeit t tot war, wird dann und nur dann zur Zeit t+1 lebendig, wenn genau drei ihrer acht Nachbarn zur Zeit t gelebt haben.

Eine Zelle, die zur Zeit t gelebt hat, stirbt zur Zeit t+1 dann und nur dann, wenn zur Zeit t weniger als zwei oder mehr als drei Nachbarn am Leben waren."

(Nach [Dewd88], Seite 187). Realisieren Sie Conways „Game of Life" in Java.

Aufgabe 7.10: Acht Damen (*)

Acht Damen sind so auf ein Schachbrett zu setzen, dass sie sich gegenseitig nicht bedrohen. Geben Sie für dieses klassische Problem eine Lösung in Java an. Auf Knopfdruck sollte die jeweils nächste Lösung angezeigt werden.

Aufgabe 7.11: Labyrinth (*)

Die Maus sucht den Weg aus dem Labyrinth.

Aufgabe 7.12

Das unten angegebene Programm enthält eine Zeichenfläche der Klasse XCanvas.

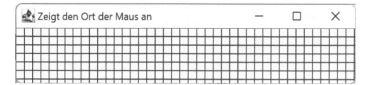

Bild 7.47 Position der Maus im Gitternetz anzeigen

Die paint(...)-Methode dieser Klasse soll Gitternetzlinien zeichnen, d. h., es sollen zur x- bzw. y-Achse parallele Geraden gezeichnet werden. Diese Geraden sollen bei den y- bzw. x-Werten 10, 20, 30 usw. liegen und bis zur Höhe bzw. Breite der Zeichenfläche XCanvas verlaufen.

Wenn die Maus mit den Koordinaten (x, y) im Inneren eines bestimmten Quadrats
$$10 * i < x < 10 * (i+1), 10 * j < y < 10 * (j+1) \; (*)$$

bewegt wird, soll das entsprechende Quadrat (d. h. alle Punkte mit (*)) schwarz gefüllt dargestellt werden. Es soll jeweils nur jenes Quadrat schwarz gefüllt dargestellt werden, in dem sich die Maus gerade befindet. Wenn die Maus die Zeichenfläche verlässt, soll keines der Rechtecke gefüllt dargestellt sein.

Vermeiden Sie das Neuzeichnen, wenn sich die Maus nur im Inneren eines bestimmten Quadrats bewegt, ohne dieses Quadrat zu verlassen.

8 Programmierung in Netzwerken

Java ist als Programmiersprache im Internet ohne die eingebaute Fähigkeit der Programmierung von Anwendungen im Netzwerk nicht denkbar. Die Basis bilden die Sockets. Kapitel 8 behandelt diese fundamentale Technik der Verbindung von Anwendungen auf verschiedenen Rechnern. Die Zusammenarbeit solcher Programme über das Internet beruht auf Sockets. Wir fokussieren hier auf das Prinzip der Client-Server-Architektur. Darauf setzt das http-Protokoll für das World Wide Web auf.

Als Beispiel für die Grundlagen der Programmierung verteilter Anwendungen in Java zeigen wir einen Dienst zur Addition von Zahlen. Wir lösen dieses Problem in den Abschnitt 8.4.1 für verbindungsorientierte Sockets, in Abschnitt 8.4.2 für Datagramme und in Abschnitt 8.4.3 mithilfe von RMI[1].

8.1 Elementare Grundlagen von Netzwerken

Das Client-Server-Modell ist im Internet weit verbreitet. Bei diesem Modell besteht eine Anwendung aus zwei Teilnehmern mit festen Rollen:

- Client: Der Client (Auftraggeber) fragt Dienste nach. Er stellt Anfragen (Request) an den Server und reagiert auf die Antwort (Response). Da die Reaktion auf Anfragen eine Kommunikation erfordert.

- Server: Der Server (Auftragnehmer) bietet Dienste an. Er bearbeitet jede Anfrage (Request) und liefert eine Antwort (Response)

Im Allgemeinen bedient ein Auftragnehmer mehrere Auftraggeber.

---

[1] Remote Method Invocation

Ein Auftrag erfordert eine Kommunikation. Diese dauert wesentlich länger als ein Aufruf einer Methode. Deswegen unterscheiden wir im Client folgende Strategien zur Reaktion auf die Antwort:

- Synchron: Der Client wartet an der Stelle des Aufrufs auf die Antwort (Response). Dies ist besonders einfach zu programmieren, blockiert aber den Auftraggeber. Dadurch kann z. B. eine GUI „einfrieren".

- Asynchron: Der Client setzt den Auftrag im Prinzip über einen anderen Thread ab und setzt seine Arbeit fort, z. B. die Reaktion auf Eingaben des Benutzers. Der andere Thread wartet auf Antwort und kann das Ergebnis (Response) als Nachricht an den eigentlichen Auftraggeber senden. Deswegen ist bei manchen grafischen Benutzungsoberflächen ausschließlich die asynchrone Bearbeitung erlaubt.

Das World Wide Web funktioniert nach diesem Prinzip. Häufig ist auf dem System des Anwenders ein Browser als Client installiert. Der Anwender benutzt beim Zugriff auf das Internet diesen Client und erteilt ihm unter Verwendung einer URL[2] Aufträge. So bezeichnen die URLs für das HTTPS-Protokoll[3]

```
https://docs.oracle.com/en/java
https://www.oracle.com/de/java/technologies/downloads
```

interessante Anlaufstellen im World Wide Web. Jede Ressource wird im Internet durch ihre URL benannt. Eine URL besteht aus der Bezeichnung für das Protokoll (oben https) sowie der eigentlichen Adresse im Internet. Mit einer URL lässt sich in einem Browser, aber auch in Java eine Ressource im Internet eindeutig ansprechen. Ein Protokoll besteht aus einzelnen Nachrichten in einem bestimmten Aufbau, die in einer festgelegten Reihenfolge zwischen den Partnern der Kommunikation, also Client und Server, ausgetauscht werden.

Schichten der Netzwerkprogrammierung

Die nachfolgende Tabelle 8.1 zeigt die Schichten der Netzwerkprogrammierung. Java-Programme bewegen sich auf der Schicht der Anwendung.

Tabelle 8.1 Schichten in einem Netzwerk

Schicht	Realisierung
Anwendung	http (Hypertext Transfer Protocol), ftp (File Transfer Protocol), smtp (Simple Mail Transfer Protocol), ...
Transport	TCP (Transmission Control Protocol), UDP (User Datagram Protocol)

---

[2] Uniform Resource Locator

[3] Hypertext Transfer Protocol Secure

Schicht	Realisierung
Vermittlung	IP (Internet Protocol)
Sicherung und Übertragung	Geräte, Treiber

Sockets

Sockets entstanden bei der Programmierung verteilter Anwendungen auf TCP/IP-Netzwerken für UNIX-Rechner. Die Socket-Abstraktion setzt zwei Prozesse voraus, die auch auf demselben Rechner laufen können. Ein Socket ist dabei als ein Endpunkt einer Kommunikation im Netzwerk zu verstehen. Um eine Verbindung zu ermöglichen, braucht man zwei solcher Enden. Dabei gibt es zwei Typen von Verbindungen:

- verbindungsorientiert: sequenzielle Bearbeitung in Streams möglich (*TCP*);
- verbindungsfrei: Datagramme, einzelne Pakete von Nachrichten (*UDP*).

Bei den Enden der Sockets unterscheidet man grundsätzlich zwischen der Client- und der Server-Seite. Es liegt in der Natur der Server-Seite, Dienste anzubieten. Die Dienste haben zum Teil „wohlbekannte" Nummern, die dann einem sog. *Port* entsprechen, an dem der Server auf eingehende Aufträge „horcht". Für einen Web-Server ist dies Port 80.

Diese Ports können von den Programmen nicht willkürlich gewählt werden, die Koordinierungsstelle IANA (*www.iana.org*) regelt die Vergabe der sog. „well known ports".

Die folgende Tabelle zeigt eine kleine Auswahl von Ports für bekannte Dienste.

echo	7/tcp	Echo
ftp-data	20/tcp	File Transfer [Default Data]
ftp	21/tcp	File Transfer [Control]
smtp	25/tcp	Simple Mail Transfer
http	80/tcp	Hypertext Transfer Protocol, HTTP
https	443/tcp	Hypertext Transfer Protocol Secure, HTTPS

Der Client nimmt Verbindung zum Server auf und fordert einen bestimmten Dienst an. Ein Client braucht dazu die IP-Adresse und die Nummer eines Dienstes sowie die Art des Protokolls (in obiger Tabelle: `tcp`). Server können so konstruiert sein, dass sie gleichzeitig mehrere Anforderungen bearbeiten. Man spricht dann von parallelen Servern. Wenn ein Server die Anforderungen der Reihe nach bearbeitet, spricht man von einem sequenziellen Server.

Für die Programmierung eigener Anwendungen ist besonders der eigene Rechner, der „lokale Host", von Bedeutung. Er ist unter den folgenden Bezeichnungen ansprechbar (bei der zweiten Darstellung ist die Internetadresse direkt in der Form aus vier Bytes in dezimaler Schreibweise angegeben: das „Loopback"-Gerät bzw. die Schleifenschaltung):

```
localhost
127.0.0.1
```

Bei der verteilten Verarbeitung tauschen Client und Server Informationen aus. Das Internetprotokoll IP arbeitet mit einzelnen Datenblöcken. Bei der Übertragung kann es z. B. aufgrund verschiedener Transportwege Überholvorgänge geben. Außerdem können Datenblöcke abhandenkommen. Verbindungsorientierte Sockets übernehmen die Aufgabe, die Reihenfolge der Datenblöcke beim Empfänger zu wahren. Außerdem werden Übertragungsfehler behandelt. Aus der Sicht des Programmierers bieten solche Verbindungen die in Java mit den Klassen InputStream bzw. OutputStream beschriebenen Eigenschaften. Als java.io.InputStream kann man bei verbindungsorientierten Sockets einen Datenbestand über das Internet wie eine lokal am Rechner vorhandene Datei lesen.

8.2 Sockets in Java

Das Package java.net im gleichnamigen Java-Modul enthält zahlreiche Java-Klassen, die wir zur Programmierung von Client/Server-Anwendungen benötigen. Dabei unterscheiden wir zwischen der verbindungsorientierten Kommunikation via TCP und der verbindungslosen mittels UDP. Bei den Beispielen in diesem Abschnitt warten die Clients auf Antwort (synchrones Programmiermodell).

8.2.1 Verbindungsorientierte Kommunikation mit TCP

Die Klassen Socket bzw. ServerSocket beinhalten die Methoden zur Kommunikation mittels Streams zwischen den einzelnen Prozessen. Mit der Klasse InetAddr stellen wir IP-Adressen dar. Die Klasse URL unterstützt uns beim Arbeiten mit den URLs.

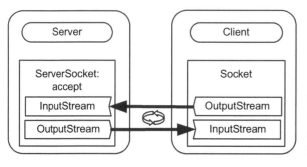

Bild 8.1
Grundstruktur der Kommunikation zwischen Client und Server mit TCP-Sockets

In Java ist der Zugriff auf Sockets mit den Klassen Socket und ServerSocket gekapselt. Der Programmierer ist von den Niederungen spezieller Implementierungen auf den verschiedenen Architekturen völlig entlastet. Die Anlage einer Instanz der Klasse ServerSocket beinhaltet alle Funktionen zum Anlegen eines Server-Sockets. accept liefert dann einen Socket für eine am Server eingehende Verbindung, die ein Client durch Anlage eines Sockets eröffnet hat.

Listing 8.1 Prinzipieller Aufbau einer Client-Anwendung

```
try (Socket client = new Socket(host, port);
    InputStream in = client.getInputStream();
    OutputStream out = client.getOutputStream()) {
      // Anfragen stellen...
}
```

Listing 8.2 Prinzipieller Aufbau einer Server-Anwendung

```
try (ServerSocket server = new ServerSocket(port)) {
  // Warte auf eingehende Verbindung
  while (true) {
    try (Socket socket = server.accept();
        InputStream in = socket.getInputStream();
        OutputStream out = socket.getOutputStream()) {
      // Aufträge bearbeiten
      }
    catch (IOException e) {
      e.printStackTrace(System.err);
    }
  }
} catch (IOException e) {
  e.printStackTrace(System.err);
}
```

Beachten Sie bitte, wie einfach die Kommunikation in Java zu programmieren ist. Wir können einfache Programmierung von Streams verwenden und müssen nicht darauf achten, ob gerade Daten zum Lesen vorhanden sind. Auch wird der Schreiber automatisch „geblockt", wenn der Leser die Daten zu langsam liest.

Ein paralleler Server

Bei einer parallelen Server-Anwendung starten wir bei jeder eingehenden Verbindung einen eigenen Thread zu deren Bearbeitung. Im Gegensatz zu Listing 8.2 übertragen wir diesem Thread die Zuständigkeit zum Schließen der eingegangenen Verbindung. Der ursprüngliche Thread horcht danach sofort wieder am Socket auf weitere Verbindungen.

Es ist erstaunlich, dass ein paralleler Server in Java kaum aufwendiger als ein sequenzieller zu programmieren ist. Siehe hierzu Listing 8.8. Achten Sie aber in jedem Fall auf die durch die Nebenläufigkeit zwischen verschiedenen Threads auftretenden Probleme (vgl. hierzu Kapitel 6).

Client und Server müssen nicht in derselben Sprache geschrieben werden. So ist die Verbindung von Java-Clients mit in C bzw. C++ programmierten Servern möglich.

Tabelle 8.2 Ausgewählte Konstruktoren und Methoden der Klasse Socket

Socket(String host, int port) throws IOException, UnknownHostException;	Erzeugt einen Stream-Socket und verbindet ihn zum angegebenen Port auf dem angegebenen Host.
Socket(InetAddress address, int port) throws IOException;	Erzeugt einen Stream-Socket und verbindet ihn zum angegebenen Port auf der angegebenen Adresse.
void close() throws IOException;	Schließt den Socket.
InputStream getInputStream() throws IOException;	Gibt einen InputStream für diesen Socket zurück (siehe Kap. 5).
InetAddress getLocalAddress();	Liefert die lokale Adresse, an die der Socket gebunden ist.
OutputStream getOutputStream() throws IOException;	Gibt einen OutputStream für diesen Socket zurück (siehe Kap. 5).

Tabelle 8.3 Ausgewählte Konstruktoren und Methoden der Klasse ServerSocket

ServerSocket(int port) throws IOException;	Erzeugt einen Server-Socket an dem angegebenen Port. Wenn 0 angegeben ist, wird ein beliebiger freier Port gewählt. Auch eine SecurityException ist möglich.
Socket accept();	Horcht auf eine an diesem Socket eingehende Verbindung und akzeptiert sie.
void close();	Schließt diesen Socket.
InetAddress getInetAddress();	Gibt die lokale Adresse des Server-Sockets zurück.
boolean isBound();	Liefert den Bindungsstatus des Server-Sockets.
boolean isClosed();	Genau dann wahr, wenn Socket geschlossen

8.2.2 Verbindungslose Kommunikation

Wir versenden einzelne Datenpakete mit verbindungsfreien Sockets. Jedes Paket ist unabhängig vom anderen. Der empfangende Prozess muss ein Byte-Array zur Verfügung stellen, in das die Nachricht passt. Ist die Nachricht zu lang, wird sie gekürzt. Senden (send) blockiert nicht, Empfangen (receive) blockiert, außer bei einem Timeout. Die Empfangsmethode receive nimmt jede Nachricht an, die an den Socket adressiert ist. Weil sich der Absender aus der Nachricht auslesen lässt, könnte der Server antworten.

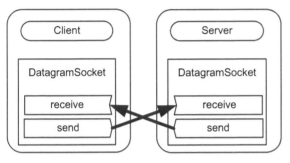

Bild 8.2
Verbindungslose Kommunikation mit Datagrammen

Fehlermöglichkeiten

- Pakete können im Netzwerk verloren gehen.
- Einzelne Pakete können andere Pakete überholen.
- Wenn der Sender zu schnell ist, können Pakete verloren gehen.
- Pufferbereiche können zu klein dimensioniert sein.

Listing 8.3 Senden und Empfangen von Datenpaketen

```java
try (DatagramSocket socket = new DatagramSocket()) {
  byte[] puffer = new byte[100];
  InetAddress host = InetAddress.getByName("hostname");
  int port = #xyz;
  // Senden einer Nachricht
  DatagramPacket anfrage = new DatagramPacket(puffer, #Anzahl Bytes, host,
  port);
  socket.send(anfrage);

  // Empfangen einer Nachricht
  byte[] buffer = new byte[1000]; // Muss ausreichend dimensioniert sein
  DatagramPacket antwort = new DatagramPacket(buffer, buffer.length);
  socket.receive(antwort);
  // antwort.getLength() liefert die Anzahl der erhaltenen Bytes
} catch (IOException e) {
  e.printStackTrace(System.err);
}
```

Tabelle 8.4 Ausgewählte Konstruktoren und Methoden der Klasse `DatagramSocket`

`DatagramSocket (int port, InetAddress addr);`	Erzeugt einen Datagramm-Socket und bindet ihn an die angegebene Adresse.
`void close();`	Schließt diesen Datagramm-Socket.
`void send(DatagramPacket p) throws IOException;`	Sendet ein Datagramm-Paket.
`void receive(DatagramPacket p) throws IOException;`	Empfängt ein Datagramm-Paket.

Tabelle 8.5 Ausgewählte Konstruktoren und Methoden der Klasse `DatagramPacket`

`DatagramPacket (byte[] buf, int length);`	Konstruiert ein `DatagramPacket` zum Empfang eines Pakets in der angegebenen Länge.
`void setData(byte[] buf);`	Setzt den Puffer.
`int getLength();`	Liest die Länge aus.
`void setLength(int length);`	Setzt die Länge.

8.3 Der Java-Client für http

Die Unterstützung für http im Java-JDK reichte vielen Entwicklern nicht aus. Sie benutzten externe Bibliotheken, wie sie etwa von der Apache Software Foundation unter *www.apache.org* zur Verfügung gestellt wurden. Seit Java 11 gibt es mit dem sog. http-Client eine Alternative im Java-JDK, die ohne externe Bibliotheken auskommt.

Tabelle 8.6 Wesentliche Klassen des http-Client-Systems in Java

`HTTPClient`	Der http-Client
`HTTPClient.Builder`	Konstruktion des gewünschten http-Clients
`HTTPRequest`	Konstruktion von Anforderungen (Request)
`HTTPResponse<T>`	Bearbeitung der Antworten. Für Text wählen wir `String` als Typ.
`HttpResponse.BodyHandler<T>`	Behandlung des Body-Teils einer Antwort auf eine Anfrage.
`WebSocket`	Websockets z. B. für interaktive JScript-Anwendungen im Browser

8.3 Der Java-Client für http

Anwendung: Wir laden eine Datei von einem Web-Server

Mit Hilfe des Aufrufs `HttpClient.newHttpClient()` können wir einen Client für eine http-Anwendung erhalten. Wir konstruieren uns die Anforderung mit `HttpRequest.newBuilder()`. Dazu müssen wir eine URI angeben. Weitere Parameter wären möglich, siehe https://docs.oracle.com/en/java/javase/19/docs/api/java.net.http/java/net/http/HttpRequest.Builder.html. Eine solche Anforderung senden wir über den Client an einen Server. Das JDK stellt einige fertige `BodyHandler` zur Verfügung, z. B. gleich zum Abspeichern in einer Datei. Wir zeigen den synchronen Fall einer Bearbeitung. Über diesen `Bodyhandler` speichern wir die Datei ab.

Listing 8.4 Laden und lokales Abspeichern einer Datei mit einem http-Client

```
public class HTTPClient {
  public static void main(String[] args) {
    try {
      HttpRequest request = null;
      request = HttpRequest.newBuilder()
          .uri(new URI("http://localhost"))
          .version(HttpClient.Version.HTTP_2).GET()
          .build();
      HttpClient httpClient = HttpClient.newHttpClient();
      HttpResponse<Path> response = httpClient.
          send(request, BodyHandlers.ofFile (Paths.get ("index.html")));
//       String s = response.body();
//       System.out.println(s);
      // Mögliche Alternativen
      // Alternative 1: Body der Antwort als String
      HttpResponse<String> response = client
        .send(request, BodyHandlers.ofString());

      // Alternative 2: Abspeichern der Antwort in einer lokalen Datei
      HttpResponse<Path> response = client
        .send(request, BodyHandlers.ofFile(Paths.get("….html")));

      // Alternative 3: Öffnen der Antwort als InputStream
      HttpResponse<InputStream> response = client
        .send(request, BodyHandlers.ofInputStream());

      // Alternative 4: Wegwerfen der Antwort
      HttpResponse<Void> response = client
        .send(request, BodyHandlers.discarding());

    } catch (URISyntaxException e) {
      e.printStackTrace();
    } catch (IOException e) {
      e.printStackTrace();
    } catch (InterruptedException e) {
      e.printStackTrace();
    }
  }
}
```

8.4 Verteilte Anwendungen

Ein Server bietet einen Dienst an. Im Beispiel behandeln wir einen Server für mathematische Dienstleistungen, wie die Addition zweier ganzer Zahlen. Wir diskutieren dieses Beispiel für TCP, UDP sowie RMI. In einer Übungsaufgabe können wir den Dienst erweitern.

Definition des Additionsdienstes

Die sog. Geschäftslogik definiert die eigentliche Verarbeitung. Wir halten diesen Teil möglichst einfach, da wir in diesem Kapitel auf die Aspekte der Kommunikation fokussieren.

a) Wir müssen beschreiben, was dieser Dienst leisten soll. Dazu definieren wir eine Schnittstelle: IMath. Diese Schnittstelle legt die Leistungen fest, sie ist verbindlich für Auftraggeber und Auftragnehmer. Man spricht auch von einem Vertrag.

b) Wir müssen die Funktionalität dieses Dienstes implementieren: MathImpl. Ein Objekt dieser Klasse wird die versprochene Funktionalität wie z. B. eine Addition durchführen und ein Ergebnis liefern.

Listing 8.5 Die Schnittstelle IMath und die Implementierung IMathImpl
```
public interface IMath {
  int add (int i, int j) throws IOException; // Immer möglich
}

public class MathImpl implements IMath {
  @Override
  public int add(int i, int j) {
    return i+j;
  }
}
```

Diese „Geschäftslogik" liegt allen Varianten der Lösung zugrunde. Der Dienst soll bei allen Lösungsvarianten als Java-Programm auf einem bestimmten Rechner laufen. Wir gehen davon aus, dass der Hostname und die Portnummer bekannt sind. Der Auftraggeber läuft auf einem beliebigen Rechner und nimmt diesen Dienst in Anspruch. Wir müssen uns bei jeder der Lösungsvarianten über folgende Punkte klar werden:

1. Wie tauschen wir die Daten zwischen den Beteiligten aus?
2. Wie bauen wir unsere Anwendung auf?

8.4.1 Der Additionsdienst mit TCP

In diesem Abschnitt lösen wir das Problem mit verbindungsorientierten Sockets aus Abschnitt 8.2.1.

8.4.1.1 Problemanalyse: Datenaustausch

Wir tauschen die Daten über TCP aus. In den Java-Programmen können wir zum Schreiben einen OutputStream und zum Lesen einen InputStream verwenden. Zum Austausch von elementaren Daten (`int`, `float`, ...) über TCP-Sockets bietet Java die Klassen DataOutputStream bzw. DataInputStream an. Die Klasse DataOutputStream bietet Methoden zum Schreiben von elementaren Daten sowie Strings in einem plattformneutralen Format an. Dies ist besonders wichtig, wenn wir mit Systemen kommunizieren wollen, die nicht in Java geschrieben sind. DataInputStream dient zum Lesen dieser Daten.

Damit ergibt sich eine Pipeline für die Daten wie in Bild 8.3 dargestellt. Der Sender verschafft sich ein DataOutputStream-Objekt für den Socket und schreibt mit der writeInt(...)-Methode eine ganze Zahl. Der Empfänger benützt einen DataInputStream-Stream und liest diese Zahl mit readInt().

 Problem: Wir müssen als Entwickler genau darauf achten, dass Reihenfolge, Anzahl und Typen der Daten auf beiden Seiten übereinstimmen.

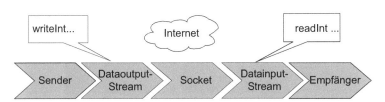

Bild 8.3 Austausch von Daten über das Internet: TCP

Zum Übertragen von kompletten Objekten serialisierbarer Klassen gibt es die Klassen ObjectOutputStream und ObjectInputStream. Damit können wir allerdings nur Daten zwischen Java-Systemen austauschen.

8.4.1.2 Problemanalyse: Aufbau der Anwendung

a) Ein Auftraggeber fragt diesen Dienst nach: TCPClient. Der Client kann die Funktionalität von MathImpl nicht direkt aufrufen, da ein Objekt dieser Klasse nur auf dem Java-System des Auftragnehmers zur Verfügung steht. Wir benötigen also einen lokalen Stellvertreter, der die Aufträge entgegennimmt, an den Auftragnehmer weiterleitet und die Antworten an den Auftraggeber zurückliefert.

b) Ein Auftragnehmer bietet diesen Dienst an: `TCPServer`. Der Server horcht an einem Port auf eingehende Verbindungen wie in Abschnitt 8.2.1 beschrieben. Wenn eine Verbindung eingeht, übergibt der Server den zugehörigen Socket an einen Adapter `MathHandler` für den Dienst. `MathHandler` liest die Daten vom Socket, ruft die Geschäftslogik im `MathImpl` auf und sendet die Ergebnisse auf dem Socket an den Proxy zurück. Wir stellen den Server in zwei Varianten vor: sequenziell in Listing 8.7 und parallel in Listing 8.8.

Listing 8.6 Java-Programme für die Seite des Clients: TCP

```java
public class MathProxy implements IMath {
  private final String host;
  private final int port;

  public MathProxy(String host, int port) {
    this.host = host;
    this.port = port;
  }

  @Override
  public int add(int i, int j) throws IOException {
    try (Socket client = new Socket(host, port);
        DataInputStream in = new DataInputStream(client.getInputStream());
        DataOutputStream out = new DataOutputStream(client.getOutputStream())) {
      out.writeInt(i); // 1. Zahl Client an Server
      out.writeInt(j); // 2. Zahl Client an Server
      // Auslesen der Antwort des Servers
      int result = in.readInt(); // Ergebnis vom Server lesen
      return result;
    }
  }
}

public class TCPClient {
  public static void main (String[] args) {
    try {
      MathProxy iMath = new MathProxy ("localhost", 8011);
      int i = 10;
      int j= 20;
      int ergebnis = iMath.add(i, j);
      System.out.printf("%d + %d = %d\n", i, j, ergebnis);
    } catch (IOException e) {
      e.printStackTrace(System.err);
    }
  }
}
```

Listing 8.7 Java-Programme für die Seite des Servers: TCP, sequenziell

```java
public class MathHandler {
  public void bearbeiteVerbindung (Socket socket) {
    // I/O Streams vom Socket
    try (DataInputStream in = new DataInputStream(socket.getInputStream());
        DataOutputStream out = new DataOutputStream(socket.getOutputStream())) {
      System.out.println("Starte Bearbeitung");
      int i = in.readInt(); // 1. Zahl vom Client
```

```java
      int j = in.readInt ();// 2. Zahl vom Client
      out.writeInt(i+j);      // Ergebnis an Client senden
    } catch (Exception e) {
      e.printStackTrace(System.err);
    }
  }
}

public class TCPServer {
  public static void main(String[] args) {
    // Socket zum Horchen
    try (ServerSocket server = new ServerSocket(IMath.PORT)) {
      // Warte auf eingehende Verbindung
      while (true) {
        try (Socket socket = server.accept()) {
          System.out.printf("accept : %s\n", socket.toString());
          MathHandler mh = new MathHandler();
          mh.bearbeiteVerbindung(socket);
        }
      }
    } catch (IOException e) {
      e.printStackTrace(System.err);
    }
  }
}
```

Listing 8.8 TCP: Ein paralleler Server mit virtual Threads

```java
public class TCPServerParallel {

  private static class ServerTask implements Runnable {
    private final Socket socket;
    public void run() {
      MathHandler ma = new MathHandler();
      ma.bearbeiteVerbindung(socket);
      try {
        socket.close();
      } catch (IOException e) {
        e.printStackTrace(System.err);
      }
    }

    public ServerTask(Socket socket) {
      this.socket = socket;
    }
  }

  public static void main(String[] args) {
    try (ServerSocket server = new ServerSocket(IMath.PORT);
         ExecutorService e = Executors.newVirtualThreadPerTaskExecutor()) {
      while (true) {
        // Warte auf eingehende Verbindung
        Socket socket = server.accept();
        System.out.printf("accept : %s\n", socket.toString());
        // Auftrag für neuen virtual-Thread ab Java 21
        e.submit(new ServerTask(socket));
      }
```

```
        } catch (IOException e) {
          e.printStackTrace(System.err);
        }
      }
    }
```

8.4.2 Beispiel: der Additionsdienst mit UDP

Wir legen verbindungslose Sockets aus Abschnitt 8.2.2 zugrunde.

8.4.2.1 Problemanalyse: Datenaustausch

Wie bringen wir die Daten aus Java in die Form einzelner Bytes? Wie rekonstruieren wir aus Bytes Daten in Java-Programmen? Mit der Klasse `DataOutputStream` können wir Daten aus Java auf einen Stream schreiben. Allerdings unterstützen Datagramme nur den Transfer von Bytes aus einem Puffer in einen Puffer auf einem anderen System. Deswegen müssen wir die vom `DataOutputStream` gelieferten Bytes in einem `ByteArrayOutputStream` sammeln, dessen Inhalt auslesen und mithilfe eines Datagramms übertragen. Auf der Seite des Empfängers lesen wir mithilfe eines `ByteArrayInputStream` für einen `DataInputStream` die Daten aus.

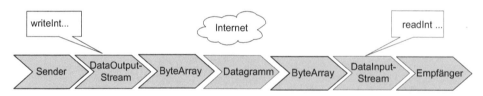

Bild 8.4 Datenaustausch zwischen Java-Programmen mit UDP

8.4.2.2 Problemanalyse: Aufbau der Anwendung

a) Ein Auftraggeber fragt diesen Dienst nach: `UDPClient`. Der Client kann die Funktionalität von `MathImpl` nicht direkt aufrufen, da ein Objekt dieser Klasse nur auf dem Java-System des Auftragnehmers zur Verfügung steht. Wir benötigen auch hier einen lokalen Stellvertreter, der die Aufträge entgegennimmt, die entsprechende Methode von `MathImpl` aufruft und die Ergebnisse an den Auftraggeber zurückliefert.

b) Ein Auftragnehmer bietet diesen Dienst an: `UDPServer`. Der Server horcht an einem Port auf eingehende Datagramme wie in Abschnitt 8.2.2 beschrieben. Wenn ein Datagramm eingeht, übergibt es Server an einen Adapter `MathHandler`. Dieser liest die Bytes aus dem Datagramm, ruft die Geschäftslogik im `MathImpl` auf und sendet die Ergebnisse in einem neuen Datagramm an den Proxy zurück.

Listing 8.9 Java-Programme für die Seite des Clients: UDP

```java
public class MathProxy implements IMath {
  private String host;
  private int port;

  public MathProxy(String host, int port) {
    this.host = host;
    this.port = port;
  }

  @Override
  public int add(int i, int j) throws IOException {
    try (DatagramSocket socket = new DatagramSocket()) {

      // Bytes in einen ByteArray schreiben
      ByteArrayOutputStream bytesAnfrage = new ByteArrayOutputStream();
      DataOutputStream out = new DataOutputStream(bytesAnfrage);
      out.writeInt(i);
      out.writeInt(j);
      DatagramPacket anfrage = new DatagramPacket(bytesAnfrage.toByteArray(),
          bytesAnfrage.size(), InetAddress.getByName(host), port);
      socket.send(anfrage);

      // Wir warten auf Antwort. Ist der Puffer groß genug?
      byte[] buffer = new byte[1000];
      DatagramPacket antwort = new DatagramPacket(buffer, buffer.length);
      socket.receive(antwort);
      System.out.printf("Erhalten: %d Bytes\n",
      antwort.getLength());
      DataInputStream in = new DataInputStream(new ByteArrayInputStream(antwort.
      getData()));
      int ergebnis = in.readInt();
      return ergebnis;
    }
  }
}

public class UDPClient {
  public static void main(String[] args) {
    try {
      MathProxy iMath = new MathProxy("localhost", 8011);
      int i = 10;
      int j = 20;
      int ergebnis = iMath.add(i, j);
      System.out.printf("%d + %d = %d\n", i, j, ergebnis);
    } catch (IOException e) {
      e.printStackTrace(System.err);
    }
  }
}
```

Listing 8.10 Java-Programme für die Seite des Servers: UDP

```java
public class MathHandler {
  public void bearbeiteVerbindung(DatagramSocket socket) {
    try {
      byte[] buffer = new byte[1000];
      DatagramPacket anfrage = new DatagramPacket(buffer, buffer.length);
      System.out.println("Starte Bearbeitung");
      socket.receive(anfrage);
      System.out.printf("Erhalten: %d bytes\n", anfrage.getLength());
      ByteArrayInputStream eingabe = new ByteArrayInputStream(buffer);
      DataInputStream in = new DataInputStream(eingabe);

      int i = in.readInt();
      int j = in.readInt();
      ByteArrayOutputStream ausgabe = new ByteArrayOutputStream();
      DataOutputStream out = new DataOutputStream(ausgabe);
      out.writeInt(i + j);
      DatagramPacket antwort = new DatagramPacket(ausgabe.toByteArray(),
          ausgabe.size(), anfrage.getAddress(), anfrage.getPort());
      socket.send(antwort);
    } catch (IOException e) {
      e.printStackTrace(System.err);
    }
  }
}

public class UDPServer {
  public static void main(String[] args) {
    while (true)
      try (DatagramSocket socket = new DatagramSocket(IMath.PORT)) {
        MathHandler mh = new MathHandler();
        mh.bearbeiteVerbindung(socket);
      } catch (IOException e) {
        e.printStackTrace(System.err);
      }
  }
}
```

8.4.3 RMI

Mit Sockets kann man Nachrichten zwischen diversen Programmen austauschen. Diese nachrichtenorientierte Programmierung ist für viele Entwickler neu und bei größeren Aufgabenstellungen fehleranfällig und aufwendig. Man würde sich auch bei verteilten Anwendungen wünschen, Dienste einfach aufrufen zu können. Mit RMI können wir Methoden in Klassen für Objekte auf entfernten Rechnern bzw. in anderen Prozessen quasi aufrufen.

8.4.3.1 Problemanalyse: Datenaustausch

RMI stellt sowohl den lokalen Stellvertreter für den Client als auch den Adapter bzw. Handler für die Server-Seite automatisch bereit.

8.4.3.2 Problemanalyse: Aufbau der Anwendung

Bei größeren Anwendungen kann es viele Objekte geben. Das RMI-Konzept unterstützt die Suche nach diesen Objekten mit einem Namensdienst. Dieser Dienst liefert auf Anfrage einen lokalen Stellvertreter. Dieser lässt sich wie ein lokal vorhandenes Objekt nutzen. Bild 8.5 zeigt die für eine SOA[4] typischen Abläufe. Als ersten Schritt (1) muss der Server ein Objekt zur verteilten Verarbeitung beim Namensdienst anmelden. Diese „Auskunft" ist auch ein Dienst und muss natürlich unabhängig von der „Auskunft" erreichbar sein. In Java ist dies das ausführbare Programm rmiregistry. Wenn ein Client mit einem Objekt kommunizieren möchte, so muss er sich die Verbindung hierzu über diese Registratur holen (2). Hierfür benötigt er den unter (1) publizierten Namen des Objekts. Danach schließen sich unter (3) beliebig viele Aufrufe von Methoden des Objekts an.

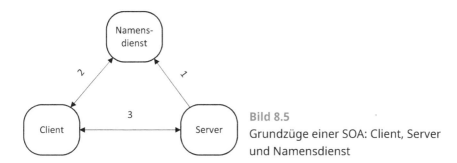

Bild 8.5 Grundzüge einer SOA: Client, Server und Namensdienst

8.4.4 Prinzip von RMI

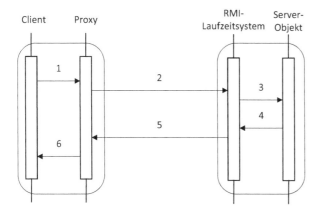

Bild 8.6 Abläufe bei RMI: Schritt (3) aus Bild 8.5 im Detail

---

[4] Service Oriented Architecture

Natürlich kann der Client die Methode für ein Objekt auf dem Server nicht direkt aufrufen. RMI erstellt für uns transparent einen Proxy. Dieser nimmt die Aufrufe (1) des Clients wie gewöhnliche Methodenaufrufe entgegen, verpackt sie und leitet sie unter (2) an das RMI-Laufzeitsystem auf dem Server weiter. Dabei blockiert der Proxy den Client, bis die Antwort eintrifft. Das RMI-Laufzeitsystem auf der Server-Seite ermittelt das zuständige Objekt und ruft die gewünschte Methode auf (3, 4). Danach (5) sendet es die Ergebnisse der Methode bzw. die geworfene Programmausnahme an den Proxy. Dieser packt die übermittelten Objekte aus und liefert Ergebnisse bzw. wirft stellvertretend für das Server-Objekt eine Programmausnahme (6).

Praktische Durchführung mit RMI: ein Addierservice

Für die praktische Durchführung unterscheiden wir die Entwicklungsphase (E) und die Phase des Ablaufs (A), die sich jeweils in drei Schritte gliedern.

Entwicklung (E)

1. Definition einer Schnittstelle zur Definition einer entfernt aufrufbaren Funktionalität
2. Implementierung der Klasse mit der Funktionalität des Servers
3. Implementierung des Clients: Anwendung

Ablauf der Programme (A)

1. Start einer Registratur als „Auskunftsstelle" von der Kommandozeile: `rmiregistry`
2. Start des Dienstes auf dem Server: aus der Entwicklungsumgebung
3. Anwendung: Clients: aus der Entwicklungsumgebung

Bei der Entwicklung kann man natürlich auch den Client vor dem Server implementieren.

Zu A1: Start der Registratur

Wir können die Registratur aus einem Terminal-Fenster in Eclipse heraus starten. Dieses holen wir in Eclipse über einen Klick auf die rechte Maustaste im Projekt k08 unter "Show in/Terminal" wie in Bild 8.7 gezeigt. In diesem Terminal wechseln wir in das Unterverzeichnis `bin`, in dem die `.class`-Dateien liegen. Aus diesem Verzeichnis heraus starten wir wie in Bild 8.8 die Registratur.

8.4 Verteilte Anwendungen

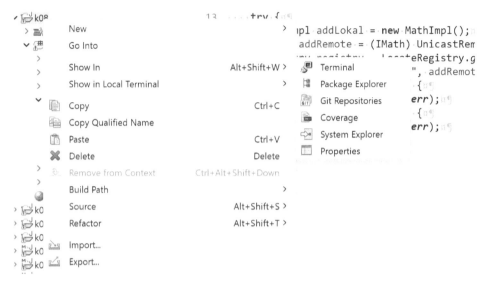

Bild 8.7 Terminal für Projekt k08 öffnen

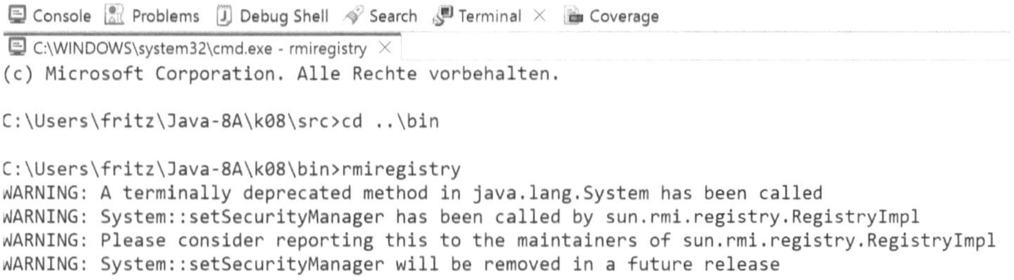

```
C:\WINDOWS\system32\cmd.exe - rmiregistry
(c) Microsoft Corporation. Alle Rechte vorbehalten.

C:\Users\fritz\Java-8A\k08\src>cd ..\bin

C:\Users\fritz\Java-8A\k08\bin>rmiregistry
WARNING: A terminally deprecated method in java.lang.System has been called
WARNING: System::setSecurityManager has been called by sun.rmi.registry.RegistryImpl
WARNING: Please consider reporting this to the maintainers of sun.rmi.registry.RegistryImpl
WARNING: System::setSecurityManager will be removed in a future release
```

Bild 8.8 Start von rmiregistry aus dem Pfad ..\bin heraus

Zu A2: Start des Servers

Wir starten den Server wie ein beliebiges Java-Programm. Er läuft im Hintergrund.

Zu A3: Start des Clients

Wir können den Client mehrfach und auch in geänderter Form ablaufen lassen, solange sich an den vereinbarten Schnittstellen nichts ändert.

Zu E1: Definition einer „entfernten Schnittstelle"

Jede entfernte Schnittstelle muss **public** sein und die java.rmi.Remote-Schnittstelle erweitern. Jede der Methoden muss die Ausnahme java.rmi.RemoteException werfen.

```java
// E1: Entwurf der Schnittstelle für RMI
public interface IMath extends Remote {
  int add (int i, int j) throws RemoteException;
}
```

Zu E2: Implementierung des Servers

Die Klasse MathImpl implementiert die Funktionalität des Addierdienstes. Mit Hilfe einer Klasse wie Server binden wir die Software an RMI an.

Listing 8.11 Java-Programme für die Seite des Servers: RMI

```java
// E2: Funktionalität implementieren
public class MathImpl implements IMath {
  @Override
  public int add(int i, int j) throws RemoteException {
    return i + j;
  }
}

// E2: Implementierung des Server-Prozesses
public class RMIServer {
  public static void main(String[] args) {
    try {
      MathImpl addLokal = new MathImpl();
      IMath addRemote = (IMath) UnicastRemoteObject.exportObject(addLokal, 0);
      Registry registry = LocateRegistry.getRegistry();
      registry.rebind("addition", addRemote);
    } catch (AccessException e) {
      e.printStackTrace(System.err);
    } catch (RemoteException e) {
      e.printStackTrace(System.err);
    }
  }
}
```

Listing 8.12 Java-Programme für die Seite des Clients: RMI

```java
// E3: Implementierung eines Anwenders: Client
public class RMIClient {
  public static void main(String[] args) {
    try {
      Registry registry = LocateRegistry.getRegistry("localhost");
      IMath add = (IMath) registry.lookup("addition");

      int summe = add.add(10, 30);
      System.out.printf("summe = %d\n", summe);
    } catch (AccessException e) {
      e.printStackTrace(System.err);
    } catch (RemoteException | NotBoundException e) {
      e.printStackTrace(System.err);
    }
  }
}
```

Zusammenfassung

Verteilte Anwendungen im Internet beruhen auf der Client-Server-Architektur. Ein Server bietet auf einem Rechner einen bestimmten Dienst an. Hierfür „horcht" er an einem sog. Port auf eingehende Verbindungen. Ein Port entspricht einer Nummer für einen Dienst (man kann auch an den Drucker-Port bei Personalcomputern denken).

Ein Client benötigt zum Aufbau einer Verbindung nicht nur einen Dienst, sondern auch einen Host als Anbieter des Dienstes. Aus beiden Daten wird die sog. URL aufgebaut. Sie kann auch einen Dateinamen enthalten.

Wenn die Verbindung zustande gekommen ist, tauschen Client und Server Signale und Daten nach festgelegten Protokollen aus. Das Protokoll legt das Format der Daten und der Steuerbefehle sowie die Reihenfolge der Befehle fest.

Auch wenn ein TCP- bzw. UDP-Client in Java geschrieben ist, kommt für den Server jede Sprache infrage, die Sockets unterstützt, z. B. die Sprache C.

RMI reduziert den Aufwand bei der Entwicklung verteilter Java-Anwendungen. RMI erstellt die lokalen Stellvertreter für den Client automatisch und hat einen universellen Adapter auf der Server-Seite.

8.5 Aufgaben

Aufgabe 8.1: Sockets

Erweitern Sie die Dienste aus Abschnitt 8.4 um eine Subtraktion. Dazu müssen wir in den lokalen Stellvertretern zunächst eine Kennung für die gewünschte Methode an den Server senden. Danach folgen die Parameter. Auf der Seite des Servers ermitteln wir zunächst die gewünschte Methode. Dann lesen wir die Werte der Parameter.

Aufgabe 8.2: RMI

Erweitern Sie den RMI-Dienst um eine Subtraktion.

9 Anbindung von Datenbanken mit JDBC

Unsere Java-Programme verarbeiten Daten. Diese Daten geben wir interaktiv ein oder lesen sie aus Textdateien aus bzw. schreiben sie in Textdateien. Diese Form der Datenhaltung reicht für Anwendungen nicht aus, wir benötigen einen Zugriff auf die in der Praxis weit verbreiteten relationalen Datenbanken. Solche Datenbanken akzeptieren SQL[1]-Anweisungen zum Einrichten der Datenbank, zum Speichern und Bearbeiten von Daten sowie zum Abfragen von Ergebnissen. Wir steigen mit SQLite ein, weil diese Programmbibliothek weitverbreitet und einfach zu installieren ist. In Abschnitt 9.4 benützen wir mit MariaDB eine leistungsfähigere Datenbank.

Zur Programmierung von Datenbanken aus Java-Programmen dient die *Java Database Connectivity* JDBC. Damit kann man Datenbanken aus Java-Programmen heraus über SQL-Befehle bearbeiten, soweit die Datenbank diese unterstützt. Ein Java-Programm stellt seine Anforderungen an die Datenbank. Die Datenbank bearbeitet diese Anweisungen und liefert die Menge der Ergebnisse als sog. ResultSet zurück, die wir programmiert in Java weiterverarbeiten können. Mit Hilfe von JDBC können wir die Kluft zwischen der Welt der Objekte und der Welt der relationalen Datenbanken überbrücken.

JDBC gehört nicht zum Umfang der Java-Standardbibliothek. Wir müssen unsere vorhandene Installation um die JDBC-Treiber erweitern. Man könnte die Archive mit der benötigten Software suchen, herunterladen und lokal installieren. Die Integration mit Apache Maven (kurz Maven) in den Entwicklungsprozess erspart die Suche, die Installation sowie das Anpassen der Klassenpfade. Dafür müssen wir unsere Projekte als Maven-Projekte anlegen.

---

[1] Structured Query Language

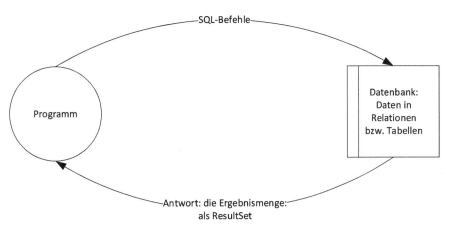

Bild 9.1 Prinzip von JDBC

9.1 Maven-Projekt in Eclipse anlegen

Wir legen ein neues Maven-Projekt in Eclipse unter *File/new/Maven Project* an (Bild 9.2).

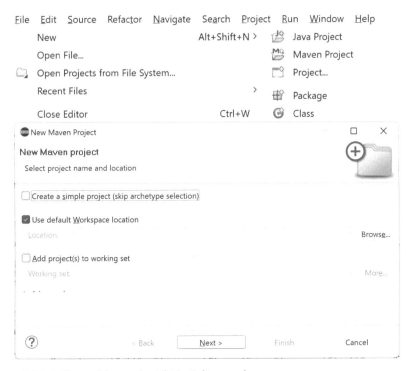

Bild 9.2 Neues Maven Projekt in Eclipse anlegen

Da Maven ein universelles Build-Werkzeug ist, gäbe es unbeschränkt viele Möglichkeiten der Konfiguration. Abhilfe schaffen hier die sog. *Archetypen*. Darunter versteht man eine Art Schema, nach dem die einzelnen Konfigurationsdateien erzeugt werden. Wir wählen in Bild 9.3 bei `Group Id` den Typ `org.apache.maven.archetypes`, bei `Artifact Id` den Wert `maven-archetype-quickstart`.

Bild 9.3 Auswahl des Archetyps

Im nächsten Schritt in Bild 9.4 geben wir Parameter für den Archetypen an. Nicht vergessen: Wir müssen noch im Konsolenfenster die Konfigurationsdaten mit Y bestätigen.

```
Confirm properties configuration:
groupId: de.fritz
artifactId: k09
version: 0.0.1-SNAPSHOT
package: de.fritz.k09maven
 Y: : Y
```

Damit erstellt Eclipse ein Maven-Projekt, das in Bild 9.5 gezeigt wird. Dort sehen Sie auch, dass die *Maven Dependencies* eingetragen sind.

In Bild 9.5 sehen wir das Verzeichnis `src/main/java`, in dem wir unsere Java-Programme ablegen. Das Package dazu heißt `de.fritz.k09`. Hier ist die Datei `pom.xml` besonders wichtig, sie beschreibt den Build-Prozess. Insbesondere können wir in der pom-Datei im Abschnitt `dependencies` weitere Abhängigkeiten angeben. Wir geben gleich alle Abhängigkeiten für dieses Kapitel ein. Damit binden wir JDBC sowohl für SQLite als auch für MariaDB ein: Wir müssen für JDBC keine weiteren Bibliotheken herunterladen und in Abhängigkeiten für das Übersetzen und für die Laufzeit einbinden, dies besorgt Maven. Für MariaDB müssen wir die Datenbank noch installieren.

9.1 Maven-Projekt in Eclipse anlegen

Bild 9.4 Auswahl der Parameter für den Archetypen

- k09
  - src/main/java
    - de.java8a.k09
      - App.java
  - src/test/java
  - JRE System Library [JavaSE-1.7]
  - Maven Dependencies
  - src
    - main
    - test
    - target
  - pom.xml

Bild 9.5
Ein von Eclipse erzeugtes Maven-Projekt
für Java-Programme

Listing 9.1 In der .pom-Datei: Abhängigkeiten für SQLite und MariaDB definieren

```
<dependencies>
  <dependency>
    <groupId>org.xerial</groupId>
    <artifactId>sqlite-jdbc</artifactId>
    <version>3.42.0.0</version>
  </dependency>

  <dependency>
    <groupId>org.mariadb.jdbc</groupId>
    <artifactId>mariadb-java-client</artifactId>
    <version>3.2.0</version>
  </dependency>
</dependencies>
```

Bild 9.5 zeigt im erzeugten Projekt als zu verwendendes Java die Version 1.7 an. Damit könnten keine Merkmale neuerer Java-Versionen verwendet werden. Evtl. zeigt der Compiler rätselhafte Fehler an. Unter *Projekt/Properties/Java Compiler* können wir die aktuelle Version >= 19 einstellen.

9.2 Grundlagen von JDBC

Prinzipiell könnten wir mit einer Java-Anwendung über die JDBC-Schnittstelle ohne Änderung des Programms diverse Datenbanken wie SQLite, Oracle, MariaDB oder PostgreSQL bearbeiten, wenn nicht die Einschränkungen und der sog. Dialekt der jeweiligen SQL-Sprachen wären. Java greift auf die einzelnen Datenbanken über eine Schnittstelle zu, die vom sog. Treiber `DriverManager` für die jeweilige Datenbank implementiert werden muss. JDBC definiert aus Anwendersicht:

- den grundsätzlichen Ablauf zum Zugriff auf die Datenbank,
- eine Zuordnung von Java-Datentypen zu den allgemeinen Typen der Datenbank,
- die Klassen zum Absetzen der SQL-Befehle,
- die Klassen zum Bearbeiten der Ergebnisse der Abfragen,
- die Klassen zum Auswerten von Fehlermeldungen,
- die Klassen mit den Metadaten: Informationen über den Aufbau der Datenbank.

Jeder Treiber muss zumindest den ANSI-SQL-92-Standard (American National Standards Institute) unterstützen. Wenn man alle Vorteile einer speziellen Plattform ausnutzen möchte, muss man die vom Treiber gebotene Funktionalität zunächst ermitteln.

9.3 Grundsätzlicher Ablauf beim Zugriff

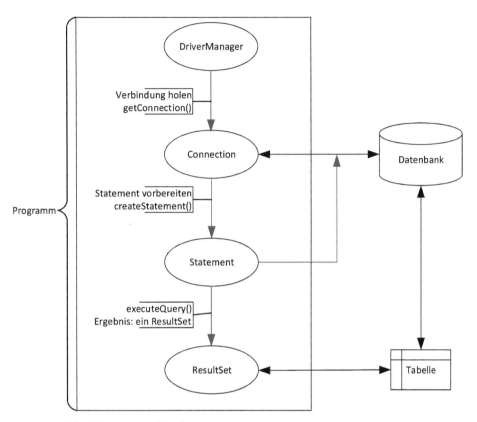

Bild 9.6 Ablauf beim Zugriff auf eine Datenbank über JDBC

JDBC liefert uns mit dem Aufruf DriverManager.getConnection ("jdbc:sqlite:k09.db") eine Verbindung zur Datenbank. Die Datenbank k09.db liegt im Stammverzeichnis unseres Eclipse-Projekts.

Komfort dürfen wir beim Übergang von der objektorientierten Welt zur Welt der Datenbanken nicht erwarten: JDBC definiert nur Zuordnungen für elementare Daten wie int, double usw. und String. Die einzelnen Datenbanken definieren unterschiedlich viele elementare Typen. Aber die Zuordnung unserer Klassen zu Relationen müssen wir selbst programmieren. Wenn wir z. B. Objekte einer Klasse Person in der Datenbank abspeichern möchten, so gibt es keine vordefinierten Relationen dafür. Fortgeschrittene Anwendungen mit Datenbanken können mit einem sog. Persistenz-Framework wie Hibernate die Überbrückung der riesigen Lücke zwischen einer objektorientierten Sprache und relationalen Datenbanken automatisieren, siehe [BK07].

Schnelleinstieg: Pizzas in SQLite verwalten

Mit Hilfe eines Programms Listing 9.2 zum Abspeichern und Auslesen von Pizzas wollen wir in die Thematik des Zugriffs auf Datenbanken aus Java heraus einsteigen. Wir definieren Pizza-Objekte im Programm, speichern sie in der Datenbank ab und holen entsprechende Pizza-Objekte wieder aus der Datenbank.

Pizzas in Java

In Java beschreiben wir die Daten in einer Klasse Pizza. Jede Pizza hat eine fortlaufende Nummer, einen Namen sowie einen Preis. Dazu kommen noch die üblichen get/set-Methoden sowie Konstruktoren. Hierzu bietet sich ein record an. Die Nummer soll vom Programm vergeben werden.

```
record Pizza (int nr, String name, double preis) { }
```

Pizzas in der Datenbank: Relationen

Wir können uns Relationen grob vereinfacht als Tabellen vorstellen. Jedem Pizza-Objekt entspricht dann eine Zeile in der Tabelle. Die Tabelle zum Abspeichern und Wiederfinden aller Pizzas würde drei Spalten enthalten, die den o. a. Daten entsprechen und die Attribute enthalten. Die Datentypen für die Spalten legen wir bei der Einrichtung der Tabelle mit einem SQL-Befehl fest. Die Nummer der Pizza soll von dem Programm fortlaufend vergeben werden, sie soll eindeutig sein, also bei weiteren Programmen als Schlüsselbegriff für den Zugriff dienen. Groß-/Kleinschreibung ist im Gegensatz zu Java nicht signifikant. Der entsprechende SQL-Befehl könnte für SQLite in etwa wie folgt lauten:

```
CREATE TABLE pizzas(nr INTEGER PRIMARY KEY, name VARCHAR (50), preis FLOAT);
```

Wichtige Unterschiede zwischen Java und SQL

Java unterscheidet Groß-/Kleinschreibung, SQL nicht.

In diesem Buch schreiben wir SQL-Befehle in Großbuchstaben und Namen mit Bezug zu Java-Programmen in Kleinschreibung.

Java nummeriert Felder ab dem Index 0. SQL dagegen nummeriert die Parameter ab 1.

Listing 9.2 Grundlegende Abläufe als Java-Programm

```java
public class PizzaDB {

  record Pizza(int nr, String name, double preis) {
    String getInsertString () {
      // Locale.US: Bitte kein Komma in den Zahlen: 5.0 statt 5,5
      String insertString = String.format(Locale.US,
        "INSERT INTO pizzas VALUES (%d, '%s', %f)", nr, name, preis);
      return insertString;
    }
  }
```

```java
    private static final Pizza[] pizzas = {
        new Pizza(0, "Margerita", 5.00),
        new Pizza(1, "Salami", 5.50), };

    public static void main(String[] args) {
        // Aufbau der Connection zur Datenbank und Anlage eines Statement
        try (Connection connection =
                DriverManager.getConnection("jdbc:sqlite:pizza.db");
             Statement statement = connection.createStatement()){

            // Lösche eine ggfs. vorhandene Tabelle pizzas
            statement.executeUpdate("DROP TABLE IF EXISTS pizzas");
            // Anlegen einer Tabelle für die Pizzas
            statement.executeUpdate(
"CREATE TABLE pizzas(nr INTEGER PRIMARY KEY, name VARCHAR(30), preis FLOAT)");

            // Eintragen aller Pizzas
            for (Pizza p : pizzas) {
              statement.executeUpdate(p.getInsertString());
            }

            // "Auslesen" der Pizzas aus der Datenbank
            // Das sind nicht dieselben Objekte wie beim Eintragen!
            System.out.println("Inhalt der Datenbank:");
            ResultSet rs = statement.executeQuery("SELECT * FROM pizzas");
            while (rs.next()) {
              Pizza p = new Pizza(
                  rs.getInt("nr"), rs.getString("name"), rs.getFloat("preis"));
              System.out.println(p);
            }
        } catch (SQLException e) {
          System.err.println(e.getMessage());
        }
      }
    }
```

Listing 9.3 Ausgabe des Programms aus Listing 9.2

```
Inhalt der Datenbank:
Pizza[nr=0, name=Margerita, preis=5.0]
Pizza[nr=1, name=Salami, preis=5.5]
```

Erläuterungen zum Ablauf des Programms

Mit Hilfe der JDBC-URL stellen wir eine Verbindung zur Datenbank her. Hierzu braucht man die JDBC-URL aus dem folgenden Listing 9.4.

Listing 9.4 JDBC-URL: Syntax und Beispiele für SQLite

```
jdbc:<subprotokoll>:<subname>
jdbc:sqlite:pizza.db
```

Ferner müssen bei anderen Datenbanksystemen der Benutzer sowie dessen Passwort angegeben werden. Die Verbindung connection erlaubt den Zugriff auf die Datenbank über ein sog. Statement. Auch lassen sich mit dem Aufruf connection.getMetaData()

Metadaten über den Aufbau der Datenbank ermitteln, wie z. B. Details des von der Datenbank verwendeten SQL-Dialekts. Siehe Abschnitt 9.7.

Dann legen wir ein Statement zum Ausführen von SQL-Anweisungen an. Da Connection und Statement die AutoCloseable-Schnittstelle implementieren, können wir ein **try** mit zwei Ressourcen benützen. Dann beginnen wir: Zunächst löschen wir die Tabelle pizzas, falls sie bereits vorhanden wäre. Die Tabellen sollen im Allgemeinen über einen Programmlauf hinaus bestehen bleiben, doch das Beispiel zum Einstieg soll zum Experimentieren mehrfach laufen können. Dann legen wir die Tabelle an. Die erste Spalte soll der sog. Primärschlüssel sein und von der Datenbank vergeben werden. Dann folgen unsere Daten. Mit einem INSERT-Befehl tragen wir je einen Datensatz ein.

#	Name	Datentyp	Länge/SET
1	nr	INT	11
2	name	VARCHAR	30
3	preis	FLOAT	

Bild 9.7 Aufbau der Tabelle der Pizzas

Bild 9.8 Inhalt der Tabelle der Pizzas nach Ablauf des Programms

Jetzt können wir die Daten aus der Tabelle verarbeiten. Für eine Abfrage "SELECT * FROM pizzas" auf die Tabelle pizzas der Datenbank erhalten wir das Ergebnis als ResultSet. Diese Ergebnismenge enthält für jeden Antwortdatensatz eine Zeile. Jede Zeile enthält die Daten in den angeforderten Spalten. Mit "SELECT * from pizzas erhalten wir alle Zeilen mit allen Spalten.

Mit der next()-Methode durchlaufen wir die Ergebnisse. Nach der ersten Abfrage befindet sich der sog. Cursor (Markierung der aktuellen Zeile) vor der ersten Zeile. Die next()-Methode schaltet diesen Cursor. Sie liefert **false**, wenn dies nicht möglich ist, und **true**, sofern noch Daten vorhanden sind. Jede Zeile des ResultSet enthält als Felder die Nummer des Datensatzes, den Namen sowie den Preis. Auf diese Felder greifen wir mit getXXX()-Anweisungen zu. XXX steht für einen Typ wie **int** oder String (vgl. Abschnitt 0). Sie können auf die Daten über den Namen der Spalte wie im Beispiel oder über die Nummer der Spalte zugreifen. *Beachten Sie bitte: Die Spalten bei Datenbankabfragen sind fortlaufend ab 1 nummeriert.* Die Verbindung kann und sollte in der Regel für mehrere Anfragen benutzt werden. Damit vermeidet man den aufwendigen Auf- und Abbau von Verbindungen.

9.4 Einstieg in relationale Datenbanken und SQL

Relationale Datenbanken unterstützen beim Zugriff auf Daten das Coddsche relationale Datenmodell. Dazu kann man sich vereinfacht vorstellen, dass Daten in Tabellen gespeichert werden. Jedem Datensatz entspricht eine Zeile der Tabelle. Die Spalten enthalten die Attribute der Datensätze. Eine spezielle Spalte ist der sog. Primärschlüssel. Zum Beispiel kann man die Datensätze mit ganzen Zahlen durchnummerieren. Die Datenbank findet Datensätze anhand dieser eindeutigen Kennung besonders schnell. Ein Fremdschlüssel ist ein Verweis auf einen Datensatz einer anderen Tabelle. So könnte man in einer Tabelle mit Datensätzen für Personen auf eine Tabelle mit Adressdatensätzen verweisen.

9.4.1 Grundlagen SQL

SQL ist eine bei IBM entwickelte Datenbanksprache. JDBC unterstützt den ANSI-SQL-92-Standard. Die folgende Beschreibung einer kleinen Teilmenge von SQL kann und will nicht vollständig sein. Für eine vertiefte Darstellung siehe [EN09].

Wichtige SQL-Befehle

```
SELECT Select-Liste FROM tabelle [ WHERE Boolescher Ausdruck ]
INSERT INTO tabelle [ Spalten-Liste ] VALUES '(' Werte ')'
CREATE table tabelle '(' Spaltendefinition ')'
DROP TABLE tabelle
UPDATE tabelle SET Spalte = Wert [ WHERE Boolescher Ausdruck ]
```

Tabelle 9.1 Syntax einiger SQL-Befehle

Select-Liste	'*' | Spalten-Liste
Spalten-Liste	Spaltenname { ',' Spaltenname }
Boolescher Ausdruck	Vergleich [(AND|OR) Vergleich]
Vergleich	Spaltenname ('<' | '>' | '=' | '<>') Wert
Spaltendefinition	Name Typ { ',' Name Typ }
Werte	Wert { ',' Wert }
Typ	INTEGER | VARCHAR '(' Anzahl der Zeichen ')'

In [] angegebene Ausdrücke sind optional. Mit {} geklammerte Ausdrücke können beliebig oft wiederholt, also auch weggelassen werden. | bezeichnet einander ausschließende Alternativen, z. B. (AND|OR) liefert entweder AND oder OR. In Hochkomma angegebene Zeichen müssen wie angegeben eingefügt werden, z. B. ','. Nach dem

Datentyp kann man eine Zusatzinformation angeben, z. B. die Anzahl der Zeichen bei einem Text.

Transaktionen der Datenbank und JDBC

Transaktionen sind wegen ihrer **ACID**-Eigenschaften für die Entwicklung robuster Anwendungen unentbehrlich:

- **A**tomarität: alles oder nichts
- **K**onsistenz: vor und nach der Transaktion
- **I**solation: unabhängig voneinander
- **D**auerhaftigkeit: Änderungen nur durch eigenständige Transaktion

Wenn z. B. ein Datensatz bei einem Fehler nur in Teilen gespeichert würde (z. B. wird bei einer Anschrift nur die Stadt geändert, nicht aber die Postleitzahl), wären die Daten inkonsistent. Transaktionen verhindern solche schwer zu beherrschenden Situationen. Bei JDBC kann man Transaktionen im Rahmen der Verbindung steuern, siehe folgenden Abschnitt.

9.4.2 Klassen und Schnittstellen im Package java.sql

In diesem Abschnitt finden Sie häufig verwendete Klassen und Schnittstellen sowie wichtige Methoden. Das folgende Diagramm stellt die „Liefert-Beziehung" in Form von Pfeilen mit Dreiecksspitzen dar. Ein DriverManager liefert ein Objekt einer Klasse, welches die Connection-Schnittstelle implementiert. Diese Verbindung liefert ein Statement usw.

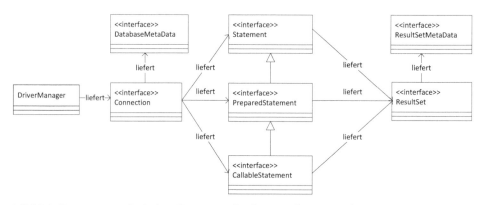

Bild 9.9 Zusammenarbeit der Klassen und Schnittstellen im Package java.sql

9.4 Einstieg in relationale Datenbanken und SQL

Zeit und Datum im Zusammenhang mit JDBC

Jede der Klassen `java.sql.Date` bzw. `java.sql.Time` erweitert die Klasse `java.util.Date`. Sie dienen der einheitlichen Darstellung von Uhrzeit und Datum.

Klasse	Erzeugen	Darstellen	Format
Date	`public static Date valueOf(String s);`	`String toString();`	`"hh:mm:ss"`
Time	`public static Time valueOf(String s)`	`String toString();`	`"yyyy-mm-dd"`

Verwaltung der Treiber: Klasse DriverManager

Die statischen Methoden der Klasse `DriverManager` liefern die Basisdienste zur Verwaltung der JDBC-Treiber. Die Schnittstelle `Connection` beschreibt das Verhalten von Verbindungen zur Datenbank.

Die Klasse `DriverManager` liefert über `getConnection()` eine Referenz auf eine Implementierung. Diese beschreibt die Verbindung (oft auch als Sitzung bezeichnet) zur Datenbank. Im Rahmen einer solchen Sitzung können Statements erzeugt werden:

Connection: Aufruf	Funktion
`Statement createStatement();`	Liefert ein Statement-Objekt. Dieses kann für SQL-Anweisungen ohne Parameter benutzt werden.
`DatabaseMetaData getMetaData();`	Liefert ein `DatabaseMetaData`-Objekt. Damit können zahlreiche Eigenschaften der Datenbank abgefragt werden (vgl. Abschnitt 9.7).
`CallableStatement prepareCall(String sql);`	Ein `CallableStatement`-Objekt zum Aufruf von in der Datenbank gespeicherten Prozeduren wird erzeugt.
`PreparedStatement prepareStatement (String sql);`	Ein `PreparedStatement`-Objekt für mehrmalige Verwendung (mit oder ohne Parameter) wird erzeugt.
`Savepoint setSavepoint();`	Setze einen Sicherungspunkt für eine Transaktion.
`void commit();`	Macht alle Änderungen seit dem letzten `commit/rollback` in der Datenbank permanent und hebt alle Sperren in der Datenbank auf.
`void setAutoCommit(boolean autoCommit);`	Setzen des sog. „Auto Commit Modus". Siehe nachfolgende Beschreibung.

Connection: Aufruf	Funktion
void rollback();	Macht alle Änderungen in der aktuellen Transaktion rückgängig und hebt alle Sperren in der Datenbank auf.
void rollback(Savepoint savepoint);	Macht alle Änderungen in der aktuellen Transaktion seit dem angegebenen Sicherungspunkt rückgängig und hebt alle Sperren in der Datenbank auf.
boolean isClosed();	Ermittelt, ob die Verbindung bereits geschlossen wurde.
void close();	Beendet die Verbindung und gibt alle damit verbundenen Ressourcen frei.

Transaktionen

Jede Verbindung ist zunächst im sog. „Auto Commit Modus". Dabei läuft jeder SQL-Befehl für sich als Transaktion ab. Wenn man die Bereiche, die im Rahmen einer Transaktion ablaufen sollen, selbst markieren will, schaltet man diesen Modus ab. Dann markiert man den Beginn der gewünschten Transaktion mit setSavePoint(). Zum Abschluss der Arbeiten kann man die Änderungen festschreiben oder komplett verwerfen.

```
01: Savepoint sp = con.setSavePoint();    // Markiere Anfang
02: … SQL-Befehle absetzen
03: // Zum Schluss: Festschreiben oder Verwerfen der Änderungen seit sp
xx: con.commit(); - oder con.rollback(sp);
```

Wenn wir mehr als eine Aktion im Rahmen einer Transaktion zusammenfassen, können wir manche Aktionen drastisch beschleunigen. Dies gilt insbesondere für das Einbringen größerer Datenbestände in die Datenbank.

Die Schnittstelle Statement

Über ein Connection-Objekt kann man ein Statement-Objekt anfordern und damit die Datenbank bearbeiten. Die execute… (…)-Methoden übermitteln SQL-Anweisungen an die der Verbindung zugrunde liegende Datenbank.

9.4 Einstieg in relationale Datenbanken und SQL

Statement: Aufruf	Funktion
`boolean execute(String sql);`	Die angegebene SQL-Anweisung an die Datenbank zur Ausführung übergeben. Das Ergebnis ermitteln Sie mit `getResultSet()` oder `getUpdateCount()`.
`ResultSet executeQuery(String sql);`	Führt eine `SELECT`-Anweisung aus.
`int executeUpdate (String sql);`	Führt eine `INSERT`-, `UPDATE`- oder `DELETE`-Anweisung aus. Auch für SQL-DDL-Anweisungen.
`ResultSet getResultSet();`	Hole die Ergebnisse.
`int getUpdateCount();`	Ermittle das Ergebnis als Zähler. –1, falls das Ergebnis über `getResultSet()` geholt werden muss.
`void close();`	Gibt alle vom Statement belegten Ressourcen frei.

Die Schnittstelle PreparedStatement

Die Schnittstelle `PreparedStatement` erweitert `Statement` und stellt eine mehrfach verwendbare vorübersetzte SQL-Anweisung dar, in die man vor dem jeweiligen Aufruf nur noch die Parameter einsetzen muss. Ein `Connection`-Objekt liefert mit einem Aufruf `PreparedStatement prepareStatement(String sql)` ein Objekt, das die `PreparedStatement`-Schnittstelle implementiert. Das Programm in Listing 9.5 zeigt als Anwendung die Methode `insertPizzas ()`.

SQL-Einschleusung abwehren

`insertPizzas(..)` in Listing 9.5 ist gegenüber dem Angriff mit der SQL-Einschleusung robuster als die Übergabe reiner Texte, weil die Attribute beim Einsetzen auf ihren Typ geprüft werden.

PreparedStatement: Aufruf	Funktion
`boolean execute();`	Ausführen einer im Aufruf `prepareStatement(…)` angegebenen SQL-Anweisung. Das Ergebnis erhalten Sie mit `getResultSet()` oder `getUpdateCount()`.
`ResultSet executeQuery();`	Wie `execute()`, speziell für `SELECT`-Abfragen
`int executeUpdate();`	Führt eine `INSERT`-, `UPDATE`- oder `DELETE`-Anweisung aus. Auch für SQL-DDL-Anweisungen.
`void setXX (int index, XX x);`	Setze einen XX-Parameter-Wert als Parameter Nr. `parameterIndex`. XX ist einer der folgenden Typen: Int, Long, Float, Double, Boolean, String, Date, Time.
`ResultSetMetaData getMetaData();`	Metadaten des zu erwartenden Ergebnisses

Listing 9.5 Eintragen von Datensätzen in eine Tabelle
```
public void insertPizzas (Pizza[] pizzas, Connection c) throws SQLException {
  PreparedStatement ps = c.prepareStatement(
      "INSERT INTO pizzas VALUES  (?, ?, ?)");
  for (Pizza p: pizzas) {
    ps.setInt(1, p.nr);
    ps.setString(2, p.name);
    ps.setDouble(3, p.preis);
    ps.executeUpdate();
  }
}
```

Die Schnittstelle CallableStatement

Die Schnittstelle `CallableStatement` erweitert `PreparedStatement`. Sie dient dem Aufruf von in der Datenbank gespeicherten Prozeduren. Vor der Anwendung dieser Schnittstelle sollte überprüft werden, ob die Datenbank dieses Merkmal unterstützt. In Abschnitt 9.7 über Metadaten ist ein Beispiel eines Programms angegeben, das u. a. diese Eigenschaft einer Datenbank abfragt (sog. *stored Procedures*).

Eingabeparameter für solche gespeicherten Prozeduren übergibt man wie bei `PreparedStatement`. Die Ergebnisse liegen wieder als `ResultSet` vor.

Die Schnittstelle ResultSet

Die Schnittstelle `ResultSet` beschreibt Ergebnisse von Abfragen an relationale Datenbanken. Solche Ergebnisse sind auch wieder Relationen und erscheinen damit als Tabellen. Zu einem `ResultSet` gehört ein Cursor. Dieser befindet sich am Anfang vor der ersten Zeile und wird durch einen **boolean** next()-Aufruf auf die jeweils nächste Zeile gesetzt. Die Anzeige der next()-Methode ermöglicht eine klassische **while**-Schleife zum Iterieren über die Ergebnisse:

```
while (next()) {
  // Bearbeite die nächste Zeile
}
```

Wenn nichts anderes angegeben wurde, kann man in den Ergebnissen nur sequenziell von vorne nach hinten lesen, Änderungen in der Datenbank sind nicht möglich.

Das folgende Listing 9.6 stellt den Bezug zu den erweiterten Anwendungen in Abschnitt 0 her. Es zeigt einen `ResultSet`, in dem z. B. in MariaDB auch rückwärts navigiert werden kann. Außerdem können wir Daten ändern. Wir ändern den Namen des fünften Elements von „Warzenmelone" zu „Melone". SQLite unterstützt `ResultSets` nicht, die rückwärts navigiert werden.

Ein änderbarer `ResultSet` hat eine spezielle Zeile, die zur Vorbereitung einer einzusetzenden Zeile dient. Die Spaltenwerte dieser Zeile stellen wir mit den update… (…)-Methoden zusammen. Damit fügen wir die bisher vergessenen Erdbeeren in unsere Speise-Datenbank ein.

9.4 Einstieg in relationale Datenbanken und SQL

Listing 9.6 Eine änderbare Ergebnismenge, in der man vor- und rückwärts navigieren kann

```
try (Statement stmt = con.createStatement(ResultSet.TYPE_SCROLL_INSENSITIVE,
  ResultSet.CONCUR_UPDATABLE)) {
  try (ResultSet rs = stmt.executeQuery("SELECT * FROM essen")) {
    // rs ist scrollbar
    // rs zeigt keine von anderen durchgeführten Änderungen an
    // Änderungen sind moeglich
    // Cursor in die 5. Zeile
    rs.absolute(5);
    // Neuer Wert für die Spalte Name
    rs.updateString("name", "Melone");
    // Zurueckschreiben der Änderung in den ResultSet
    rs.updateRow();
    rs.moveToInsertRow();
    // Änderung der Werte in den Spalten 1, 2, 3, 4
    rs.updateInt(1, 20);
    rs.updateString(2, "Erdbeeren");
    rs.updateString(3, "Am besten frisch");
    rs.updateString(4, "OBST");
    rs.insertRow();
    rs.moveToCurrentRow();
  }
}
```

Tabelle 9.2 Ausgewählte Methoden zum Zugriff auf ResultSet

ResultSet: Aufruf	Funktion
`boolean absolute(int zeile);`	Bewege den Cursor im ResultSet in die angegebene Zeile. Negative Zahlen geben Positionen ab der letzten Zeile an. Nur für `scrollable`-ResultSets.
`void beforeFirst();`	Bewege den Cursor vor die erste Zeile.
`boolean first();`	Wie `absolute (1)`
`boolean last ();`	Wie `absolute (-1)`
`int findColumn(String spaltenName);`	Liefert den Spaltenindex zur angegebenen Spalte.
`XX getXX(int spaltenIndex);`	Liefert den Wert der angegebenen Spalte. XX ist ein Typ: Byte, Short, Int, Long, Float, Double, Date, Time, String, Object.
`XX getXX (String spaltenName);`	Liefert den Wert der angegebenen Spalte. XX wie oben.
`void moveToCurrentRow();`	Bewege den Cursor in die momentane Zeile. Wichtig nur zum Einfügen.
`void moveToInsertRow();`	Bewege den Cursor in die Einfügezeile.

Tabelle 9.2 Ausgewählte Methoden zum Zugriff auf ResultSet *(Fortsetzung)*

ResultSet: Aufruf	Funktion
boolean next();	Bewege den Cursor auf die nächste Zeile. Am Anfang: auf erste Zeile.
boolean previous();	Bewege den Cursor auf die vorige Zeile. Nur für scrollable ResultSets.
void updateXX (int spaltenIndex, XX x);	Ändere den Wert der Spalte. Keine Änderung des Werts in der Datenbank: erst nach Aufruf von updateRow bzw. insertRow.
void updateXX (String spaltenName, XX x);	Ändere den Wert der Spalte. Keine Änderung des Werts in der Datenbank.
void updateRow();	Änderung von Werten in der Datenbank nach den updateXX(…)-Methoden.
void insertRow();	Setzt die sog. „insert Row" in die Datenbank ein.
ResultSetMetaData getMetaData();	Liefere Beschreibungsdaten zur Ergebnismenge.

Die Schnittstelle ResultSetMetaData

Die Schnittstelle ResultSetMetaData dient nicht dem Zugriff auf Inhalte eines Ergebnisses, sondern liefert Informationen über den Aufbau der Ergebnismenge. So erhält man die Anzahl der Spalten sowie die Namen und Typen der einzelnen Spalten.

ResultSetMetaData: Aufruf	Funktion
int getColumnCount();	Anzahl der Spalten in der Ergebnismenge
String getColumnName (int spaltenNummer);	Name der Spalte mit der angegebenen Nummer
int getColumnType (int spaltenNummer);	Typ der Spalte mit der angegebenen Nummer. Die Bedeutung der gelieferten Konstanten ist in java.sql.Types beschrieben.
String getColumnTypeName(int spaltenNummer);	Name der Spalte mit der angegebenen Nummer als Klartext

Die Schnittstelle DatabaseMetaData

Die Aufrufe der Schnittstelle DatabaseMetaData liefern Informationen über die Datenbank als solche. Sie enthält zahlreiche Methoden, die die gewünschten Auskünfte liefern. Hiermit lassen sich Programme an verschiedene Datenbanken anpassen, denn nicht alle Hersteller implementieren die gleiche Funktionalität. Die mit dieser Schnittstelle gewonnenen Auskünfte lassen sog. generische Programme zu. So kann man z. B. die Namen aller Tabellen abfragen, danach die Namen und Typen der einzelnen Spalten. Die folgende Tabelle zeigt einen kleinen Ausschnitt aus der Fülle der gebotenen Möglichkeiten.

DatabasemetaData: Aufruf	Funktion
ResultSet getAttributes(String catalog, String schemaPattern, String typeNamePattern, String attributeNamePattern)	Liefert Attribute über die angegebene Datenbank (vgl. Abschnitt 9.7).
ResultSet getTables(String catalog, String schemaPattern, String tableNamePattern, String[] types)	Liefert eine Aufzählung von Tabellen in der Datenbank (vgl. Abschnitt 9.7).
boolean supportsANSI92EntryLevelSQL()	Ermittelt, ob die Datenbank die ANSI92 „entry level SQL"-Grammatik unterstützt.
boolean supportsANSI92FullSQL()	Ermittelt, ob die Datenbank die ANSI92 „full SQL"-Grammatik unterstützt.
boolean supportsStoredProcedures()	Liefert Auskunft, ob die Datenbank gespeicherte Prozeduren unterstützt. Vgl. CallableStatement, Abschnitt 9.4.

9.5 Erweitertes Beispiel

Eine Datenbank soll die in Kapitel 7 definierte Tabelle essen enthalten. Wir beginnen mit einer einfachen Tabelle, zeigen deren Nachteile und führen schrittweise zu einer Datenbank mit mehreren Tabellen. Einzelne Speisen wählen wir anhand von Kriterien aus und listen sie auf. Dabei gehen wir schrittweise vor.

- Programmierung der Verbindung zu den Datenbanken
- Hinweise zur Benutzung von MariaDB über JDBC
- Einstieg: elementare Funktionen zum Zugriff
- Vertiefung: Optimierung und ergänzende Funktionen

9.5.1 Programmierung der Verbindung zu den Datenbanken

Ein Java-Programm nimmt über den Namen des Treibers sowie den Namen und das Passwort des Benutzers über die JDBC-URL Verbindung zur Datenbank auf. Wenn diese Zeichenketten im Programm angegeben sind, müsste das Programm bei einem Wechsel der Daten geändert werden. Deswegen geben wir nachstehend ein Programm an, das solche Konstanten aus dem Programm mithilfe der Klasse java.util.Resource Bundle in einer separaten .properties-Datei ablegt. Diese Trennung von Daten und Programm wird als allgemeine Strategie der Programmentwicklung empfohlen.

Aufbau einer .properties-Datei

Wenn am Anfang einer Zeile einer solchen Datei das Zeichen # steht, gilt die gesamte Zeile als Kommentar. Alle Beispiele dieses Buchs bauen die Verbindung zur Datenbank mithilfe der Klasse MyConnectDatabase auf.

Listing 9.7 Eine mögliche .properties-Datei: db.properties

```
#MariaDB
connections.jdbc.username=benutzer
connections.jdbc.password=geheim
connections.jdbc.url=jdbc:mariadb://localhost:3306/Datenbank
```

Eine .properties-Datei speichert man in unseren Eclipse-Projekten im Ordner src/main/resources ab. Quellprogramme liegen in src/main/java. Der Aufruf java.util.ResourceBundle.getBundle (Name) benützt den Namen zum Zugriff. Wenn der Name Punkte enthält, werden diese durch das '/'-Zeichen ersetzt. Schließlich wird noch der Zusatz .properties angehängt. Aus dem Text "db" wird so "db.properties".

Listing 9.8 Das Programm MyConnectDatabase

```java
// Programm: Aufnahme einer Verbindung zur Datenbank
// Die Konstanten sind in einer .properties-Datei. Dann muss das Programm
// nicht neu übersetzt werden, wenn sich ein Name ändert.

public class MyConnectDatabase {
  // Connection für die Zugriffe auf die Datenbank
  // Der Name der .properties-Datei mit den Texten
  // z.B.: db.properties. Siehe Listing 9.7.

  public Connection connect(String ResourceName)
        throws ClassNotFoundException, SQLException {
    ResourceBundle rb = ResourceBundle.getBundle(ResourceName);
    String username = rb.getString("connections.jdbc.username");
    String password = rb.getString("connections.jdbc.password");
    // Versuch: Aufbau der Verbindung zur Datenbank
    Connection con = DriverManager.getConnection(
        rb.getString("connections.jdbc.url"), username, password);
    return con;
  }
}
```

9.5 Erweitertes Beispiel

 Beim Öffnen der Verbindung zur Datenbank muss man das Passwort übergeben. Auch wenn sich dieses Passwort im Programm oder in einer .properties-Datei befindet, kann es leicht ausgespäht werden, denn es wird im Klartext abgelegt. Als Alternative bleibt nur, das Passwort bei jedem Programmlauf einzulesen.

9.5.2 Vorbereitung: Datenbanken einrichten

Vor dem Zugriff auf Datenbanken müssen wir diese einrichten und die Zugriffe für die jeweiligen Benutzer freigeben. Dazu benötigt man in der Regel Administratorrechte.

MariaDB

Zunächst muss man die Datenbank herunterladen und installieren. Zur Verwaltung von MariaDB-Datenbanken finden Sie im Verzeichnis bin Ihrer lokalen Installation die Kommandozeilenwerkzeuge mysql bzw. mysqladmin. Viele Anwender bevorzugen stattdessen grafische Benutzeroberflächen, wie z. B. „HeidiSQL", das im Paket mit der Datenbank enthalten ist. In jedem Fall müssen Sie:

- Ein Kennwort für den Administrator root vergeben.
- Mindestens einen zusätzlichen Benutzer mit eingeschränkten Rechten anlegen. Der Name des Benutzers sowie das Passwort werden auch beim Zugriff über JDBC benötigt.
- Eine Datenbank mit Zugriffsrechten für diesen Benutzer einrichten.
- Wenn Sie als Administrator eine Datenbank anlegen, dann benötigt dieser Benutzer die Rechte zum Zugriff auf die erstellte Datenbank. Außerdem benötigen wir JDBC für einen Zugriff aus den Java-Programmen. Siehe hierzu Abschnitt 9.1.

Im Abschnitt 9.5.2.1 stellen wir die bisher vorgestellten Methoden zum Anlegen einer Datenbank sowie zum Eintragen und Abfragen als Programm EssenDB.java nochmals zusammen.

9.5.2.1 Die Speisedatenbank

Die folgende Java-Anweisung enthält eine SQL-Anweisung zum Anlegen einer Tabelle. Diese SQL-Anweisung können wir mit JDBC an die Datenbank senden:

```
Statement stmt = …;
stmt.execute (
   "CREATE TABLE essen (nr INTEGER PRIMARY KEY AUTO_INCREMENT, name varchar(20)"+
   "kommentar varchar(50), essentyp varchar(20);");
```

Bild 9.10 zeigt die Struktur der Tabelle essen mit dem Primärschlüssel nr in der Datenbank (PK = Primary Key).

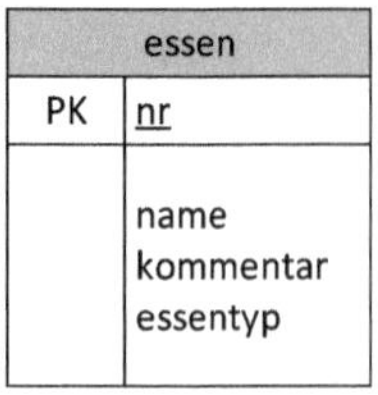

	essen
PK	nr
	name
	kommentar
	essentyp

Bild 9.10
Struktur der Tabelle essen

In Listing 9.5 zeigen wir zwei Möglichkeiten für den Eintrag von Datensätzen. In Listing 9.2 und Listing 9.6 erstellen wir Abfragen und werten die Ergebnismengen aus.

Ändern von Inhalten

Zum Ändern von Daten in der Datenbank kann man den UPDATE-Befehl von SQL benutzen. Diesen Befehl führt man über JDBC via executeUpdate(…) aus.

```
stmt.executeUpdate (
    "UPDATE essen SET name = 'melone' WHERE Nr = 5");
```

Löschen von Tabellen

Eine eventuell bereits vorhandene Tabelle kann man mit dem SQL-Befehl DROP TABLE löschen. Falls die Tabelle nicht vorhanden ist, wird eine SQLException geworfen. Die alternativ zu verwendende zweite Anweisung vermeidet diese Programmausnahme.

```
stmt.execute ("DROP TABLE essen");
stmt.execute ("DROP TABLE IF EXISTS essen");
```

9.5.2.2 Die Speisedatenbank: objektrelationale Zuordnung

Unser Java-Programm zur Speiseverwaltung enthält einzelne Objekte der Klasse Essen. Die Datenbank enthält eine Tabelle essen, wobei jede Zeile einem der Objekte entspricht. Diese Zuordnung bezeichnet man auch als objektrelationale Abbildung oder *object relational mapping (ORM)*. Für jede dieser Zuordnungen müssen wir die Brücke zwischen diesen beiden verschiedenen Ansätzen schlagen, wie veranschaulicht.

9.5 Erweitertes Beispiel

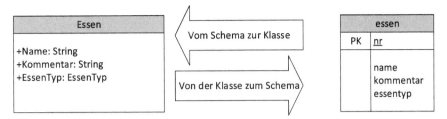

Bild 9.11 Beziehung zwischen einer Klasse (links) und einer Tabelle (rechts)

Mit der Beziehung zwischen Klasse in Java und Relation (=Tabelle) auf der Seite der Datenbank können wir Beziehungen zwischen Objekten in Java und Daten der Datenbank herstellen. Beim Einstieg bestehen diese Daten aus einzelnen Zeilen einer Tabelle.

Für eine einzelne Klasse wie Essen kann man die Attribute den Spalten zuordnen. In der Tabelle der Datenbank fügt man zu den Attributen noch einen numerischen Primärschlüssel hinzu. Für komplexere Objekte bzw. Relationen wird die Zuordnung aufwendig. Dafür gibt es Persistenzsysteme wie z. B. Hibernate (vgl. [BK07]) oder auch die sog. Entity-Beans aus der Jakarta Enterprise Beans 4.0 (vgl. [JEB20]). In unserem einfachen Beispiel lässt sich diese Zuordnung mit zwei Methoden herstellen. Wir können einen Konstruktor angeben, der ein Essen-Objekt aus einer Zeile eines geeigneten ResultSet aufbaut. Außerdem schreiben wir eine Methode zum Speichern, mit der sich ein Objekt der Klasse Essen als Zeile der Tabelle essen speichert.

Listing 9.9 Objektrelationale Zuordnung: Objekte zu Zeilen von Tabellen

```java
// Erzeugen eines Essen-Objekts aus einem ResultSet
// Abfrage: select Name, Kommentar, Essentyp from Essen
public static Essen createEssen(ResultSet rs) throws SQLException {
  String name = rs.getString("name");
  String kommentar = rs.getString("kommentar");
  EssenTyp essenTyp = EssenTyp.valueOf(rs.getString("essentyp"));
  return new Essen(name, kommentar, essenTyp);
}

// Wir speichern ein Essen-Objekt mit Hilfe eines PreparedStatement
// … con.prepareStatement("INSERT INTO essen VALUES (?, ?, ?, ?)");
// nr = Diese Nummer vergibt der Aufrufer. Muss von diesem hochgezählt werden.
public static void storeEssen (
    Essen essen, PreparedStatement stmt, int nr) throws SQLException {
  stmt.setInt(1, nr);
  stmt.setString(2, essen.getName());
  stmt.setString(3, essen.getKommentar());
  stmt.setString(4, essen.getEssenTyp().toString());
  stmt.executeUpdate();
}
```

 Das vollständige Listing finden Sie in den Begleitunterlagen unter DBEssen.java.

9.5.2.3 Die Speisedatenbank: Vermeidung doppelter Einträge

Jede Speise hat einen zugeordneten Typ: OBST usw. Diesen Typ haben wir bisher als Text in der Datenbank bei jeder Zeile in der entsprechenden Spalte abgespeichert. Dadurch sind die Texte für die einzelnen Typen wie OBST mehrfach in der Datenbank abgelegt. Bei Änderungen eines Textes müssten wir alle Datensätze untersuchen und ggfs. ändern. In diesem Abschnitt legen wir für die **enum**-Klasse EssenTyp eine eigene Tabelle in der Datenbank an. Die einzelnen Texte nummerieren wir fortlaufend ab 1. Diese Nummer bildet den Primärschlüssel der Tabelle essentyp und wir setzen diese Nummer als Fremdschlüssel anstelle des Essenstyps bei jedem Essen ein. Für die sog. *Normalisierung* einer Datenbank vgl. [EN09].

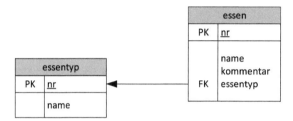

Bild 9.12 Beziehung zwischen essentyp und essen in der Datenbank

Listing 9.10 Tabellen essen und essentyp anlegen, mit Werten befüllen und abfragen

```
Statement stmt = …. ist im Programm zu definieren
stmt.execute(
    "CREATE TABLE essentyp (nr INTEGER PRIMARY KEY, name VARCHAR (20))");
stmt.execute(
    "CREATE TABLE essen (nr INTEGER PRIMARY KEY, name VARCHAR (20),"+
    "kommentar VARCHAR(50), essentypnr INTEGER ,"+
    "foreign key (essentypnr) REFERENCES essentyp(nr))");
Connection con = …
PreparedStatement pstmt = con.prepareStatement(
        "INSERT INTO essentyp VALUES (?, ?)");
    int nr = 1; // Fortlaufende Nummerierung ab 1
    for (EssenTyp et : EssenTyp.values()) {
      pstmt.setInt(1, nr++);
      pstmt.setString(2, et.name());
      pstmt.executeUpdate();
    }
```

```
pstmt = con.prepareStatement(
        "INSERT INTO Essen VALUES (?, ?, ?, ?)");
    nr = 1; // Fortlaufende Nummerierung
    for (Essen e : Essen.getAlleEssen()) {
      pstmt.setInt(1, nr++);
      pstmt.setString(2, e.getName());
      pstmt.setString(3, e.getKommentar());
      pstmt.setInt(4, e.getEssenTyp().ordinal()+1);
      pstmt.executeUpdate();
    }

ResultSet rs = stmt.executeQuery(
       "select e.Name, e.Kommentar, e.essentypnr,"+
       " t.nr, t.name from Essen e "+
       "left outer join EssenTyp t on e.essentypnr = t.nr");
    try (ResultSet rs = stmt.executeQuery(query)) {
      while (rs.next()) {
        String name = rs.getString(1);
        String kommentar = rs.getString(2);
        EssenTyp essenTyp = EssenTyp.valueOf(rs.getString(5));
        System.out.printf("Name= %-20s Kommentar= %-30s Essenstyp=%-10s\n", name,
        kommentar, essenTyp);
      }
    }
```

Damit könnten wir auch eine Auswahl des Essenstyps für neue Datensätze vom Typ Essen aus der Datenbank realisieren: Wir stellen alle in der Tabelle für EssenTyp vorhandenen Möglichkeiten vor und überlassen dem Anwender unseres Programms die Auswahl.

Vollständige Listings finden Sie in den Begleitunterlagen unter DBEssen2.java bzw. erweitert in DBEssen3.java.

9.6 Datentypen in Java und SQL

Auf die Daten in einem ResultSet kann man wie im obigen Beispiel über fest einprogrammierte Typen zugreifen. Die folgende Tabelle stellt mögliche (x) und von Sun empfohlene (X) Zugriffe via getXXX() für die einzelnen SQL-Typen zusammen.

Die mit (*) gekennzeichneten Methoden liefern Java-Basistypen. Alle anderen Methoden liefern Instanzen von Klassen. getObject() liefert entsprechend dem SQL-Typ einer Spalte stets Unterklassen von Object.

Tabelle 9.3 Zuordnung von Java-Typen zu Datenbanktypen

	TINYINT	SMALLINT	INTEGER	BIGINT	REAL	FLOAT	DOUBLE	DECIMAL	NUMERIC	BIT	CHAR	VARCHAR	LONGVARCR	BINARY	VARBINARY	LONGVARBINARY	DATE	TIME	TIMESTAMP
getByte (*)	X	x	x	x	x	x	x	x	x	x	x	x	x						
getShort (*)	x	X	x	x	x	x	x	x	x	x	x	x	x						
getInt (*)	x	x	X	x	x	x	x	x	x	x	x	x	x						
getLong (*)	x	x	x	X	x	x	x	x	x	x	x	x	x						
getFloat (*)	x	x	x	x	X	x	x	x	x	x	x	x	x						
getDouble (*)	x	x	x	x	x	X	X	x	x	x	x	x	x						
getBigDecimal	x	x	x	x	x	x	x	X	X	x	x	x	x						
getBoolean (*)	x	x	x	x	x	x	x	x	x	X	x	x	x						
getString	x	x	x	x	x	x	x	x	x	x	X	x	x	x	x	x	x	x	x
getBytes (*)														X	X	x			
getDate											x	x	x				X		x
getTime											x	x	x					X	x
getTimestamp											x	x	x				x		X
getAsciiStream											x	x	X	x	x	x			
getUnicodeStream											x	x	X	x	x	x			
getBinaryStream														x	x	X			
getObject	x	x	x	x	x	x	x	x	x	x	x	x	x	x	x	x	x	x	x

9.7 Metadaten

Unter Metadaten versteht man „Daten über Daten", d. h. Beschreibungssätze über Daten in der Datenbank. JDBC erlaubt die dynamische Abfrage von Informationen über die Ergebnismenge ResultSet. Die Klasse ResultSetMetaData liefert die Beschreibung der Ergebnismenge.

9.7.1 Metadaten und die Auskunft über die Datenbank

Mit dem folgenden Aufruf verschafft man sich die Metadaten der Datenbank.

```
DatabaseMetaData dbMetaData = con.getMetaData();
```

Damit kann man Abfragen nach dem Stand der Implementierung der jeweiligen Datenbank stellen. Listing 9.11 zeigt einen Auszug aus einer Anwendung, die Sie bei den Begleitunterlagen finden. ResourceName ist der Name einer .properties-Datei.

Listing 9.11 Metadaten einer Datenbank abfragen

```java
class DBAuskunft {

  public static void demo(String ResourceName) {
    try (Connection con = MyConnectDatabase.connect(ResourceName);
        Statement stmt = con.createStatement()) {

      // DatabaseMetaData-Objekt erzeugen
      DatabaseMetaData dbMetaData = con.getMetaData();

      // Get information about the database
      System.out.println("Unterstuetzung fuer ANSI92EntryLevelSQ: " +
      dbMetaData.supportsANSI92EntryLevelSQL());
      System.out.println("Unterstuetzung fuer ANSI92IntermediateSQL: " +
      dbMetaData.supportsANSI92IntermediateSQL());
      System.out.println("Unterstuetzung fuer ANSI92FullSQL: " +
      dbMetaData.supportsANSI92FullSQL());
      System.out.println("Unterstuetzung fuer StoredProcedures: " +
      dbMetaData.supportsStoredProcedures());
      System.out.println("Quote string: " + dbMetaData.getIdentifierQuoteString());

      // Alle Datentypen in der DB
      System.out.println("Datentypen");
      try (ResultSet rs = dbMetaData.getTypeInfo()) {
        while (rs.next())
          System.out.print(rs.getString("TYPE_NAME") + " ");
        System.out.println();
      }

      // Alle Tabellen in der DB
      try (ResultSet rs = dbMetaData.getTables(null, null, "%",
      new String[] { "TABLE" })) {
        System.out.println("Tabellen in der DB");

        while (rs.next())
          System.out.print(rs.getString("TABLE_NAME") + " ");
        System.out.println();
      }
    } catch (ClassNotFoundException | SQLException e) {
      e.printStackTrace(System.err);
    }
  }
}
```

9.7.2 Anwendung

Metadaten liefern Informationen über Datenbanken. Wir benützen das Programm aus Listing 9.11, um die Funktionsumfänge von SQLite bzw. MariaDB darzustellen. Das Ergebnis sehen Sie im folgenden Listing.

Informationen über MariaDB

```
Unterstuetzung fuer ANSI92EntryLevelSQ: true
Unterstuetzung fuer ANSI92IntermediateSQL: true
Unterstuetzung fuer ANSI92FullSQL: true
Unterstuetzung fuer StoredProcedures: true
Quote string: `
Datentypen
BIT BOOL TINYINT TINYINT UNSIGNED BIGINT BIGINT UNSIGNED LONG VARBINARY MEDIUMBLOB
LONGBLOB BLOB TINYBLOB VARBINARY BINARY LONG VARCHAR MEDIUMTEXT LONGTEXT TEXT
TINYTEXT CHAR NUMERIC DECIMAL INTEGER INTEGER UNSIGNED INT INT UNSIGNED MEDIUMINT
MEDIUMINT UNSIGNED SMALLINT SMALLINT UNSIGNED FLOAT DOUBLE DOUBLE PRECISION REAL
VARCHAR ENUM SET DATE TIME DATETIME TIMESTAMP
```

Informationen über SQLite

```
Unterstuetzung fuer ANSI92EntryLevelSQ: false
Unterstuetzung fuer ANSI92IntermediateSQL: false
Unterstuetzung fuer ANSI92FullSQL: false
Unterstuetzung fuer StoredProcedures: false
Quote string: "
Datentypen
NULL INTEGER REAL TEXT BLOB }
```

Zusammenfassung

Mit JDBC ist ein Zugriff auf Datenbanken aus dem Java-System heraus möglich. Im Java-Programm werden hierzu SQL-Anweisungen eingefügt. Die Ergebnisse können in Form eines ResultSet bearbeitet werden. Dieser besteht aus Zeilen. Zwischen den Zeilen kann bei manchen Datenbanken bzw. manchen JDBC-Treibern mit einem Cursor navigiert werden. Die Zeilen sind aus einzelnen Spalten für die Daten aufgebaut. Der Typ der Spalten kann dynamisch abgefragt und an das Programm gebunden werden.

9.8 Aufgaben

Aufgabe 9.1: Verwaltung von Pizzas in einer Datenbank

Ein Programm soll eine Folge von Pizzas in einer Datenbank abspeichern. Dann soll das Programm folgende Operationen auf der Datenbank ausführen und das Ergebnis anzeigen:

1. Alle Datensätze für die Pizzas auslesen und anzeigen
2. Die Pizza mit dem Namen „Salami" anzeigen
3. Alle Pizzas mit einem Preis von höchstens 6,00 € anzeigen

Listing 9.12 Eine Klasse Pizza

```
public class Pizza {
  private int id;
  private String name;
  private double preis;
  private int verkaufte;
  // Konstruktoren… get/set-Methoden… toString()-Methode
}
```

Aufgabe 9.2: Verwaltung von Pizzas mit Belägen in einer Datenbank (*)

Als Erweiterung der vorigen Aufgabe speichern wir in dieser Aufgabe Pizzas und Beläge.

```
public class Belag implements Serializable {
  // Attribute
  private long id;
  private String name;
  private double preis;
  private Set<Pizza> pizzas = new HashSet<>();
  // Konstruktoren… get/set-Methoden… toString()-Methode
}

public class Pizza implements Serializable {
  // Attribute
  private long id;
  private String name;
  private Set<Belag> belaege;
  private int verkaufte;
  private double preis;
  // Konstruktoren… get/set-Methoden… toString()-Methode
}
```

Bei dieser Aufgabenstellung kann eine Pizza mehrere Beläge haben. Auch ist es möglich, dass ein Belag (z. B. Tomaten) für mehrere Pizzas vorgesehen ist. Wir haben also eine n:m-Beziehung zwischen Pizzas und Belägen.

- Ein Programm soll eine Folge von Pizzas mit Belägen in einer Datenbank abspeichern.
- Das Programm soll die Folge der Pizzas samt ihren Belägen aus der Datenbank rekonstruieren.

Zur Lösung dieser Aufgabe benötigen Sie vertiefte Kenntnisse in SQL, da Sie hier mit Kreuztabellen und join-Operationen arbeiten müssen.

10 Bearbeiten von XML in Java

XML[1] ist ein umfassender Ansatz zum Entwurf eigener Markup-Sprachen. XML hat sich als „das" Format für den Austausch von Daten etabliert. Viele Programme exportieren bzw. importieren Daten im XML-Format. Bild 10.1 zeigt die Aufstellung aller Speisen aus Kapitel 7.

Bild 10.1 Datenaustausch mithilfe von XML

In Bild 10.2 sehen Sie die Möglichkeiten in Java zum Schreiben und Lesen von XML-Dokumenten. JAXB bietet einen höheren Grad an Automatisierung, während JAXP eine Sammlung von Programmierbibliotheken umfasst: DOM[2], SAX[3] und StAX[4].

---

[1] XML: eXtensible Markup Language
[2] DOM: Document Object Model
[3] SAX: Simple API for XML
[4] StAX: Streaming API for XML

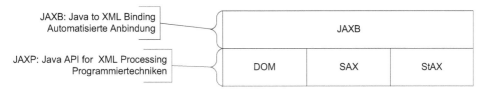

Bild 10.2 XML in Java bearbeiten

Die XML-Spezifikation finden Sie im Internet wie folgt:

http://www.w3.org/XML/

In diesem Kapitel lernen wir im ersten Abschnitt, Daten mittels JAXB aus einem Java-Programm heraus in einer XML-Datei abzuspeichern. Diese Daten können Sie dann auch z. B. in Excel weiterverarbeiten. Im zweiten Abschnitt lesen wir mittels JAXP/SAX Daten aus einer XML-Datei ein.

 Beispiele zu anderen Techniken wie DOM bzw. StAX finden Sie aus Platzgründen bei den Begleitunterlagen zum Buch, die Ihnen digital zur Verfügung stehen.

Gehen Sie dazu einfach auf

plus.hanser-fachbuch.de

und geben Sie dort diesen Code ein:

plus-25rct-B4vaP

Aufbau von XML-Dokumenten

Ein XML-Dokument besteht aus einem Prolog mit Informationen über das Dokument – wie etwa dem Zeichensatz – sowie dem Inhalt. Im Gegensatz zu HTML müssen alle Elemente abgeschlossen sein: Zu jedem <xx> muss ein </xx> existieren. Auch die Schachtelung muss korrekt sein: nicht **<x><y></x>**</y>, sondern **<x>**<y></y>**</x>** wie in obigem Beispiel. Leere Elemente sind in der Form <x/> möglich. Alle Attributwerte müssen in Anführungszeichen stehen. Attributnamen müssen innerhalb von Elementen eindeutig sein. Ein Attributwert darf kein „<" enthalten.

10.1 Schreiben und Lesen von XML mittels JAXB

In Listing 10.1 sehen Sie die Klasse `EssensAufstellung`. Sie enthält ein Feld mit Objekten der Klasse `Essen`. Wenn wir ein Objekt der Klasse `EssensAufstellung` in einem XML-Dokument abspeichern, könnten wir einen Text gemäß Listing 10.2 erhalten.

Listing 10.1 Auszug aus den Klassen EssensAufstellung und Essen

```java
@XmlRootElement
public class EssensAufstellung {

  private Essen[] essen;
… get/set/hashCode usw.…
}

public class Essen {
  private String   name;
  private String   kommentar;
  private EssenTyp essenTyp;
…
}
```

Listing 10.2 Auszug aus der XML-Datei mit allen Essen

```xml
<?xml version="1.0" encoding="UTF-8" standalone="yes"?>
<essensAufstellung>
    <essen>
        <essenTyp>OBST</essenTyp>
        <kommentar>Gelb und schmeckt</kommentar>
        <name>Banane</name>
    </essen>
    <essen>
        <essenTyp>GEMUESE</essenTyp>
        <kommentar>Gesund und kalorienarm</kommentar>
        <name>Broccoli</name>
    </essen>
    <essen>
        <essenTyp>FASTFOOD</essenTyp>
        <kommentar>Mmmhhh lecker</kommentar>
        <name>Hamburger</name>
    </essen>
…
</essensAufstellung>
```

10.1.1 Zusammenhänge: Klasse und Objekt bzw. Schema und XML

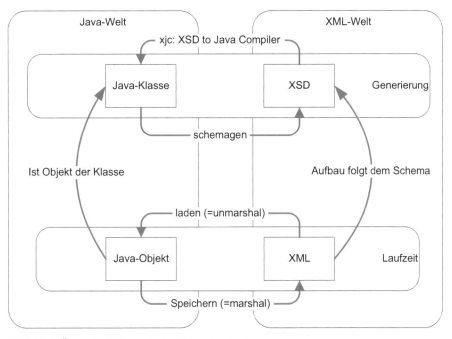

Bild 10.3 Übersicht über die JAXB-Technologie

So wie jedes Objekt ein Exemplar einer Klasse ist, folgt jede XML-Datei einem gewissen Schema. Das Schema beschreibt den Aufbau der XML-Datei. Als Beschreibungssprache für Schemas hat sich XSD[5] gegenüber der älteren DTD[6]-Sprache etabliert. Java unterstützt diese Beziehungen zur XML-Welt. Bild 10.3 zeigt, wie das Werkzeug schemagen Schemas aus Java-Klassen generiert. Umgekehrt kann man mit dem Tool xjc für ein gegebenes Schema auch eine Menge zugehöriger Klassen erzeugen. In Listing 10.3 finden Sie ein Schema für die Aufstellung aller Essen, wie es von schemagen erzeugt wird.

Wenn die Beziehungen zwischen Klassen und Schema erst einmal hergestellt sind, unterstützt JAXB die Prozesse der Erzeugung von XML für ein Objekt (sog. *marshalling*) sowie der Erzeugung eines Java-Objekts aus einer XML-Datei (*unmarshalling*).

---

[5] XML Schema Definition
[6] Document Type Definition

Wichtige Vereinfachung

JAXB ist in das Java-SDK integriert. Die Werkzeuge finden Sie im Verzeichnis bin der SDK-Installation. Das für viele Anwender unübersichtliche Schema benötigen Sie nicht, wenn Sie von vorhandenen Java-Klassen ausgehen und das in Abschnitt 10.1.2 folgende „Kochrezept" benützen.

Listing 10.3 Ein XSD-Schema: Schema für die XML-Datei mit den Essen

```xml
<?xml version="1.0" encoding="UTF-8" standalone="yes"?>
<xs:schema version="1.0" xmlns:xs="http://www.w3.org/2001/XMLSchema">

  <xs:element name="essensAufstellung" type="essensAufstellung"/>

  <xs:complexType name="essensAufstellung">
    <xs:sequence>
      <xs:element name="essen" type="essen"
            nillable="true" minOccurs="0" maxOccurs="unbounded"/>
    </xs:sequence>
  </xs:complexType>

  <xs:complexType name="essen">
    <xs:sequence>
      <xs:element name="essenTyp" type="essenTyp" minOccurs="0"/>
      <xs:element name="kommentar" type="xs:string" minOccurs="0"/>
      <xs:element name="name" type="xs:string" minOccurs="0"/>
    </xs:sequence>
  </xs:complexType>

  <xs:simpleType name="essenTyp">
    <xs:restriction base="xs:string">
      <xs:enumeration value="OBST"/>
      <xs:enumeration value="GEMUESE"/>
      <xs:enumeration value="FASTFOOD"/>
      <xs:enumeration value="SLOWFOOD"/>
      <xs:enumeration value="ETC"/>
    </xs:restriction>
  </xs:simpleType>
</xs:schema>
```

10.1.2 Kochrezept: Anleitung zur Benützung von JAXB

JAXB ist in vielen nützlichen Fällen leicht zu handhaben und auch ohne vertieftes Studium der Dokumentation erstaunlich leistungsfähig. Im Prinzip benötigen wir nur die beiden folgenden Schritte: Kennzeichnung des zu speichernden Objekts sowie die Befehle zum Speichern und Laden. Wenn Sie sich die volle Leistungsfähigkeit des JAXB-Systems zu Nutze machen wollen, ist ein Studium der Dokumentation in [javaee24] unerlässlich.

10.1.2.1 Schritt: Kennzeichnung eines Objekts zum Speichern

Wählen Sie eine Klasse aus. Von dieser Klasse muss es zur Laufzeit ein Exemplar geben. Dieses Exemplar werden wir dann in Abschnitt 10.1.2.2 in einer XML-Datei speichern. Diese Klasse annotieren wir wie in Listing 10.1 mit @XmlRootElement.

Stellen Sie diese Klasse in ein Package (z. B. myessen). In diesem Verzeichnis müssen wir eine Datei jaxb.index erstellen, welche die Namen aller Klassen enthält, von denen Objekte zur Speicherung vorgesehen sind (ohne Package, ohne Zusatz .class).

Listing 10.4 jaxb.index
```
EssensAufstellung
```

10.1.2.2 Schritt: Programm zum Speichern und Laden

Zum Speichern bzw. Laden einer XML-Datei benötigen wir nur einen JAXBContext, bei dessen Erstellung wir den Namen des Package angeben müssen, in dem sich die Datei jaxb.index befindet. Mit den Routinen load und store können Sie Objekte beliebiger Klassen laden bzw. speichern.

Listing 10.5 Wir speichern eine Aufstellung aller Essen und laden diese wieder von der Datei.

```java
public class JavaEssen2XM {

  private static JAXBContext jc;

  public static void main(String[] args) {
    try {
      String fileName = "myessen.xml";
      jc = JAXBContext.newInstance(EssensAufstellung.class.getPackage().getName());
      EssensAufstellung eaAusgabe =
         new EssensAufstellung(Essen.getAlleEssen());
      MyJavaToXML.store(jc, fileName, eaAusgabe);
      EssensAufstellung eaEingabe = (EssensAufstellung)
         MyJavaToXML.load(jc, fileName);
      System.out.println (eaEingabe);
    } catch (JAXBException e) {
      e.printStackTrace();
    }
  }

}
```

Listing 10.6 Rahmenprogramm zum Speichern und Laden

```java
public class MyJavaToXML {
  public static Object load(JAXBContext jc, String name) {
    try {
      Unmarshaller u = jc.createUnmarshaller();
      try (FileInputStream fis = new FileInputStream(name)) {
        return u.unmarshal(fis);
```

```java
      }
    } catch (Exception e) {
      e.printStackTrace(System.err);
    }
    return null;
  }

  public static void store(JAXBContext jc, String fileName, Object object) {
    try {
      Marshaller m = jc.createMarshaller();
      m.setProperty(Marshaller.JAXB_FORMATTED_OUTPUT, Boolean.TRUE);
      m.setProperty(Marshaller.JAXB_ENCODING, "UTF-8"); // Default-Wert
      try (PrintWriter ps = new PrintWriter(new FileOutputStream(fileName))) {
        m.marshal(object, ps);
      }
    } catch (Exception e) {
      e.printStackTrace(System.err);
    }
  }
}
```

10.2 SAX-Parser

Als Beispiel für JAXP besprechen wir SAX-Parser zum Einlesen von Daten aus XML-Dokumenten. SAX-Parser „parsen" XML-Dokumente von Anfang an bis zu einem Fehler oder zum Ende. Wenn der SAX-Parser „etwas gefunden" hat, ruft er eine Methode des Anwenders auf. Der Anwender muss hierzu die org.xml.sax.ContentHandler-Schnittstelle implementieren. Diese an die traditionelle Callback-Strategie der prozeduralen Programmierung erinnernde Vorgehensweise kennen Sie von der Ereignissteuerung.

Java unterstützt SAX-Parser außerdem durch die DefaultHandler-Klasse, die alle Callbacks der folgenden Schnittstellen abdeckt:

- EntityResolver
- DTDHandler
- ContentHandler
- ErrorHandler

Der folgende Programmausschnitt zeigt ausgewählte Methoden, die für das Durchlaufen eines fehlerfreien XML-Dokuments erforderlich sind.

Listing 10.7 Ausgewählte Methoden der Schnittstelle ContentHandler

```java
class MyContentHandler extends DefaultHandler {
  public void startDocument () throws SAXException { }
  public void endDocument () throws SAXException { }
```

```
    public void startElement(String uri,
                             String localName,
                             String qName,
                             Attributes attrs)
       throws SAXException { }

    public void endElement(String uri,
                           String localName,
                           String qName)
       throws SAXException { }

    public void skippedEntity (String name)
       throws SAXException { }

    public void characters (char ch[], int start, int length)
       throws SAXException { }

    public void ignorableWhitespace
         (char ch[], int start, int length) throws SAXException { }
}
```

Zu den Parametern

uri	URI Universal Resource Identifier. Dies ist entweder ein URL (Universal Resource Locator) oder ein URN (Universal Resource Name).
attrs	Die angegebenen oder Default-Attribute
localName	Der lokale Name (ohne Präfix) oder leer, falls ohne Namespaces gearbeitet wird
qName	Der qualifizierte Name (ohne Präfix) oder leer, falls nicht verfügbar

Anwendung eines SAX-Parsers

Das obige Programmfragment lässt keine Zuordnung zwischen den einzelnen Callbacks erkennen. Wenn man z. B. die Namen aller Essen im XML-Dokument erfassen möchte, muss man den Zusammenhang zwischen den Elementen (startElement) und den Texten (characters) selbst herstellen. Dies kann man mit einem Stack für die Namen der gefundenen Elemente implementieren: Bei startElement legen wir den Namen des Elements auf den Stack, bei endElement entfernen wir den Namen des Elements. Wenn man das aus Listing 10.2 bekannte Dokument durchläuft, sieht dieser Stack bei Erreichen eines name-Elements wie folgt aus:

```
[essensAufstellung, essen, name]
```

Wenn der Stack so aufgebaut ist, erhält die characters-Routine als Zeichenfolge den Namen des zugehörigen Essen-Elements. Alle diese Namen sammeln wir in der ArrayList alleEssen zur weiteren Verarbeitung.

Listing 10.8 Ein SAX-Parser sammelt die Namen aller Essen-Elemente in einem XML-Dokument

```java
public class SAXDemo {
  public static void main(String[] args) throws Exception {
    if (args == null || args.length == 0)
      args = new String[] { "myessen.xml" };

    // Benutze den Default-Parser
    MyContentHandler contentHandler = new MyContentHandler();
    SAXParserFactory factory = SAXParserFactory.newInstance();
    try {
      // Starte den Parser-Lauf
      SAXParser saxParser = factory.newSAXParser();
      saxParser.parse(args[0], contentHandler);
    } catch (Throwable t) {
      t.printStackTrace(System.err);
    }
  }
}

class MyContentHandler extends DefaultHandler {

  public void startDocument() {
    System.out.println("Parsen beginnt");
  }

  public void endDocument() {
    System.out.println("\nParsen beendet");
    System.out.printf("Alle Essen\n %s\n", alleEssen);
  }

  private final List<String> alleEssen = new ArrayList<>();
  private final Stack<String> elementStack = new Stack<String>();

  public void startElement(String uri, String localName,
        String qName, Attributes attrs) throws SAXException {
    elementStack.push(qName);
  }

  public void endElement(String uri, String localName, String qName)
      throws SAXException {
    System.out.println(this.elementStack);
    elementStack.pop();
  }

  public void skippedEntity(String name) throws SAXException {
  }

  // Die Zeichen in einem Element
  public void characters(char ch[], int start, int length) {
    // Sind wir beim erwarteten Element?
    if ("name".equals(elementStack.peek()))
      this.alleEssen.add(new String(ch, start, length));
  }
```

```
    public void ignorableWhitespace(char ch[], int start, int length) {
      String s = new String(ch, start, length);
    }
  }
```

Zusammenfassung

Mit Hilfe von JAXB kann man in vielen Fällen mit wenig Aufwand einen Austausch von Daten aus Java-Programmen heraus über Dokumente in XML-Formaten erstellen. Einziges Problem ist die funktionsfähige Installation aller Teile des Systems. Mit SAX lassen sich XML-Dokumente einfach parsen. StAX wäre bei diesem Parsen effizienter. Mit der DOM-Schnittstelle steht ein komplexes, aber universelles Mittel zur XML-Verarbeitung in Java zur Verfügung.

10.3 Aufgaben

Aufgabe 10.1: Speichern mit JAXB

Speichern Sie eine Folge von Pizzas mithilfe von JAXB in einer .xml-Datei. Lesen Sie diese Folge von Pizzas aus der .xml-Datei wieder ein.

Aufgabe 10.2: Einlesen einer Pizza mithilfe von SAX

Lesen Sie eine Pizza aus einer .xml-Datei wieder ein. Benützen Sie dazu einen SAX-Parser.

11 Literatur

[API23] Java Application Programmers Interface, *https://docs.oracle.com/en/java/javase/21/docs/api/index.html*

[BK07] *Bauer, Chr.; King, G.:* Java Persistence with Hibernate. 2nd Edition, Manning 2015

[Bloc05] *Bloch, J.:* Effective Java. Addison Wesley 2005

[Brac22] *Bracha, G.:* Lesson: Generics im Java Tutorial von Oracle 2022: *https://docs.oracle.com/javase/tutorial/extra/generics/index.html*

[Dewd88] *Dewdney, A. K.:* Lineare Automaten; in: Computer-Kurzweil, Spektrum der Wissenschaft: Verständliche Forschung, Heidelberg 1988

[JEB20] Jakarta Enterprise Beans EJB 4.0, *https://en.wikipedia.org/wiki/Jakarta_Enterprise_Beans*

[EN09] *Elmani, R. A.; Navathe ,S. B.:* Grundlagen von Datenbanksystemen. 3. Auflage, Pearson 2009

[GHJV96] *Gamma, E; Helm, R; Johnson, R.; Vlissides, J.:* Entwurfsmuster. Addison Wesley 1996

[GJSBBSB23] *Gosling, J; Joy, B; Steele, G; Bracha, G, Buckley, A.; Smith, D.; Bierman, G.:* The Java™ Language Specification. Java SE 21 Edition, Oracle America September 2023

[HuTh05] *Hunt, A.; Thomas, D.:* Der Pragmatische Programmierer. S. 24, „Das Übel der Wiederholungen", Hanser 2005

[javaee24] *https://javaee.github.io/jaxb-v2/*

[JCode97] *https://www.oracle.com/technetwork/java/codeconventions-150003.pdf*

[JDK23] *https://docs.oracle.com/en/java/javase/21/docs/api/index.html*

[JRHZQ04] *Jeckle, M.; Rupp, Ch.; Hahn, J.; Zengler, B.; Queins, S.:* UML2 glasklar. Hanser 2004

[KeRi90] *Kernighan, B. W.; Ritchie, D. M.:* Programmieren in C. 2. Ausg., Hanser 1990

[Lea99] *Lea, D.:* Concurrent Programming in Java. 2. Aufl. Addison Wesley 1999

[Ma24] *mariadb.org* Offizielle Website für MariaDB

[Meye90] *Meyer, B.:* Objektorientierte Softwareentwicklung. Hanser 1990

[SchW99] *Schlierf, J; Weber, R.:* Programmieren mit Swing. Hanser 1999

[Sedg03] *Sedgewick, R.:* Algorithmen in Java. 3., überarbeitete Auflage

[Stro98] *Stroustrup, B.:* Die C++ Programmiersprache. Addison Wesley, 3. Auflage, 1998

[Tane94] *Tanenbaum, A. S.:* Moderne Betriebssysteme. Hanser 1994

[Tane02] *Tanenbaum, A. S.:* Moderne Betriebssysteme. 2. Aufl., Pearson 2002

[Wirt79] *Wirth, N.:* Algorithmen und Datenstrukturen. 2. Auflage, Teubner 1979

Index

Symbole

@Override 113
@XmlRootElement 425

A

AbstractListModel 327
AbstractTableModel 327
ACID 402
acos() 178
ActionListener 301
Adapter 301
add() 201, 205
addAll 198
addAll() 201
AdjustmentListener 301
Annotation 184
append() 176
ArithmeticException 46
Array 62
arraycopy() 64
ArrayIndexOutOfBoundsException 67
ArrayList 195 f.
asin() 178
assert 163
Assoziativer Zugriff 208
Assoziative Suche 209
at() 180

atan() 178
atan2() 178
AtomicInteger 257
AtomicLong 270 f.
Attribut 95
Ausdruck
– Lambda 145
Ausführungskontext 265
Ausnahme 45, 121
Autoboxing 108
AutoCloseable 123
average() 219
awaitTermination 263
AWT 293

B

Beobachter-Muster 297
Bereichs-Ansichten 208
Beziehung
– Benutzt-Beziehung 89
– Hat-Beziehung 89
– Ist-Beziehung 89
Bildschirm aktualisieren 347
BinaryOperator 143, 146, 221
binarySearch() 214
bitweise Verarbeitung 79
Black-Box-Test 69
BlockingQueue 267

boolean 19, 31, 78 f.
Boolean 108
BorderLayout 306 f.
BOTH 312
BoxLayout 306, 314
break 45
Browser 265
BufferedInputStream 232, 238
BufferedOutputStream 232, 241
BufferedReader 232, 239
BufferedWriter 232
Button 304
Byte 108
ByteArrayInputStream 238 f.
ByteArrayOutputStream 241

C

CachedThreadPool 263
Callable 261 f.
CallableStatement 403, 406
cancel 264
Canvas 304
capacity() 176
CardLayout 306, 310
catch 46
ceil() 178
Character 108
characters 427
charAt() 172, 176 f.
CharSequence 177
Checkbox 304, 317
Choice 304
class 97
Class 151, 171
ClassCastException 121
clear 198
clear() 212
Client-Server 371
Cloneable 141
close 233, 243
close() 238, 242
collect(...) 220, 225
Collection 192, 194, 196

Collections 195
commit() 403
Comparable 136, 214
comparator() 208, 214
Comparator 139, 146, 148, 221, 224
compareTo() 172
compareToIgnoreCase() 172
Compiler 3
Component 304
ComponentListener 301
ConsoleHandler 190
Consumer 143
Container 294, 303, 306
ContainerListener 301
contains() 205
containsAll 198
containsKey() 210
containsValue() 211
continue 45
Controller 305, 327
copy() 214
cos() 178
count() 221
CPU 1
createDirectories 235
CREATE (SQL) 401
currentThread 258
currentTimeMillis() 178
CyclicBarrier 267

D

DatabaseMetaData 409
DataInputStream 238
DataOutputStream 241
Datentypen 92
DayOfWeek 179, 181
Deadlock 285
DecimalFormat 245
DefaultComboBoxModel 327
DefaultHandler 426
Default-Konstruktor 116
DefaultMutableTreeNode 337
Dekrementieren 78

Delegate 305
delete() 176
dependencies 394
Deprecated 185
Dialog 355
do 43
doInBackground() 278
DOM 421
done() 278
Double 108
DoubleFunction 149
DoubleStrea 219
drawLine 42
DriverManager 396, 402 f.
DROP (SQL) 401
DRY-Prinzip 87
Duration 181

E

Eclipse
– Erstellen einer Anwendung 7
– Erstellung von Klassen 160
– Generieren von equals() und hash-Code() 143
– Getter und Setter erzeugen 100
– Konstruktoren erzeugen 100
– Optimieren von imports 159
Eingabe
– von Standard 240
– von Tastatur 240
else 31
endElement 427
endsWith() 172
entrySet() 212
enum-Konstanten 155
EnumSet 157, 215
equals 110, 115
equals() 102, 143, 172, 174, 211
equalsIgnoreCase() 172
ereignisgesteuerte Programmierung 297
Erzeuger 277
Erzeuger-Verbraucher 280
Escape-Sequenzen 81

Exception 121
Executors 261
ExecutorService 261
Exemplare 92
exit(...) 178
exp() 178
extends 112 f.

F

factory 259
Fakultät 40, 56
Feld 62
Felder 61
– binäre Suche 69
– Lineare Suche 68
– mehrdimensional 74
– Suche 68
– Übergabe 55
FileHandler 190
FileInputStream 232, 238
FileOutputStream 232, 241
FileReader 232, 239
FileWriter 232, 246
fill() 214
filter (...) 221
filter() 220
FilterInputStream 232, 238
FilterOutputStream 232
FilterReader 232
FilterWriter 232
final 97, 158
finalize() 118
finally 123
find() 187
findFirst() 221
first() 208
firstKey() 214
FixedThreadPool 263
Fläche füllen 344
flatMap(...) 221, 226
Float 108
floor() 178
FlowLayout 306, 308

FocusListener 301
for 39
forEach(...) 223
forEach() 221
format() 180
Format-String 243
for-Schleife
– erweitert 42
– klassisch 39
Frame 294
from() 180
Function 143, 221
Fünf Philosophen 285
Future 261

G

Garbage-Collection 118
gc() 178
get() 180, 201, 210
getBytes() 173
getChildAt(int) 339
getChildCount() 339
getColumnCount() 333
getDepth() 340
getElementAt (int i) 327 f.
getFileName 235
getFirstChild() 339
getInetAddress() 376
getInputStream() 375
getLastChild() 339
getLastModifiedTime 236
getLevel() 340
getListCellRendererComponent() 329
getLocalAddress() 375
getName 235
getObject() 415
getOutputStream() 375
getParent() 339
getProperty() 178
getResultSet() 405
getRowCount() 333
getSiblingCount() 339
getValueAt(...) 333

getWidth() 13
GridBagLayout 306, 311
gridheight 311
GridLayout 306, 309
gridx 311
gridy 311
groupingBy (...) 222
groupingBy(...) 225
Grundrechenarten 23

H

happens-before 276
hashCode 110, 116
hashCode() 143
HashMap 195, 209
HashSet 195 f., 205
Hashtable 210
hasNext 198
hasNext() 203
headMap() 213
headSet() 207
Hello World 4
HORIZONTAL 312

I

if 31
ignorableWhitespace 427
implements 135, 150
import 159
import static 28
indexOf() 173, 201
Indexunterlauf 67
InflaterInputStream 238
InflaterOutputStream 241
Inkrementieren 78
InputStream 231 f., 237
InputStreamReader 232, 239
insert() 176
Instant 181
Instanz 100
Integer 108
interface 150

Intervall 208
IntStream 219
Invariante 164
invokeAll 263
is() 180
isDone 264
isEmpty() 205, 210
isLeaf() 340
ItemListener 301
Iterator 192, 202, 205

J

JApplet 294
JAXB 421
JAXBContext 425
JAXP 426
JButton 304, 316
JCheckBox 304
JComboBox 304, 321, 326
JComponent 303 f.
JDBC 392
JDBC-URL 399
JFrame 294
JLabel 304, 319
JList 304, 320, 326
JMenuBar 304
joining 222 f.
Jokerzeichen 134
JPanel 304
JProgressBar 278, 304
JRadioButton 304, 318
JScrollbar 304
JScrollPane 320, 322
JSplitPane 342
JTable 304, 326, 332
JTextArea 304, 322
JTextComponent 304, 322
JTextField 304, 322
JToolBar 304
JTree 304, 326, 337
JWindow 294

K

KeyListener 301
keySet() 212
Klassen 92
– abstrakt 93, 124
– generisch 131
– innere 106
– ist-Beziehung 12
Klassenhierarchie
– Eingabe 237
– Ereignisse 299
Kommentar 5, 14
Konstruktor 95, 98, 100, 116
– private 157
Konvertierung 100
Kopie
– flache Kopie 65
– tiefe Kopie 65
kovariant 133

L

Label 304
Lambda-Ausdruck 145
last() 208
lastIndexOf() 201
lastKey() 214
Layout 307
LayoutManager 306
length 62
length() 173, 176 f.
limit() 221
lines() 218
LinkedList 195 f.
List 195, 199, 304
List<E> 201 f.
ListCellRenderer 329
ListIterator 203
ListIterator<E> 202 f.
LocalDate 179 ff.
LocalDateTime 179, 181
localhost 374
LocalTime 179, 181

log() 178
Logging 189
logische Ausdrücke 78
LogRecord 190
lokale Variable 21
Long 108
LongStream 219
lookingAt() 187

M

main 5
map() 221
Map 192, 195
Map<K,V> 209 f.
Map.Entry<K,V> 212
matches() 187
Math.E 179
Math.PI 179
Matrix 74
Mausbewegungen bearbeiten 349
Mausklick bearbeiten 346
max() 178, 219, 221
MemoryHandler 190
Mengen
– Differenz 206
– Durchschnitt 206
– Test auf leere Menge 206
– Vereinigung 206
Mengendiagramm 90
MenuContainer 324
Metadaten 184, 417
Methode 48
– Referenz 145
Methoden 95
min() 179, 219
minus() 180
modale Dialoge 356
Model 305, 327
Model-View-Controller 305
Monitor 273, 287
Month 181
MouseAdapter 301
MouseListener 301

MouseMotionListener 301
mousePressed 349
MVC 305

N

Nebenläufigkeit 254
new 63
newBufferedReader 236
newBufferedWriter 236
nextDouble() 24
nextInt() 24
nichtmodale Dialoge 356
NORTHEAST 312
NORTHWEST 312
notify() 275
notifyAll() 275
now() 180
null 63
NullPointerException 63

O

Oberklasse 94, 112, 120
Object 109, 171
ObjectInputStream 238
ObjectOutputStream 241
Objekt
– Lebensdauer 96
Objektorientierung 86
objektrelationale Abbildung 412
of(...) 221
of() 180
ofPlatform 259
OfVirtual 259
Optional 222
Organisationsmodelle 266
OutputStream 231 f., 241
OutputStreamWriter 232

P

package 159
paint 13

paintComponent 344
Panel 304
parallel 255
parallel() 218, 257
parallele Server-Anwendung 375
Parameter 11, 50, 101
– aktuell 51
– formal 48, 50
– Funktionen als 149
– Variable Anzahl von Argumenten 109
parse() 180
Path 234
– createDirectory 235
– deleteIfExists 235
– walkFileTree 236
Pattern 187
Pattern matching of instanceof 129
Period 181
permits 128
Persistenz-Framework 397
Pipeline-Modell 266
plus() 180
plusDays(...) 182
POJO 110
Polymorphie 91, 114, 119
P-Operation 283
Postcondition 165
pow() 179
Precondition 164
Predicate 143, 222
PreparedStatement 403, 405
Primärschlüssel 401
print 243
printf 109, 241, 243
println 243
PrintStream 232, 241
PrintWriter 232, 243, 246
private 98, 161
process(...) 278
properties-Datei 410
protected 118, 161
Prozess 254, 265
public 98, 161

put() 210
putAll() 212

Q

quadratische Gleichung 34
Quadratwurzel 43

R

Radiobutton 304
RAM 16
random() 179, 291
range 218
read() 233, 238
readAllLines 236
Reader 232
readLine() 233
ready() 233
receive() 378
record 100, 110
reduce(...) 220 f.
ReentrantReadWriteLock 283
Referenzsemantik 102
Reflection 151
Reflexion 182
Reflexion der Datenbank 396
Registratur 388
Reguläre Ausdrücke 187
Rekursion 55
RELATIVE 311
Remote 389
remove() 201, 205, 210
removeAll 198
repaint() 350
replace() 173
replaceAll 188
ResourceBundle 410
ResultSet 400, 406, 415
ResultSetMetaData 408, 416
retainAll 198
RetentionPolicy 186
return 51
reverse() 214

rint() 179
RMI 386
rmiregistry 387
rollback() 404
round() 179
run 260
Runnable 260
RuntimeException 124

S

SAX 426 f.
Scanner 24
ScheduledThreadPool 263
schemagen 423
Schnittstelle 134
– default-Methode 139
– statische Methode 139
Schnittstellen
– funktional 143
Scrollbar 304
sealed 128
Seiteneffekt 258
Semaphoren 283
send() 378
SequencedSet 192
Serialisierung 161
Serializable 141, 161, 182
set() 201
Set 192, 194 f.
setCharAt() 176
setColor() 42
setJMenuBar 324
setLayout() 307
setProperty() 178
setRolloverIcon() 316
setSavepoint() 403
setTootTipText() 316
Short 108
shuffle() 214
shutdown 264
SimpleFileVisitor 250
sin() 178
SingleThreadExecutor 263

size() 205, 210
skippedEntity 427
sleep() 272
SOA 387
SocketHandler 190
Sockets 373
sorted() 221, 223
SortedMap 194, 213
SortedSet 194, 207
Sortieren 71
– Bubble-Sort 71
– Klasse java.util.Arrays 74
– Quick-Sort 72
SOUTHEAST 312
SOUTHWEST 312
split() 173
SQL-Einschleusung 405
sqrt() 179
startElement 427
startsWith() 173
startVirtualThread 259
Statement 404
static 28, 50, 99, 103
– Initialisierung 105
StAX 421
stream 218
stream() 218
Stream 219
StreamHandler 190
String 20, 171 f.
StringBuffer 177
StringBuilder 171, 176
Struktogramme 31
sublist 202
subMap() 213
submit 262, 264
subSequence() 177
subSet() 207
substring() 173, 176
Suche
– binarySearch 71
– Ersetzen 189
– Klasse java.util.Arrays 74
sum() 219

summintInt(...) 222
super 113
Supplier 143, 222
Swing 293
SwingWorker 277
switch 129
synchronized 216, 274
synchronizedList 196, 216
synchronizedMap 216
synchronizedSet 216
synchronizedSortedMap 216
synchronizedSortedSet 216
Syntaxdiagramme 48
System 171, 178

T

TableModel 332
tailMap() 214
tailSet() 207
tan() 179
TCP/IP 373
Team-Modell 266
TemporalAdjusters 179, 181
TextArea 304
Textblock 174
TextComponent 304
Textdatei 247
TextField 304
TextListener 301
this 96, 106
Thread 171
– bereit 272
– Event 297
– fertig 272
– join 258
– laufend 272
– Platform Thread 254
– sleep 259
– start 259
– virtual Thread 254
– vorhanden 272
– wartend 272
– Zustände 271

throw 46
to() 180
toCharArray() 173
toDegrees() 179
toList() 222
toLowerCase 174
toLowerCase() 173
toRadians() 179
toString 110
toString() 176 f.
toUpperCase() 173
Transaktionen 404
transform 173
transient 161
TreeMap 195, 210
TreeSelectionListener 342
TreeSet 195 f., 205
trim 96, 174
trim() 173
try 46
– mit Ressourcen 123
Türme von Hanoi 57, 362
Turtle-Grafik 351
Typumwandlungen 26

U

Überladen 54
Überschreiben 112
Übersetzer 2
UDP 373
UML 88
UnaryOperator 143, 222
Unboxing 108
Unterbrechung 274
Unterklasse 91, 112
Unterklassen 112
URI 427
URL 372, 427
URN 427

V

valueOf() 173
values() 212
Variable 17
– Gültigkeitsbereich 29
Vector 204
Verbraucher 277
Vererbung 91, 94
– Design für 124
– Diamant 141
Vergleich 78
Verteiler-Arbeiter-Modell 266
VERTICAL 312
Verzeichnis 249
View 305, 327
VirtualThreadPerTaskExecutor 263
virtuelle Methoden-Tabelle 119
Void 171
V-Operation 283
Vorbedingung 164
Vorrang 22
Vorrangstufen 77

W

wait() 275
weightx 312
weighty 312

Wertzuweisung 21
– Objekte 101
while 38, 43
Window 294
WindowListener 301
with() 180
WorkStealingPool 263
write 243
write() 242
Writer 232

X

xjc 423
x-Koordinate 13
XML 420
XSD 423

Y

y-Koordinate 13

Z

Zahlenring 18
Zeit 245
ZIP-Archiv 251
ZipFile 251
Zusicherung 163